Veranstaltungen perfekt organisieren

Alexander Freiherr v. Fircks

Veranstaltungen perfekt organisieren

Ein Handbuch für offizielle
und private Anlässe

Urania

Das Manuskript wurde nach der neuen Rechtschreibreform vom 1. Juli 1996 lektoriert.

Die Deutsche Bibliothek - CIP-Einheitsaufnahme
Fircks, Alexander von:
Veranstaltungen perfekt organisieren : ein Handbuch für offizielle und private Anlässe / Alexander Freiherr v. Fircks.
– Berlin : Urania-Ravensburger, 1999
ISBN 3-332-00533-2

ISBN 3-332-00533-2

© 1999 by Urania Verlag in der Dornier-Medienholding GmbH, Berlin
Die Verwertung der Texte und Bilder, auch auszugsweise, ist ohne Zustimmung des Verlages urheberrechtswidrig und strafbar. Dies gilt auch für Vervielfältigungen, Übersetzungen, Mikroverfilmungen und für die Verarbeitung mit elektronischen Systemen.
Die Ratschläge in diesem Buch sind von Herausgeber und Verlag sorgfältig erwogen und geprüft, dennoch kann eine Garantie nicht übernommen werden. Eine Haftung des Herausgebers bzw. des Verlags und seiner Beauftragten für Personen-, Sach- und Vermögensschäden ist ausgeschlossen.
Umschlaggestaltung: DesignBureau Di Stefano
Lektorat: Dr. Marianne Jabs/Egon Krenz
Gestaltung und Satz: AS Satz & Grafik, Berlin
Druck: Messedruck Leipzig
Printed in Germany
Gedruckt auf alterungsbeständigem Papier mit chlorfrei gebleichtem Zellstoff.

Inhalt

1.	**Vorwort**	**7**
2.	**10 Grundsatzentscheidungen zur erfolgreichen Veranstaltungsplanung**	**9**
	2.1 Anlass und Veranstaltungsform	10
	2.2 Ziel und Gestaltung	10
	2.3 Datum	10
	2.4 Dauer	11
	2.5 Budget	11
	2.6 Ort	11
	2.7 Bewirtung	11
	2.8 Einladungsverfahren	11
	2.9 Ablauf	12
	2.10 Medienbegleitung	12
3.	**Veranstaltungsorganisation**	**13**
	3.1 Arbeitsessen: Arbeitsfrühstück und Business Lunch/ Mittagessen	14
	3.2 Ball/ Dinner Dancing	22
	3.3 Bankett/ Festliches Abendessen	43
	3.4 Brunch/ Déjeuner	52
	3.5 Cocktail/Cocktailempfang/ Cocktailparty	60
	3.6 Dinner/ Diner/ Dinner Buffet/ Abendessen/ Souper/Supper	70
	3.7 Empfang	80
	3.8 Festakt/ Akademische Feier	88
	3.9 Geburtstag	100
	3.10 Grundsteinlegung/Hammerschlag	115
	3.11 Jubiläum	123
	3.12 Konferenz und Tagung	144
	3.13 Pressekonferenz	180

3.14 Richtfest 200
3.15 Seminar 207
3.16 Tag der offenen Tür 233
3.17 Trauerfall 254
3.18 Verabschiedung: Positionswechsel und Ruhestand 271

4. **Pannen und Peinlichkeiten – wie man sie vermeidet** 279
   4.1 VIP-Datei/ Einladungsliste 280
   4.2 Einladungen 292
   4.3 Anreden und Anschriften 298
   4.4 Platzierung 305
       4.4.1 Protokollarische Rangfolge 305
       4.4.2 Tischordnung/Tischformation 311
       4.4.3 Sitzordnung/Saalbestuhlung 317
   4.5 Gästeliste 319

5. **Tätigkeitsfeld »Veranstaltungsmanagement«** 321
   5.1 Die 10 idealen Eigenschaften des Veranstaltungsmanagers .. 322
   5.2 Aufgabenzuschnitt 323
   5.3 Sachmittelausstattung 324

6. **Anhang** 325
   6.1 Literaturhinweise 326
   6.2 Stichwortverzeichnis 327

1.

Vorwort

Keiner kommt daran vorbei, einmal die Gastgeberrolle zu übernehmen.
Privat und beruflich.
Die Veranstaltung als Form sozialer Interaktion ist heute eines der wichtigsten Kommunikationsinstrumente überhaupt. Gesellschaftliche Veranstaltungen ermöglichen und fördern die traditionelle Begegnung von Menschen. Sie stellen persönliche Kontakte und Bindungen her, sie wecken Emotionen und verbreiten gute Laune. Veranstaltungen bilden mehr denn je den kreativen Gegenpol zur unpersönlichen elektronischen Kommunikation mit ihren virtuellen Erlebniswelten.
Im Laufe der letzten Jahre sind die Bedürfnisse und Ansprüche an Form und Inhalt von Veranstaltungen extrem gewachsen. Geschäftlich hängt viel vom Ablauf einer Veranstaltung ab, manchmal alles: Akzeptanz oder Ablehnung, Durchbruch oder Absturz, Erfolg oder Misserfolg. Gelungene Veranstaltungen verlangen organisatorische und protokollarische Kenntnisse und Fähigkeiten auf hohem professionellem Niveau. Nur mit umsichtiger akribischer Planung und zeitgerechter präziser Umsetzung des Maßnahmenkatalogs kann der Grad der Improvisation minimiert werden.
Das vorliegende, aus über zehnjähriger Veranstaltungspraxis zusammengetragene Handbuch ist ein umfassendes Nachschlagewerk für alle, die mit der spannenden, aber auch risikoreichen Aufgabe »Veranstaltungsorganisation« betraut sind, die Freiwilligen wie die Unfreiwilligen, die Professionellen und die Nebenamtlichen. Es dient der Kontrolle vorhandenen Wissens ebenso wie der Einarbeitung von Newcomern. Mit der Vielzahl von Organisationshilfen und -mustern, Hinweisen und Tipps sowie den jeder Veranstaltungsform angefügten, annähernd lückenlosen Checklisten wird die Möglichkeit geboten, die wichtigsten Standardveranstaltungen organisatorisch in den Griff zu bekommen.
Jede Veranstaltung ist immer wieder eine Feuertaufe. Lassen Sie nie etwas anbrennen. Wenn Sie zu löschen beginnen, ist es meist zu spät.

Alexander Frhr. v. Fircks

2.
10 Grundsatzentscheidungen zur erfolgreichen Veranstaltungsplanung

Zu Beginn jeder Veranstaltungsplanung sind folgende Grundsatzentscheidungen zu treffen, von denen Ihre weiteren organisatorischen Vorbereitungsmaßnahmen abhängig sind:

- Anlass und Veranstaltungsform
- Ziel und Gestaltung
- Datum
- Dauer
- Budget
- Ort
- Bewirtung
- Einladungsverfahren
- Ablauf
- Medienbegleitung

Es leuchtet ein, dass ein Gastgeber, der z.B. keine klare Budgetaussage trifft oder die Festlegung des Veranstaltungstermins und -ortes hinauszögert, die gesamte Veranstaltungsorganisation – zu seinem eigenen Schaden – blockieren kann.
Als Veranstaltungsorganisator ist es daher Ihre Pflicht, in den genannten Punkten möglichst frühzeitig auf eindeutige Entscheidungen zu drängen.
Nachfolgend kurze Erläuterungen zu den geforderten Grundsatzentscheidungen, die in enger Abhängigkeit miteinander verbunden sind.

2.1 Anlass und Veranstaltungsform

Unter diesem Stichwort ist bei einem gegebenen Anlass zu entscheiden, welche Veranstaltungsform gewählt werden soll, um dem bevorstehenden Ereignis adäquat gerecht zu werden.
Beispiel: Der runde Geburtstag eines Vorstandsmitglieds oder eines Behördenleiters kann sowohl mit einem Empfang als auch mit einem festlichen Abendessen oder auch mit einer Kombination dieser Veranstaltungsformen begangen werden.

Die Entscheidung über die Veranstaltungsform hat wiederum unmittelbare Auswirkungen z.B. auf die Festlegung des Ortes und des Budgets.
Vorschläge, welche Veranstaltungsformen zu welchen Anlässen passen, finden sie im Veranstaltungsteil (Abschnitt 3.).

2.2 Ziel und Gestaltung

Keine Veranstaltung kommt ohne eine konkrete Zielsetzung aus: Die Ehrung einer Persönlichkeit oder die Würdigung einer Institution, die Präsentation eines neuen Produkts oder die Werbung für eine Ausstellung.
Alle Veranstaltungsmaßnahmen sind auf die optimale Erreichung des Veranstaltungszieles ausgerichtet. Dies betrifft z.B. sowohl die Terminbestimmung und die Auswahl des Gästekreises als auch das Einladungsverfahren und die Gestaltung und Ausstattung des Veranstaltungsrahmens.

2.3 Datum

So manche ehrgeizige Veranstaltung ist aufgrund der unbedachten oder ungeschickten Wahl des Veranstaltungsdatums zum Reinfall geworden. Der sorgfältige Gegencheck mit parallelen oder konkurrierenden Terminen (z.B. Messen, Ausstellungen, Fußball-EM oder -WM, Ferientermine, Wahltermine) ist unverzichtbare Pflicht bei jeder Terminplanung.
Andernfalls bleiben wichtige Zielgruppen bei den Eingeladenen aus, ärgern sich die mit Mühe gewonnenen prominenten Redner über leere Stuhlreihen, erscheinen Medienvertreter gar nicht erst, weil sie parallele wichtigere Veranstaltungen am Ort besuchen.
Welche generellen Daten Sie im Auge behalten müssen, darüber werden Sie in den Abschnitten über die einzelnen Veranstaltungsformen informiert.

2.4 Dauer

Das natürliche Bedürfnis des Menschen nach Nahrung und Abwechslung stellt jeden Veranstaltungsorganisator vor die obligatorische Frage: Wie lange dauert meine Veranstaltung und was muss ich meinen Gästen bieten, um sie in der geplanten Zeitspanne zu zufriedenen Gästen zu machen?
Daraus folgt konkreter Dispositionsbedarf z.B. zum Speisen- und Getränkeangebot sowie zum Ablauf der Veranstaltung.

2.5 Budget

Keine Frage: Geld allein macht noch keine gute Veranstaltung. *Dennoch: Das Budget bleibt das Maß aller Dinge.*
Fantasie und Kreativität mögen mancher Veranstaltung Glanz und Ausstrahlung verleihen, die Budgetentscheidung jedoch richtet unerbittlich über die Großzügigkeit des Gastgebers bei der Bewirtung und bei der Wahl des Veranstaltungsortes.
An welche Kostenpositionen Sie im Einzelnen denken müssen, finden Sie in den Ausführungen zu den Veranstaltungsformen.

2.6 Ort

Mit der Entscheidung über den Veranstaltungsort setzen Sie einen bewussten Akzent Ihres persönlichen Stils und Geschmacks. Er wird bei den Eingeladenen vorrangig beachtet und bewertet.
Die Alternativen sind scheinbar zahlreich, werden jedoch oft schnell dezimiert durch die Kapazitätsgrenze. Dort, wo Veranstaltungsräume auf den ersten Blick wenig herzeigen, können mit den fantasiereichen Künsten der Floristen überraschende Verwandlungen erreicht werden.

2.7 Bewirtung

Für den Gastgeber ist es vielfach nicht einfach, zwischen Anlass und Anspruch, zwischen Ehrgeiz und Budgetgrenze die Wahl des richtigen Essens für seine Gäste zu treffen.
Gerade bei der Bewirtung kennen viele Gäste kein Pardon, wenn es darum geht, eine Veranstaltung zu kritisieren.
Hapert es am Geld, gelingt es vielen Veranstaltern, ihr Budget durch Unterstützung von Sponsoren aufzubessern.
Wenn Sie sich bei der Festlegung von Qualität und Quantität der Bewirtung nicht sicher sind, lassen Sie sich in den Details vom erfahrenen Bankettleiter oder Küchenchef beraten. Ihnen werden fachgerechte Vorschläge für jede Form von Veranstaltung unterbreitet.
Anregungen und Empfehlungen finden Sie jedoch auch in den Abschnitten über die einzelnen Veranstaltungsformen.

2.8 Einladungsverfahren

Die Einladung ist die Visitenkarte des Veranstalters. Sie ist der erste Eindruck, die der Eingeladene von der Veranstaltung erhält.
Der Gestaltung und begleitenden Kontrolle des Einladungsverfahrens sollten Sie daher größte Sorgfalt widmen. Fehler lassen sich hier kaum mehr korrigieren.
Es beginnt mit der anlassbezogenen Zusammenstellung der Einladungsliste sowie der textlichen und grafischen Gestaltung der Einladung und der zugehörigen Anlagen. Weiterhin ist die Wahl der richtigen Vorlaufzeit für den Versand der Einladungen zu berücksichtigen.
Sowohl im Veranstaltungsteil (Abschnitt 3.) als auch im Sonderteil Einladungen (Abschnitt 4.1) finden Sie ausführliche Empfehlungen und Entscheidungshilfen zum Einladungsverfahren.

2.9 Ablauf

Vielen betrieblichen und behördlichen Veranstaltungen liegt ein Standardablauf zugrunde, der in seinen wesentlichen Teilen nur wenig variabel erscheinen mag. *Dennoch sollten Sie als Gastgeber und als Veranstaltungsorganisator versuchen, jeder Veranstaltung, die Sie durchführen, eine persönliche Handschrift, eine besondere Note zu verleihen.*
Die Praxis zeigt, dass eingefahrene Routine und begrenzte Budgets kreative Variationen oft verhindern. Aber ein frühzeitiges Brainstorming im Veranstaltungsteam oder unter Kollegen oder der Rat eines externen Beraters vermögen oft Ideen hervorzubringen, die auch mit bescheidenen Mitteln zu realisieren sind.

2.10 Medienbegleitung

Tue Gutes und rede darüber!
Diese bewährte PR-Weisheit greift auch und gerade im Veranstaltungssektor.

Die Medien sind der Filter, den die formulierten Botschaften auf dem Weg zu ihrer Zielgruppe überwinden müssen. Und nur wer die Zusammenarbeit mit den Medien beherrscht, wird eine authentische Darstellung seiner Botschaften erreichen.
Es muss nicht immer gleich die Einberufung einer Pressekonferenz sein. Die Bandbreite der Öffentlichkeitsarbeit für eine Veranstaltung ist groß und bietet eine ganze Reihe abgestufter Maßnahmen, die in Abschnitt 3. zum Veranstaltungsmanagement angedeutet werden. Sie reichen von der Benachrichtigung eines Reporters der Lokalzeitung und der Verpflichtung des hauseigenen Hobbyfotografen bis hin zur Beteiligung der überregionalen Presse und der Fernsehanstalten.
Die Entscheidung über das PR-Konzept sollten Sie rechtzeitig treffen, denn sowohl die Medienvertreter sind auf die Vorlaufzeit angewiesen als auch Ihre Mitarbeiter und Kollegen im Werbe- und PR-Bereich für die Fertigung von Presseerklärungen und Dokumentationen.
Die beste Werbung allerdings ist eine gelungene Veranstaltung!

3.
Veranstaltungsorganisation

3.1 Arbeitsessen: Arbeitsfrühstück und Business Lunch/Mittagessen

In den letzten Jahren hat das Arbeitsessen – meist zur Mittagszeit als Business Lunch – einen festen Platz vor, während oder nach geschäftlichen/dienstlichen Gesprächen und Verhandlungen eingenommen.

Durch ein gelungenes Arbeitsessen können Sie sehr viel zu einer entspannten Verhandlungsatmosphäre und zum besseren gegenseitigen Verständnis beitragen.

Anlass

Zum Anlass von Arbeitsessen können Sie wählen:
- Einstieg in Gespräche und Verhandlungen; Beginn von Besuchen
- Auflockerung des Ablaufs längerer Gespräche, Verhandlungen und Besuche
- Fortsetzung von Gesprächen und Verhandlungen in anderem Rahmen
- Abschluss von Gesprächen, Verhandlungen und Besuchen
- Treffen von Gesprächspartnern, die angesichts hoher Termindichte die fällige Kontaktpflege oder aktuelle Gesprächswünsche in einer persönlichen Begegnung verfolgen wollen. Man trifft sich zum Essen und geht danach wieder auseinander.

Ziel und Form

Arbeitsessen dienen der Vorbereitung, Durchführung, Begleitung oder dem Abschluss geschäftlicher/dienstlicher Gespräche und Verhandlungen.

So manche schwierige Gesprächssituation konnte durch die gelöste Stimmung beim gemeinsamen Essen in angenehmer Umgebung in günstige Bahnen gelenkt, so manche engere Zusammenarbeit besiegelt und Freundschaft geschlossen werden.

Als verbreitete Variante des Arbeitsessens hat sich das Arbeitsfrühstück etabliert.

Vorteile:
- Vor der allgemeinen Geschäfts-/Dienstzeit ist man eher abkömmlich
- Frühstücken muss schließlich fast jeder
- Telefon und Post sind noch friedlich

Nachteil:
- Kontraproduktiv für Morgenmuffel, es sei denn, im Kaffee bleibt der Löffel stecken.

Die Form des Arbeitsessens wird bestimmt von den Wünschen des Gastes und den Vorstellungen des Gastgebers. Budget und Geschmack sind wesentliche weitere Einflussgrößen Ihrer Rolle als Gastgeber.

Die Form hat unmittelbare Auswirkungen auf die Effizienz eines Arbeitsessens.

Folgende Aspekte der Form sind für die Effizienz eines Arbeitsessens wichtig:
- Teilnehmerzahl
- Teilnehmergruppierung
- Teilnehmerplatzierung.

So ist z.B. einsichtig, dass Massenessen an unübersehbaren Tafeln kaum bahnbrechende Fortschritte bei konkreten Gesprächszielen erbringen werden. Der Effekt liegt dann eher in der bloßen Einnahme der Mahlzeit und im geselligen Beisammensein.

Effizienzsteigernd wirken sich bei größeren Arbeitsessen vornehmlich folgende Maßnahmen aus:
- Aufteilung der Teilnehmer in Gesprächsgruppen
- Zusammenführung der Entscheidungsträger an einem zentralen Tisch
- Sorgfältige namentliche Platzierung der Teilnehmer.

Dies gilt erfahrungsgemäß für Teilnehmerzahlen etwa ab 20 Personen, für die Sie eine einzige große Tafel um der effizienteren Kommunikation willen vermeiden sollten.

Arbeitsessen

Datum
Der Termin sollte zwischen den Gesprächs- und Verhandlungspartnern – abgesehen von spontanen Treffen – mindestens 1 Woche vor dem geplanten Arbeitsessen vereinbart werden, da die Reservierung von Restaurants – sofern nicht betriebs- oder behördeneigene Speiseräume in Betracht kommen – einen Vorlauf braucht.

Als Beginn für Arbeitsessen als Business Lunch ist 12.30 Uhr üblich.

Zu einem Arbeitsfrühstück sollen sich vereinzelte Gesprächspartner schon mal um 07.30 Uhr eingefunden haben. Dies kann hier jedoch nicht verallgemeinert werden.

Dauer
12.30 bis 14.30 Uhr für ein Business Lunch ist üblich. Davon wird je nach Zeitbudget der Teilnehmer und Stand der Verhandlungen abgewichen.

Budget
Kostenträchtig sind folgende Positionen:
- Aperitif
- Menü und Getränke
- Menükarten
- Tischdekoration
- Blumen
- evtl. Gastgeschenke.

Ort
Da es Arbeitsessen mit unterschiedlicher Gewichtung gibt, sollten Sie dies auch bei der Wahl des Restaurants berücksichtigen:
- Regionaltypisches Restaurant in der Stadt; solide, gediegen
- Landgasthaus; rustikal, derb
- Luxusrestaurant; elegant, repräsentativ
- Firmencasino; informell, unkompliziert.

Einige Restaurants, die auf den ersten Blick gut geeignet wären, fallen jedoch aus zwei Gründen oft aus der engeren Wahl:
- Zu lange Fahrtzeiten
  Da für Arbeitsessen häufig nur begrenzte Zeit zur Verfügung steht, können sich die beteiligten Gesprächspartner keine ausgedehnten Hin- und Rückfahrten erlauben.
- Fehlende Abschirmung
  Wenn Gesprächsinhalte einen hohen Vertraulichkeitsgrad beanspruchen, sollte das Essen in einem separaten Speiseraum oder in einem abgetrennten von den anderen Restaurantgästen ausreichend abgeschirmten Teil des Restaurants stattfinden. Ihre Gäste fühlen sich unwohl und gehemmt, wenn ihre Gesprächsbeiträge und Tischreden von ungebetenen Mithörern verfolgt werden.

Gleichgültig, wo Sie das Arbeitsessen ansetzen, erzielt werden muss ein Ambiente, das Gespräche und Verhandlungen günstig beeinflusst. In Fällen, in denen Gelegenheit besteht, die Gäste nach ihren Wünschen zu befragen, sollte dies genutzt werden. Die Akzeptanz des gewählten Ortes tendiert dann zum Optimum.

Mit der Gastronomie sind die Details des Essens festzulegen:
- Beginn/Ende
- Vorfahrt- und Parkplatzregelung
- Aperitif/Menü/Getränke
- Break für Tischreden
- Servicekräfte (Anzahl, Einweisung)
- Tischanordnung
- Tischkarten
- Platzierungsständer
- Menükarten (bei vorheriger Festlegung des Menüs)
- Tischdekoration
- Blumenschmuck (bei ausländischen Gästen: in Landesfarben)
- Verpflegung der Fahrer und anderer Begleitpersonen
- Telefon- und FAX-Nutzung
- Festlegung verantwortlicher Ansprechpartner auf beiden Seiten.

Menü

Je nach Personenzahl können Sie das
- Menü vorher festlegen und vorbestellen oder
- à la carte essen.

Wenn man allerdings davon ausgeht, dass der übliche Zeitrahmen für das mittägliche Arbeitsessen 90 Minuten umfasst, wird es erfahrungsgemäß bei einer Teilnehmerzahl von über 6 Personen zeitlich eng für die Order à la carte.

Bei vorheriger Festlegung des Menüs und der Getränke sollten Sie Folgendes berücksichtigen:
- Tabufragen beachten z.B. bei Moslems kein Alkohol oder Schweinefleisch; bei Vegetariern kein Fleisch/Fisch
- Leichtes Essen
- Abfrage der Wünsche
- Klärung – falls möglich -, welche besonderen Vorlieben die Gäste (oder zumindest der wichtigste Gast) bezüglich Essen und Trinken haben.

Ein gekonnt zusammengestelltes Essen kann zu einem der Tageshöhepunkte eines Meetings avancieren und bleibt in angenehmer Erinnerung.

Das Standardmenü für Arbeitsessen wird 3-gängig, maximal 4-gängig, angeboten; Beispiele:
- Kalte Vorspeise
  Hauptgericht
  Nachspeise
- Suppe
  Hauptgericht
  Nachspeise
- Kalte Vorspeise
  Suppe
  Hauptgericht
  Nachspeise
- Suppe
  Warme Vorspeise
  Hauptgericht
  Nachspeise

Einladung

Für Ihre Einladung können Sie zwischen folgenden Verfahren wählen:
- Formlos, spontan, persönlich, telefonisch
- Information im ausgedruckten Besuchsprogramm
- Einladungskarte
- Einladungsschreiben
- Kombination dieser Einladungswege

Die korrekte Wiedergabe der Namen Ihrer Gäste in schriftlichen Einladungen setzt voraus, dass Sie sich vorher eingehend darüber informieren. Am besten, Sie fordern vom Ansprechpartner Ihrer Gäste per Fax eine exakte Namensliste mit Funktionen an. Sie brauchen die korrekten Namen auch ggf. für die Tischkarten.

In Fällen, in denen es zeitlich nicht möglich ist, die schriftliche Einladung rechtzeitig zu übermitteln, können Sie Ihre Einladungskarte auch später persönlich überreichen. Beispielsweise bei Ankunft und Begrüßung in Ihrer Stadt, im Hotel oder im Verlauf der Gespräche und Verhandlungen, die vor dem Arbeitsessen stattfinden.

Im diplomatischen Verkehr ist es z.B. durchaus üblich, die Einladungskarten nicht per Post an die ausländischen Gäste zu schicken, sondern der betreffenden ausländischen Botschaft in Deutschland mit der Bitte zu überbringen, sie den Gästen bei Ankunft in Deutschland auszuhändigen.

In einem Arbeitsgang lassen Sie – soweit erforderlich – praktischerweise folgende Einzelelemente fertigen:
- Einladungen für das Essen
- Tischkarten (nur Frau/Herr/Zuname)
- Namenskärtchen für Platzierungs-Stecktafeln
  (nur Funktion/Akad. Titel/Zuname)
- Namensschilder für die Verhandlungen
  (nur Akad. Titel/Zuname)

Bei der Zusammensetzung des Teilnehmerkreises für internationale Arbeitsessen sollten

Checkliste: Arbeitsessen

Sie wissen, dass es als unhöflich gilt, wenn von der Seite des Gastgebers mehr Teilnehmer benannt werden als von der Seite der Gäste. Sie sollten zumindest auf Parität achten.

Platzierung

Die für Arbeitsessen wichtigen Platzierungsregeln finden Sie im Sonderabschnitt Platzierung Seite 311.

Hinweise für die Platzierung bei Essen mit ausländischen Delegationen siehe Seite 21.

Ablauf

Ein Dreigangmenü kann z.B. wie folgt zeitlich ablaufen:

12.30 Uhr Aperitif und Begrüßung
12.45 Uhr Beginn des Arbeitsessens, wenn alle Teilnehmer anwesend sind; Vorspeise ist serviert
13.00 Uhr Tischreden vor dem Hauptgang; ggf. Überreichung von Gastgeschenken
13.15 Uhr Hauptgericht
13.35 Uhr Dessert
13.45 Uhr Kaffee, Digestif
14.00 Uhr Ende des Arbeitsessens, ggf. Verabschiedung.

Zeichnen sich unangemessene Verzögerungen im abgesprochenen Zeitplan ab, die seitens der Gastronomie verursacht werden, sollten Sie unverzüglich reagieren und auf Einhaltung des Zeitplans bestehen.

Checkliste: Arbeitsessen

Ziff.	Aktivitäten/Maßnahmen	Zu erled. von	Erled. am
1.	**Terminabsprache**		
2.	**Budgetrahmen bestimmen**		
	Kostenpositionen sind:		
2.1	• Aperitif		
2.2	• Menü und Getränke		
2.3	• Menükarten		
2.4	• Tischdekoration		
2.5	• Blumen		
2.6	• evtl. Gastgeschenke		
3.	**Restaurant buchen**		
3.1	• Ambiente		
	→ Regionaltypisches Stadtrestaurant		
	→ Landgasthaus		
	→ Luxusrestaurant		
	→ Firmencasino		

Ziff.	Aktivitäten/Maßnahmen	Zu erled. von	Erled. am
3.2	• Fahrtzeiten		
3.3	• Getrennte Räumlichkeit innerhalb des Restaurants		
3.4	• Absprachen		
	→ Beginn/Ende des Essens		
	→ Vorfahrt- und Parkplatzregelung		
	→ Aperitif – Angebot – evtl. andere Räumlichkeit (z.B. Terrasse)		
	→ Break für Tischreden (evtl. Mikro)		
	→ Servicekräfte – Anzahl – Einweisung		
	→ Tischanordnung		
	→ Tischkarten		
	→ Platzierungsständer		
	→ Menükarten (bei vorheriger Festlegung des Menüs)		
	→ Tischdekoration		
	→ Blumenschmuck		
	→ Verpflegung der Fahrer und Begleiter		
	→ Telefon- und FAX-Nutzung		
	→ Festlegung verantwortlicher Ansprechpartner auf beiden Seiten		
4.	**Menü festlegen** Verfahrensweise entscheiden:		
4.1	• Menü vorher festlegen		
4.2	• à la carte essen Bei vorheriger Festlegung:		

Checkliste: Arbeitsessen

Ziff.	Aktivitäten/Maßnahmen	Zu erled. von	Erled. am
4.3	• Tabufragen beachten, z.B. → für Moslems keinen Alkohol, kein Schweinefleisch → für Vegetarier kein Fleisch/Fisch		
4.4	• Leichtes Essen		
4.5	• Abfragen der Gästewünsche (falls möglich)		
4.6	• Abwechslung der Speisen → keine Wiederholung vorherrschender Geschmacksrichtungen (z.B. Avocados als kalte Vorspeise und Avocadosuppe) → keine Folge gleicher Farben (z.B. Sauce Bearnaise und Currysauce = beide gelb) → Keine Mischung von deftigen und feinen Speisen → Auf einen sättigenden Menügang sollte eine leichtere Speise folgen → Fisch vor Fleisch		

4.7	• Reihenfolge des Menüs
	Mögliche Alternativen:
	→ Kalte Vorspeise
	  Hauptgericht
	  Nachspeise
	→ Suppe
	  Hauptgericht
	  Nachspeise
	→ Kalte Vorspeise
	  Suppe
	  Hauptgericht
	  Nachspeise
	→ Suppe
	  Warme Vorspeise
	  Hauptgericht
	  Nachspeise		

Ziff.	Aktivitäten/Maßnahmen	Zu erled. von	Erled. am
5.	**Einladungsverfahren bestimmen**		
5.1	• Alternativen abwägen → Formlos → Besuchsprogramm → Einladungskarte → Einladungsschreiben → Kombination dieser Einladungswege		
5.2	• Namensliste der Gäste anfordern		

5.3	• Form der Übermittlung der Einladungen bestimmen
	→ Telefonisch
	→ Per Post
	→ Persönliche Aushändigung
	  – Bei Ankunft/Begrüßung
	  – Im Hotel
	  – Im Verlauf der Gespräche und Verhandlungen		

5.4	• In einem Arbeitsgang: → Einladungen für das Essen → Tischkarten → Namenskärtchen für Platzierungsstecktafel → Namensschilder für Gespräche und Verhandlungen		
5.5	• Auf Parität bei der Teilnehmerzahl Gastgeber/Gäste achten (bei internationalen Arbeitsessen)		
6.	**Platzierung festlegen** (nach Gästerückmeldung) Allgemeine Grundsätze und Hinweise siehe Sonderabschnitt Platzierung Seite 311		
	Besonders beachten:		
6.1	• Aufteilung der Teilnehmer in Gesprächsgruppen		
6.2	• Zusammenführung der Entscheidungsträger an einem zentralen Tisch		

Checkliste: Arbeitsessen

Ziff.	Aktivitäten/Maßnahmen	Zu erled. von	Erled. am
7.	Gastgeschenk/e besorgen		
8.	Letzter Checkup ca. 1 Stunde vor dem Arbeitsessen		
9.	Nach der Veranstaltung Dank und Feedback an alle Helfer.		

Platzierungsschema bei **Essen** mit ausländischen Delegationen

```
            Fenster
A6   D4   A2   D1   Dolm.   A3   D5
┌─────────────────┬─────────────────┐
│                 │                 │
│                 │                 │
│                 │                 │
└─────────────────┴─────────────────┘
A5   D3   Dolm.   A1   D2   A4   D6
         Eingang           (Prot.)
```

Deutschland	Ausland
D1 (dt. Deleg.-Leiter)	A1 (ausl. Deleg.-Leiter)
D2	A2
D3	A3
D4	A4
D5	A5
D6	A6
Dolm.	Dolm.

Platzierungsschema bei **Gesprächen** mit ausländischen Delegationen

```
(Prot.)          Fenster
D6   D4   D2   D1   Dolm.   D3   D5
┌─────────────────┬─────────────────┐
│                 │                 │
│                 │                 │
│                 │                 │
└─────────────────┴─────────────────┘
A5   A3   Dolm.   A1   A2   A4   A6
              Eingang
```

Deutschland	Ausland
D1 (dt. Deleg.-Leiter)	A1 (ausl. Deleg.-Leiter)
D2	A2
D3	A3
D4	A4
D5	A5
D6	A6
Dolm.	Dolm.

3.2 Ball/Dinner Dancing

Ein Leben ohne Feste ist wie eine weite Reise ohne Gasthaus – dies hat schon der griechische Philosoph Demokrit (460 – 371 v. Chr.) gemeint.

Die perfekte Organisation eines festlichen Balles gehört sicherlich zu den anspruchsvollsten Herausforderungen eines Veranstaltungsorganisators. Wie bei kaum einer anderen Veranstaltungsform kann er präzise Detailplanung und kreative Einfälle zu einem sehr reizvollen und kurzweiligen Veranstaltungscocktail mixen. Dies zählt umso mehr, wenn es gilt, den guten Ruf eines z.B. wiederkehrenden Balles zu festigen sowie Neugier und Vorfreude der potenziellen Gäste immer wieder aufs Neue zu wecken.

Anlass

Es muss nicht gleich ein Opernball sein. Für festliche Bälle gibt es zahlreiche Anlässe:
- Jubiläumsball
- Abschlussball
- Jahresball
- Opernball
- Galaball
- Karnevals-/Faschingsball
- Frühlingsball
  und andere Jahreszeitenbälle (Sommernachtsball, Winterball)
- Juristenball, Ball des Sports
  und andere Berufsgruppenbälle
- Rosenball
  und andere Mottofeste
- Stiftungsfest
- Hausball/Schlossball
- Deelenball/Scheunenball
- Ball im Festzelt.

Die Bandbreite vom rustikalen Scheunenball bis zum rauschenden Opernball ist dicht besetzt. Eines haben sie alle gemeinsam: Sie sind meist die festlichen Höhepunkte der Saison.

Ziel und Gestaltung

Befragt man Leute, warum sie gern hin und wieder das Ballerlebnis suchen, wird häufig geantwortet: »Mal wieder gepflegt nach Livemusik tanzen können und nette Leute treffen«, »Sehen und gesehen werden – Sie wissen schon!«, »Mal wieder in Schale werfen und Unterhaltung auf höherem Niveau genießen«. Von den vielen geheimen Wünschen und Illusionen mancher Ballgäste einmal abgesehen, treffen die o.g. Antworten sicherlich die Hauptmotivation der meisten Ballbesucher. *Der Veranstalter ordnet daher alle Maßnahmen seiner Ballvorbereitung dem Ziel unter, seine Gäste mit einem festlichen, schwungvollen und unvergesslichen Ballerlebnis zu verwöhnen.*

Die meisten Gäste gönnen sich vermutlich höchstens einmal im Jahr ein Ballvergnügen. Umso größer die Enttäuschung, wenn die Ballerwartungen nicht erfüllt werden. Behalten Sie daher die allgemeine Erwartungshaltung der Ballgäste bei der Planung und Gestaltung Ihres Balles stets im Auge. Lassen Sie sich etwas einfallen, das Ihren Ball von den anderen unterscheidet.

Ihre Gestaltungsmöglichkeiten sind vielfältig: Ob Empfangsorganisation und Tischordnung, Musikkapelle und Showeinlagen, Essen und Sektbar, Tombola und Dekoration – eine Menge Ansatzpunkte, die Qualität Ihres Balles entscheidend zu beeinflussen.

Datum

Denken sie bei der Planung Ihres Balles daran, dass Sie z.B. für die Reservierung von Hotelsälen oder Stadthallen sehr lange Vorlaufzeiten benötigen (für große Hallen bis zu zwei Jahre).

Bei der Terminplanung Ihres Balles sind parallele und konkurrierende Daten und Veranstaltungen zu berücksichtigen:
- Ferientermine
- Feiertage, Gedenktage, Festtage
- »Brückentage« zwischen Feiertagen, die oft zu Kurzferien genutzt werden

- Festspieltage und -wochen, Premieren und Eröffnungen im Kulturbereich
- Streiks und Arbeitsniederlegungen (z.B. im Bereich der öffentlichen Verkehrsmittel).

Dauer

Zwar hat ein Ballbesuch für jeden Gast grundsätzlich ein individuelles open end, doch geht man üblicherweise von einer Balldauer von mindestens 5 Stunden aus.

Ein harter Gästekern wird sich erfahrungsgemäß selten vor 3.00 Uhr aus dem Saal oder von der Bar vertreiben lassen.

Denken Sie daran: Da Bälle meist über 1.00 Uhr hinausgehen, brauchen Sie vom Ordnungsamt der Stadt eine Polizeistundenverkürzung. Diese Genehmigung erhalten Sie gegen eine Gebühr von DM 15,-- für jede Stunde, die Sie nach 1.00 Uhr weiterfeiern möchten. Veranstalten Sie Ihren Ball in einem gastronomischen Betrieb, wird diese Formalität vom Wirt übernommen. Sprechen Sie diesen Punkt vorsorglich dennoch an, damit sich nicht einer auf den anderen verlässt und die Anmeldung womöglich noch unterbleibt.

Budget

Kostenträchtig sind u.a. folgende Positionen:
- Einladungen
  (Druck, Porto)
- Miete für Veranstaltungsräume
- Musikerhonorare
- Künstlerhonorare
  für Einlagen
- Bewirtung
  (Begrüßungsdrink, Abendessen)
- Tisch- und Saaldekoration
- GEMA-Gebühren
- Garderobenpauschale.

Folgende Ausgangsfragen sind für Ihre Kalkulation maßgeblich:
- Vollständige Eigenmittelfinanzierung möglich?
  Oft nur bei kleineren Bällen möglich oder mit großzügiger Unterstützung von Sponsoren.
- Vollständige Fremdmittelfinanzierung nötig?
  Gilt überwiegend für gewerbliche Tanzveranstaltungen.
- Mischfinanzierung möglich?
  Bestimmt in den weitaus meisten Fällen die Kalkulation von Bällen.
  Clubs, Vereine, Verbände und Unternehmen leisten vielfach einen festen Kassenzuschuss zum Veranstaltungsbudget, so dass die Eintrittskarten auch für schmalere Brieftaschen erschwinglich bleiben.

Wenn Sie Eintrittskarten verkaufen, können Sie bei großen Bällen folgende Differenzierung vornehmen:
→ Standardeintrittskarte
→ Flanierkarte
   (halber Preis, kein reservierter Platz)
→ Juniorkarte
   (viertel Preis, Eintritt erst nach dem Essen, kein reservierter Platz)

Weitere Budgetzuschüsse können erschlossen werden
→ von Sponsoren
→ über den Verkauf von Programmheften und die Aufnahme von Anzeigenwerbung
→ aus dem Verkauf von Tombolalosen.

Veranstaltungsorganisatoren mit guten Verbindungen gelingt es immer wieder, Sponsoren für ihre Veranstaltungen zu gewinnen. Dies bringt in vielen Fällen eine erhebliche Entlastung des Veranstaltungsbudgets.

Aufwendig und arbeitsintensiv ist die Fertigung eines Programmheftes sowie die Ausgestaltung einer Tombola. Ohne ehrenamtliche Helfer werden Sie dabei kaum auskommen. Denn die Vergabe dieser Aufträge an eine Agentur kann Ihr Budget wiederum unverhältnismäßig hoch belasten.

Wenn Sie eine Tombola durchführen, beachten Sie folgende Hinweise:
→ Das Verhältnis Lose/Nieten sollte 1 : 2 bis maximal 1 : 3 sein

→ alle Preise müssen mit einer Ziffer ausgezeichnet sein
→ Bereitstellung einer Präsentationsfläche für die Tombola
→ Einsatz einer ausreichenden Zahl von Losverkäuferinnen und Losverkäufern
→ Einsatz von Personal für die Ausgabe der Preise
→ Anmeldung der Tombola; die Tombola ist ein Glücksspiel und muss genehmigt werden. Die Genehmigung erhalten Sie gegen eine Verwaltungsgebühr beim zuständigen Ordnungsamt.

Anmeldepflichtig ist auch die Musik, die die von Ihnen engagierten Musiker zum Ball spielen.

Die GEMA (Gesellschaft für musikalische Aufführungs- und mechanische Vervielfältigungsrechte) verlangt von Ihnen eine Gebühr für die Darbietung der Musikstücke in der Ballnacht. Der Betrag wird nach der Höhe des Eintrittspreises, der Größe des Veranstaltungsraumes und der Art der Musikaufführung berechnet.

Alle Beträge, gegen die es Sachleistungen für die Gäste gibt, mindern den Eintrittspreis, zumindest rechnerisch, und damit auch die an die GEMA zu zahlende Gebühr. Wenn im Eintrittspreis z.B. DM 12,00 für den Begrüßungsdrink enthalten sind, sollten Sie nicht vergessen, dies mitzuteilen, da diese Sachleistung vom Eintrittspreis abgezogen wird.

Wenn Ihnen die für Ihren Wohnort zuständige Bezirksdirektion der GEMA nicht bekannt ist, rufen Sie bei der GEMA-Zentrale in München unter der Telefonnummer 089/480 03 00 an. Dort erhalten Sie Auskunft darüber, bei welcher Außenstelle Sie die Anmeldekarte anfordern können (Muster der Anmeldekarte siehe Seite 40). Melden Sie Ihren Ball in jedem Fall vorher an. Bei Nichtanmeldung kann Ihnen die GEMA die doppelte Gebühr als Strafzuschlag berechnen.

Nach der Veranstaltungsanmeldung erhalten Sie von der GEMA ein Formular, das die von Ihnen engagierten Musiker ordnungsgemäß ausfüllen müssen. In dieses Formblatt wird die Musikfolge eingetragen (Muster des Formulars siehe Seite 42). Anhand der Musikfolgenliste nimmt die GEMA die Verteilung der Aufführungstantiemen an die ihr angeschlossenen Komponisten, Textdichter, Bearbeiter und Verleger vor.

Laut § 13a UrhWG (Urheber-Wahrnehmungsgesetz) sind Sie als Veranstalter verpflichtet, die geforderte Aufstellung beizubringen und unmittelbar nach der Veranstaltung der entsprechenden Bezirksdirektion zu übersenden. Vergessen Sie dieses, kann die GEMA Sie mit einer Vertragsstrafe belegen. Am besten, Sie übertragen diese Aufgabe dem Bandleader, er kann die Liste fachgerecht ausfüllen und an die GEMA weiterleiten.

Auch der Staat kann Sie zur Kasse bitten. In einigen Bundesländern wird noch die Vergnügungssteuer erhoben. Da es sich um eine örtliche Steuer handelt, die von den Gemeinden erhoben wird, sollten Sie sich rechtzeitig danach erkundigen. In Nordrhein-Westfalen beispielsweise beträgt die Vergnügungssteuer 20 % vom zu versteuernden Eintrittspreis für Tanzveranstaltungen. Enthält der Eintrittspreis für Ihren Ball Sachleistungen – z.B. Begrüßungsdrink und/oder Essen – so bewirkt dieser Anteil einen Abschlag bei der Berechnung des Steuerbetrags. Reine Musikdarbietungen sind jedoch z.B. in Nordrhein-Westfalen nicht vergnügungssteuerpflichtig.

Ort

Bei der Suche nach einem geeigneten Veranstaltungsgebäude für Ihren Ball werden Sie mit kundigem Blick rasch feststellen, dass einige wichtige Anforderungen die Eignung vieler Räumlichkeiten stark eingrenzen:

- *Ballsaal*
  (Größe z.B. für 200 Personen: rund 500 m² einschließlich Tanzfläche)
  → ausreichend Platz für die Tische
     (am besten runde Achtertische, freie Wege zur Tanzfläche, ungehinderten Zugang für die Servierkräfte)

→ eine Tanzfläche, die den Namen verdient und die auch Auftrittsfläche für zu verpflichtende Künstler bietet
→ geräumige Bühne für die Musiker
→ die Atmosphäre und das Ambiente, das Sie sich für Ihren Ball wünschen

- *Sekt-, Wein-, Bierbar*
  im Saal oder in einem separaten Raum (ca. 50 m²)
- *Empfangsraum*
  für den Begrüßungsdrink (Foyer oder andere separate Räumlichkeiten; z.B. für 200 Personen ca. 150 m²)
- *Umkleideraum*
  für Musiker und ggf. weitere Künstler
- *Park- und Vorfahrtsraum*
  Je nach Witterung können Sie Ihren Ballgästen – zumal in festlicher Garderobe – nur ein begrenztes Maß an Unbequemlichkeit beim Zugang zum Veranstaltungsgebäude zumuten.

Je nach örtlichen Gegebenheiten kann zur Betonung der Festlichkeit und zur Freude der Ballgäste ein letzter Teil des Weges bis zum Eingang der Veranstaltungsstätte mit brennenden Fackeln gesäumt werden.

Es wird für Sie nicht immer einfach sein, alle genannten Voraussetzungen anzutreffen. Ohne Kompromisse werden Sie bei der Ortswahl selten auskommen.

Folgende Veranstaltungsgebäude können Sie z.B. in die engere Wahl nehmen:
- Stadthalle
- Rathaussaal, Gemeindesaal, Bürgerhaus
- Clubheim, Vereinshaus, Verbandssaal
- Schlösser und Burgen
- Palais und historische Residenzen
- Gästehäuser (Unternehmen, Behörden)
- Theater, Opernhäuser, Kinos
- Hotels, Restaurantbetriebe.

Dort, wo nicht gleich ein Prunksaal angeboten werden kann, verleihen fantasievolle Dekorationen auch unscheinbaren Räumlichkeiten die gewünschte Festlichkeit.

Auf den ersten Blick mag Ihnen ein Saal im Gemeindehaus, im Bürgerhaus oder im Vereinsheim ungleich kostengünstiger erscheinen als ein Hotelsaal oder eine Stadthalle. Dies könnte sich am Ende als Fehlkalkulation erweisen.

Beim Gemeindesaal z.B. werden Sie zwar mit einer geringeren Raummiete rechnen dürfen, müssen sich jedoch unter Umständen von der Herrichtung bis zur Reinigung der Räumlichkeiten um jedes Detail selbst kümmern. Darunter können auch – je nach Ausstattung – gesonderte Kosten für die Anmietung von zusätzlichem Mobiliar, Geschirr, Gläsern, technischer Ausrüstung etc. anfallen.

Die meist schon vorhandene gute Ausstattung der Hotelsäle z.B. spart eine Menge an Ausstattungs- und Dekorationskosten. Dazu verfügen die meisten Hotels über Beleuchtungsanlagen, Bühnenbauelemente und die technische Ausrüstung, auf die Sie für Ihre Veranstaltung zurückgreifen müssen. *Aber auch hier ist Vorsicht geboten.* Der Mietpreis, den man Ihnen nennt, ist oft nicht der Endpreis. Erst bei Erhalt der Rechnung stellen Sie erstaunt fest, dass Kosten z.B. für Technik, Einlass- und Sicherheitspersonal, Nebenräume, Garderoben, Auf- und Abbau von Bühne und Dekorationen zusätzlich berechnet werden. Klären Sie daher vorher, welche Leistungen im Grundpreis enthalten sind und welche gesondert in Rechnung gestellt werden.

Vergleichen Sie auch, ob Sie z.B.
- Saaltechnik
- Bühnenbau
- Blumendekoration

von externen Dienstleistungsunternehmen und Lieferanten kostengünstiger beziehen können als vom Hotel oder von der Hallenverwaltung.

Für den Fall, dass Sie Ihren Ball in einem Hotel veranstalten und Sie Übernachtungsgäste erwarten, können Sie dort vorbuchen (Bonus aushandeln!).

Musik

Für Ihren Ball brauchen Sie eine Band mit mindestens sechs bis acht Musikern. *Achten Sie auf Qualität. Ein Ball steht und fällt mit der Musik.* Sie ist der entscheidende Stimmungsfaktor. An der Band sollten Sie daher nicht sparen.

Wenn Sie noch keinen guten Tip erhalten haben, gehen Sie sicher und holen Sie den Rat eines Fachmanns ein. Dies kann ein Ihnen bekannter Veranstalter, die Bankettleitung eines Hotels, die Verwaltung einer Stadthalle oder auch die örtliche Tanzschule sein.

Dabei werden Sie auch immer den empfehlenswerten Rat hören:

Schauen und hören Sie sich die von Ihnen ins Auge gefaßte Band vorher persönlich an.

Die Ballregie verlangt eine erfahrene Band, die

- ein möglichst breites Repertoire für Jung und Alt anbieten kann
- Stimmung aufbauen und halten kann
- auf Wünsche der Ballgäste eingehen kann
- einsatzfreudig und schwungvoll ist
- notenfest ist, wenn weitere engagierte Künstler begleitet werden sollen. Überzeugen Sie sich insbesondere in diesem Punkt rechtzeitig vorher persönlich vom Leistungsniveau der Band. Alle ungeprüften freundlichen Zusagen des Bandleaders helfen nichts, wenn sie mitten ins Balldesaster geführt haben.

Beim Vertragsabschluß sollten weitere wichtige Einzelheiten des Musikablaufs abgesprochen werden:

- Backgroundmusik (Live oder Konserve) während der Eintritts- und Platzierungsphase der Gäste
- kürzere Folge von Tanzmusikstücken in der ersten Ballphase, um das Warmtanzen und schnelleren Partnerwechsel zu erleichtern
- ggf. Darbietung einer bandeigenen Musikshow (z.B. als Mitternachtsshow)
- Einlagen von weiteren Künstlern, die gesondert von Ihnen engagiert werden
- Pausenregelung
- Kleine Pausen nach Tanzserien, große Pause von ca. 30 Min. um ca. 22.30 Uhr, Konserve für diese längere Pause.

Die meisten Verträge sehen neben dem Honorar ein Abendessen und Getränke vor. Auch die Beteiligung an den Fahrtkosten ist nicht ungewöhnlich. Am besten Sie einigen sich für alle Entgeltleistungen, einschließlich Honorar, auf einen Pauschalpreis. So können Sie eine feste Rechengröße einkalkulieren. Achten Sie darauf, dass Sie bei dieser, wie bei allen anderen Rechnungen, den Bruttobetrag (also incl. Mehrwertsteuer) einsetzen, da Sie in der Regel keine Vorsteuerverrechnungen vornehmen können. Wenn Sie die Mehrwertsteuer nicht berücksichtigen, könnten Ihnen am Ende schnell einige tausend Mark fehlen.

Bewirtung

Folgende Positionen sind bei der Bewirtung einzubeziehen:

- *Begrüßungsdrink*

  Er wird außerhalb des Veranstaltungssaales gereicht, d.h. im Foyer oder in einem separaten Raum.

  Sie können das Begrüßungsgetränk z.B. wie folgt anbieten:

  → Fertig eingeschenkt und auf Tabletts durch Servierkräfte gereicht
  (z.B. Sekt, Säfte, Campari, Sherry)

  → Aufbau einer kleinen Cocktailbar, an der sich jeder Gast seinen Begrüßungsdrink mixen lassen kann.

- *Sekt-/Wein-/Bierbar*

  Anlaufpunkte für Durstige und Tanzmüde während der gesamten Balldauer, Kommunikationsort für Girl- und Boytalks, Anlass für einen willkommenen Ortswechsel. Verschiedene Standorte sind denkbar:

  → Bar im Ballsaal
  Vorteil:
  Die Damen behalten ihre Herren, die Herren ihre Damen im Auge; ein dauerhaftes »Absetzen« von der Tanzfront wird zumindest erschwert.

Nachteil:
Wenn die Barbesucher ihr akustisches »Eigenleben« entwickeln, könnte dies die Ballatmosphäre beeinträchtigen.
→ Bar außerhalb des Ballsaales
Vorteil:
Ortswechsel an ein ruhiges Plätzchen; gemütliches Plauderstündchen ohne stimmlich gegen die Musikkulisse kämpfen zu müssen; ein Flirt in Ehren, ohne gleich vom gesamten Ballpublikum verlobt zu werden.
Nachteil:
Magischer Anziehungspunkt für sesshafte Tanzmuffel, die von ihren gelangweilten Ballpartnern nie mehr gesehen werden; letzte Station beim »französischen« Ballrückzug (»Wir gehen mal eben an die Bar!«).

Ihre Entscheidung sollten Sie nach den jeweiligen örtlichen Gegebenheiten richten. Es ist jedoch überwiegend üblich, die Bar außerhalb des Ballsaales zu installieren.

- *Tischgetränke*
  Bestellung und Bezahlung (Selbstzahler) nach Getränkekarte
- *Abendessen*
  Bei der Abwägung, ob Sie Ihren Ballgästen ein
  → Buffet
  → einheitliches Menü
  → Essen à la carte
  anbieten, spielen folgende Fragen eine wichtige Rolle:
  → Reicht das Servicepersonal (Budget!) aus, um die Gäste in vertretbarer Zeit mit 3 bis 4 Menügängen zu versorgen?
  → Lassen die Räumlichkeiten des Veranstaltungsortes den Aufbau eines Buffets zu?
  → Ist die Gastronomie leistungsfähig genug, um den Gästen eine zügige Versorgung mit einer begrenzten Auswahl von à la carte-Gerichten zu ermöglichen?

Das Buffet hat erfahrungsgemäß seine unbestrittenen Vorteile: Individuelle Speisenwahl (z.B. für Vegetarier oder Moslems wichtig), sparsamer Einsatz von Servicepersonal, längere Verfügbarkeit der Speisen (insbesondere Desserts). Das Buffet ist die am häufigsten gewählte Form des Abendessens bei Bällen und sollte auch von Ihnen – wenn nicht im Einzelfall gewichtige Gründe dagegen sprechen – bevorzugt werden.

Nachfolgend einige wichtige Tipps und Hinweise sowohl hinsichtlich des Buffets als auch der gesetzten Menüfolge.

→ Buffet
  Die berüchtigten Buffetstaus können Sie durch folgende Maßnahmen vermindern:
- Mittige Aufstellung
  Buffetaufstellung mitten im Raum; Gäste können von allen Seiten gleichzeitig herantreten
- Buffetstationen
  Mehrere Buffetstationen bei sehr großen Empfängen, auch in mehreren Räumen
- Spiegelbildlicher Aufbau
  Speisenanordnung auf dem Buffet spiegelbildlich, d.h. auf jeder Buffetseite alle Schüsseln und Platten doppelt anbieten, ebenfalls Teller, Besteck und Servietten
- Logische Folge
  Speisenanordnung auf dem Buffet in Menüreihenfolge, d.h. in Gehrichtung zunächst Vorspeisen, dann Hauptgerichte und zum Schluss Desserts, Käse und Kaffee anbieten

→ Menü
  Bei der Zusammenstellung der Speisen sollten Sie folgende Grundregeln beachten:
- Vorherrschende Geschmacksrichtungen sollten sich nicht wiederholen.
- Gleiche Farben sollen nicht direkt aufeinander folgen.
- Deftige Speisen sollen nicht mit feinen gemischt werden.

- Auf einen sättigenden Menügang sollte eine leichtere Speise folgen.
- Fisch kommt vor Fleisch.

Bevor Sie sich den Kopf über die Auswahl des Menüs zerbrechen, holen Sie sich den fachmännischen Rat eines erfahrenen Küchenchefs oder Bankettleiters ein.

Einladungsverfahren

Ausführliche Hinweise und Tipps zum Einladungsverfahren finden Sie im Sonderabschnitt Einladungen Seite 292.

- *Einladungsliste*
  Halten Sie für die gesamte Dauer der Vorbereitungszeit bis zum Veranstaltungsbeginn eine Reserveliste bereit, mit der Sie auf unerwartete Absagen reagieren können.
  Hinweise und Tipps zur korrekten Form der Anschriften und Anreden Ihrer Ballgäste enthält der Sonderabschnitt Anschriften und Anreden Seite 298.
- *Vorlaufzeit*
  6 bis 8 Wochen vor Ballbeginn Versand der Einladungen
- *Form*
  → Gedruckte Einladungskarten (Klappkarte) mit handgeschriebenem Empfängernamen; Karte enthält neben den Standardinformationen (siehe Seite 292) Angaben über das Programm, die Namen der Musiker und Künstler, Kartenpreis pro Person sowie die gewünschte Zahlungsart (Scheck, Überweisung, Abendkasse); evtl. auch Hinweis auf Reservierung zum Stichtag Posteingang.
  → Hochwertiges Papier
  z.B. Hochglanz oder Bütten, 130g – 150 g-Karton
  → Schriftbild
  z.B. in erhabenem Prägedruck
- *Versandstufen*
  → 1. Stufe
  Mit der Einladungskarte wird nur die Antwortkarte verschickt; auf der Antwortkarte Angabe der Rückmeldefrist: 14 bis 21 Tage vor Ballbeginn; evtl. auch Abfrage des Tischwunsches, d.h. mit welchen Gästen man gern zusammensitzen möchte.
  → 2. Stufe
  Nach Ablauf der Rückmeldefrist werden den Eingeladenen, die zugesagt haben, folgende Anlagen zugesandt:
  - Wagenkarte (Vorfahrtberechtigung, Parkhinweis)
  - Lageplan
  - Fahrtskizze

  Vielfach werden mit der 2. Versandstufe auch Platzierungskarten verschickt, wenn der Veranstaltungsorganisator aufgrund der eingegangenen Zusagen ein Platzierungsschema für die Besetzung der Tische aufgestellt hat. Von diesem Verfahren ist abzuraten. Der Veranstalter könnte mit zahlreichen Änderungswünschen konfrontiert und in eine endlose und auch peinliche Platzierungsdiskussion verwickelt werden.

Kleidung

Smoking/Dunkler Anzug/Abendkleid.
Der Bekleidungshinweis in der Einladungskarte kann auch lauten: »Dem Anlass entsprechend bitten wir um festliche Kleidung« oder »Abendkleidung erbeten«.

Tischordnung und Platzierung

Ausführliche Hinweise und praktische Tipps zur Tisch- und Sitzordnung finden Sie im Sonderabschnitt Platzierung Seite 311

Beachten Sie bei der Tischordnung für Ihren Ball folgende Besonderheiten:
- Keine Tische vor der Bühne
  (Musik zu laut; den Musikern fehlt der Kontakt zu den Tanzenden).
- Tanzfläche von drei Seiten mit Tischen abschließen, die vierte Seite ist die Bühne mit der Band.
- Die besten Tische sind gegenüber der Band direkt an der Tanzfläche (für die Platzierung von Ehrengästen wichtig).

- Folgender Tischplan dient Ihrer Orientierung:
Statt der Nummerierung der Tische können Sie auch Städtenamen oder Namen von Landschaften, Blumenarten etc. verwenden.

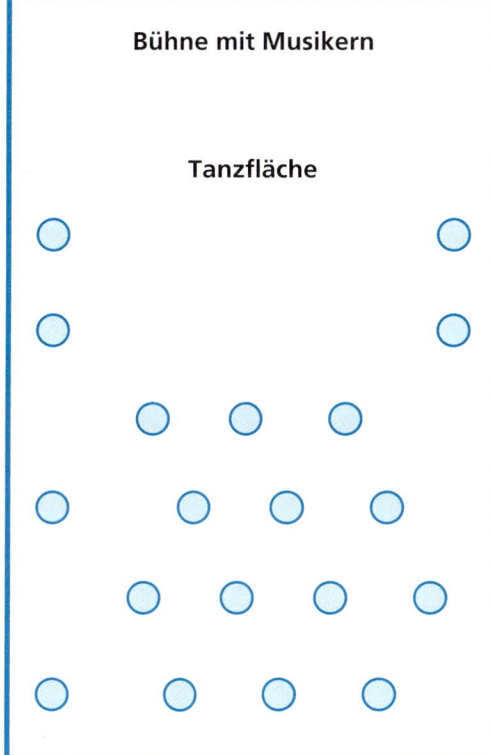

- Nach Eingang der Zusagen zum Rückmeldestichtag Anfertigung eines Platzierungsschemas, d.h. namentliche Zuordnung der Gäste zu den einzelnen Tischen; gut sichtbarer Aushang am Eingang des Ballsaales (Wand, Tür, Tafel), Sie ersparen den Gästen langes Suchen im Ballsaal.

Beispiel:

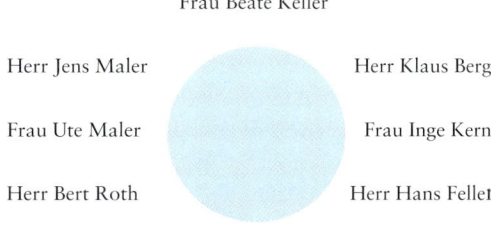

- *Anfertigung einer alphabetischen Platzierungsliste und Aushang am Eingang des Ballsaales:*

Name, Vorname	Tisch-Nr.
Berg, Klaus	12
Dehmel, Anne	9
Feller, Hans	12
Fergus, Maria	3

- *Anfertigung von Placement- oder Führungskärtchen und Aushändigung an die Gäste nach Eintreffen am Veranstaltungsort:*

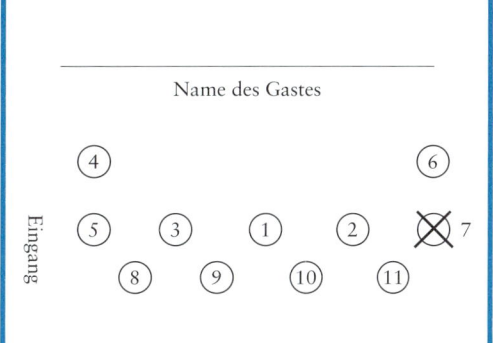

Gästeliste

Ausführliche Hinweise zur Form und zur Aufstellung einer Gästeliste siehe Sonderabschnitt Gästeliste Seite 319.

Die Gästeliste ist nicht zu verwechseln mit der Einladungsliste. In der Gästeliste werden nur die Eingeladenen alphabetisch aufgeführt, die zugesagt haben.

Die Gästeliste (Format: DIN A 6) wird den Ballgästen nach ihrem Eintreffen am Veranstaltungsort ausgehändigt. Sie erleichtert das Kennen lernen und das Knüpfen von Kontakten unter den Ballgästen und dient der Erinnerung an einen festlichen und harmonischen Abend.

Clearingstelle

Die Ballgäste erwarten unmittelbar nach ihrer Ankunft wichtige Informationen:
- Wo bezahle ich meine Eintrittskarte?
- Wo begrüße ich den Gastgeber?
- An welchem Tisch sitze ich (Platzierungskärtchen)?
- Wer ist alles gekommen (Gästeliste)?
- Wo werde ich meinen Mantel los?
- Wo kann ich mich frisch machen?
- Wo gibt's den ersten Drink?

Außerdem wird es immer Personen geben, die
- ihre Einladung vergessen haben
- mit unangemeldeter Begleitung erscheinen
- abgesagt hatten, aber nun doch gern dabei sein möchten.

Für all diese Fragen und Sonderfälle stehen freundliche und kundige Helfer und Helferinnen zur Verfügung, die als Empfangskomitee an einem weiß gedeckten Tisch in der Eingangshalle so postiert werden, dass die eintreffenden Gäste an ihnen vorbei müssen. Kurzbezeichnung dieser wichtigen Anlaufstelle für Ihre Gäste: Information Desk oder Clearingstelle.

Ablauf/Programm

Der Ballabend kann z.B. folgenden zeitlichen Verlauf nehmen:

17.00 Uhr
- Proben der Kapelle/Band
- Abnahme des Veranstaltungsraumes; Kontrolle:
  → Anzahl der Stühle pro Tisch
  → Tischnummern (oder Tischbezeichnungen)
  → Tischdekoration
  → Technik (z.B. Beschallung)

18.00 Uhr
- Besetzung der Clearingstelle
- Einweisung des Servicepersonals

19.00 Uhr
- Besetzung der Garderoben
- Vorbereitung der Begrüßungsgetränke

19.30 Uhr
- Empfang der Gäste
- Begrüßungsdrink
- Türen zum Ballsaal – wenn möglich – geschlossen halten
- Hintergrundmusik über hauseigene Anlage

20.00 Uhr
- Saal wird geöffnet
- Tischkerzen sind angezündet
- Die Band spielt Backgroundmusik
- Gäste nehmen Platz

20.15 Uhr
- Die Band spielt einen Tusch
- Begrüßung und Eröffnung durch den Gastgeber oder Moderator
- Aufforderung zum Tanz
- Ball ist eröffnet

20.25 Uhr Drei bis vier kurze Tanzserien à zwei Tänze mit kurzen Zwischenpausen von maximal drei bis vier Minuten.

21.00 Uhr Erster Programmpunkt (z.B. Künstler)

21.15 Uhr Zwei Tanzserien à 12 Minuten (drei bis vier Tänze)

21.45 Uhr Zweiter Programmpunkt

22.00 Uhr
- Zwei Tanzserien à 12 Minuten (drei bis vier Tänze)

	• Falls Essen à la carte: Aufnahme der Bestellungen
22.30 Uhr	• Pause für die Band
	• Hintergrundmusik (Konserve)
	• Eröffnung des Buffets oder Servieren der Vorspeise bei Menü oder Servieren der à la carte-Bestellung
23.15 Uhr	Die Band spielt weiter
24.00 Uhr	• Mitternachtsshow der Band oder sonstige Showeinlage
	• Ggf. Ziehung der Tombolagewinne (Hauptgewinn und z.B. Preise 2 bis 6)
	• Lange Tanzserien bis Ballende.

Händigen Sie den Zeitplan für Ihren Ball dem Bankettmanager des Hotels oder der Stadthalle, dem Bandleader sowie den auftretenden Künstlern aus. Alle Beteiligten sorgen dann mit dafür, dass Ihr Zeitplan auch eingehalten wird.

Zwei oder drei Programmpunkte während eines Balles sind hochwillkommen. Sie bieten Abwechslung und neuen Gesprächsstoff. Vermeiden Sie jedoch die Überfrachtung Ihres Balles mit zuviel Programm. Lassen Sie Ihren Gästen genügend Freiraum zum Tanzen, Schlendern und Plaudern.

Für die Gestaltung von Einlagen und Programmpunkten haben Sie reichhaltige Auswahl:
- Kurzauftritte von Ensemblemitgliedern
  → des Stadttheaters
  → des Schauspielhauses
  → eines Musicalensembles
  → einer Opernbühne
- Tanzpaar (Profi/Amateur)
- Amateur-Tanzformationen
- Modenschau
- Zauberer
- Bauchredner
- Sänger/-in
- Chor
- Pantomime
- Parodist
- Komiker
- Stimmenimitator
- Auftritte von
  → Rock'n' Roll-Clubs
  → Turnvereinen
  → Sportvereinen
- Mitternachtsshow der Band.

Wenn Sie sich für einen Künstler oder eine Künstlergruppe entscheiden, die mehrere Auftritte gestaltet, achten Sie auf Vielseitigkeit und Wandlungsfähigkeit. Bei allzu ähnlichen Wiederholungen macht sich schnell Langeweile breit.

Bei der Suche nach Künstlern haben Sie mehrere Ansprechpartner:
- Künstleragenturen
  (z.B. über die »Gelben Seiten« Ihres Telefonbuchs)
- Bankettabteilungen oder Veranstaltungsbüros der Hotels und Stadthallen
- Landesarbeitsämter
  (Fachvermittlungsstelle, Künstlerdienste).

Als attraktive Programmpunkte für Ballabende haben sich Showtanzeinlagen bewährt. Laden Sie z.B. ein Meisterpaar über 10 Tänze ein. Die örtliche Tanzschule wird Ihnen dabei behilflich sein. Die gekonnte und mitreißende Mischung aus Musik, Tanz und Kostümen wird Ihren Gästen gefallen. Sie können drei Auftritte bestellen: Eine Show der Standardtänze als Auftakt. Ein Feuerwerk mit den lateinamerikanischen Tänzen ist der zweite Auftritt. Ihr dritter Programmpunkt kann die Kür, ein sehr spezielles Programm, sein, das jedes Paar als Abschluss und absoluten Höhepunkt seines Auftritts gern vorführt.

Veranstalter von Traditionsbällen, deren Gäste sich aufgrund der regelmäßigen Wiederkehr der Bälle schon näher kennen, beziehen die Gäste teilweise aktiv in die Programmgestaltung mit ein. So wird z.B. gemeinsam Quadrille getanzt oder zu einer schwungvollen Polonaise quer durch den Ballsaal animiert.

Auch die Gestaltung der Nebenräumlichkeiten des Ballsaals kann programmähnliche Züge annehmen. Wie wär's z.B. mit einer Kostprobe Golf? Technisch kein Problem: In einer Ecke des Foyers wird ein grüner Teppich mit einem handelsüblichen Golfsimulator ausgelegt. Der Zulauf und das Vergnügen, zumindest der Golffans unter den Gästen, wird Ihnen gewiss sein.

Oder: Wie wär's mit einem Versuch am Spieltisch? Für den findigen Organisator ebenfalls keine Hürde: Ein Mietspieltisch inklusive Teilzeitcroupiér der nächstgelegenen Spielbank – in einem zum Café umgebauten Nebenraum des Ballsaales kreiert – wird Ihre Gäste staunen lassen.

Medienbegleitung

Wenn Sie oder der Veranstalter ein Interesse daran hat, vom Ballereignis auch öffentlich berichten zu lassen, sollten ausgewählte Medienvertreter (insbesondere regionale Medien) davon unterrichtet und eingeladen werden. Das Interesse vor allem der lokalen Presse kann ebenfalls vielfältiger Natur sein:

- Unter den Ballgästen sind Persönlichkeiten, die zur Prominenz zählen
- die engagierte Musikband hat einen großen Bekanntheits- und Beliebtheitsgrad
- die auftretenden Künstler haben in der Region einen herausragenden Namen.

Die Einladung von Medienvertretern setzt allerdings voraus, daß Sie ihnen angemessene Arbeitsmöglichkeiten gewähren: Reservierte Plätze in bevorzugter Position und Benennung kompetenter Ansprechpartner.

Checkliste: Ball

Ziff.	Aktivitäten/Maßnahmen	Zu erled. von	Erled. am
1.	**Budgetrahmen festlegen** Kostenträchtig und abzuschätzen sind z.B. folgende Positionen:		
1.1	• Druck der Einladungen		
1.2	• Porto		
1.3	• Saalmiete oder Raumbetriebskosten		
1.4	• Anmietung von Stühlen und Tischen (falls erforderlich)		
1.5	• Beschallung, Mikrotechnik (für die Musiker auf der Bühne, für auftretende Künstler auf der Tanzfläche)		
1.6	• Bühnengestaltung		
1.7	• Blumen und Grüngruppen		
1.8	• Musikerhonorare		
1.9	• Künstlerhonorare (für Showeinlagen)		

Checkliste: Ball

Ziff.	Aktivitäten/Maßnahmen	Zu erled. von	Erled. am
1.10	• GEMA-Gebühren		
1.11	• evtl. Vergnügungssteuer (bei der zuständigen Gemeinde erkundigen)		
1.12	• Hilfskräfte (z.B. Empfang, Garderobe, Platzanweisung, Sektbar, Tombola: Losverkauf und Preisverteilung)		
1.13	• Bewirtung → Begrüßungsgetränk → Abendessen → Sekt-/Wein-/Bierbar		
1.14	• Tisch- und Saaldekoration		
1.15	• Garderobenpauschale		
1.16	• Parkplatzservice (Bewachung, Wagenabruf)		
	Für die Kostenkalkulation eines Balles sind folgende Grundsatzüberlegungen maßgeblich:		
1.17	• 100% Eigenmittelfinanzierung möglich?		
1.18	• 100 % Fremdmittelfinanzierung nötig?		
1.19	• Mischfinanzierung möglich? → Sponsorenbeiträge → Verkauf von Programmheften und Aufnahme von Anzeigenwerbung → Verkauf von Tombolalosen → Club-, Vereins-, Verbands-, Betriebszuschüsse		
2.	**Termin festlegen** Beachten Sie		
2.1	• Ferientermine		
2.2	• Feiertage, Gedenktage, Festtage		

Ziff.	Aktivitäten/Maßnahmen	Zu erled. von	Erled. am
2.3	• »Brückentage« zwischen Feiertagen, die oft zu Kurzferien genutzt werden		
2.4	• Festspieltage und -wochen, Premieren und Eröffnungen im Kulturbereich		
2.5	• Streiks und Arbeitsniederlegungen (z.B. im Bereich der öffentlichen Verkehrsmittel)		
3.	**Arbeitsgruppe bilden** z.B. bei großen Bällen ab 500 Gästen		
4.	**Veranstaltungsstätte buchen**		
4.1	• Ausstattung des Saales (Größe z.B. für 200 Personen: ca. 500 m² einschl. Tanzfläche) → ausreichend Platz für die Tische (am besten runde Achtertische, freie Wege zur Tanzfläche, ungehinderten Zugang für die Servicekräfte → ausreichend große Tanzfläche, die auch Auftrittsfläche für Showeinlagen bieten (z.B. Tanzvorführungen) → geräumige Bühne für die Musiker → variable Beleuchtung (Auf- und Abdimmen, Zusatzspots für Bühne und Tanzfläche) → Heizung, Klima, Fenster → Atmosphäre, Behaglichkeit, Festlichkeit → Anordnung der Tische – keine Tische vor der Bühne – Tanzfläche von drei Seiten mit Tischen abschließen, die vierte Seite ist die Bühne mit der Band → Tischdekoration, Tischnummerierung → Tischkarten		

Checkliste: Ball

Ziff.	Aktivitäten/Maßnahmen	Zu erled. von	Erled. am
4.2	• Sekt-/Wein-/Bierbar im Saal oder in separatem Raum (ca. 50 m²)		
4.3	• Empfangsraum für den Begrüßungsdrink (Foyer oder andere separate Räumlichkeiten; z.B. für 200 Personen ca. 150 m²)		
4.4	• Umkleideraum für Musiker und ggf. weitere Künstler		
4.5	• Garderobe, Sanitäreinrichtungen		
4.6	• Zufahrt		
4.7	• Parkplätze		
5.	**Bewirtung absprechen**		
5.1	• Buffet, Menü oder à la carte-Speisen festlegen		
5.2	• falls Buffet, Folgendes beachten: → Mittige Aufstellung → ggf. mehrere Buffetstationen → spiegelbildlicher Aufbau der Speisen → logische Folge der Speisen		
5.3	• Menükarten, Speisekarten auslegen, falls kein Buffet		
5.4	• Getränkekarten auslegen		
5.5	• Einweisung des Servierpersonals (Ehrentische vorrangig im Blick behalten)		
6.	**Musikkapelle/-band buchen**		
6.1	• Kriterien u.a. → breites Repertoire für Jung und Alt → Stimmung aufbauen und halten → einsatzfreudig, fröhlich und schwungvoll → notenfest, wenn weitere Künstler auftreten, die begleitet werden sollen		

Ziff.	Aktivitäten/Maßnahmen	Zu erled. von	Erled. am
6.2	• Band vorher bei einem Auftritt persönlich anschauen		
6.3	• Vertragsmuster vor Vertragsabschluss mit Fachmann besprechen (z.B. Landesarbeitsamt, Tanzschule)		
6.4	• mit Bandleader den musikalischen Ablauf des Balles präzise durchplanen und festlegen		
	→ Tanzserien		
	→ Pausen		
	→ Showeinlagen		
6.5	• mit Bandleader GEMA-Anmeldung besprechen		
7.	**Künstler für Showeinlagen engagieren**		
8.	**Ablauf/Programm festlegen** und Ablaufplan an Bandleader, Bankettmanager und auftretende Künstler aushändigen		
9.	**Einladungsverfahren**		
9.1	• Vorlaufzeit für die Einladung 6 bis 8 Wochen vor dem Ball		
9.2	• Einladungsliste zusammenstellen		
	→ Maximale Personenzahl festlegen		
	→ Pflichteinladungen		
	→ Komplementäreinladungen		
	→ Einladungswünsche und -vorschläge prüfen		
	→ Reserveliste anlegen für den Fall, dass Zusagenquote niedriger als erwartet		
9.3	• Einladungsform		
	→ gedruckte Einladungskarte (Klappkarte) mit handgeschriebenem Empfängernamen		
	→ hochwertiges Papier z.B. Hochglanz oder Bütten, 130g – 150g-Karton		
	→ Schriftbild z.B. in erhabenem Prägedruck		

Checkliste: Ball

Ziff.	Aktivitäten/Maßnahmen	Zu erled. von	Erled. am
9.4.	• Einladung entwerfen → Text, Gestaltung → Anlagen		
9.5	• Festlegung der Rückantwortfrist (ca. 14-21 Tage vor Ballbeginn)		
9.6.	• Druckauftrag (incl. Umschläge)		
9.7	• Versandstufen → 1. Stufe 6 – 8 Wochen vor dem Ball – Einladungskarte – Antwortkarte → Rückmeldeliste anlegen – Zusagen – Absagen – Begleitwünsche → 2. Stufe Nach Ablauf der Rückmeldefrist (14-21 Tage vor dem Ball) werden den Eingeladenen, die zugesagt haben, folgende Anlagen zugeschickt: – Wagenkarte – Lageplan – Fahrtskizze		
10.	**Platzierung** (Grundsätze siehe Sonderabschnitt Plazierung Seite 311)		
10.1	• Ehrentische (Die besten Tische sind gegenüber der Band direkt an der Tanzfläche		
10.2	• Statt der Nummerierung der Tische können auch Städtenamen, Namen von Landschaften, Blumenarten etc. verwendet werden		
10.3	• Anfertigung eines Platzierungsschemas und Aushang am Eingang des Ballsaales		
10.4	• Anfertigung einer alphabetischen Platzierungsliste und Aushang am Eingang des Ballsaales		
10.5	• Anfertigung von Placement- oder Führungskärtchen an die Gäste nach Eintreffen am Veranstaltungsort		

Ziff.	Aktivitäten/Maßnahmen	Zu erled. von	Erled. am
11.	**Anfertigung einer Gästeliste** (Grundsätze siehe Sonderabschnitt Gästeliste Seite 319)		
12.	**Aufträge an Zulieferer, Ausstatter, Dienstleister**		
12.1	• Hostessen (Foyer, Garderobe, Platzanweisung)		
12.2	• Floristen (Grüngruppen, Blumen)		
12.3	• Deko-Elemente (z.B. Bühne, Tombolazubehör)		
12.4	• Beschallung, Mikrotechnik		
12.5	• Fotograf/in		
12.6	• Parkplatzbewachung		
13.	**Aufträge an eigenes Personal**		
13.1	• Einlasskontrolle		
13.2	• Empfang/Clearingstelle		
13.3	• Gästebuch		
13.4	• Orientierungshilfe im Saal		
14.	**Für größere Bälle**		
14.1	• Sicherheitsmaßnahmen		
14.2	• Verkehrslenkende Maßnahmen		
14.3	• Notarztbereitschaft		
14.4	• Medienbegleitung		
15.	**Letzter Checkup** Ca. 2 Std. vor Beginn des Balles		
16.	**Nach dem Ball** Dank und Feedback an alle Helfer		

In the presence of Their Royal Highnesses the Duke and Duchess of Kent

Her Britannic Majesty's Ambassador
and Lady Henderson
request the pleasure of the company of
Frau Ingelore Winter
at a Dinner-Dance on Thursday, 7 November
at 20:00 hrs
p.m.

Bad Godesberg
Heisterbachstrasse 39

R.S.V.P.

Zu Ehren des Diplomatischen Korps

Der Bundesminister des Auswärtigen
und Frau Dr. Mildred Scheel
bitten

Frau Ingelore Winter

zu einem Sommerfest mit Tanz am Freitag,
dem 15. Juni 1973, um 20.00 Uhr auf dem Petersberg.

Antwort auf beiliegender Karte
bis 5. Juni 1973 erbeten.
Auswärtiges Amt, Tel. 17-2410

Kaltes und warmes Buffet
Smoking

Ball der Luftwaffe 1998

Der Inspekteur der Luftwaffe
Generalleutnant Rolf Portz
und die Angehörigen des Führungsstabes der Luftwaffe
bitten
Herrn Kapitänleutnant Werner Schiebert
und Frau Gemahlin
zum Ball der Luftwaffe
am Freitag, dem 30. Januar 1998, 20.00 Uhr,
in die Beethovenhalle zu Bonn

U.A.w.g. bis 17. Dezember 1997
auf anhängender Karte

Reg.-Nr. 1068

Gesellschaftsanzug/Frack
Smoking/Ausgehuniform

EINTRITTSKARTE

Ball der Luftwaffe
am 24. Januar 1997

Ball der Luftwaffe
am 24. Januar 1997

Ball

Am **BALL DER LUFTWAFFE 1998**

nehme ich teil ☐ nehme ich nicht teil ☐ bitte streichen Sie mich von der Einladungsliste ☐ (bitte in Druckschrift ausfüllen)

Name/Vorname: _____
Straße/Ort: _____
Titel/DstGrad/Beruf: _____   Telefon, priv.: _____
berufliche Funktion: _____   Telefon, dstl.: _____
mit Ehefrau/Begleitung: ☐   Name/Vorname: _____
mit Tochter/Sohn: ☐   Vorname: _____   Alter/Größe: _____
☐   Vorname: _____   Alter/Größe: _____
☐   Vorname: _____   Alter/Größe: _____

Kinder am Tisch der Eltern? ☐
Tischherr/-dame erwünscht? ☐ für: _____

Den Kostenbeitrag von DM _____ habe ich überwiesen/werde ich bis spätestens zum 17.12.1997 auf das Konto 33 301 409 Führungsstab der Luftwaffe „Ball der Luftwaffe 1998", bei der Sparkasse Bonn, BLZ 380 500 00 einzahlen. (bitte Reg.-Nr. unbedingt angeben)

bin damit einverstanden, daß meine personenbezogenen Daten, soweit sie für diesen und weitere Luftwaffenbälle erforderlich sind, in einer Datei gespeichert werden.

Ich möchte zum nächsten Ball wieder eingeladen werden ☐

_____
Unterschrift

Wünsche zur Tisch-/Sitzordnung (bitte ankreuzen): [GS] [GS/E] [FOY] [REST*] [SGEB] [RHEIN] [VOR] [KAM] [STUD]
Wir haben uns mit folgenden eingeladenen Gästen verabredet und möchten nach Möglichkeit mit diesen an einem Tisch sitzen:
(Falls eine erwünschte Plazierung im „Großen Saal" möglich ist, bitten wir um Verständnis dafür, daß nur eine maximale Personenzahl **von 6 Personen** berücksichtigt werden kann.)

Name/Vorname:	Reg.-Nr.
Name/Vorname:	Reg.-Nr.
Name/Vorname:	Reg.-Nr.
Name/Vorname:	Reg.-Nr.

Ich möchte zusätzlich folgende persönlichen Gäste mitbringen, für die ich ebenfalls den Kostenbeitrag überweise:

Name/Vorname, DstGrad, berufliche Funktion:	Name/Vorname, DstGrad, berufliche Funktion:
1.	4.
2.	5.
3.	6.

GS = Großer Saal — GS/E = Großer Saal/Empore — FOY = Foyer — REST* = Restaurant — SGEB = Siebengebirgszimmer — RHEIN = Rheinblick
VOR = Vortragssaal — KAM = Kammermusiksaal — STUD = Studio   * Wird wegen Großbrand zur Zeit renoviert. Platzangebot unter Vorbehalt

Reg.-Nr. _____

Veranstaltungsorganisation

Platzkonzerte

Datum - am: _____

Uhrzeit - von/bis: _____

Örtlichkeit: _____

Datum - am: _____

Uhrzeit - von/bis: _____

Örtlichkeit: _____

Musikumzüge

Datum - am: _____

Kapellen - Anzahl: _____

Spielmannszüge - Anzahl: _____

Lautsprecherwagen - Anzahl: _____

Lautsprecher an Zugstrecke: _____

Hinweis
Sofern bei einer Veranstaltung Musiker mitwirken, ist der GEMA eine Aufstellung (Musikfolge) über die bei der Veranstaltung benutzten Werke unmittelbar nach der Aufführung zu übersenden (§ 13a UrhWG).

Postkarte

GEMA

Gesellschaft für musikalische Aufführungs- und mechanische Vervielfältigungsrechte

Postfach 10 15 45

50455 Köln

Mitteilung an die GEMA   MK

Veranstalter:
(Genaue Angabe des Namens und der postalischen Anschrift, bei Vereinen auch Name des Vereinsvorstandes)

Bitte bei allen Zuschriften und Zahlungen angeben: 1 0 0 0 0

Tel.: _____

Mitveranstalter: _____

Mitglied der Gesamtvertrags-Organisation: _____

Veranstaltungsraum: _____

Ort der Veranstaltung: (PLZ) _____ Straße: _____

Tag der Veranstaltung (Datum)	Beginn u. Ende der einzelnen Veranstaltung (Uhrzeit)	Art der Veranstaltung (z.B. Tanz, Bunter Abend, Unterhaltungsmusik, Konzert, geselliges Vergnügen, Maskenball, Sitzung usw.)	Höhe des Eintrittsgeldes oder sonstigen Entgeltes - jeweils Höchstbetrag - (Vorverkauf oder Abendkasse)	Größe der benutzten Fläche		Musik erfolgt durch *)
				Im Raum: (z.B. Saal, Halle, Zelt) Fassungsraum einschl. Bühne (Länge x Breite) - bis zu qm -	Im Freien: (z.B. Platz, Straße) Personenfassungsvermögen oder Gesamtbesucherzahl - bis zu Personen -	a) Musiker / Sänger b) Tonband / Cass. m. Selbstaufnahmen c) Tonband / Cass. o. Selbstaufnahmen d) Schallplatten / Musikbox / CD-Player e) Videocassetten – CD / Video mit Selbstaufnahmen d) Videocassetten – CD / Video ohne Selbstaufnahmen

Musikbeschallung vor Beginn/in der Pause oder nach Schluß der Veranstaltung am: _____
☐ mit Schallplatten ☐ mit selbst aufgenommenen Cassetten ☐ mit Industrie-Tonträgern

Show-Einlagen mit Musik während der Veranstaltung am: _____
☐ mit Schallplatten ☐ mit selbst aufgenommenen Cassetten ☐ mit Industrie-Tonträgern

*) Zutreffenden Buchstaben je einzelne Veranstaltung angeben!

Bitte auch Rückseite ausfüllen

Ort / Datum / Unterschrift (Vor- und Zuname, Funktion beim Veranstalter)

Ad - F 3/1 (15) - 3/94 Weiß

3.3 Bankett/Festliches Abendessen

Bankett bezeichnet ein offizielles besonders festliches Abendessen. Weitere Bezeichnungen für diese Veranstaltungsform: Galaessen, Galadinner – und eben auch schlicht »Festliches Abendessen«.

Die feierliche Atmosphäre wird unterstrichen durch die Garderobe der Gäste, die ausgedehnte exquisite Speisenfolge und die ausgesuchte Gastlichkeit des Ortes.

Ein Bankett sollte nur wenigen besonders herausgehobenen Anlässen vorbehalten bleiben. Zu häufige Banketts mindern deren Bedeutung in der Spitze der Hierarchie der Veranstaltungsformen.

Bei der Gästezahl gibt es eine erhebliche Bandbreite: Von etwa 30 Personen aufwärts kann das Bankett auch für 1.000 Personen und darüber arrangiert werden.

Anlass

Ein Bankett wird vorrangig zu Ehren eines hochgestellten Gastes, eines führenden Repräsentanten eines fremden Staates oder aus anderen besonderen Anlässen gegeben.

Ziel und Form

Das Bankett bietet dem Gastgeber die Gelegenheit, seine hohe Schule der Gastlichkeit nach allen Regeln des Protokolls zu zelebrieren und ein glanzvolles Symbol seiner Repräsentationskunst zu vermitteln.

Nur bei wenigen anderen Veranstaltungsformen lässt sich die Ehrung einer Person, die Achtung einer Institution oder eines fremden Staates so eindrucksvoll für die Beteiligten darstellen wie beim Bankett.

Die äußere Form bildet mit der inhaltlichen Gestaltung sozialer Abläufe einen fließenden Übergang. Hier wird deutlich: Wirtschaftliches und politisches Handeln ist nicht nur ein Durchsetzungsproblem, sondern stets auch eine Frage der Inszenierung.

Ein Bankett findet grundsätzlich in der Form eines gesetzten Essens statt, d.h. die Speisenfolge wird am Tisch serviert.

Der Gastgeber legt das Menü, die Sitzordnung und den Ablauf fest.

Datum

Anlass, Teilnehmerzahl und die Terminplanung der hochrangigsten Persönlichkeiten, die den Kern des Gästekreises bilden, sind für die Terminfestlegung entscheidend.

Vorteilhaft wäre es, ein Bankett unmittelbar vor einem Fest- oder Feiertag anzusetzen. Dies fördert die entspannte Open-End-Atmosphäre.

Dauer

Beginn: 19.30 Uhr oder 20.00 Uhr
Dauer: 4 bis 5 Stunden.

Budget

Folgende Kostenpositionen sind meist einzuplanen:
- Druck der Einladungen
- Porto
- Saalmiete oder Raumbetriebskosten
- Menü und Getränke
- Menükarten
- Beschallung, Mikrotechnik
- Blumenschmuck
    → Foyer, Saal
    → Tische
- Bewirtung der Fahrer und Begleitpersonen
- Servicekräfte
- Hostessen (Foyer, Garderobe, Platzanweisung)
- Parkplatzservice (Bewachung, Wagenabruf).

Ort

Nur wenige Orte genügen den Ansprüchen des Banketts. Im diplomatischen Protokoll beispielsweise werden für Banketts meist die Botschaften, die Residenzen der Botschaften oder staatliche Gästehäuser gewählt. Die Beziehung zum Gastgeber und Hausherrn kann dort auf intensive Weise gestaltet werden. Der entstehende Aufwand für Dienstleistungen und Sachmittel kann leistungsstarken Catering- und Serviceunternehmen übertragen werden.

Liegen solche Gegebenheiten nicht vor, wird man sich als Gastgeber an außergewöhnlich leistungsfähige Restaurants und Hotels halten, die geeignete separate Räume anbieten können.

Auswahl und Ausgestaltung der Räume bedürfen besonderer Sorgfalt:
- Der Raum muss einer der Gästezahl entsprechenden Tafel Platz bieten.
- Die Bewegungsfreiheit für das Servicepersonal muss ausreichend gewährleistet sein.
- Die Entscheidung ist zu treffen, ob eine festliche, repräsentative Atmosphäre oder ein warmes, persönliches Ambiente angestrebt werden soll.
- Auswahl und Anordnung des Mobiliars ist zu berücksichtigen; ein relativ zu großer Raum beispielsweise lässt sich durch Sitzgruppen und Blumenarrangements zweckentsprechend gestalten.
- Die Gestaltung jenes Raumes ist zu berücksichtigen, der zunächst für den Aperitif der Gäste vorgesehen ist und später der zwanglosen Einnahme des Mokkas/Kaffees dient.

Menü

Vertrauen Sie sich bei der Auswahl der Speisen- und Weinfolge dem erfahrenen Bankettleiter oder Küchenchef an. Ihnen werden fachgerechte Vorschläge unterbreitet. Sie legen dann das Ihnen geeignet erscheinende Menü fest.

Bei der Zusammenstellung der Speisen sollten Sie folgende Grundregeln beachten:
- Vorherrschende Geschmacksrichtungen sollten sich nicht wiederholen.
- Gleiche Farben sollen nicht direkt aufeinanderfolgen.
- Deftige Speisen sollen nicht mit feinen gemischt werden.
- Auf einen sättigenden Menügang sollte eine leichtere Speise folgen.
- Fisch kommt vor Fleisch.

Zur Orientierung sei nachfolgend die große klassische Speisenfolge für außergewöhnliche festliche Abendessen aufgeführt. Sie wird heute in dieser Fülle nur noch selten gewählt:
1. Kaltes Vorgericht (Hors-d'oevre froid)
   z.B. Krustentiere, kombinierte Salate, kalte Eierspeisen, Früchte
2. Suppe (Potage)
   z.B. klare Brühen mit und ohne Einlagen, exotische Suppen, regionale oder nationale gebundene Suppen
3. Warmes Vorgericht (Hors d'oevre chaud)
   z.B. gefüllte Teigwaren, Ragouts, Pilzgerichte
4. Fisch (Poisson)
   z.B. Salz- und Süßwasserfische, Krusten- und Schalentiere
5. Hauptplatte (Grosse pièce)
   z.B. Geflügel, Wild
6. Kaltes Zwischengericht (Entrée froide)
   z.B. Pasteten, Ballotinen von Geflügel, Terrinen
7. Warmes Zwischengericht (Entrée chaude)
   z.B. Innereien, Eierspeisen, Pilzgerichte
8. Sorbet
   z.B. Eischaumspeise von Gartenfrüchten
9. Braten (Roi)
   z.B. Teile von Schlachtfleischtieren, Wild, Geflügel
10. Salat (Salade)
11. Gemüse (Légumes)
12. Süßspeise (Entremet)
    z.B. Savarin, Strudel
13. Würzbissen (Savouries)
    z.B. Käse, Käsegebäck, würzige Törtchen
14. Nachtisch (Dessert)
    z.B. Kompott, Obstsalat.

Als perfekter Gastgeber sollten Sie daran denken, mit dem Bankettleiter über mögliche Austauschgerichte für Gäste zu sprechen, die z.B. Moslems oder Vegetarier sind.
Für den Fall, dass Sie die Menükarten in Ihrem Sekretariat beschriften lassen, gilt folgende Gestaltungsregel: Auf der rechten Seite steht die Menüfolge einschließlich Kaffee, auf

Bankett

der linken Seite werden die zugehörigen Getränke, beginnend mit dem Aperitif, aufgeführt.

Einladungsverfahren

Grundsätzliche Hinweise zum Einladungsverfahren finden Sie im Sonderabschnitt Einladungen Seite 292

- *Einladungsliste*
  Die Einladungsliste für ein Bankett wird immer eine Mischung sein aus
  → Pflichteinladungen und
  → Komplementäreinladungen.
  Die Pflichteinladungen ergeben sich aus dem eng mit dem Anlass verbundenen Personenkreis sowie aus der sorgfältigen Durchsicht der VIP-Datei.
  Den Komplementäreinladungen liegen die Überlegungen zugrunde: Wer passt im weiteren Sinne zum Gästekreis? Welche Persönlichkeiten würden eine Bereicherung der geplanten Bankett-Tafel darstellen? Welche Persönlichkeiten sind mir gerade für diesen Anlass noch wichtig?
- *Vorlaufzeit*
  6 – 8 Wochen.
  Diese Frist wird sich in der Praxis nicht immer einhalten lassen. Dennoch gilt sie als ideale Vorlaufzeit.
- *Form*
  → Gedruckte Einladungskarten mit handgeschriebenen Empfängernamen
  → Hochwertiges Papier: Hochglanz oder Bütten; 130g-150g-Karton
- *Versandstufen*
  → 1. Stufe
  Mit der Einladungskarte wird nur die Antwortkarte mit dem Rückmeldedatum verschickt
  → 2. Stufe
  Nach Ablauf der Rückmeldefrist (ca. 10 Tage vor der Veranstaltung) wird aufgrund der Zusagen ein Platzierungsschema aufgestellt.
  Gemäß Platzierungsplan werden den Adressaten, die zugesagt haben, alle übrigen Anlagen zugeschickt:

  – Platzierungskarte
  – Wagenkarte (Parkplatzhinweis)
  – Lageplan
  – Fahrtskizze

Kleidung

Smoking, im Sommer auch Dinnerjackett.
Nur noch selten: Frack
Bekleidungsvermerk auf der Einladung erforderlich.

Platzierung

Ausführliche Hinweise und praktische Tips zur Platzierung bei gesetzten Essen finden Sie im Sonderabschnitt Platzierung Seite 311

Ablauf

- *Aperitif/Begrüßung*
  Der Gastgeber begrüßt seine Gäste zunächst bei einem Aperitif im Foyer oder in einem gesonderten Raum.
  Vorteile:
  → Warming up, Vorstellen, bekannt machen
  → Sammeln der Latecomer
  → Orientierung anhand des ausgelegten Placements über die eigene Sitzposition an der Tafel
- *Gang zur Tafel*
  Nach etwa 15 bis 30 Min. bittet der Gastgeber zu Tisch.
  Vorspeise und zugehöriges Getränk sind bereits serviert oder werden unverzüglich aufgetragen.
  Bei vorher angezeigter erheblicher Verspätung eines Gastes sollte der Gastgeber zur vorgesehenen Zeit zu Tisch bitten. Trifft der verspätete Gast zum Essen ein, wird ihm entsprechend dem Stand der Speisenfolge der gleiche Gang serviert wie den anderen Gästen.
- *Einnehmen der Plätze*
  Der Gastgeber hat seinen Platz so festgelegt, dass er Blickkontakt zum Servierpersonal hat und auf das Servieren Einfluss nehmen kann.

- *Servieren*

  Das Servieren muss zügig erfolgen, ohne lange Pausen zwischen den einzelnen Gängen.

  Die Reihenfolge beim Servieren ist vorher festzulegen.

  Die Rangordnung innerhalb der Platzierung bestimmt auch die Reihenfolge des Servierens.

  Die Einweisung des Servierpersonals sollte daher bei der Vorbereitung des Banketts sorgfältig beachtet werden.

  Beispiel: Wir haben folgende Tafel vor uns

  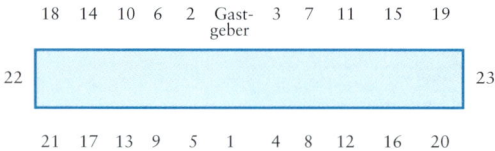

  Die empfehlenswerte Festlegung der Servierreihenfolge bei vier Kellnern:
  Kellner 1
  bedient die Gäste: 1, 4, 8, 12, 16, 20
  Kellner 2
  die Gäste: 2, 6, 10, 14 18 und Gastgeber
  Kellner 3
  die Gäste: 3, 7, 11, 15, 19, 23
  Kellner 4
  die Gäste: 5, 9, 13, 17, 21, 22
  Bei entsprechender Aufmerksamkeit der Kellner untereinander kann gemäß Rangfolge serviert und ein Minimum an Wegen zurückgelegt werden.

- *Toaste, Reden*

  Nachdem die Gäste Platz genommen haben oder auch nach dem Hauptgang kann der Gastgeber Worte an seine Gäste richten.

  Streng und genau wird es beim »Toasten« im diplomatischen Protokoll.

  Toaste sind kurze Reden, die in einem Trinkspruch enden.

Das Protokoll schreibt vor:
→ Der Gastgeber informiert rechtzeitig seinen ranghöchsten Gast über seine Absicht, einen Toast auszubringen.
→ Toaste beim Essen werden grundsätzlich nach dem Hauptgang vorgetragen. Es sei denn, mit Rücksicht auf rechtzeitige Medienberichterstattung wird etwas anderes vereinbart.
→ Der Gastgeber bringt seinen Toast zuerst aus, der ranghöchste Gast folgt ihm mit einem Antworttoast.
→ Toaste werden im Stehen gehalten, das Glas bleibt dabei auf dem Tisch stehen. Erst nach dem Trinkspruch werden die Gläser erhoben. Angestoßen wird nur mit dem Tischnachbarn.

- *Abschluss*

  Zum Abschluss des Banketts wird Mokka gereicht. Danach wird die Tafel aufgehoben und die Veranstaltung beendet.

  Möchte der Gastgeber, dass die Gäste noch verweilen und sich zwanglos in Gesprächsgruppen zusammenfinden, wird er die Tafel bereits nach dem Dessert aufheben und die Gäste zum Kaffee oder Mokka in einen anderen Raum bitten.

- *Verabschiedung*

  Der Gastgeber begleitet die sich verabschiedenden Gäste zum Ausgang. Der ranghöchste Gast verabschiedet sich protokollgemäß als erster.

Medienbegleitung

Ja nach Bedeutung des Anlasses und in Absprache zwischen Gastgeber und den ranghöchsten Gästen werden Medienvertreter über die Veranstaltung informiert.
Die Zulassung von Fotojournalisten und Kamerateams sollte mit Beginn des Essens enden.

Checkliste: Bankett

Ziff.	Aktivitäten/Maßnahmen	Zu erled. von	Erled. am
1.	**Budgetrahmen festlegen** Kostenpositionen sind:		
1.1	• Druck der Einladungen		
1.2	• Porto		
1.3	• Saalmiete oder Raumbetriebskosten		
1.4	• Menü und Getränke		
1.5	• Bewirtung der Fahrer und Begleitpersonen		
1.6	• Menükarten		
1.7	• Beschallung, Mikrotechnik		
1.8	• evtl. Tafelmusiker		
1.9	• Blumenschmuck → Foyer, Saal → Tische		
1.10	• Servicekräfte		
1.11	• Hostessen (Foyer, Garderobe, Platzanweisung)		
1.12	• Parkplatzservice (Bewachung, Wagenabruf)		
2.	**Termin bestimmen** Vorteilhaft wäre, ein Bankett unmittelbar vor einem Fest- oder Feiertag anzusetzen		
3.	**Veranstaltungen buchen**		
3.1	• Ausstattung des Saales → Atmosphäre, Behaglichkeit, Festlichkeit → Mobiliar → Heizung, Klima, Fenster → Licht (evtl. variabel) → Lärmeinwirkung von außen → Fremde Veranstaltungen		

Ziff.	Aktivitäten/Maßnahmen	Zu erled. von	Erled. am
3.2	• Gesonderter Raum für Aperitif/Mokka		
	→ Aperitif (bis auf Abstelltische für Gläser muss Raum leer sein)		
	→ Mokka (Umrüstung: Sitzgruppen)		
3.3	• Absprachen		
	→ Anordnung der Tafel		
	→ Tischdekoration		
	→ Menükarten		
	→ Tischkarten		
	→ Placementständer		
	→ Beginn/Ende des Banketts		
	→ Aperitif (Angebot)		
3.4	• Aufenthaltsraum für Fahrer und Begleitpersonen		
3.5	• Servicepersonal (Servieren, Nachschenken)		
3.6	• Deko-Elemente (Blumen, Kordelständer)		
3.7	• Garderobe, Sanitäreinrichtungen		
3.8	• Foyergestaltung (Empfangstisch)		
3.9	• Zufahrt/Vorfahrt		
3.10	• Beflaggung		
3.11	• Parkplatz		
4.	**Menüfolge festlegen**		
4.1	• Menü und Getränke		
4.2	• Breaks für Tischreden/Toasts		
4.3	• Einweisung des Servicepersonals in die Servierrangfolge		
4.4	• Verpflegung der Fahrer und Begleitpersonen		

Checkliste: Bankett

Ziff.	Aktivitäten/Maßnahmen	Zu erled. von	Erled. am
5.	**Einladungsverfahren**		
5.1	• Vorlaufzeit für Einladungen 6 – 8 Wochen		
5.2	• Einladungsliste zusammenstellen → Maximale Personenzahl festlegen → Pflichteinladungen → Komplementäreinladungen → Durchsicht VIP-Datei → Einladungsvorschläge prüfen		
5.3	• Einladungsform → Gedruckte Einladungskarte mit handgeschriebenem Empfängernamen → Hochwertiges Papier: Hochglanz oder Bütten; 130g – 150g-Karton		
5.4	• Einladung entwerfen → Text, Gestaltung → Anlagen		
5.5	• Festlegung der Rückantwortfrist (ca. 10 Tage vor dem Bankett)		
5.6	• Druckauftrag (incl. Umschläge)		
5.7	• Versandstufen → 1. Stufe 6 – 8 Wochen vor dem Bankett – Einladungskarte – Antwortkarte → Rückmeldeliste anlegen – Zusagen – Absagen – Vertreter – Begleitperson ja/nein		

Ziff.	Aktivitäten/Maßnahmen	Zu erled. von	Erled. am
	→ 2. Stufe Nach Ablauf der Rückmeldefrist werden an die Adressaten, die zugesagt haben, folgende Anlagen versandt: – Wagenkarte – Lageplan – Fahrtskizze		
6.	**Platzierung/Tischordnung festlegen** (Grundsätze siehe Sonderabschnitt Platzierung Seite 311)		
7.	**Ablauf festlegen**		
7.1	• Aperitif/Begrüßung		
7.2	• Toaste/Tischreden		
7.3	• Tafelmusik		
8.	**Aufträge an Zulieferer, Ausstatter, Dienstleister**		
8.1	• Hostessen (Foyer, Garderobe, Platzanweisung)		
8,2	• Blumen und Grüngruppen		
8.3	• Deko-Elemente		
8.4	• Beschallung, Mikrotechnik		
8.5	• Fotograf/in		
8.6	• Parkplatzbewachung		
9.	**Aufträge an eigenes Personal**		
9.1	• Einlasskontrolle		
9.2	• Empfang		
9.3	• Gästebuch		
9.4	• Bekannt machen der Gäste		
9.5	• Orientierungshilfe im Saal		

Checkliste: Bankett

Ziff.	Aktivitäten/Maßnahmen	Zu erled. von	Erled. am
10.	**Für größere Banketts**		
10.1	• Sicherheitsmaßnahmen		
10.2	• Verkehrslenkende Maßnahmen		
10.3	• Notarztbereitschaft		
10.4	• Medienbegleitung und Presseerklärung		
11.	**Letzter Checkup** Ca. 2 Std. vor Beginn der Veranstaltung		
12.	**Nach der Veranstaltung** Dank und Feedback an alle Helfer		

Der Bundesminister des Innern,
vertreten durch
Staatssekretär Prof. Dr. Schelter
gibt sich die Ehre,
Herrn Dr. Klaus Burgmann
zu einem BANKETT *am* Freitag
dem 17. April 1998 *um* 20⁰⁰ *Uhr einzuladen.*

Antwort erbeten an:
Büro Prof. Dr. Schelter
0228 - 681 - 2200

Ort:
Gästehaus Petersberg
Rotunde

3.4 Brunch/Déjeuner

Für viele ist eine Frühstückseinladung zu früh oder zu mager, für andere ein gemeinsames Mittagessen zu spät und zu üppig. Also trifft man sich zeitlich und inhaltlich in der Mitte und wählt einen Brunch.

Der Brunch, die sprachliche Kombination aus dem englischen »breakfast« (Frühstück) und »Lunch« (Mittagessen), erfreut sich im privaten wie im geschäftlichen Bereich zunehmender Beliebtheit.

Gelegentlich trifft man auch auf die Einladung zu einem »Sektfrühstück«. Im offiziellen Veranstaltungsspektrum ist dies formal mit dem Brunch gleichzusetzen.

Anlass

Der Einladung zum Brunch können als Anlässe z. B.

- Geburtstage
- Jubiläen
- Jahrestage
- Geschäftsbesuche
- Einweihungen
- Eröffnungen

zugrunde liegen. Oft kann es auch einfach nur die spontane Idee sein: Brunchen wir mal wieder!

Ziel und Gestaltung

Motto und Ziel einer Bruncheinladung:
Mit relativ geringem organisatorischen Aufwand in ungezwungener Atmosphäre zu einer angenehmen Tageszeit einen überschaubaren Gästekreis – auch einmal spontan – bewirten.

Die übliche Gästezahl beim offiziellen Brunch liegt zwischen 20 und 50 Personen. Eine feste Sitzordnung beim Brunch ist nicht vorgesehen, auch wenn Sitzplätze vorhanden sind. Oft wird der Brunch bei größeren Personenzahlen ähnlich wie ein Stehempfang durchgeführt. Das Brunchbuffet wird dann als Gabelbuffet angeboten, d.h. es werden nur Speisen angeboten, die lediglich mit Hilfe der Gabel zu konsumieren sind.

Im privaten Bereich kann ein Brunch für wenige Personen auch am gedeckten Tisch stattfinden. Platzmangel für Speisen und Getränke wird durch Beistelltische zur Tafel ausgeglichen.

Ein Brunch verlangt nicht unbedingt umfangreiche Dekorationen, da sich hier jeder zwanglos zwischen Buffet, Sitzplatz (falls für jeden vorhanden) und Getränkequelle bewegt. Die Dekorationsfrage wird allerdings dann aktuell, wenn Sie Ihren Brunch unter ein Motto stellen. Laden Sie beispielsweise zum Neujahrsbrunch, gehören natürlich Luftschlangen, Konfetti, Glücksklee etc. zur Standarddekoration. Bei einem Brunch zur Faschingszeit, Osterzeit oder Weihnachtszeit sind entsprechende Dekovariationen angezeigt.

Datum

Übliche Anfangszeiten für einen Brunch:
11.00 Uhr/11.30 Uhr/ 12.00 Uhr.

Montage und Freitage sollten als gewohnt stark belastete Arbeitstage im Allgemeinen nicht in Betracht gezogen werden. Beim offiziellen Brunch spielt die Wahl des Wochentages allerdings eine eher untergeordnete Rolle. Da der Gästekreis überschaubar ist und die Vorbereitungen relativ unkompliziert sind, wird der Veranstaltungstermin meist eng anlassbezogen und nur unter Berücksichtigung der Terminsituation der wichtigsten Gäste fixiert.

Bei Privateinladungen zum Brunch wird – die Vorteile sind eindeutig – regelmäßig der Sonntag favorisiert.

Dauer

Für einen Brunch ist es nicht ungewöhnlich, zusätzlich zur Anfangszeit auch das Brunchende in der Einladung anzugeben. Beispiel: 11.00 Uhr bis 13.00 Uhr. Den Gästen wird mit dieser Zeitspanne die grundsätzliche Botschaft übermittelt, dass die Dauer sich etwa auf zwei Stunden beschränkt und die Einladung nicht automatisch ein Verweilen über die nachmittägliche Kaffee- und Kuchenzeit einschließt, die dann wiederum nahtlos zum Abendimbiss übergeht.

Absolute Pünktlichkeit der Gäste sollten Sie jedoch nicht verlangen, sie würde nicht zur Zwanglosigkeit des Brunchgeschehens passen. Auch mit dem Brunchende sollten Sie es nicht so genau nehmen. Ihre Gäste haben den Tag reichlich vor sich. Drängen keine wichtigen Anschlusstermine wird der Brunch von den Gästen eher als Open-End-Veranstaltung empfunden. *Wann das ganze endet, kann daher keiner so recht vorhersagen.* Dies gilt insbesondere für Privateinladungen. Der Brunch wird vornehmlich von Familien mit Kindern geschätzt. Für die gemeinsame Beschäftigung der Kinder werden vorher Spiele organisiert oder Bastelmaterial bereitgelegt. So kann aus einem Brunch ganz ungeplant auch eine tagesfüllende Veranstaltung werden.

Budget
Bei den Budgetplanungen für einen offiziellen Brunch sind im wesentlichen folgende Positionen zu berücksichtigen:
- Druck der Einladungen
- Porto
- Saalmiete/Raumbetriebskosten
- Blumendekoration
- Speisen und Getränke
- Servierkräfte
- Bistrotische (falls Anmietung)
- Parkplatzservice

Ort
Anlass, Teilnehmerzahl und Bewirtungsmöglichkeiten bestimmen zu einem wichtigen Teil die Ortswahl für Ihren Brunch.
Halten Sie das Gebäude Ihres Betriebes oder Ihrer Behörde für ungeeignet, bieten sich Ihnen die vielfältigen Möglichkeiten des freien Marktes der Gastronomie und Hotellerie. Sorgen Sie bei der Gestaltung des Brunchraumes für ein ansprechendes Ambiente: Grüngruppen, Bodenvasen, Blumengestecke, Bilder – geschickt platziert und beleuchtet – verleihen auch unscheinbaren Räumlichkeiten unverhoffte optische Reize.

Vergessen Sie nicht, in den Ecken des Brunchraumes kleine Sitzgruppen für ältere und gehbehinderte Gäste aufstellen zu lassen.
Falls Reden vorgesehen sind: Denken Sie an Rednerpult, Mikroanlage und Wasser für die Redner.

Speisen und Getränke
Bieten Sie quer durch den kulinarischen Garten alles an, was Frühstück und Mittagessen so schmackhaft macht. Erlaubt sind alle Genüsse auf einmal: Deftiges und Feines, Pikantes und Süßes, Kaltes und Heißes.

Zur Grundausstattung eines Brunch gehören:
- Brötchen- und Brotauswahl, Croissants
- Butter, Margarine
- verschiedene Marmeladen, Honig
- Müsli, Fruchtjoghurt
- Käseplatte
- Wurstplatte, Schinkenspezialitäten
- Weißwürste, Frankfurter Würstchen
- Fleischkäse, Hackbraten
- kalter Braten
- Roastbeef umlegt mit Essiggemüse
- verschiedene Sorten Senf, Sahnemeerrettich
- Tomaten, Gurken, Paprikaschoten
- Nudelsalat
- Matjesheringe, Bratheringe, Räucherfisch
- hartgekochte Eier
- diverse frische Dips aus Quark und Kräutern
- Kuchenauswahl
- exotischer Obstsalat
- Mousse au chocolat
- frische Früchte
- Getränke:
Kaffee, Tee, Obstsäfte, Gemüsesäfte, Milch, Kakao, Champagner, Sekt, leichter Weißwein, Bier, Mineralwasser

Die Speisen werden beim klassischen Brunch in Form eines Selbstbedienungsbuffets angeboten. Fordern Sie Ihre Gäste zur Selbstbedienung auf. Sie sind zwar Gastgeber, aber beim Brunch kümmert sich jeder Gast auch selbst um sein leibliches Wohl.

Wenn Sie einen Brunch organisieren, der mehr den Charakter eines Stehempfangs hat, werden nur Speisen angeboten, die entweder aus der Hand gegessen oder problemlos mit Hilfe der Gabel verzehrt werden können. Denken Sie an Abstellmöglichkeiten für benutzte Teller und Gläser.

Bei privaten Bruncheinladungen entstehen oft Engpässe beim Kaffeenachschub, weil die Kaffeemaschine es allein nicht schafft oder nicht rechtzeitig nachgefüllt wird. Leihen Sie sich daher eine größere Anzahl Thermoskannen zusammen, Sie können dann Kaffee und Tee in größeren Mengen vorkochen.

Einladungsverfahren

- *Vorlaufzeit*
  3 bis 6 Wochen vor dem Brunch.
  Natürlich sind – insbesondere im privaten Bereich – auch Spontaneinladungen mit sehr kurzem Vorlauf üblich.
- *Form*
  Einladungskarten oder Einladungsschreiben.
  Privat kann die Einladung – bei überschaubarer Einladungsliste – auch telefonisch übermittelt werden.
- *Zeitangabe*
  Beim Brunch kann die Zeit für das Ende angegeben aber auch weggelassen werden. Folgende Formulierungen sind möglich:
  → ... laden Sie zu einem Brunch am Donnerstag, dem 24. September 1998, um 11.00 Uhr, ein
  → ... geben wir einen Brunch von 10.30 Uhr bis 13.00 Uhr
  → ... findet ein Brunch von 11.30 bis 14.00 Uhr statt.

- *Bekleidungshinweis*
  Der Tageszeit und der ungezwungenen Brunchatmosphäre angemessen kann der Bekleidungshinweis lauten:
  »Informal« oder »Tagesanzug/Tageskostüm« oder »Straßenanzug«.

Ablauf

Wenn es einer Regie beim Standardbrunch überhaupt bedarf, dann sollten Sie allenfalls an folgende Punkte denken:
- Eintragung ins Gästebuch
- Aperitif
- Begrüßungsworte (bei einem bedeutenden Anlass auch kurze Ansprache)
- Vorstellung von Ehrengästen
- Dank an dienstbare Helfer
- Eröffnung des Brunchbuffets

Zu den allgemeinen Pflichten des Gastgebers beim Brunch zählen:
- Sorgen Sie dafür, dass Ihre Gäste soweit wie möglich miteinander bekannt gemacht werden.
- Lassen Sie sich bei der Begrüßung nicht auf lange Gespräche ein.
- Widmen Sie sich jedem neuen Gast mit der gleichen Aufmerksamkeit.
- Bemühen Sie sich auch während des Brunch, sich möglichst vielen Ihrer Gäste zuzuwenden.

Medienbegleitung

Die Einladung an Medienvertreter ist nur bei Anlässen in Betracht zu ziehen, die für den Ort oder die Region von Bedeutung sind.

Checkliste: Brunch

Ziff.	Aktivitäten/Maßnahmen	Zu erled. von	Erled. am
1.	**Budget festlegen** Es sind meist folgende Ausgaben einzuplanen:		
1.1	• Druck der Einladungen		
1.2	• Porto		
1.3	• Saalmiete/Raumbetriebskosten		
1.4	• Blumendekoration		
1.5	• Speisen und Getränke		
1.6	• Servicekräfte (Bedienung)		
1.7	• Bistrotische in verschiedenen Größen (Anmietung)		
2.	**Termin bestimmen** Montage und Freitage sollten als im Allgemeinen stark belastete Arbeitstage nicht gewählt werden. Bei Privateinladungen hat der Sonntag alle Vorteile für sich.		
3.	**Veranstaltungsort buchen**		
3.1	• Ausstattung des Saales → Atmosphäre, Festlichkeit → Bistrotische → Abstelltische (für benutztes Geschirr, Gläser) → Buffetstationen → Getränkestationen → Sitzgruppen in den Ecken (Für Ältere und Gehbehinderte) → Deko-Elemente → Grüngruppen → Bodenvasen → Rednerpult, Mikroanlage (Falls Reden gehalten werden)		

Ziff.	Aktivitäten/Maßnahmen	Zu erled. von	Erled. am
3.2	Ausstattung des Foyers		
	→ Empfangstische		
	→ Grüngruppen		
	→ Garderobe		
3.3	• Aufenthaltsraum für Fahrer und Begleiter		
3.4	• Zufahrt/Vorfahrt		
3.5	• Parkplätze, Wagenabruf		
4.	**Speisen und Getränke festlegen** Grundsatzentscheidung zur Lieferung:		
4.1	• Hauseigene Gastronomie?		
4.2	• Catering?		
	Zur Grundausstattung eines Brunchbuffets gehören:		
4.3	• Speisen		
	→ Brötchen- und Brotauswahl, Croissants		
	→ Butter, Margarine		
	→ verschiedene Marmeladen, Honig		
	→ Müsli, Fruchtjoghurt		
	→ Käseplatte		
	→ Wurstplatte, Schinkenspezialitäten		
	→ Weißwürste, Frankfurter Würstchen		
	→ Fleischkäse, Hackbraten		
	→ kalter Braten		
	→ Roastbeef umlegt mit Essiggemüse		
	→ verschiedene Sorten Senf, Sahnemeerrettich		
	→ Tomaten, Gurken, Paprikaschoten		
	→ Nudelsalat		
	→ Geflügelsalat		
	→ Matjesheringe, Bratheringe, Räucherfisch		

Checkliste: Brunch

Ziff.	Aktivitäten/Maßnahmen	Zu erled. von	Erled. am
	→ hartgekochte Eier		
	→ diverse frische Dips aus Quark und Kräutern		
	→ Kuchenauswahl		
	→ exotischer Obstsalat		
	→ Mousse au chocolat		
	→ frische Früchte		
4.4	• Getränke		
	→ Kaffee, Tee Denken Sie bei Kaffee und Tee an den reibungslosen Nachschub (z.B. Vorkochen und Abfüllen in Thermoskannen).		
	→ Obstsäfte, Gemüsesäfte		
	→ Milch, Kakao		
	→ Sekt, Champagner		
	→ Leichter Weißwein		
	→ Bier		
	→ Mineralwasser		
5.	**Einladungsverfahren**		
5.1	• Einladungsliste zusammenstellen		
5.2	• Vorlaufzeit für Einladung 3 bis 6 Wochen vor dem Brunch; auch Spontaneinladungen mit kürzerem Vorlauf üblich		
5.3	• Form Einladungskarte oder Einladungsschreiben Privat auch telefonisch – bei kleinerem Gästekreis		
5.4	• Einladung entwerfen		
	→ Text, Gestaltung		
	→ Anlagen		
	– Antwortkarte		

Ziff.	Aktivitäten/Maßnahmen	Zu erled. von	Erled. am
	– Wagenkarte – Fahrtskizze		
5.5	• Festlegung/Rückantwortfrist (2-4 Tage vor Veranstaltungsbeginn)		
5.6	• Druckauftrag (incl. Umschläge)		
5.7	• Versand		
5.8	• Rückmeldeliste anlegen		
6.	**Ablauf festlegen** (z.B. Reden einbauen)		
7.	**Aufträge an Zulieferer, Ausstatter und Dienstleister**		
7.1	• Blumen und Pflanzen		
7.2	• Deko-Elemente (z.B. bei einem Motto)		
7.3	• Beschallung, Mikrotechnik		
7.4	• Catering		
7.5	• Bistrotische		
7.6	• Servicekräfte		
7.7	• Fotograf/in		
7.8	• Parkplatzservice → Bewachung → Wagenabruf		
8.	**Aufträge an eigenes Personal**		
8.1	• Empfang		
8.2	• Gästebuch		
8.3	• Garderobe		
8.4	• Bekannt machen der Gäste		

Checkliste: Brunch

Ziff.	Aktivitäten/Maßnahmen	Zu erled. von	Erled. am
9.	**Für größere Brunchs:**		
9.1	• Sicherheitsmaßnahmen		
9.2	• Verkehrslenkende Maßnahmen		
9.3	• Notarztbereitschaft		
10.	**Letzter Checkup** Ca. 2 Std. vor Beginn der Veranstaltung		
11.	**Nach der Veranstaltung** Dank und Feedback an alle Helfer		

Der Staatssekretär im Bundesministerium des Innern
Prof. Dr. Kurt Schelter
gibt sich die Ehre

Herrn Oberkirchenrat Karl Fock aul. des 60. Geburtstages von Herrn Jens Bruck zu einem BRUNCH am Freitag dem 12. Juni 1998 um 11.30 Uhr einzuladen.

Antwort erbeten an:
Bundesministerium des Innern
53117 Bonn

Tel.: (0228) 681- **4001**

Ort:
Bayerische Landesvertr.
Schlegelstr. 2, Bonn

3.5 Cocktail/Cocktailempfang/Cocktailparty

Angeblich wurde der Cocktail nach den bunten Federn des Hahnenschwanzes benannt. Farbenfroh wie die Getränke soll auch die Mischung der Gäste sein.

Der Cocktail ist mit Wort und Gestaltungsidee aus dem Amerikanischen übernommen und nach dem Zweiten Weltkrieg auch in Deutschland populär geworden.

Die Begriffe Cocktail, Cocktailempfang und Cocktailparty werden synonym gebraucht und bezeichnen ein und dieselbe Veranstaltungsform.

Vielfach trifft man auch auf Einladungen zu einem »Vin d'honneur« (»Glas Wein«) oder zu einem »Coup de Champagne« (»Glas Sekt«). Bei beiden Veranstaltungen handelt es sich vom Ablauf her um einen Cocktail, bei dem jedoch vorwiegend das auf der Einladung angegebene Getränk angeboten wird.

Der große Vorteil des Cocktails liegt in seiner Unkonventionalität. Das Ungezwungene, Leichte ist der Hauptreiz dieser Veranstaltungsart.

Anlass

Der Cocktailempfang eignet sich für eine Vielzahl von offiziellen und privaten Anlässen. Beispiel:

- Geburtstag (Personen, Institutionen)
- Jahrestag (Ereignisse)
- Prüfungsabschluss
- Beginn einer neuen Tätigkeit (Ein- und Ausstand)
- Beförderung/Ernennung
- Ausstellungseröffnung, Vernissage, Filmvorführung, Premiere
- Einweihung, Geschäftseröffnung
- kurzfristiges Treffen von Geschäftspartnern, Kollegen, Freunden.

Ziel und Form

Der Cocktail bietet die attraktive Möglichkeit, Gäste aus den verschiedensten gesellschaftlichen Bereichen auf unkonventionelle Weise zu bewirten und miteinander bekannt zu machen. Die Teilnehmerzahl ist praktisch unbegrenzt.

Daher erstaunt nicht, dass diese Veranstaltungsform vor allem in der internationalen Diplomatie aber auch im Bereich Kunst und Kultur häufig gewählt wird.

Der Cocktail verläuft protokollarisch relativ zwanglos, findet im Stehen statt und ermöglicht dem Gast zahlreiche Kontakte in kurzer Zeit. Die Anziehungskraft dieser Veranstaltungsform liegt in der Chance zur freien und spontanen Begegnung. Man kommt, mischt sich eine zeitlang mit dem Cocktail in der Hand unter die anderen Gäste und geht wieder.

Der Cocktailempfang stellt damit eine der ungezwungensten Veranstaltungsformen dar, die der offizielle Veranstaltungskatalog bereit hält.

Für manche termingeplagte Gastgeber bietet der Cocktail zudem die willkommene Gelegenheit

- Einladungsverpflichtungen gegenüber einer größeren Zahl von Gästen abzugelten
- Kontaktpflege zu betreiben, d.h. sich von Zeit zu Zeit bei einem größeren Kreis von Geschäftsfreunden, Kollegen und Bekannten wieder in Erinnerung zu bringen
- Ereignisse von herausgehobener Bedeutung im Kreis interessierter und erwartungsfreudiger Gäste kundzutun und gemeinsam zu feiern.

Datum

Die klassischen Cocktailzeiten sind:
- 17.30 Uhr bis 19.30 Uhr
- 18.00 Uhr bis 20.00 Uhr.

Aufgrund der Vielzahl abendlicher Veranstaltungen kann jedoch grundsätzlich zu jeder Tageszeit zu einem Cocktail eingeladen werden. Beispielsweise auch vormittags von 11.00 Uhr bis 13.00 Uhr.

Zur Wahl des Wochentages: Nicht einladen sollten Sie zum Freitagnachmittag (allgemeine Hektik des beginnenden Wochenendes) und an Montagen, an denen üblicherweise nicht die ausgelassenste Stimmung herrscht. Auch ungünstige Zeiträume wie das Jahresendfieber des Dezember oder Festtagsvorbereitungen zu anderen Jahreszeiten sollten Sie meiden.

Dauer
Cocktails dauern üblicherweise 1 1/2 bis 2 Stunden. Der Gastgeber darf erwarten, dass seine Gäste sich daran halten. Amerikaner servieren 15 Minuten nach Ablauf der vorgegebenen Zeit keine Getränke mehr. Damit löst sich vielfach das Problem von besonders hartnäckigen Dauergästen.
Innerhalb der angegebenen Zeitspanne können die geladenen Gäste nach eigenem Ermessen erscheinen und kürzere oder längere Zeit verweilen.
Wird die Schlusszeit nicht angegeben, sollten die Gäste dennoch wissen, dass die Einladung zu einem Cocktailempfang ein Abendessen nicht einschließt.
Bei kleineren überschaubaren Cocktailempfängen sollte man als Gast nicht viel später als 30 Min. nach der angegebenen Anfangszeit eintreffen und mindestens eine halbe Stunde bleiben.

Budget
Für die Budgetplanung sollten Sie u.a. folgende Ausgaben vormerken:
- Druck der Einladungen
- Porto
- Saalmiete/Raumbetriebskosten
- Blumendekoration
- Speisen und Getränke
- Servicekräfte (Bedienung, Barmixer)
- Garderobenservice
- Bistrotische (falls Anmietung)
- Parkplatzservice (Bewachung, Wagenabruf)

Ort
Es gibt kaum einen Ort, an dem kein Cocktailempfang möglich ist. Die gesellschaftlich ungezwungene und technisch sowie kulinarisch unkomplizierte Form der Veranstaltung läßt der Fantasie des Gastgebers freien Lauf.
Betriebs- und behördeninterne Räumlichkeiten (Kantine, Casino, Cafeteria, Sitzungsraum, Gästehaus) können ebenso in Betracht gezogen werden wie Angebote der Gastronomie und Hotellerie (Restaurants, Hotels, Residenzen, Schlösser, Burgen, Schiffe, Ski- und Berghütten, Foyers von Museen, Theatern, Konzerthäusern, Galerien, Passagen, Stadthallen, Rathäuser, Bürgerhäuser u.a.m.).
Allerdings beachten Sie: Für eine Person müssen Sie einen Quadratmeter Raum einplanen. Bei 100 Gästen halten Sie also Ausschau nach Räumlichkeiten von insgesamt mindestens 100 m² Größe.
Der Cocktail muss nicht unbedingt in einem geschlossenen Raum stattfinden. Cocktails können bei entsprechend günstigen Wetterbedingungen durchaus auch im Freien – z.B. als »Garden-parties« – gegeben werden (Garten und Parkanlagen, Terrassen, Innenhöfe, Schloss- und Burghöfe u.a.m.).
Auch wenn der Cocktail als Stehparty deklariert wird, sollten Sie einige Stühle – keine Sitzgruppen oder Clubecken – für ältere, gehbehinderte oder Gäste mit kurzzeitigen Stehproblemen bereithalten.
Lassen Sie Ihre Gäste zum Abstellen ihrer Gläser nicht zu einem Punkt quer durch den Saal laufen, sondern lassen Sie schmale Abstelltische an den Seiten und einige Bistrotische im Raum aufstellen.
An die Dekoration des Veranstaltungsraumes sollten Sie beim Cocktail keine allzu hohen Maßstäbe ansetzen. Haben Sie einen außergewöhnlichen Raum gewählt, entfällt sie ohnehin. Eher unscheinbare Räumlichkeiten gestalten Sie ansehnlicher durch einige Grünpflanzen, frische Blumengestecke oder durch Leihbilder.

Bewirtung
Im Gegensatz zum vielversprechenden Namen dieser Veranstaltungsform sind die gegebenen Getränke nur noch selten Cocktails im traditionellen Sinne, also kreative Mixturen beispielsweise auf Gin-, Whisky-

oder Likörbasis. Vor allem Autofahrer schätzen Solides und Unvermischtes: Wein, Sekt, Bier, allenfalls Sekt mit einem Schuss Orangensaft. Hier kennen sie in etwa ihr zuträgliches Maß, mit dem sie ohne Komplikationen den Heimweg bewältigen können.

Dennoch ermuntern wir nachdrücklich zum guten alten Brauch des kreativen Cocktails und empfehlen folgende Grundausstattung für Ihre Getränke:

- Spirituosen
    - → Gin
    - → Weinbrand
    - → Schottischen Whisky
    - → Bourbon Whisky
    - → Campari
    - → Pernod
    - → weißen und/oder braunen Rum
    - → Cointreau
    - → Wodka
    - → Weinbrand
    - → Sekt
    - → trockenen Weißwein
- Mixer/alkoholfreie Getränke
    - → Tonicwasser
    - → Bitter Lemon
    - → Ginger Ale
    - → Cola
    - → Soda/Selters
    - → Orangensaft
    - → Tomatensaft
- Zutaten für die Cocktails
    - → Curacao Triple Sec
    - → blauer Curacao
    - → Vermouth dry
    - → Vermouth rosso und bianco
    - → Grenadinensaft
    - → Apricot Brandy
    - → Cherry Brandy
    - → Crème de Cacao
    - → Crème de Menthe
    - → Bénédictine
    - → Nusslikör
- Weitere Zugaben
    - → Limetten
    - → Zitronen
    - → Orangen
    - → Maraschinokirschen
    - → Oliven
    - → Kiwi, Ananas (auch zur Dekoration der Cocktails)
    - → Zucker und Salz (auch zur Dekoration der Gläserränder)
    - → Angostura
    - → Worcester Sauce
    - → Eier

Außer überraschenden und exotischen Cocktails sollten auch die altbekannten Longdrinks wie Gin Tonic, Campari Orange, Whisky Soda oder Cola Rum nicht fehlen. Viele schwören gerade auf diese vertrauten Mixgetränke.

Bei einem größeren Gästekreis sollten Sie einige gängige Cocktails schon vorher mixen und in der Anfangsphase von Servierkräften auf Tabletts anbieten lassen. Dies entlastet den ersten Andrang bei den Cocktailmixern.

Die Drinks sollten nicht nur gut schmecken, sondern auch so gemixt sein, dass Ihre Gäste nicht bereits nach dem ersten Durchgang für jede weitere Kommunikation verloren sind.

Halten Sie unbedingt auch alkoholfreie Getränke bereit. Eine Vielzahl von Gästen muss mit dem eigenen Wagen heim fahren oder bei einem Tagescocktail noch einmal zurück an den Schreibtisch.

Das Angebot an Speisen beim Cocktail beschränkt sich auf Miniaturen: Häppchen, Schnittchen, Canapés. Alle Köstlichkeiten müssen mundgerecht, d.h. aus der Hand ohne Einsatz von Besteckteilen konsumierbar sein. Allenfalls kleine Partyspieße sind als Hilfsmittel zugelassen.

Cocktailhäppchen überschreiten am besten nicht die Größe eines Fünfmarkstücks. Alles andere kann für die Gäste zur peinlichen Bruch-, Schmier- und Kleckergefahr werden.

Die Häppchenvielfalt ist immer wieder überraschend. Nachfolgend ein Ausschnitt aus dem klassischen Angebot:

- kleine Hackfleischbällchen
- Miniwürstchen
- Minipizzas
- Miniquiches

- Miniblinis mit Crème fraiche und Kaviar oder Frischkäse und Lachs
- Canapés
- Käsehappen
- Salzkräcker/Schwarzbrottaler mit unterschiedlichen Belägen
- kleine gefüllte Blätterteigtaschen
- warme Backpflaumen im Speckmantel
- kleine Schnitzelteile
- gefüllte Eihälften
- Rohgemüse – mundgerecht geschnitten – mit diversen Dips
- gefüllte Tomatenhälften
- Nüsse, Chips, Salzgebäck.

Die Cocktailhäppchen werden auf Tabletts gereicht. Es ist jedoch auch üblich, die Platten zur Selbstbedienung aufzustellen.

Einladungsverfahren

- *Einladungsliste*
  Berücksichtigen Sie:
  Bei großen Cocktails sind Absagequoten von 40 – 50 % einzurechnen.
- *Vorlaufzeit*
  3 bis 4 Wochen vor der Veranstaltung sollten Sie die Einladungen übermitteln
- *Form*
  Je nach Größe der Veranstaltung sind fast alle Formen möglich: mündlich, telefonisch, persönlicher handschriftlicher Brief, gedruckte Einladungskarten oder FAX
- *Zeitangabe*
  Anfangs- und Endzeit.
  Übliche Zeiten: 17.30 Uhr bis 19.30 Uhr
  oder 18.00 Uhr bis 20.00 Uhr
- *Zu-/Absage*
  Meist wird auf der Einladung der U.A.w.g. – Vermerk berücksichtigt.
  Bei Cocktaileinladungen z.B. bei Diplomaten ist eine Teilnahmezusage oft nicht erforderlich. Jedoch sieht es der Gastgeber nicht ungern, wenn bei Nichtteilnahme eine kurze Rückäußerung erfolgt. Auf den Einladungen findet man daher häufig die Formulierung »regrets only«, also Rückäußerung nur im Falle einer Entschuldigung für Nichtteilnahme.

Kleidung

Üblich für den Herrn: dunkler Anzug, Straßenanzug in gedecktem Ton, Krawatte, dunkle Schuhe.
Üblich für die Dame: Nachmittagskleid, eleganter Hosenanzug, Cocktailkleid, Strümpfe.

Ablauf

Am Cocktailempfang wird der unkonventionelle und ungezwungene Umgang miteinander geschätzt. Dazu passt kein formalisierter Ablauf.

Der Gastgeber sollte lediglich beachten:
- Der Gastgeber begrüßt seine Gäste – anders als bei sonstigen Empfängen – nur in der Anfangsphase am Eingang; danach delegiert er diese Aufgabe an andere Personen und mischt sich unter die Gäste.
- Im Unterschied zu anderen Empfängen werden beim Cocktailempfang keine Toaste ausgebracht oder Reden gehalten.
- Beim Cocktail sollen sich möglichst viele Menschen kennenlernen, die sich sonst kaum oder nur selten begegnen würden. Dies setzt voraus, daß der Gastgeber eine aktive Rolle beim »Durchmischen« der Gäste spielt:

Dazu gehört
→ das Bekannt machen der Gäste untereinander
→ das Heranführen neuer Gäste oder von Gästen, die abseits stehen
→ »Entführen« von Gästen aus Dauergesprächsgruppen
→ »Auffrischung« von Dauergesprächsgruppen
→ »Beschäftigung« von hochrangigen Ehrengästen
→ Gesprächspartnersuche für ausländische Gäste.

Diese Pflichten bedeuten für den Gastgeber eine oft schwer zu bewältigende schweißtreibende Aufgabe. Umso wichtiger, dass auch die Gäste kräftig »mitmischen« und sich aktiv um möglichst vielseitige Kommunikation beim Cocktail bemühen.

Außer bei Anlässen, zu denen Geschenke erwartet werden (z.B. Geburtstag), ist es im Allgemeinen nicht üblich, als Gast Blumen oder andere Geschenke für den Gastgeber des Cocktails mitzubringen.

Medienbegleitung

Selten wird ein Cocktailempfang auf Medieninteresse stoßen.

Sollten Sie dennoch einen herausragenden Anlass begehen, der auch für das lokale oder regionale Geschehen von Bedeutung ist, laden Sie ausgewählte Pressevertreter dazu ein. Halten Sie für die Journalisten einen kurzen Pressetext über den Anlass bereit.

Checkliste: Cocktail

Ziff.	Aktivitäten/Maßnahmen	Zu erled. von	Erled. am
1.	**Termin bestimmen** Ungünstige Zeiträume wie Festtage, Ferien und Gedenktage sollten Sie meiden.		
2.	**Budget festlegen** Für die Ausgabenplanung sind u.a. folgende Positionen relevant:		
2.1	• Druck der Einladungen		
2.2	• Porto		
2.3	• Saalmiete/Raumbetriebskosten		
2.4	• Blumendekoration		
2.5	• Speisen und Getränke		
2.6	• Servicekräfte (Bedienung, Barmixer)		
2.7	• Garderobenservice		
2.8	• Bistrotische (falls Anmietung)		
2.9	• Parkplatzservice		
3.	**Veranstaltungsort buchen**		
3.1	• Ausstattung des Saales → Bistrotische → Getränkestationen		

Checkliste: Cocktail

Ziff.	Aktivitäten/Maßnahmen	Zu erled. von	Erled. am
	→ Deko-Elemente – Grüngruppen – Hochgestecke		
3.2	• Ausstattung des Foyers		
	→ Empfangstische		
	→ Grüngruppen		
	→ Garderobe		
3.3	• Aufenthaltsraum für Fahrer und Begleiter		
3.4	• Zufahrt/Vorfahrt		
3.5	• Parkplätze, Wagenabruf		
4.	**Getränke und Speisen festlegen** Grundausstattung für Ihre Cocktails:		
4.1	• Spirituosen		
	→ Gin		
	→ Weinbrand		
	→ Schottischen Whisky		
	→ Bourbon Whisky		
	→ Campari		
	→ Pernod		
	→ weißen und/oder braunen Rum		
	→ Cointreau		
	→ Wodka		
	→ Weinbrand		
	→ Sekt		
	→ trockenen Weißwein		
4.2	• Mixer/alkoholfreie Getränke		
	→ Tonicwasser		
	→ Bitter Lemon		
	→ Ginger Ale		
	→ Cola		

Ziff.	Aktivitäten/Maßnahmen	Zu erled. von	Erled. am
	→ Soda/Selters		
	→ Orangensaft		
	→ Tomatensaft		
4.3	• Zutaten für die Cocktails		
	→ Curacao Triple Sec		
	→ blauer Curacao		
	→ Vermouth dry		
	→ Vermouth rosso und bianco		
	→ Grenadinensaft		
	→ Apricot Brandy		
	→ Cherry Brandy		
	→ Crème de Cacao		
	→ Crème de Menthe		
	→ Bénédictine		
	→ Nusslikör		
4.4	• Weitere Zugaben		
	→ Limetten		
	→ Zitronen		
	→ Orangen		
	→ Maraschinokirschen		
	→ Oliven		
	→ Kiwi, Ananas (auch zur Dekoration der Cocktails)		
	→ Zucker und Salz (auch zur Dekoration der Gläserränder)		
	→ Angostura		
	→ Worcester Sauce		
	→ Eier		
	Aber auch Standardgetränke (Bier, Wein) und alkoholfreie Getränke bereithalten.		

Checkliste: Cocktail

Ziff.	Aktivitäten/Maßnahmen	Zu erled. von	Erled. am
4.5	• Cocktailhappen → kleine Hackfleischbällchen → Miniwürstchen → Minipizzas → Miniquiches → Miniblinis mit Crème fraiche und Kaviar oder Frischkäse und Lachs → Canapés → Käsehappen → Salzkräcker/Schwarzbrottaler mit unterschiedlichen Belägen → kleine gefüllte Blätterteigtaschen → warme Backpflaumen im Speckmantel → kleine Schnitzelteile → gefüllte Eihälften → gefüllte Tomatenhälften → Nüsse, Chips, Salzgebäck		
5.	**Einladungsverfahren**		
5.1	• Vorlaufzeit für Einladung 3 bis 4 Wochen vor Veranstaltungsbeginn		
5.2	• Einladungsliste Berücksichtigen Sie, dass bei großen Cocktails Absagequoten von 40 – 50 % einzurechnen sind.		
5.3	• Form Je nach Größe der Veranstaltung sind fast alle Formen möglich: mündlich persönlich, telefonisch, handschriftl. Brief, gedruckte Karte, FAX		

5.4	• Einladung entwerfen
	→ Text, Gestaltung
	→ Anlagen mit Antwortkarte
	  – Wagenkarte
	  – Fahrtskizze		

Ziff.	Aktivitäten/Maßnahmen	Zu erled. von	Erled. am
5.5	• Festlegung/Rückantwortfrist (2-4 Tage vor Veranstaltungsbeginn)		
5.6	• Druckauftrag (incl. Umschläge)		
5.7	• Versand		
5.8	• Rückmeldeliste anlegen		
6.	**Aufträge an Zulieferer, Ausstatter und Dienstleister**		
6.1	• Blumen und Pflanzen		
6.2	• Catering		
6.3	• Bistrotische		
6.4	• Servicekräfte		
6.5	• Fotograf/in		
6.6	• Parkplatzservice → Bewachung → Wagenabruf		
7.	**Aufträge an eigenes Personal**		
7.1	• Gästebuch		
7.2	• Garderobe		
7.3	• Bekannt machen der Gäste		
8.	**Für größere Cocktails:**		
8.1	• Sicherheitsmaßnahmen		
8.2	• Verkehrslenkende Maßnahmen		
8.3	• Notarztbereitschaft		
9.	**Letzter Checkup** Ca. 2 Std. vor Beginn der Veranstaltung		
10.	**Nach der Veranstaltung** Dank und Feedback an alle Helfer		

Cocktail

Anläßlich eines Klavierabends in der Redoute

Der Königlich Spanische Botschafter und Frau Garrigues

beehren sich Frau Ingelore Winter

zum Cocktail *am* Montag
dem 5. März 1979 *um* 18,30 Uhr
einzuladen.

U.A.w.g.
Tel. 21 70 94

Bad Godesberg
~~Kaiserstraße 7~~
Am Kurpark 7

Anläßlich des Tages der schwedischen Flagge

Der Königlich Schwedische Botschafter
gibt sich die Ehre

Frau Ingelore M. Winter

*zu einem Vin d'honneur
am Freitag, dem 5. Juni 1970, 12.00 – 13.30 Uhr
einzuladen.*

U.A.w.g. nur bei Absage
Tel. Bonn 22 00 61

Alter Fronhof, Urfeld

3.6 Dinner/Diner/Dinner Buffet/ Abendessen/Souper/Supper

Man mag es nennen wie man will, es bleibt immer ein Abendessen:
- *Dinner (engl.), Diner (franz.)*
  Abendessen der festlichen und förmlichen Art; traditionelle Regeln für Bekleidung, Tischordnung, Tafelausstattung; oft mit einem besonderen Anlass verbunden
- *Dinner Buffet*
  Abendessen als Buffet, eher locker und zwanglos, jedoch höhere Ansprüche an Speisen und Service als beim Standardbuffet
- *Souper (franz.), Supper (engl.)*
  Abendessen als Menü zu sehr später Stunde, z.B. während eines Balles oder nach einer Opernaufführung; in Frankreich, Italien und Spanien etwa findet es nicht vor 23.00 Uhr statt.

Streng genommen ist die Veranstaltung »Abendessen« allerdings zwangloser und lockerer als die Veranstaltung »Dinner«. Zwanglos bedeutet im Gegensatz zum Dinner: Z.B. keine herausgehobene Gesellschaftskleidung wie Smoking, Dinnerjackett, Abendkleid, kein besonderer Personal- und Serviceaufwand, keine Pflicht zur weiß gedeckten Tafel (Damast), keine formelle Tischordnung
Das offizielle Dinner dagegen gehört zu den herausgehobenen anspruchsvollen Veranstaltungsformen, erfordert einen erheblichen Aufwand (Räumlichkeiten, Tafelgestaltung, Kleidung, Tischordnung, Service), protokollarische Kenntnisse und gastgeberische Erfahrungen.

Das sollten Sie bedenken: Die Einladung zum Dinner weckt im Allgemeinen eine ungleich höhere Erwartungshaltung bei den Gästen als eine Einladung zum Abendessen.
Weil das so ist und man als Gastgeber dem Erwartungsdruck aus verschiedenen Gründen – von denen die Budgetbelastung nicht der unwichtigste ist – gern auch mal entgeht, ist die Einladung zum »Abendessen« zweifellos zur allgemein üblichen – zur Grundform – der Abendeinladung geworden. Wobei die Grenzen zum festlichen Dinner in der Praxis durchaus fließend gestaltet werden. Von Fall zu Fall wird variiert. Mal förmlicher und aufwendiger, mal unkonventioneller und anspruchsloser.
So sollten auch Sie es halten: Überlegen Sie vorher gut, welche Form für Ihr abendliches Essen die geeignete für das gewählte Datum ist und in welche Stimmung Sie Ihre Gäste gern versetzen wollen.

Anlass
Im Berufsleben kann ein Dinner am Vorabend von Konferenzen und Gesprächen ein willkommenes Warming up sein, um das Kennenlernen zu fördern. Längere Geschäftsbesuche und Sitzungen können auch durch ein Dinner feierlich abgeschlossen werden. Je nach Absprache unter den Verhandlungspartnern können dann auch kurze Tischreden gehalten und Gastgeschenke ausgetauscht werden.
Im diplomatischen Umgang der Staaten folgt z.B. bei einem mehrtägigen Arbeitsbesuch auf die Essenseinladung des Gastgebers meist auch eine Essenseinladung des Gastes in der Botschaft seines Landes im gastgebenden Land. Die Einladung kann zu einem Lunch oder zu einem Dinner ausgesprochen werden. Tischreden und der Austausch von Gastgeschenken sind üblich.
Im privaten Bereich können allgemeine gesellschaftliche Verpflichtungen Anlass für ein Dinner sein, außerdem große Familienfeste wie Taufe, Konfirmation, Verlobung, Hochzeit und Silberhochzeit, Promotion und andere Examina, Jubiläen und andere feierliche Gelegenheiten.

Ziel und Form
Dinner im Geschäftsleben eignen sich vorzüglich zur Vorbereitung, Begleitung oder zum Abschluss hochrangiger geschäftlicher Arbeitsbesuche und Verhandlungen. So manche Blockade in schwierigen Verhandlungssituationen konnte in der gepflegten entspann-

ten Atmosphäre eines Dinners gelockert werden.

Die Form des Dinners ist abhängig von den Wünschen des Gastes und den Vorstellungen, dem Budget und dem Geschmack des Gastgebers.

Tischordnung, Tischkarten und Placement bedürfen beim Dinner besonderer Aufmerksamkeit. Vermeiden Sie in diesen wichtigen protokollarischen Punkten Pannen und Peinlichkeiten und schlagen Sie nach im Abschnitt Platzierung Seite 311.

Beim klassischen Dinner gibt es streng genommen drei Schauplätze des Geschehens: den Empfangsraum für den Aperitif, den Speiseraum zum Dinieren und einen Salon für den Mokka.

Dinner müssen nicht zwangsläufig in der klassischen Form des gesetzten Essens stattfinden, bei dem man am Tisch mit einer Menüfolge bedient wird. Sie können auch zu einem Dinner Buffet (oder Buffet Dinner) einladen. Nach dem Aperitif wird nicht zu Tisch, sondern zum Buffet gebeten. Es gibt keine gemeinsame Tafel und keine feste Sitzordnung, die Gäste gruppieren sich zwanglos an einzelnen Tischen; Getränke werden an den Tischen vom Tablett angeboten.

Datum

Der Termin sollte zwischen den Gesprächs- und Verhandlungspartnern – abgesehen von spontanen Verabredungen – mindestens 3 bis 4 Wochen vor dem geplanten Dinner abgestimmt werden. Diese Zeit brauchen Sie auch zur Vorbereitung, wenn man bedenkt, dass die Reservierungen in edlen Restaurants und Hotels ihren Vorlauf brauchen.

Als Beginn für Dinners kann 19.30 Uhr ebenso gewählt werden wie 20.00 Uhr oder 20.30 Uhr. Spätere Anfangszeiten sind allenfalls bei internationalen Gästen oder im Ausland anzuraten.

Dauer

3 bis 4 Stunden sind üblich, d.h. bei einer Anfangszeit von z.B. 20.00 Uhr beginnt der Aufbruch der Gäste zwischen 23.00 Uhr und 24.00 Uhr.

Budget

Folgende Budgetpositionen sind meist einzuplanen:
- Druck der Einladungen
- Porto
- Speisen und Getränke
- Servicekräfte
- Raumbetriebskosten
- Menükarten
- Tischdekoration
- Blumen, Grünpflanzen
- evtl. Gastgeschenke
- Bewirtung der Fahrer und des Begleitpersonals
- Wagenmeister, Parkplatzservice

Ort

Wählen Sie sich als Dinner-Gastgeber nur die leistungsfähigsten Restaurants, Hotels, Privatclubs oder Gästehäuser, die zudem geeignete separate Räumlichkeiten anbieten können. Legen Sie Wert auf eine angemessene repräsentative Vorfahrt. Dinnerkleidung und dunkler Hinterhofzugang passen nicht zusammen.

Zum klassischen Dinner gehören folgende Räumlichkeiten und Ausstattungen:
- *Empfangsraum*
  für das Sammeln, den Empfang und den Aperitif (Stehempfang)
- *Speiseraum*
  mit der Tafel und ausreichendem Bewegungsraum für das Servicepersonal.
  → Die Tafel wird weiß eingedeckt mit Damast und Damastservietten sowie den gemäß Menü und Getränken erforderlichen Gedecken und Gläsern.
  → Die Dekoration richtet sich nach dem Anlass oder sie wird neutral gestaltet. Im traditionellen Sinne sind Tischdekoration
  – Blumen
  – Kerzen
  – Silber und Kristall

- sonstige schmückende Geräte und Gefäße.

Die Tischdekoration darf den Gast beim Essen nicht stören oder einengen. Dazu gehört auch, dass ihm Blumen und Kerzenleuchter nicht den Blick aufs Gegenüber und damit das Tischgespräch unmöglich macht.

→ Der Gastgeber lässt Menükarten aufstellen und nach Fertigung der Platzierung auch die Tischkarten.

→ Um bequem und gemütlich dinieren zu können, braucht jeder Gast genügend Platz. Man rechnet pro Person mit ca. 65 bis 75 cm Tischlänge. Platz brauchen die Gäste auch beim Hinsetzen. Zwischen sitzendem Gast und Wand soll immer noch eine Stuhlbreite freier Raum sein.

- *Salon* (z.B. Kaminzimmer) für den Aufenthalt nach dem Dinner für Mokka- und Tabakgenuss. Ausstattung: bequeme Sitzgruppen.

Vergessen Sie nicht: für Fahrer und Begleitpersonal ist separat Sorge zu tragen (Verköstigung, Aufenthaltsraum).

Besonders freundschaftliche geschäftliche Beziehungen können Sie unterstreichen, indem Sie Ihre Gäste zu sich nach Hause einladen – sofern Sie es räumlich einrichten können. Über Kochen und Service jedenfalls müssen Sie sich keine Sorgen machen: Es gibt sehr leistungsfähige Cateringunternehmen, die Ihnen ausgezeichnete professionelle Unterstützung bieten.

Speisen und Getränke

Lassen Sie sich bei der Auswahl der Speisen- und Getränkefolge von erfahrenen Küchenchefs und Bankettleitern beraten. Sie unterbreiten Ihnen fachgerecht Vorschläge und Alternativen.

Ihrer Menüentscheidung wird (gewiss) in den meisten Fällen eine budgetabhängige Abwägung vorangehen. Bevor Sie jedoch aus Kostengründen die eine oder andere Vorspeise aus dem Menü kippen, bedenken Sie:

Die Dinnereinladung verpflichtet zur Gastlichkeit auf hohem Niveau!

Bei der Speisenfolge gibt es folgende Grundvariante:
Kalte Vorspeise
Suppe
Zwischengericht
Hauptgang
Nachspeise
Obst, Käse,
Mokka, Gebäck

Nachfolgend ein Beispiel für ein attraktives Dinnermenü:

Variation vom Irischen Räucherlachs
und Ruccula
* * *
Wachtelessenz im Nest
* * *
Hausgemachte Pilzravioli mit Basilikum
* * *
Berliner Weisse – Sorbet
* * *
Tournedos vom Rinderfilet
mit Gänselebersauce, Gemüse Jardiniere
und Maxim-Kartoffeln
* * *
Brandenburger Käse
mit Trauben und Kürbiskernen
* * *
Souffliertes Apfeltörtchen
mit Marsala und Zimt
* * *
Kleine Naschereien

Beachten Sie bei der Zusammenstellung des Menüs folgende Grundregeln:
- Ein Dinner kann 5 oder 6 oder mehr Gänge umfassen; wichtig ist, dass die Reihenfolge in sich stimmig ist, so z.B.
- Vorherrschende Geschmacksrichtungen sollen sich nicht wiederholen (z.B. Avocados als kalte Vorspeise und Avocadosuppe)
- Gleiche Farben sollen nicht direkt aufeinanderfolgen

(z.B. Sauce Bearnaise und Currysauce = beide gelb; Cumberlandsauce und Rote-Beete-Sauce = beide rot)
- Deftige Speisen sollen nicht mit feinen gemischt werden
- Auf einen sättigenden Menügang soll eine leichte Speise folgen
- Fisch kommt vor Fleisch.

Einladungsverfahren

Grundsätzliche Hinweise und Tipps zum Einladungsverfahren schlagen Sie bitte im Sonderabschnitt Einladungen Seite 292 nach.

- *Einladungsliste*
  Mindestzahl der Gäste: 12 Personen.
  Sie sollten Personen, von denen Sie wissen, dass sie miteinander verfeindet sind, nicht einladen, zumindest nicht zum gleichen Zeitpunkt. Sie sollten grundsätzlich anstreben, Möglichkeiten zu guten Gesprächen zu schaffen.
  Um den Dinnertermin aufgrund unvorhergesehener Absagen nicht zu gefährden, sollten Sie in jedem Fall eine Reserveliste bereithalten.
- *Vorlaufzeit*
  Spätestens 4 Wochen vor dem Datum des Dinners Versand der Einladungen.
- *Form*
  → bei kleinerem Teilnehmerkreis (etwa 30 Personen): Telefonische Voranfrage, ob der Termin passend ist
  → gedruckte Einladungskarte mit handgeschriebenem Empfängernamen
  → hochwertiges Papier: Bütten oder Hochglanz; 130g – 150g-Karton
- *Versandstufen*
  → 1. Stufe
  Mit der Einladungskarte wird nur die Antwortkarte mit dem Rückmeldedatum verschickt
  → 2. Stufe
  Nach Ablauf der Rückmeldefrist (ca. 10 Tage vor der Veranstaltung) werden den Adressaten, die zugesagt haben, folgende Anlagen zugeschickt:

– Wagenkarte (Parkplatzhinweis)
– Lageplan
– Fahrtskizze

Kleidung

Smoking, im Sommer auch Dinnerjackett; Abendkleid.
Nur noch selten: Frack.
Bekleidungsvermerk auf der Einladungskarte empfehlenswert.

Platzierung

Bei der Platzierung der Gäste eines Dinners sollten Sie insbesondere darauf achten, dass Sie Grundlagen für gute Gespräche bieten. Über die richtige Mischung bei der Tischordnung sowie ausführliche Tipps und Hinweise zur Platzierung bei gesetzten Essen schlagen Sie bitte nach im Sonderabschnitt Platzierung Seite 311.

Ablauf

Ein traditionelles stilvolles Dinner läuft wie folgt ab:
- Gäste werden am Eingang vom Personal in Empfang genommen und zur Garderobe geleitet.
- Eintragung ins Gästebuch.
- Begrüßung durch den Gastgeber im Foyer oder in einem separaten Empfangsraum.
- Servicekräfte bieten Aperitifs an.
- Gäste orientieren sich anhand des ausgelegten Placements über die eigene Sitzposition an der Tafel
- Gastgeber gibt dem Oberkellner ein Zeichen, dass die Vorspeise serviert werden soll.
- Oberkellner gibt dem Gastgeber ein Signal, dass serviert worden ist
- Gastgeber bittet seine Gäste in den Speiseraum zur Tafel; Vorspeise und das dazugehörige Getränk ist serviert.
- Reden aus besonderem Anlass werden nach dem Hauptgericht gehalten.
- Gastgeber hebt nach dem Essen die Tafel auf.
- Gäste verlassen den Speiseraum, der Spei-

seraum wird geschlossen, das Personal kann die Tafel abräumen.
- Gäste bilden in einem separaten Raum (oder Salon) Sitz- und Stehgruppen. Man kann nach der langen Zeit an der Tafel jetzt einmal den Gesprächspartner wechseln, um auch noch etwas von den anderen Gästen zu haben.
- Servicekräfte bieten Mokka, Digestif (z.B. Portwein, Liköre, Cognac) und Tabakwaren an.
- Ehrengäste verabschieden sich zuerst, üblicherweise zwischen 22.30 Uhr und 23.00 Uhr. Wenn sie gegangen sind, kann der allgemeine Aufbruch beginnen.
- In der Garderobe wartet ein Teller oder eine dekorative Schale auf das Trinkgeld der Gäste für das Personal.

Medienbegleitung
Dinner werden wohl in den seltensten Fällen die besondere Aufmerksamkeit der Medien erregen. Es sei denn, Gastgeber und Gäste stehen im Blickpunkt der Öffentlichkeit und verhandeln einen brisanten Gesprächsgegenstand. In solchen Fällen erhalten interessierte Medienvertreter auch nur Zutritt zum Empfang, nicht jedoch zum Dinner selbst.

Checkliste: Dinner

Ziff.	Aktivitäten/Maßnahmen	Zu erled. von	Erled. am
1.	**Termin festlegen** mindestens 3 bis 4 Wochen vor dem geplanten Dinner, es sei denn, die Geschäftspartner verabreden spontan einen kurzfristigen Termin.		
2.	**Budgetrahmen bestimmen** Kostenpositionen sind:		
2.1	• Druck der Einladungen		
2.2	• Porto		
2.3	• Raumbetriebskosten		
2.4	• Speisen und Getränke		
2.5	• Bewirtung der Fahrer und Begleitpersonen		
2.6	• Servicekräfte		
2.7	• Menükarten		
2.8	• Tischdekoration		
2.9	• Blumen, Grünpflanzen		
2.10	• evtl. Beschallung, Mikro (falls Rede geplant)		
2.11	• evtl. Gastgeschenke		
2.12	• Parkplatzservice (Bewachung, Wagenmeister)		

Checkliste: Dinner

Ziff.	Aktivitäten/Maßnahmen	Zu erled. von	Erled. am
3.	**Veranstaltungsstätte buchen**		
3.1	• Räume (klassisch)		
	→ Empfangsraum für Aperitif		
	→ Speiseraum mit der Tafel		
	→ Salon für Mokka und Digestif		
	→ Aufenthaltsraum für Fahrer und Begleitpersonal		
3.2	• Ausstattung der Räumlichkeiten		
	→ Atmosphäre, Behaglichkeit		
	→ Mobiliar		
	→ Heizung, Klima, Fenster		
	→ Zugänge		
	→ Lärmeinwirkung von außen		
	→ Licht (evtl. variabel)		
	→ Fremde Veranstaltungen		
3.3	• Absprachen		
	→ Beginn/Ende des Dinners		
	→ Vorfahrt- und Parkplatzregelung (Wagenmeister)		
	→ Aperitif (Angebot)		
	→ Anordnung der Tafel		
	→ Tischdekoration (Kerzenleuchter u.a.)		
	→ Blumenschmuck		
	→ Menükarten		
	→ Tischkarten		
	→ Placementständer		
	→ Servicekräfte (Anzahl, Einweisung)		
	→ Garderobe, Sanitäreinrichtungen		
	→ Foyergestaltung (Empfangstisch)		
	→ Telefon- und FAX-Nutzung		
	→ Ansprechpartner auf beiden Seiten festlegen		

Ziff.	Aktivitäten/Maßnahmen	Zu erled. von	Erled. am
4.	**Menüfolge festlegen**		
4.1	• Menü und Getränke		
4.2	• Abwechslung der Speisen		
	→ keine Wiederholung vorherrschender Geschmacksrichtungen (z.B. Avocados als kalte Vorspeise und Avocadosuppe)		
	→ keine Folge gleicher Farben (z.B. Sauce Bearnaise und Currysauce = beide gelb)		
	→ Keine Mischung von deftigen und feinen Speisen		
	→ Auf einen sättigenden Menügang sollte eine leichtere Speise folgen		
	→ Fisch vor Fleisch		
4.3	• Tabufragen beachten, z.B.		
	→ für Moslems keinen Alkohol, kein Schweinefleisch		
	→ für Vegetarier kein Fleisch/Fisch		
4.4	• Breaks für Tischreden		
4.5	• Einweisung des Servicepersonals in die Servierrangfolge		
4.6	• Verköstigung der Fahrer und Begleitpersonen		
5.	**Einladungsverfahren**		
5.1	Vorlaufzeit Spätestens 4 Wochen vor dem Dinner Versand der Einladungen		
5.2	• Einladungsliste Tipp: Halten Sie eine Reserveliste bereit, um auf unvorhergesehene Absagen reagieren zu können		
5.3	• Einladungsform		
	→ Gedruckte Einladungskarte mit handgeschriebenem Empfängernamen		
	→ Hochwertiges Papier: Hochglanz oder Bütten; 130g – 150g-Karton		

Checkliste: Dinner

Ziff.	Aktivitäten/Maßnahmen	Zu erled. von	Erled. am

5.4	• Einladung entwerfen
	  → Text, Gestaltung
	  → Anlagen		

5.5	• Festlegung der Rückantwortfrist (ca. 8 Tage vor dem Dinner)		
5.6	• Druckauftrag (incl. Umschläge)		

5.7	• Versandstufen
	  → 1. Stufe
	     4 Wochen vor dem Dinner
	     – Einladungskarte
	     – Antwortkarte mit Rückmeldedatum
	  → Rückmeldeliste anlegen
	     – Zusagen
	     – Absagen
	     – Vertreter
	     – Begleitperson ja/nein
	  → 2. Stufe
	     Nach Ablauf der Rückmeldefrist werden an die Adressaten, die zugesagt haben, folgende Anlagen versandt:
	     – Wagenkarte (Parkplatzhinweis)
	     – Lageplan
	     – Fahrtskizze		

5.8	• In einem Arbeitsgang:
	  → Einladungen für das Dinner
	  → Tischkarten
	  → Namenskärtchen für Platzierungsstecktafel		

6.	**Platzierung festlegen** (nach Gästerückmeldung) Allgemeine Grundsätze und Hinweise siehe Sonderabschnitt Platzierung, Seite 311		

Ziff.	Aktivitäten/Maßnahmen	Zu erled. von	Erled. am
7.	**Ablauf festlegen**		
7.1	• Aperitif, Begrüßung in gesondertem Raum		
7.2	• Evtl. Tischreden an der Tafel		
7.3	• Digestif, Mokka in gesondertem Raum		
7.4	• Bei internationalen Besuchern evtl. Gastgeschenk für den Delegationsleiter bereithalten.		
8.	**Aufträge an Zulieferer, Ausstatter, Dienstleister**		
8.1	• Hostessen (Foyer, Garderobe, Platzanweisung)		
8,2	• Blumen und Grüngruppen		
8.3	• Deko-Elemente		
8.4	• Beschallung, Mikrotechnik		
8.5	• Fotograf/in		
8.6	• Parkplatzbewachung		
9.	**Aufträge an eigenes Personal**		
9.1	• Einlasskontrolle		
9.2	• Empfang		
9.3	• Gästebuch		
9.4	• Bekannt machen der Gäste		
9.5	• Orientierungshilfe im Saal		
10.	**Letzter Checkup** Ca. 2 Stunden vor Beginn des Dinners		
11.	**Nach dem Dinner** Dank und Feedback an alle Helfer		

Der Kgl. Niederländische Botschafter
und Baronin Diederic van Lynden
geben sich die Ehre

Frau Ingelore M. Winter

zum _Büfett-Diner_ am _28. Mai_

dem _____, um _19_^{30} Uhr einzuladen.

Fasanenstrasse 20
53 Bonn-Bad Godesberg 1
Tel. 2221-238091

U. A. w. g.
p. m.
dunkler Anzug

Der Botschafter
der Sozialistischen Föderativen Republik Jugoslawien
und Frau Rudolf Čačinovič
geben sich die Ehre
Frau Ingelore Winter

zum Abendessen am Mittwoch
dem 31. März 1971 um 20.00 Uhr einzuladen.

U. A. w. g.   p.m.   Bad Godesberg
Tel. 12356   Am Stadtwald 16
                                        Smoking

3.7 Empfang

Als Veranstaltungsform mit der größten Vielfalt der Einsatzmöglichkeit gilt der Empfang. Die große Bandbreite sowohl bei der Gestaltung als auch bei der Gästezahl macht den Empfang zu einer der beliebtesten und am häufigsten gewählten Einladungsformen.

Anlass
Der Empfang eignet sich für Anlässe wie
- Runder Geburtstag
- Jubiläum
- Ehrung
- Amtsübergabe, Positionswechsel
- Verabschiedung, Ruhestand
- Spatenstich, Grundsteinlegung, Richtfest
- Geschäftseröffnung, Geschäftsübergabe
- Ausstellungs- und Messeeröffnung
- Vernissagen, Premieren
- Produktpräsentationen
- Besuche bedeutender Persönlichkeiten
- Vorträge, Lesungen, Konzerte, Tagungen, Konferenzen
- Familiäre Anlässe (Verlobung, Hochzeit, Hochzeitsjubiläum u.a.)

Ziel und Form
Der Empfang dient der zwanglosen Zusammenkunft und dem Kennenlernen einer Vielzahl von Personen in einer begrenzten Zeit.
Mit der Einladung zum Empfang können Sie eine bestimmte Personengruppe enger verbinden oder verschiedene Personengruppen miteinander ins Gespräch bringen.
Die Zusammenstellung der Gästeliste bestimmt auch den von Ihnen gewollten Grad der Öffentlichkeitswirkung.
Der Empfang bietet Ihnen generell
- die Möglichkeit, auf relativ kleinem Raum relativ viele Gäste zu versammeln – im Gegensatz z.B. zu einem gesetzten Essen; dabei können Sie Ihre Gäste dennoch mit einem erlesenen Speise- und Getränkeangebot verwöhnen.
- die flexible Wahl der Gästezahl; nach oben und nach unten sind kaum Grenzen gesetzt; angefangen von einer Person über relativ überschaubare Gruppen von 20 bis 100 Personen bis hin zu Großveranstaltungen mit hunderten oder tausend und mehr Teilnehmern können Sie zu einem Empfang einladen.
- die Möglichkeit, zum Empfang sowohl als Solitärveranstaltung einzuladen als auch zum Empfang als Komplementärveranstaltung in Kombination also mit einer anderen Veranstaltungsform (z.B. Festakt, Vortrag, Premiere) zu bitten.

Datum
Achten Sie bei der Terminfestlegung auf parallele und konkurrierende Ereignisse und Veranstaltungen in der Region oder auch überregional.
Zu denken ist z.B. an
- Ferientermine
- Feiertage, Gedenktage, Festtage
- Internationale Konferenzen, Tagungen
- Messen, Ausstellungen

Ein Empfang kann zu fast jeder Tageszeit angesetzt werden.
Üblich sind folgende Anfangszeiten:
- 11.00 Uhr – Vormittagsempfang
- 12.00 Uhr – Mittagsempfang
- 18.00 Uhr – Abendempfang

Dauer
Beim Empfang geht man im Allgemeinen von einer Dauer von rund *zwei Stunden* aus.
Zum Empfang darf man bis zu 30 Min. verspätet eintreffen, man bleibt mindestens 30 Min.

Budget
Folgende Positionen sollten Sie je nach Gästezahl, Ort und Angebot einplanen:
- Druck der Einladungen
- Porto
- Saalmiete oder Raumbetriebskosten
- Beschallung, Mikrotechnik
- Blumenschmuck
- Hostessen (z.B. Foyer, Garderobe)
- Speisen und Getränke

Empfang

- evtl. kleine Begrüßungsgeschenke (z.B. Rose für die Damen, Sticker, Kosmetika u.a.)
- Servicekräfte (Bedienung)
- Bistrotische (falls Anmietung)
- Parkplatzservice (Bewachung, Wagenabruf).

Ort

Je nach Teilnehmerzahl und Anlass kann auch der Ort des Empfangsgeschehens variiert werden. Aber beachten Sie: Pro Gast müssen Sie einen Quadratmeter Raum ansetzen. Beispiel: Für 100 Gäste benötigen Sie eine Raumgröße von 100 m².

Bei einer Reihe von Anlässen beantwortet sich die Frage nach dem Ort des Empfangs von selbst: z.B. Richtfest, Geschäftseröffnung, Vernissage, Messeeröffnung, Dichterlesung. Der Empfang wird in diesen Fällen am Ort des Primärereignisses stattfinden.

Bei anderen Anlässen wiederum kann unter verschiedenen Alternativen gewählt werden: z.B. sind bei der Ortswahl für den privaten Empfang anläßlich eines runden Geburtstages der Fantasie kaum Grenzen gesetzt (Hotel, Schloß, Burg, Schiff, Restaurant, Privathaus, Gästehaus).

Verwenden Sie ausgiebig Ihre Kreativität bei der Gestaltung des Raumes und des dazugehörigen Foyers, soweit das Gebäude dies zulässt.

Geschickt platzierte und geschmackvolle Deko-Elemente, wie
- Grüngruppen
- Bodenvasen
- Hochgestecke
- Flaggenpylone
- Kordelständer

sorgen ebenso für ein ansprechendes Ambiente wie sorgfältig hergerichtete und ausgestattete
- Bistrotische
- Getränkestationen
- Buffettische

Vergessen Sie nicht, in den Ecken des Empfangsraumes oder im Foyer kleine Sitzgruppen für ältere und gehbehinderte Gäste zu platzieren.

Einladungsverfahren

- *Einladungsliste*
  Zu beachten ist, daß bei großen Empfängen z.T. Absagequoten von 40 – 50 % einzukalkulieren sind.
- *Vorlaufzeit*
  4 bis 6 Wochen
  Achten Sie bei der Bemessung der Vorlaufzeit insbesondere auf Ferientermine.
- *Form*
  Einladungskarten oder Einladungsschreiben
- *Zeitangabe*
  Beim Empfang wird die Anfangs- und Endzeit in der Einladung angegeben:
  → ... laden sie zu einem Empfang am Mittwoch, dem 29. Oktober 1998, von 11.00 bis 13.00 Uhr, ein.
  → ... veranstalten wir einen Empfang von 12.00 bis 14.00 Uhr, ...
  → ... findet ein Empfang von 18.00 bis 20.00 Uhr statt.

Kleidung

- Vormittags- und Mittagsempfang
  Tagesanzug oder -kombination
- Abendempfang
  Abendgarderobe, dunkler Anzug

Speisen und Getränke

Für Ihr Speisenangebot haben Sie vielfältige Variationsmöglichkeiten:
- Gebäck (Salzgebäck, Süßgebäck, frische Brezeln)
- Canapés und Snacks (kalt, warm, mundgerechte Häppchen)
- Gabelimbiss (kalt, kalt-warm gemischt)
- Suppe
- Gabelbuffet (kalt, kalt-warm gemischt)

Ihre Entscheidung zum Speisenangebot wird von folgenden Faktoren beeinflusst:
- Budget
- Raumgröße
- Gästezahl
- Ambiente (z.B. rustikal oder elegant)

Wenn Sie sich bei Ihrem Stehempfang für einen Imbiss oder ein Buffet entscheiden, sorgen Sie unbedingt dafür, dass die Speisen auch wirklich im Stehen gegessen werden können. Andernfalls riskieren Sie Unverständnis und ärgerliche Verwunderung bei Ihren Gästen. Denn mehr als einige Abstelltische für Gläser oder benutzte Teller werden üblicherweise bei Stehempfängen nicht vorzufinden sein. Es sei denn, Sie haben so reichlich Platz, dass Sie Bistrotische in ausreichender Zahl aufstellen können.

Denken Sie daran, dass Sie bei ausreichendem Platzangebot nicht nur die üblichen kleinen Bistrotische (Durchmesser ca. 80 cm), sondern auch die recht geräumigen – und kommunikationsfördernden – Stehtische für 6 – 8 Personen aufstellen lassen.

Bei der Buffetanordnung vermindern Sie nervtötende Warteschlangen durch folgende Maßnahmen:
- Mittige Aufstellung
  Buffetaufstellung mitten im Raum; Gäste können von allen Seiten gleichzeitig herantreten.
- Buffetstationen
  Mehrere Buffetstationen bei sehr großen Empfängen; auch in mehreren Räumen
- Spiegelbildlicher Aufbau
  Speisenanordnung auf dem Buffet spiegelbildlich, d.h. auf jeder Buffetseite alle Schüsseln und Platten doppelt anbieten, ebenfalls Teller, Besteck und Servietten
- Logische Folge
  Speisenanordnung auf dem Buffet in Menüreihenfolge, d.h. in Gehrichtung zunächst Vorspeisen, dann Hauptgerichte und zum Schluss Desserts, Käse und Kaffee anbieten.

Auch bei der Getränkeauswahl haben Sie vielerlei Angebotsvarianten. Ob Sekt, Wein, Bier oder Cocktails – Sie sollten bei jeder Form von Empfang darauf achten, dass auch nichtalkoholische Getränke angeboten werden. Ihre Gäste werden es Ihnen danken, wenn Sie Mineralwasser und Säfte bereithalten. Nahezu perfekt wäre zudem, wenn es Ihnen gelingt, jeden Gast mit einem Begrüßungsgetränk zu versorgen.

Erleichtern Sie die Logistik durch folgende Maßnahmen:
- Setzen Sie Servicekräfte in ausreichender Zahl ein; gute Erfahrungen werden mit der Relation 1 zu 25 gemacht, d.h. auf 25 Gäste eine Servicekraft
- Legen Sie Zuständigkeitsbereiche für die Servicekräfte fest, beispielsweise nach Anbieten, Nachschenken, Abräumen
- Richten Sie bei größeren Empfängen Getränkestationen ein; wichtig:
  → für die erste rasche Getränkeversorgung
  → besonders wichtig, wenn der Empfang im Anschluss an eine andere Veranstaltung stattfindet und die Gäste fast geschlossen in den Empfangsraum strömen.

Ablauf

Nicht jeder Empfang wird in gleicher Form ablaufen. Der nachfolgende Standardablauf bietet eine Auswahl denkbarer Ablaufpunkte:
- Begrüßung der Gäste im Foyer durch die Damen und Herren am Empfangstisch
- Überreichung eines Begrüßungsgeschenks
- Eintragung ins Gästebuch
- Begrüßung durch Gastgeber/in im Eingangsbereich des Saales
- Versorgung der eintreffenden Gäste mit einem Begrüßungsgetränk
- Begrüßungsworte/-rede Gastgeber/in
- evtl. weitere Reden (kurz)
- Eröffnung des Buffets durch Gastgeber/in

Als Gastgeber/in sollten Sie auf Folgendes achten:
- Sorgen Sie dafür, dass Ihre Gäste soweit wie möglich miteinander bekannt gemacht werden.
- Lassen Sie sich bei der Begrüßung nicht auf lange Gespräche ein.
- Widmen Sie sich jedem neuen Gast mit der gleichen Aufmerksamkeit.
- Bemühen Sie sich auch während des Empfangs, sich möglichst vielen Ihrer Gäste zuzuwenden.
- Organisieren Sie sich bei großen Teilnehmerzahlen Kollegen oder Freunde als Mitgastgeber/innen zur Unterstützung.

Medienbegleitung

Je nach Anlass des Empfangs wird Art und Umfang der Medienbegleitung festzulegen sein.

Gäste zu einem privaten runden Geburtstag werden eher unter sich bleiben wollen als eine Zielgruppe, die die Kreation eines neuen Automodells feiern möchte.

Allerdings ist oft erstaunlich, wie groß das Interesse mancher Lokalredaktion an scheinbar noch so unbedeutenden Ereignissen in der Region ist. Halten Sie für diese Fälle einen kurzen Pressetext über den Anlass bereit. Sie ersparen sich damit Fehlinterpretationen mündlicher Auskünfte.

Checkliste: Empfang

Ziff.	Aktivitäten/Maßnahmen	Zu erled. von	Erled. am
1.	**Budget festlegen** Folgende Positionen sind meist einzuplanen:		
1.1	• Druck der Einladungen		
1.2	• Porto		
1.3	• Saalmiete oder Raumbetriebskosten		
1.4	• Beschallung, Mikrotechnik		
1.5	• Blumenschmuck		
1.6	• Hostessen (z.B. Foyer, Garderobe)		
1.7	• Speisen und Getränke		
1.8	• Evtl. kleine Begrüßungsgeschenke		
1.9	• Servicekräfte (Bedienung)		
1.10	• Bistrotische in verschiedenen Größen (Anmietung)		
2.	**Termin bestimmen** Achten Sie auf parallele und konkurrierende Ereignisse und Veranstaltungen in der Region oder auch überregional, z.B.		
2.1	• Ferientermine		
2.2	• Feiertage, Gedenktage, Festtage		
2.4	• Messen, Ausstellungen		
3.	**Veranstaltungsorganisator bestimmen**		

Ziff.	Aktivitäten/Maßnahmen	Zu erled. von	Erled. am
4.	**Veranstaltungsort buchen**		

4.1	• Ausstattung des Saales
	→ Atmosphäre, Festlichkeit
	→ Bistrotische
	→ Buffetstationen
	→ Getränkestationen
	→ Sitzgruppen in den Ecken
	→ Deko-Elemente
	  – Grüngruppen
	  – Bodenvasen
	  – Hochgestecke
	  – Flaggenpylone
	  – Kordelständer		

4.2	• Ausstattung des Foyers → Empfangstische → Grüngruppen → Garderobe		
4.3	• Aufenthaltsraum für Fahrer und Begleiter		
4.4	• Zufahrt/Vorfahrt		
4.5	• Parkplätze, Wagenabruf		
5.	**Speisen und Getränke festlegen**		

5.1	• Speisen
	→ Lieferung
	  – Hauseigene Gastronomie
	  – Catering
	→ Alternativen
	  – Gebäck
	  – Canapés/Snacks
	  – Gabelimbiss
	  – Suppe
	  – Gabelbuffet		

Checkliste: Empfang

Ziff.	Aktivitäten/Maßnahmen	Zu erled. von	Erled. am
5.2	• Getränke → Sekt → Wein → Säfte → Wasser → Sonstiges		
6.	**Einladungsverfahren**		
6.1	• Einladungsliste zusammenstellen		
6.2	• Vorlaufzeit für Einladung 4 bis 6 Wochen		

6.3	• Einladung entwerfen
	→ Text, Gestaltung
	→ Anlagen
	  – Antwortkarte
	  – Wagenkarte
	  – Fahrtskizze		

6.4	• Festlegung/Rückantwortfrist (2-4 Tage vor Veranstaltungsbeginn)		
6.5	• Druckauftrag (incl. Umschläge)		
6.6	• Versand		
6.7	• Rückmeldeliste anlegen		
7.	**Ablauf festlegen**		
8.	**Aufträge an Zulieferer, Ausstatter und Dienstleister**		
8.1	• Blumen und Pflanzen		
8.2	• Deko-Elemente		
8.3	• Beschallung, Mikrotechnik		
8.4	• Catering		
8.5	• Bistrotische		

Ziff.	Aktivitäten/Maßnahmen	Zu erled. von	Erled. am
8.6	• Servicekräfte		
8.7	• Fotograf/in		
8.8	• Parkplatzservice		
	→ Bewachung		
	→ Wagenabruf		
9.	**Aufträge an eigenes Personal**		
9.1	• Einlasskontrolle		
9.2	• Clearingstelle/Empfangstische		
9.3	• Gästebuch		
9.4	• Garderobe		
9.5	• Bekannt machen der Gäste		
10.	**Für größere Empfänge:**		
10.1	• Sicherheitsmaßnahmen		
10.2	• Verkehrslenkende Maßnahmen		
10.3	• Notarztbereitschaft		
10.4	• Medienbeteiligung und Presseerklärung		
11.	**Letzter Checkup** Ca. 2 Std. vor Beginn der Veranstaltung		
12.	**Nach der Veranstaltung** Dank und Feedback an alle Helfer		

Empfang

Um sich von Ihren Exzellenzen dem Botschafter der Republik
Indonesien und Frau R.Sajogo vor ihrer Abreise nach Kuwait
zu verabschieden

*Der Botschafter der Republik Indonesien
und Frau Henriette J. Muskita*

beehren sich

Frau Ingelore Winter

zum Empfang *am* Freitag

dem 24. Oktober 1980 *um* 18.30- *Uhr einzuladen.*
20.30

U. A. w. g. Tel. 217067 La "Redoute"

---

*Der Präsident des Deutschen Bundestages
und Frau Carstens*

würden sich freuen,

Sie bei einem Empfang am Mittwoch, 14. September 1977,

18.00-21.00 Uhr, im Bundeshaus

begrüßen zu können.

- Diese Einladung gilt auch für Ehegatten -

U.A.w.g.
<u>nur</u> auf beiliegender Antwortkarte

Vorfahrt: Eingang II Görresstraße
Straßenanzug

3.8 Festakt/Akademische Feier

Der Festakt ist das Flaggschiff in der Veranstaltungsparade: Unternehmenskultur und organisatorischer Feinschliff des Veranstalters können hier vor einer breiten Öffentlichkeit präsentiert werden.

Anlass

Für den Festakt als Veranstaltungsform sollten Sie sich nur bei sehr herausgehobenen und außergewöhnlichen Anlässen entscheiden.
Die Bedeutung des Anlasses und die Botschaft des Festaktes können häufig weit über das Interesse Ihrer Mitarbeiter, Kunden und Geschäftspartner hinausgehen. Beim Festakt geht man häufig davon aus, dass der Anlass das Interesse auch anderer Teile der gesellschaftlichen Öffentlichkeit findet, z.B. der Branche, des Verbandes, von Institutionen der Kultur, der Kirchen, der Wirtschaft, des Staates.

Als Anlässe für Festakte kommen in Betracht:
- Runde Geburtstage Ihres Betriebes, Unternehmens, Ihrer Behörde, Stadt, Gemeinde, Ihres Verbandes, Vereins u.a.
- Würdigung verdienter hochrangiger Persönlichkeiten
    - → Runde Geburtstage
    - → Ehrungen
    - → Verleihung besonderer Würden
    - → Verabschiedungen
    - → Todesfall
    - → Wiederkehr des Todestages oder Geburtstages.
- Würdigung herausragender – auch historischer – Ereignisse
    z.B. 50 Jahre Grundgesetz, 150 Jahre Paulskirchenversammlung, 350 Jahre Westfälischer Friede

Gastgeber des Festaktes zur Ehrung von Persönlichkeiten wird in den seltensten Fällen der zu Ehrende selbst sein, sondern das Unternehmen, die Behörde oder die Organisation, für die er tätig ist oder war.

Der Festakt gilt als die hochrangigste und edelste Veranstaltung zur Ehrung einer Institution oder Persönlichkeit (beim Staat ist dies der »Staatsakt«). Daher sollten Sie seinen Seltenheitswert erhalten. Der Festakt wird entwertet, wenn er inflationär gehandhabt wird. So etwa, wenn er alle 5 Jahre bei Jubiläen verabreicht wird oder bei offenkundiger sonstiger Absenkung des Maßstabs für seinen Anlass (»Der Berg kreißte ...«).

Ziel und Form

Der Festakt stellt die zu ehrende Institution oder Persönlichkeit ins Zentrum der Aufmerksamkeit. Alle Teile der Gestaltung des Festaktes sind diesem Ziel gewidmet.
Die Stimmungselemente des Festaktes sind Feierlichkeit und Würde.

Als Gestaltungselemente des Festaktes können gewählt werden:
- Redner
- Musikalische Umrahmung
- Evtl. auch Nationalhymne
- Künstlerische Einlagen (z.B. Lesungen, Rezitationen, Dialoge)
- Bühnenbild
- Foyergestaltung (Ausstellung, Dokumentationsmappen, Bücher, Bilder, Poster etc.)
- Floristische Ausschmückung (Blumengestecke, Blumenkanten, Bodenvasen, Blumenständer, Hochgestecke, Grüngruppen wie Ficus, Lorbeer und Tuja, Pultdekoration).
- Beflaggung vor dem Gebäude
- Empfang.

Bei der Gestaltung der Saalbestuhlung ist zu beachten:
- Mittelgang einrichten, falls nicht vorhanden (dadurch wird der Zugang zu den Plätzen erheblich erleichtert)
- Erste Stuhlreihe darf die Mindestdistanz von 4 m zur Bühne nicht unterschreiten (andernfalls entsteht ein ungünstiger optischer und akustischer Winkel)
- Stuhlsitzfläche muss textil bespannt oder mit Sitzkissen versehen sein (andernfalls wird das längere Sitzen vor allem für ältere Gäste unangenehm)
- Bereitstellung von Reservestühlen in einem

vorher bestimmten Lagerraum (für den all, dass die erste oder zweite Reihe erweitert werden muss).

Datum

Bei der Planung des Termins eines so herausragenden und eher seltenen Ereignisses sollten Sie unbedingt parallele und konkurrierende Daten und Veranstaltungen berücksichtigen.
Werden sie übersehen, droht Ihr Festakt zum teuren Flop zu geraten. Die Resonanz der Ihnen wichtigen Gästezielgruppen bleibt hinter den Erwartungen zurück, Ihre prominenten Redner sind verstimmt, weil sie vor halb leeren Stuhlreihen auftreten müssen. Medienvertreter erscheinen gar nicht erst, weil zur gleichen Zeit für sie wichtigere und interessantere Events anstehen.

Denken Sie daher bei der Terminplanung an
- Messen und Ausstellungen
- Internationale Konferenzen, Tagungen
- Sitzungen von Parlamenten, Ausschüssen, Gremien
- Ferientermine
- Feiertage, Gedenktage, Festtage
- »Brückentage« zwischen Feiertagen, die oft zu Kurzferien genutzt werden
- Festspieltage und -wochen, Premieren und Eröffnungen im Kulturbereich
- Streiks und Arbeitsniederlegungen (z.B. im Bereich der öffentlichen Verkehrsmittel).

Bei der Wahl des Wochentages werden oft konkrete Jubiläums-, Geburtstags- und Gedenktagsdaten den Tag des Festaktes bestimmen. Davon wird jedoch in vielen Fällen wegen der vorgenannten parallelen und konkurrierenden Veranstaltungen abgewichen werden müssen.

Beim 25-jährigen Gründungsjubiläum Ihres Unternehmens beispielsweise müssen Sie sich nicht unbedingt auf den Gründungstag als Termin für feierliches Gedenken festlegen. Sie können auch innerhalb des Gründungsmonats oder im gesamten Gründungsjahr einen Tag für Ihren Festakt wählen.

Der Erfolg des Events geht vor pedantischer Termintreue.

Bei der Wahl der Tageszeit haben sich zwei Tageszeitpunkte gleichermaßen bewährt:
- 11.00 Uhr
- 20.00 Uhr.

Dauer

Weil ein Festakt im Allgemeinen mit einem Empfang abschließt, sollten Sie von folgendem Standardzeitplan ausgehen:
- 60 Min./Festakt
- 90 Min./Empfang.

Da ein Empfang nicht abrupt beendet werden kann, gilt die empfohlene Standardzeit von ca. 90 Min. nur für Ihre Anwesenheitspflicht als Gastgeber.

Budget

Kostenträchtig sind z.B. folgende Positionen:
- Druck der Einladungen
- Porto
- Saalmiete oder Raumbetriebskosten
- Anmietung von Stühlen
- Beschallung, Mikrotechnik (Rednerpult, Orchester)
- Blumenschmuck
- Bühnengestaltung
- Orchesterhonorar
- Hostessen (Foyer, Garderobe, Platzanweisung)
- Imbiss und Getränke (Empfang)
- Servicekräfte
- Anmietung von Bistrotischen
- Parkplatzservice (Bewachung, Wagenabruf).

Ort

Mit der Wahl des Veranstaltungsortes setzen Sie einen bewussten wesentlichen Akzent Ihres persönlichen Stils und Geschmacks. Er wird bei den Eingeladenen vorrangig beachtet und bewertet (»Man gönnt sich ja sonst nichts ...!«).

Die Alternativen sind scheinbar zahlreich, werden jedoch meist schnell begrenzt durch das Kapazitätskriterium. Nicht jede Stadt oder Gemeinde kann zwischen mehreren geeigneten Veranstaltungsgebäuden wählen.

Oft bieten sich für
- Betriebe und Unternehmen nur die betriebs- oder unternehmenseigenen Säle oder für die
- öffentliche Verwaltung die Gemeinde- oder Rathaussäle

als Veranstaltungsort an, wobei die Ausstattung mancher Firmen- und Rathaussäle an Pracht und Glanz kaum Wünsche offen lassen.

Variabler und anpassungsfähiger in ihren Entscheidungen sind allerdings Gastgeber, die in ihrer Stadt oder Gemeinde beispielsweise auf
- Schlösser und Burgen
- Palais und historische Residenzen
- Gästehäuser (Unternehmen, Regierungen)
- Theater, Opernhäuser, Kinos
- Stadthallen, Bürgerhäuser
- Hotels

zurückgreifen können.
Selbst dort, wo keine Prunksäle zur Verfügung stehen, verhelfen Kreativität und Fantasie der Floristen und Bühnenbauer dem bescheidensten Versammlungsraum zu ungeahntem festlichen Glanz.

Einladungsverfahren

Grundsätzliche Hinweise zum richtigen Einladungsverfahren finden Sie im Sonderabschnitt Einladungen Seite 292.
- *Vorlaufzeit*
  5–6 Wochen vor der Veranstaltung Versand der Einladungen
- *Form*
  → Hochwertiges Papier (Hochglanz, Bütten; 130g – 150g-Karton)
  → Klappkarte
  (bietet viel Raum für Gestaltung und Informationen; auf vier Seiten können zahlreiche Einzelelemente übersichtlich und großzügig angeordnet werden)
  → Allgemeines Schriftbild
  (z.B. in erhabener Prägeschrift; Blind- oder Farbprägung des Firmen- oder Behördenlogos)
  → Handgeschriebener Empfängername
  (allerdings erheblicher Aufwand bei Einladungszahlen über 1.000)
- *Anlagen*
  → Antwortkarte
  → Platzierungskarte
  → Wagenkarte (Parkplatzhinweis)
  → Lageplan
  → Fahrtskizze
- *Versandstufen*
  → 1. Stufe
  Mit der Einladungskarte wird nur die Antwortkarte mit dem Rückmeldedatum verschickt.
  → 2. Stufe
  Nach Ablauf der Rückmeldefrist (ca. 10 Tage vor der Veranstaltung) wird aufgrund der Zusagen ein Platzierungsschema aufgestellt.
  Gemäß Platzierungsschema wird den Adressaten, die zugesagt haben, die Platzierungskarte und alle übrigen Anlagen zugeschickt.

Platzierung
Siehe dazu den Sonderabschnitt Platzierung Seite 317.

Clearingstelle
Versäumen Sie nicht, im Foyer (in Eingangsnähe) Ihres Festsaales eine Clearingstelle einzurichten.
Es wird immer Personen geben, die
- ihre Einladung vergessen haben
- mit unangemeldeter Begleitung erscheinen
- abgesagt hatten, aber nun doch gern dabei sein möchten.

In solchen Fällen geben die Helfer und Helferinnen an der Clearingstelle Auskunft und Rat. Eine wichtige Einrichtung also zur professionellen Organisation Ihrer Veranstaltung.
Die Clearingstelle sollte wie folgt ausgestattet sein:
- *Personal*
  Damen und Herren Ihrer Firma oder Behörde, die mit der Veranstaltungsorganisation bestens vertraut sind und höflich

aber bestimmt mit Menschen umgehen können.
- *Sachausstattung*
  → weiß oder grün gedeckter Tisch
  → Reserve an Einladungskarten und Platzierungskarten
  → Liste aller eingeladenen Gäste
  → Liste aller Zusagen und Absagen
  → Liste der angemeldeten Pressevertreter
  → Platzierungsschema
  → Mobiltelefon

Ablauf/Programm

Der gewohnte Standardablauf für einen Festakt bietet folgende Programmpunkte:

- Musikalische Einleitung   8 Min.
- Begrüßung   4 Min.
- Grußwort 1   5 Min.
- Grußwort 2   5 Min.
- Musikalisches Zwischenspiel   6 Min.
- Hauptansprache   20 Min.
- Musikalischer Ausklang   8 Min.

Häufig schließt sich an den Festakt noch ein Empfang im Foyer des Festsaales an.

Dieser Ablauf bietet die klassische Form der Gestaltung: Traditionell, korrekt, steif, förmlich, keine Experimente. Sie lebt von den Botschaften der Redner und der Darbietung der Musikstücke.

Die Redner sind jedoch oft gut bekannt, ihre Ansichten und Aussagen vielen Gästen aus früheren Auftritten bereits geläufig. Ebenso geht es dem Festaktspublikum mit den vielerorts vornehmlich ausgewählten Kompositionen des Barock: Man lauscht mit einem wissenden Lächeln.

Sie sollten sich bei der Vorbereitung Ihres Festaktes fragen, ob Ihnen dies genügt. Wo bleibt das Besondere, das Unverwechselbare, die individuelle Note Ihrer Veranstaltung, an die sich Ihre Gäste auch später noch mit Bewunderung erinnern sollten?

Ihr Festakt muss sich von den anderen hunderten Festakten unterscheiden. Das wird er jedoch kaum, wenn Sie die übliche klassische Form wählen. Ihr Festakt wird dann zu einem Festakt wie jeder andere.

Dabei stehen durchaus attraktive Variationen Ihres Programms zur Verfügung. Übrigens, ohne die Würde und Feierlichkeit des Festaktes zu beeinträchtigen.

Denken Sie beispielsweise über folgende Programmvariationen nach, die Ihren Festakt bereichern können:

- Videoeinspielung anlassbezogener Bilder und Filmfragmente (Filmcollagen)
- Auftritt bekannter Chöre und Gesangsgruppen (Regensburger Domspatzen, Schöneberger Sängerknaben, Opernchöre u.a.m.)
- Auftritt von Landes- und Bundessiegern des Wettbewerbs »Jugend musiziert« (Solisten, Ensembles)
- Auftritt eines ausländischen Gastredners (Simultanübersetzung)
- Darbietung eines anlassbezogenen Textes in gespieltem Dialog (z.B. zwei Schauspieler tragen einen historischen oder aktuell vorgefertigten Text vor, z.B. auch in Form eines Interviews)
- Rezitation, Lesung von anlassbezogenen Textpassagen aus Prosa und Lyrik
- Szenische Darstellungen (z.B. Sketch, Parodie, Kabarett).

Holding Room

Vergessen Sie als Gastgeber nicht, Ihre Ehrengäste der ersten Saalstuhlreihe vor Veranstaltungsbeginn in einem gesonderten Raum um sich zu versammeln.

Die Vorteile liegen auf der Hand:

- Zu frühe prominente Gäste langweilen sich nicht irgendwo vereinsamt im Saal
- Zu späte VIP's müssen sich nicht in die laufende Veranstaltung »schleichen«
- Ihre Ehrengäste fühlen sich ehrenvoll herausgehoben.

Versammeln Sie daher erst die komplette 1. Reihe im Holding Room, gehen Sie dann mit dieser Gästegruppe in den Saal, lassen sie Platz nehmen und beginnen dann mit Ihrem Festakt.

Wenn alle Gäste der ersten Reihe pünktlich erscheinen, wird es auch einen pünktlichen

Beginn geben. Scheuen Sie sich jedoch nicht, mit Ihrer Veranstaltung später zu beginnen, wenn noch Gäste der 1. Reihe fehlen.

Es sei denn, Ihr Festakt wird live von einer Fernsehanstalt übertragen. Dies allerdings erfordert einen absolut pünktlichen Beginn. Um dies zu fördern, sollten Sie auf den Platzierungskarten für Ihre Gäste vermerken: »Bitte die Plätze 15 Minuten vor Beginn der Veranstaltung einnehmen«.

Denken Sie daran, den Holding Room ein wenig gemütlich auszustatten: Blumen, Erfrischungen, Stühle für ältere Gäste.

Medienbegleitung

Die Einladung von Pressevertretern zur Berichterstattung setzt voraus, dass Sie ihnen angemessene Arbeitsmöglichkeiten vor Ort schaffen. Dies bedeutet:

- Reservierte Plätze in bevorzugter Position zur Bühne; für Fotojournalisten und Kamerateams gute »Schusspositionen«
- Benennung kompetenter Ansprechpartner zur Betreuung der Medienvertreter
- Verteilung von vorbereiteten Presseerklärungen, Redetexten und sonstigen Dokumenten
- Ausstellung gesonderter Presseausweise zum reibungslosen Betreten des Veranstaltungsgebäudes.

Checkliste: Festakt

Ziff.	Aktivitäten/Maßnahmen	Zu erled. von	Erled. am
1.	**Budgetrahmen bestimmen** Kostenträchtig und abzuschätzen sind z.B. folgende Positionen:		
1.1	• Druck der Einladungen		
1.2	• Porto		
1.3	• Saalmiete oder Raumbetriebskosten		
1.4	• Anmietung von Stühlen		
1.5	• Beschallung, Mikrotechnik (Rednerpult, Orchester)		
1.6	• Blumenschmuck		
1.7	• Bühnengestaltung		
1.8	• Künstlerhonorare (Orchester, Solisten, Ensembles u.a.)		
1.9	• Hostessen (z.B. Foyer, Garderobe, Platzanweisung)		
1.10	• Imbiss und Getränke (Empfang)		
1.11	• Servicekräfte (Empfang)		
1.12	• Anmietung von Bistrotischen u.a. (Empfang)		
1.13	• Parkplatzservice (Bewachung, Wagenabruf)		

Checkliste: Festakt

Ziff.	Aktivitäten/Maßnahmen	Zu erled. von	Erled. am
2.	**Termin festlegen** Achten Sie auf		
2.1	• Messen und Ausstellungen		
2.2	• Internationale Konferenzen, Tagungen		
2.3	• Sitzungen von Parlamenten, Ausschüssen, Gremien		
2.4	• Ferientermine		
2.5	• Feiertage, Gedenktage, Festtage		
2.6	• »Brückentage« zwischen Feiertagen, die oft zu Kurzferien genutzt werden		
3.	**Arbeitsgruppe bilden** z.B. bei Großveranstaltungen ab 1.000 Gästen Übertragung der organisatorischen und protokollarischen Gesamtverantwortung auf den Leiter der Arbeitsgruppe, der den Gastgeber regelmäßig über den Stand der Vorbereitungen unterrichtet.		
4.	**Veranstaltungsort buchen**		

4.1	• Ausstattung des Saales
	→ Atmosphäre, Behaglichkeit, Festlichkeit
	→ Stühle für Gäste
	  – Anzahl
	  – Bequemlichkeit
	  – Reserve zur Erweiterung der 1. und/oder 2. Reihe		

4.2	• Mittelgang sicherstellen (falls vorher nicht vorhanden)		
4.3	• Heizung, Klima, Fenster		
4.4	• Licht		
4.5	• Bühne		
4.6	• Stühle für Orchester		
4.7	• Lärmeinwirkung von außen		
4.8	• Foyer (für Empfang)		

Ziff.	Aktivitäten/Maßnahmen	Zu erled. von	Erled. am
4.9	• Holding Room in Saalnähe		
4.10	• Aufenthaltsraum für Fahrer und Begleiter		
4.11	• Garderobe, Sanitäreinrichtungen		
4.12	• Zufahrt		
4.13	• Parkplätze		
4,14	• Beflaggungsmöglichkeit		
5.	**Einladungsliste zusammenstellen**		
5.1	• Maximale Personenzahl festlegen; dabei ist zu beachten, dass bei großen Veranstaltungen z.T. Absagequoten von 40 – 50 % einzukalkulieren sind		
5.2	• VIP-Datei und sonstige Adressen durchsehen, evtl. aktualisieren		
5.3	• Einladungsvorschläge von nahestehenden Personen und Institutionen anfordern.		
6.	**Programmablauf festlegen**		
6.1	• Gewünschte Redner anfragen, verpflichten		
6.2	• Gewünschte Künstler anfragen, verpflichten (z.B. Orchester, Solisten, Ensembles)		
6.3	• Gewünschtes weiteres Rahmenprogramm buchen.		
7.	**Einladungen**		
7.1	• Gestaltung → Hochwertiges Papier (Hochglanz, Bütten) → Attraktive Farbauswahl (z.B. für Abbildungen, Logos) → Attraktives Schriftbild (z.B. Prägeschrift) → Klappkarte (übersichtliche Anordnung vieler Informationen auf vier Seiten) → Freizeile für handgeschriebene Empfängernamen		

Checkliste: Festakt

Ziff.	Aktivitäten/Maßnahmen	Zu erled. von	Erled. am
7.2	• Text entwerfen und abstimmen		
7.3	• Anlagen		
	→ Antwortkarte		
	→ Platzierungskarte		
	→ Wagenkarte		
	→ Lageplan		
	→ Fahrtskizze		
7.4	• Festlegung der Rückantwortfrist (Termin sollte ca. 10 Tage vor dem Veranstaltungsdatum liegen).		
7.5	• Druckauftrag (incl. Umschläge)		
7.6	• Versand		
	→ 5 – 6 Wochen vor Veranstaltungstermin		
	→ Erste Stufe: Einladungskarte und Antwortkarte Vergessen Sie nicht, Ihren EDV-Berater nach der maschinellen Adressierung Ihrer Umschläge zu befragen.		
8.	**Rückmeldeliste anlegen** Rubriken z.B.		
8.1	• Zusagen		
8.2	• Absagen		
8.3	• Vertretung		
8.4	• Begleitung ja/nein		
9.	**Aufträge an Zulieferer, Ausstatter und Dienstleister**		
9.1	• Hostessen (Foyer, evtl. Garderobe, Platzanweisung)		
9.2	• Blumen und Pflanzen		
9.3	• Beschallung, Mikrotechnik		
9.4	• Stühle (falls externe Beschaffung)		
9.5	• Bühnengestaltung		
9.6	• Imbiss und Getränke (Empfang)		

Ziff.	Aktivitäten/Maßnahmen	Zu erled. von	Erled. am
9.7	• Bistrotische (Empfang)		
9.8	• Servicekräfte (Empfang)		
9.9	• Parkplatzbewachung und Wagenabruf		
10.	**Sicherheit, Verkehr, Notarzt**		
10.1	• Örtliche Polizei informieren → Sicherheit der Veranstaltung → Verkehrslenkende Maßnahmen		
10.2	• Notarzt mit Rettungswagen verpflichten → Platzierung des Notarztes im Saal einplanen → Rettungswagen an einer Seite – nicht gerade an der Vorderfront – des Gebäudes bereitstellen		
11.	**Medien informieren, einladen**		
12.	**Dokumentation sicherstellen**		
12.1	• Tonmitschnitt für spätere Festschrift oder Archiv		
12.2	• Bildmitschnitt		
13.	**Aufträge an eigenes Personal festlegen**		
13.1	• Einlasskontrolle		
13.2	• Clearingstelle		
13.3	• Gästebuch		
13.4	• Garderobe		
13.5	• Platzanweisung		
13.6	• Fotograf/in		
13.7	• Wasserglaswechsel/Rednerpult		

Checkliste: Festakt

Ziff.	Aktivitäten/Maßnahmen	Zu erled. von	Erled. am
14.	**Programm drucken** Nach Abschluss aller Programmüberlegungen und Sicherung der notwendigen Verträge wird das Programm gedruckt. Es wird vor der Veranstaltung auf die Stühle gelegt. Dieses Verfahren hat den Vorteil, das man mit einzelnen komplizierten Programmpunkten noch Zeit bis kurz vor der Veranstaltung hat.		
15.	**Presseerklärung fertigen** und rechtzeitig den Medien zuleiten.		
16.	**Nach Ablauf der Rückmeldefrist für Zu-/und Absagen** Ca. 10 Tage vor Veranstaltungsbeginn		
16.1	• Platzierungsschema fertigen (siehe Abschnitt Platzierung, Seite 317)		
16.2	• Zweite Stufe des Versands an die Adressaten, die zugesagt haben → Platzierungskarte → Wagenkarte → Lageplan → Fahrtskizze		
17.	**Abschlussbesprechung** Ca. 3 Tage vor Veranstaltungsbeginn mit allen an der Organisation beteiligten Mitarbeitern und externen Auftragnehmern.		
18.	**Letzter Checkup am Tag der Veranstaltung** Ca. 2 Stunden vor Veranstaltungsbeginn		
18.1	• Saal		
18.2	• Foyer (Clearingstelle, Gästebuch, Empfang)		
18.3	• Holding Room		
18.4	• Aufenthaltsraum für Fahrer und Begleiter		
18.5	• Garderoben, Sanitäreinrichtungen		

Ziff.	Aktivitäten/Maßnahmen	Zu erled. von	Erled. am
18.6	• Beflaggung		
18.7	• Parkplatz, Wagenabruf		
18.8	• Sicherheit/Verkehrslenkung/Absperrungen		
18.9	• Notarzt, Rettungswagen		
18.10	• Letzte Einweisung aller Helfer und Einsatzkräfte in ihre Aufgaben		
19.	**Nach der Veranstaltung** Dank und Feedback an alle Helfer.		

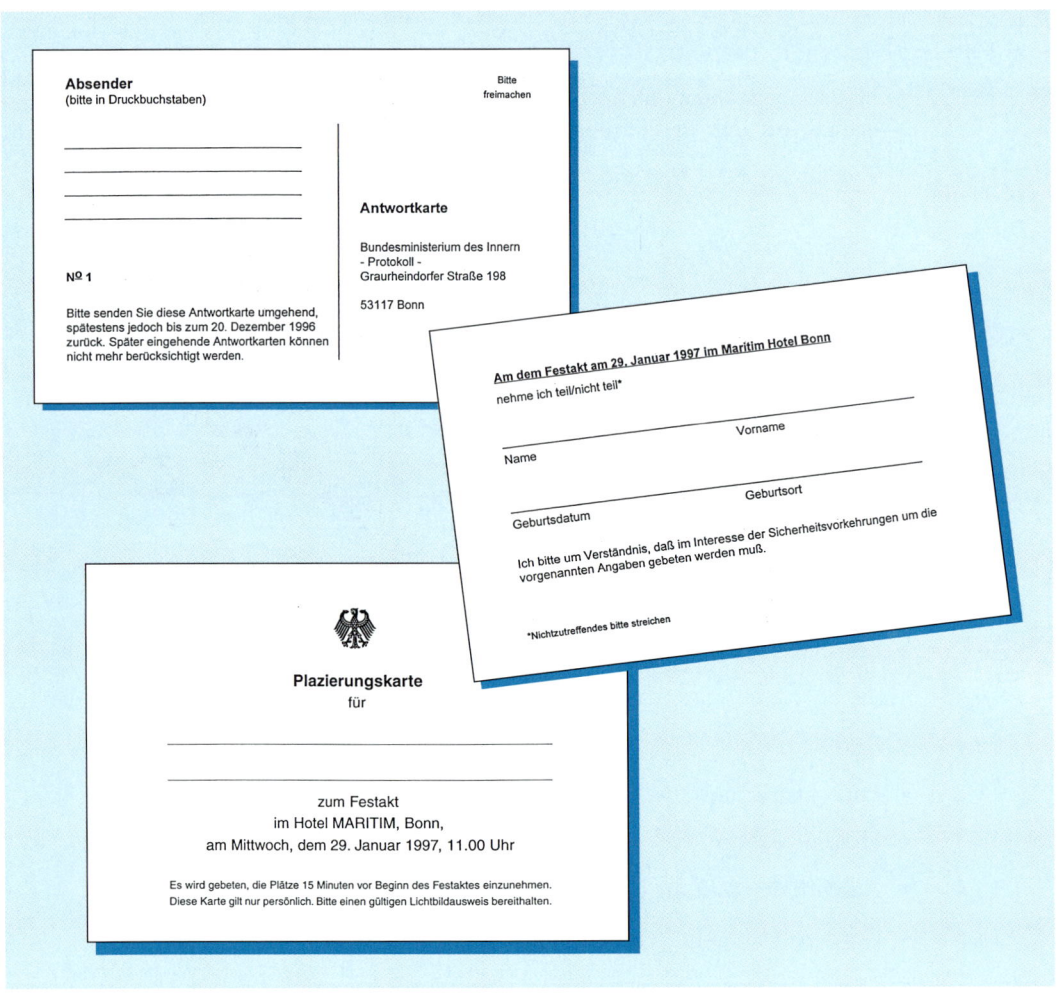

Festakt

Der Bundeskanzler
der Bundesrepublik Deutschland
Dr. Helmut Kohl

beehrt sich,

Frau
Ingelore v. Winter

aus Anlaß des 100. Geburtstages

von

Prof. Dr. Ludwig Erhard

Bundesminister für Wirtschaft von 1949 bis 1963
Bundeskanzler von 1963 bis 1966

zu einem

Festakt

am Mittwoch, dem 29. Januar 1997, um 11.00 Uhr,
in das Hotel MARITIM, Bonn einzuladen.

Nach dem Festakt findet im Foyer
und in den angrenzenden Räumen zum „Saal Maritim" ein Empfang statt.

**Vorfahrtberechtigung
zum Festakt im
Hotel MARITIM, Bonn
29. Januar 1997
11.00 Uhr**

F

Reservierter Parkbereich

**Keine Vorfahrtsmöglichkeit
zum Festakt im
Hotel MARITIM, Bonn
29. Januar 1997
11.00 Uhr**

F

Parkraum nur in der Heinemannstraße
(Schrägaufstellung)

3.9 Geburtstag

Der Geburtstag ist ein Datum, das manchmal herbeigesehnt, vielfach gefürchtet und häufig bewusst ignoriert wird. Dennoch kommt es – gelegen oder ungelegen – jedes Jahr mit eherner Pünktlichkeit.

In katholischen Gegenden unseres Landes begeht man den Namenstag. Man feiert ihn genauso festlich wie den Geburtstag oder anstelle des Geburtstages. In den letzten Jahrzehnten hat der Namenstag jedoch mehr und mehr an Bedeutung verloren.

So sicher wie die Wiederkehr des Geburtstages ist auch die Unsicherheit der Mitmenschen, ob ein Jubilar dieses Datum überhaupt gewürdigt wissen will. Man muss stets auf alles gefasst sein. Der tiefe Respekt vor der Vergänglichkeit im Allgemeinen und den persönlichen Jahrestagen im besonderen führt häufig zu durchsichtigen Verdrängungsmanövern: »Bin in Urlaub«, »Bin auf Geschäftsreise«, »Bin nicht erreichbar«.

Wer sich entscheidet, seinen Geburtstag mit Gästen zu feiern, muss sich rechtzeitig und sorgfältig überlegen, welchen Rahmen er dafür wählt. Es gilt der Grundsatz: Ob aufwendige oder schlichte Geburtstagsfeier – das Ereignis sollte allen Beteiligten in guter Erinnerung bleiben.

Anlass und Veranstaltungsform

Vor allem die runden Geburtstage, mit denen ein neues Lebensjahrzehnt beginnt, also mit 40, 50, 60 Jahren und mehr, geben meist Anlass zu intensiven Vorüberlegungen.

Runde Geburtstage bleiben oft keine Privatangelegenheit mehr, sondern können im Berufsleben höchst offiziellen Charakter annehmen. Insbesondere Persönlichkeiten mit hohem Bekanntheitsgrad können sich der Erwartungshaltung ihres persönlichen, gesellschaftlichen und beruflichen Umfeldes selten ganz verschließen. Geburtstagsmuffel und Misanthropen haben nur wenig Chancen.

Nachfolgend einige grundsätzliche Überlegungen zu bedeutenden Geburtstagen:

- der 18. (Volljährigkeit), 20. und 30. Geburtstag werden im Allgemeinen im Familien- und Freundeskreis gefeiert.
- Der 40. kann im Berufsleben bereits erhebliche Beachtung finden, da die Lebensmitte fast erreicht ist und die Jubilare beruflich bereits exponierte Positionen innehaben können.
- Der 50. Geburtstag bietet Anlass zur Rückschau auf ein halbes Jahrhundert; Gelegenheit zur Bilanz des Erreichten in Familie, Beruf und Ehrenamt, Gelegenheit zur Bestärkung und Ermunterung für künftige Aufgaben und Ziele.
- Der 60. hat im beruflichen und öffentlichen Leben einen hohen Rang. Das gesellschaftliche und berufliche Umfeld erhebt oft massiven Anspruch auf den Jubilar. Die gemeinsame Feier soll der gezielten Würdigung der Lebensleistung und Ehrung des Jubilars dienen. Eine Würdigung des Jubilars in der Presse verstärkt dieses Ziel noch. In manchen Berufen fällt der 60. Geburtstag bereits mit dem Jahr des Ruhestands zusammen und verstärkt somit die Bedeutung dieses runden Geburtstages.
- Geburtstage, die durch fünf teilbar sind, haben erst ab dem 60. Lebensjahr größere Bedeutung. So z.B. der 65. Geburtstag, der für die meisten Berufstätigen der Eintritt in den Ruhestand bedeutet und den Rückblick auf das gesamte Arbeitsleben gestattet.

Bei der Veranstaltung offizieller Geburtstagsfeierlichkeiten sind zwei Grundformen zu unterscheiden (mit Beispielen):

- *Offenes Haus (für spontane Gäste)*
    → Kaffee- und Kuchentafel
    → Cocktail
    → Brunch
- *Geschlossene Gesellschaft (für geladene Gäste)*
    → Dinner mit anschließendem Konzert
    → Konzertabend oder -matinee mit anschließendem Empfang
    → Festakt mit anschließendem Empfang
    → Symposium (Thema mit engem Bezug zum Jubilar)

→ Empfang mit Imbiss oder Buffet (mit oder ohne Reden)
→ Schiffsfahrt mit Menü oder Buffet.

Im Berufsleben müssen oft auch Kombinationen praktiziert werden. Bei bedeutenden Geburtstagen kann z.B. eine Dreiteilung der Gratulantenschar erforderlich werden:
- Vormittagsempfang für die spontanen Gratulanten am Arbeitsplatz
- Mittagsempfang für eine große Zahl schriftlich geladener Gäste
- Abendessen für einen kleinen schriftlich geladenen Gästekreis.

Ziel und Gestaltung

Welche Form(en) Sie für die Gestaltung der Geburtstagsfeierlichkeiten wählen, hängt in erster Linie von der Zielsetzung der Veranstaltung ab. Ist geplant, den Jubilar in herausgehobener Weise zu ehren, wird ein Festakt oder ein gesetztes Essen kaum zu umgehen sein. Soll der Geburtstag eher locker und betont kommunikativ begangen werden (ausgiebige Gelegenheit zum Gratulieren, zu Gesprächen und Begegnungen zum Knüpfen neuer Kontakte), bietet sich ein Stehempfang oder eine Gartenparty als geeigneter Rahmen an.

Ausführliche Einzelheiten und Checklisten zur Gestaltung der verschiedenen Formen, mit denen ein Geburtstag begangen werden kann, also z.B. Cocktail, Brunch, Empfang, Festakt, sind in den gleichlautenden Abschnitten dieses Werks enthalten.

Die Einladung zu einer offiziellen Geburtstagsfeier hat im Allgemeinen zum Ziel, nicht nur sympathische Kollegen und wichtige Geschäftspartner um sich zu versammeln, sondern einem ausgewählten Kreis treuer Weggefährten Dank zu bekunden. Der Geburtstag ist daher stets auch ein willkommener Anlass, langgeplante aber aufgeschobene Begegnungen zu realisieren.

Was für alle gesellschaftlichen Veranstaltungen gilt, trifft besonders auch auf die Vorbereitung und Gestaltung runder Geburtstage zu: Frühzeitige Planung der Eckdaten und akribische Detailvorbereitung anhand einer Checkliste helfen Ihnen, Fehler und Pannen zu vermeiden – zum Ruhme des Jubilars.

Geburtstagskalender

Falls noch nicht umgesetzt: Legen Sie größten Wert auf die Führung und Pflege eines detaillierten Geburtstagskalenders mit einem eingespielten Wiedervorlageverfahren.

In diesem Kalender werden Geschäftspartner, Bekannte und Freunde eingetragen, denen zu Geburtstagen – in welcher Form auch immer – gratuliert werden soll. Die Speicherung weiterer Informationen kann wichtig werden, wenn ein Jubilar zu einem runden Geburtstag, z.B. mit einer Festschrift oder einer Auszeichnung geehrt werden soll.

Die Geburtstagsübersicht sollte drei Monate vor Ende eines jeden Jahres für das nächste Jahr vorgelegt werden.

Der Geburtstagskalender kann z.B. mit folgenden Rubriken ausgestattet werden:
- Name
- Funktion
- Mandate, Mitgliedschaften, Ehrenämter, Auszeichnungen
- Adresse
- Geburtsdatum
- Runder Geburtstag
- Empfohlene Würdigung z.B.
- telefonischer Glückwunsch
- schriftliche Gratulation
- persönlicher Besuch
- Empfang durch ...
- besondere Ehrung
- Geschenk nein/ja (welches)
- keine Gratulation erforderlich, nur Reaktion bei Einladung.

Der rechtzeitige Blick in den Geburtstagskalender wird vor allem auch dann wichtig, wenn Sie besondere Vorstellungen und Vorschläge zur Ehrung der betreffenden Persönlichkeit haben und dies mit Dritten abstimmen oder vorprüfen müssen. Beispiele: Würdigung in der Presse, Herausgabe einer Festschrift, Ordensvorschlag, Ehrenmitgliedschaft.

Funktionen und Anzahl der in einen Geburtstagskalender aufzunehmenden Personen richten sich nach Gesichtspunkten und Motiven, die sehr unterschiedlich sein können: Betriebe, Behörden, Verbände, Institutionen der Kirchen, der Kunst, der Wissenschaft, Vereine, Clubs – sie alle haben ihr spezifisches Umfeld.

Nachfolgend ein Beispiel, wie Sie eine Geburtstagsliste nach Funktionsgruppen strukturieren können:
- *Mitarbeiter des Betriebes/der Behörde*
- *Geschäftspartner, Geschäftsfreunde*
    - → Inland
    - → Ausland
- *Mandatsträger*
    - → Gemeinde, Stadt
    - → Land
    - → Bund
- *Öffentliche Verwaltung*
    - → Gemeinde, Stadt
    - → Land
    - → Bund
- *Gerichte*
- *Diplomatische Vertretungen*
- *Internationale Organisationen*
- *Kirchen*
- *Kommunale Verbände*
- *Wirtschaft, Industrie, Handel, Handwerk*
    - → Unternehmen
    - → Verbände, Kammern
- *Sozialpartner*
    - → Arbeitgeber
    - → Arbeitnehmer
- *Wissenschaft, Erziehung, Bildungswesen*
- *Kunst- und Kulturpflege*
- *Medien*
- *Wohlfahrtsverbände und Hilfsorganisationen*
- *Familien- und Frauenverbände*
- *Sport*
- *Jugendorganisationen*
- *Stiftungen.*

Die Geburtstagsliste muss regelmäßig aktualisiert, d.h. geändert oder mit neuen Informationen ergänzt werden. Auch Anmerkungen zu Berichten in den Medien oder Hinweise auf Schriftverkehr und wichtige Begegnungen können eingespeist werden.

Die Geburtstagsdatei bildet in dieser Form eine wertvolle, praktische und rasch verfügbare Fundgrube für fällig werdende Glückwünsche, Grußworte oder Ansprachen. Anhand der Geburtstagsdatei können Sie jederzeit überprüfen, wem Sie wann in welcher Form gratuliert haben. Sie stellt damit Ihr umfassendes, kompaktes, stets griffbereites Geburtstagsgedächtnis dar.

Sie können im Zweifel auf Präzedenzfälle zurückgreifen und Gleichbehandlung bei der Wahl der Gratulationsform sicherstellen. Ausdrucksformen des Umgangs wie diese werden auch in Ihrem Umfeld aufmerksam registriert. Man spricht darüber. Unterlassungen können aufgrund bestimmter Erwartungshaltungen nachhaltige Enttäuschungen verursachen.

Ordnung und Genauigkeit bei der Datenpflege Ihrer Geburtstagsliste zahlen sich aus und bewahren Sie vor Fehlern und Peinlichkeiten.

Datum

Die Geburtstagsfeier muss nicht um jeden Preis am Ehrentag selbst veranstaltet werden. Beruflich unaufschiebbare Termine oder Geschäftsreisen stehen dem häufig entgegen. *Die Geburtstagsfeier ist auch Tage oder Wochen später noch ohne Ansehensverlust möglich.* Im Gegenteil: Oft kann eine terminliche Verlegung aus den verschiedensten Gründen auch für das Umfeld günstig sein (Ferien, Feiertage, Messen und Ausstellungen u.a.m.). Die endgültige Festlegung des Termins für die offizielle Geburtstagsfeier sollten Sie als Einladender oder Organisator etwa 8 Wochen vor der Veranstaltung in Abstimmung mit den wichtigsten Gästen vornehmen.

Ist der Jubilar politischer Mandatsträger oder gehört er zu den Ehrenamtlichen eines Vereins, einer Wohltätigkeitseinrichtung oder einer Hilfsorganisation, kann damit gerechnet werden, dass aus Anlass seines runden Geburtstages ein Akt der Reverenz geplant ist. Scheuen Sie sich nicht, diese möglichen

Planungen diskret zu erkunden. Sie brauchen für Ihre eigenen Vorbereitungen terminliche Klarheit.

Dauer

Je nach Wahl der Veranstaltungsform kann eine Geburtstagsfeier von recht unterschiedlicher Dauer sein: Cocktail, Brunch, Empfang mit Buffet, Abendessen, Festakt. Die kürzeste Form dürfte ein begrenzter Cocktailempfang am Vormittag sein. Jede weitere Kombination verlängert das Vergnügen um ein vielfaches und kann sich auch auf den nächsten Tag ausdehnen.

Budget

Für eine größere Geburtstagsfeier können folgende Standard-Ausgabepositionen angesetzt werden:
- Druck der Einladungen
- Porto
- Saalmiete/Raumbetriebskosten
- Beschallung, Mikrotechnik, Rednerpult
- Blumenschmuck
- Servicekräfte (Bedienung, Garderobe)
- Speisen und Getränke
- Anmietung von Bistrotischen
- Parkplatzservice

Ort

Privat kann man seiner Fantasie bei der Wahl des Ortes für eine Geburtstagsparty freien Lauf lassen. Bei offiziellen Geburtstagsfeierlichkeiten muss das Feld schon erheblich eingegrenzt werden. Die Zahl der Gäste, die Würde des Anlasses (z.B. ein hoher runder Geburtstag) und die beabsichtigte Form der Ehrung setzen die Wahl eines angemessenen Veranstaltungsortes voraus.

Betriebs- und behördenintern kann für einen großen Geburtstagsempfang ein repräsentativer Konferenzraum ebenso geeignet sein, wie Räumlichkeiten des Casinos, der Kantine oder des betriebseigenen Gästehauses. Hier eventuell auftauchende Versorgungsprobleme können Sie durch bewährte Catering-Dienstleister leicht schließen.

Wenn nicht betriebs- oder behördeneigene Räumlichkeiten infrage kommen, ist nach einer geeigneten externen Veranstaltungsstätte Ausschau zu halten. In der Praxis wird allerdings meist eine Kombination interner und externer Räumlichkeiten für den Empfang von Geburtstagsgästen zu wählen sein.

Auch Veranstaltungsorte, in denen keine Speisen zubereitet werden können, bilden für Ihre Geburtstagsfeier kaum ein Hindernis. Für Veranstaltungsservice-Unternehmen und Cateringanbieter ist fast nichts unmöglich. Ob Theater-, Opern- oder Museumsfoyers, ob Wald-, Berg- oder Skihütten, ob Galerien, Passagen oder Innenhöfe, ob Sonderzüge oder Schiffe, ob ausgediente Mühlen, Wassertürme oder Fabrikhallen – sie verwandeln Ihnen fast jeden – auf den ersten Blick noch so verrückten Ort – mit ein paar Kunstgriffen zu einer für alle überraschend reizvollen Veranstaltungsstätte Ihrer Geburtstagsfeier.

Bei einem bedeutenden runden Geburtstag wird es kaum zu umgehen sein, den engeren Arbeitskollegen bereits am Vormittag Gelegenheit zu bieten, dem Jubilar ihren Glückwunsch unmittelbar am Arbeitsplatz abzustatten. Große Ansprüche an die Bewirtung können bei dieser ersten Gratulationscour nicht gestellt werden. Sekt, Saft und Gebäck sollte der Jubilar bereithalten.

Allen weiteren Feierlichkeiten, zu denen der Jubilar dann auch gesonderte Einladungen ausspricht oder verschickt, muss eine sorgfältige Auswahl des Veranstaltungsortes vorausgehen.

Bewirtung

Wenn einmal beschlossen worden ist, einen bedeutenden runden Geburtstag mit Gästen zu feiern, sollten Sie an der Bewirtung nicht sparen. Sie ist das traditionelle Kernstück der Gastgeberkultur. An der Qualität der Bewirtung messen die Gäste Gastfreundschaft und Großzügigkeit. Sie ist Gegenstand von Anerkennung und Kritik, die dann auch gern auf den Gesamteindruck von der Veranstaltung bezogen werden.

Wählen Sie daher mit Bedacht und Sorgfalt aus, was Sie Ihren Gästen anbieten. Unabhängig davon, ob es für einen kleinen Open-house-Empfang im Büro, einem großen Stehempfang im Bankettsaal eines Hotels oder für ein festliches Essen vorgesehen ist: *Versuchen Sie mit neuen Einfällen Abwechslung in die weitverbreitete Bewirtungsmonotonie zu bringen.*
Beispiel:
- *Für den kleinen Open-house-Empfang im Büro:*
  Statt des obligaten trockenen Salz- und Zuckergebäcks bieten Sie fernöstliche Knabbereien, arabische Süßigkeiten, belgische Pralinen oder einfach mal einen Obstsalat aus einer riesigen Keramikschüssel an.
- *Für den großen Stehempfang:*
  Statt der üblichen langweiligen Wurst-, Schinken- und Käsecanapés lassen Sie mit ausgefallenen Köstlichkeiten an kleinen Spießen in herumgereichten Dressingschalen ausgiebig tunken und tauchen.
- *Für festliche Essen:*
  Statt der gewohnten Poulardenbrust, dem Rindersteak oder dem Kalbsschnitzel stellen Sie Ihr Menü nach einem attraktiven regionalen oder internationalen Motto zusammen: z.B. »Finnische Polarnacht« (Krebs- und Fischspezialitäten), »Chinesische Geheimnisse« (Gemüse- und Fleischkombinationen) oder »Essen wie Gott in Frankreich« etc.

Stellen Sie bei der Detailauswahl der Bewirtung nicht die Frage »Was ist üblich?«, sondern fragen Sie »Was kann ich anders machen?« und »Womit kann ich meine Gäste überraschen?« Betrachten Sie die Bewirtungsfrage nicht als pflichtgemäßes Abhaken des Routineproblems »Ernährung«, sondern als ein vielfältig gestaltbares lustvolles Ereignis Ihrer Gastfreundschaft.

Die Gäste werden es Ihnen danken und von Ihrer Geburtstagsfeier noch lange schwärmen.

Einladungsverfahren
- *Vorlaufzeit*
  Bei großen Geburtstagsempfängen und festlichen Geburtstagsessen: 4 bis 6 Wochen vor der Veranstaltung werden die Einladungen verschickt.
- *Einladender kann sein:*
  → der Jubilar selbst
  → sein erster Vertreter
  → Firmen- oder Behördenchef
  → Führungsgremium (z.B. Vorstand, Präsidium, Geschäftsführung)
  → Familienangehörige.
  Insbesondere zu Festakten mit Reden und Laudationes zu Ehren des Jubilars sollte dieser nicht persönlich einladen. Ist eine eher lockere Zusammenkunft geplant, lädt das Geburtstagskind meist selbst ein.
- *Einladungsliste*
  Vorüberlegungen:
  → Pflichteinladungen? (z.B. Mitarbeiter, Vorgesetzte, Geschäftspartner, Kunden, Verbände, Staat)
  → Komplementäreinladungen?
  (z.B. Vereinsmitglieder, Politik, Kirche, Wissenschaft, Kunst, Kultur)
  → Private Gäste?
  (Familie, Freunde, Förderer, Bekannte)
  → Rückeinladungen?
  (Abgeltung von Rückeinladungsverpflichtungen)
  → Einladungsvorschläge?
  (Empfehlungen und Wünsche anderer Personen)
  → Gästesplitting?
  (Bei mehreren Veranstaltungen zum Geburtstag: Welche Gäste sollen zu welcher Veranstaltung eingeladen werden?)
  Beachten Sie bei der Zusammenstellung der Einladungsliste:
  → Beginnen Sie Monate vor der Veranstaltung mit den ersten Überlegungen, wie der Gästekreis aussehen könnte.
  → Notieren Sie sich frühzeitig Namen von Personen, die Ihnen spontan für die Gästeliste einfallen.
  → Gehen Sie systematisch alle Institutio-

Geburtstag

nen durch, mit denen Sie zu tun haben und die für Sie wichtig sind.
→ Bitten Sie Kollegen oder Freunde, die bereits Erfahrungen mit bedeutenden runden Geburtstagen haben, Ihnen Einblick in ihre Einladungslisten zu gewähren.
→ Planen Sie für die Ermittlung der aktuellen Anschriften für Ihre Einladungen ausreichend Zeit ein. Die Adressenrecherchen können recht mühsam sein.
→ Bereiten Sie anlässlich eines bedeutenden Geburtstages evtl. mehrere Veranstaltungen vor (z.B. offizielle und private Feier).

- *Form*
Einladungskarte, Einladungsschreiben
Beispiele:
→ *Briefkarte mit vorgedrucktem Namen und Adresse*

```
        Claudia Ramstein
      Osterweg 3, 21030 Hamburg



```

Die Karte muss dann nur noch handschriftlich ergänzt werden:
... bittet Herrn Fred Sommer und Frau Ute Sommer zu einem Geburtstagsempfang, am Dienstag, dem ...., von 11.00 Uhr bis 13.00 Uhr, in das Bürgerhaus Bergedorf, Eichenweg 7, 21029 Hamburg

U.A.w.g. unter Telefon 040/7235152 oder FAX 040/7235125.

→ *Vorgedruckte Einladungskarte*

```
              Claudia Ramstein
              würde sich freuen,
          _____
          _____
  zum     _____
  am  _____  um _____ Uhr
              bei sich zu sehen.

  U.A.w.g.              Ort:
  Tel.: 040/7235152     Osterweg 3
                        21030 Hamburg
```

Diese Karte ist dann nur noch um die notwendigen Angaben zu ergänzen.
Keine falsche Bescheidenheit übrigens bei der Angabe des Einladungsgrundes: Erwähnen Sie den Geburtstag als Anlass, da die Gäste andernfalls nachfragen müssen, um nicht peinlich überrascht zu werden, wenn sie ohne Geschenk vor dem Jubilar stehen.
Weitere Muster für Einladungen zum Geburtstag siehe Seite 114.

- *Ablaufhinweis*
Festakte und Symposien anlässlich von Geburtstagen dauern nicht selten zwei bis drei Stunden. Diese Einladungen sollten einen Ablaufhinweis enthalten. Nicht alle Gäste haben die Zeit, der Veranstaltung über die gesamte Dauer beizuwohnen, möchten jedoch persönlich gratulieren. Es ist in solchen Fällen zulässig, wenn Sie in der Einladung darüber informieren, wann Gelegenheit zur Gratulation besteht, z. B. mit folgendem Hinweis:
»Im Anschluss an den Festakt besteht gegen 12.00 Uhr im Saal Brandenburg Gelegenheit zur Gratulation.«

Ablauf
Auch bei einer vergleichsweise eher zwanglosen Veranstaltungsform wie dem Empfang sollten Sie Absprachen treffen und einen Zeitplan festlegen, wer in welcher Reihenfolge

wie lange redet. Andernfalls bekommen Sie die Gratulations- und Lobreden nicht in den Griff. Dies kann misslich werden, wenn die Gäste zu lange stehen müssen.

Nachfolgend ein Beispiel für den Ablauf eines Geburtstagsempfangs (Firmenchef hat runden Geburtstag, sein Stellvertreter ist Einladender und Gastgeber):

10.45 Uhr	Ankunft des Jubilars Zusammenkunft mit dem Einladenden und den vorgesehenen Rednern in einem separaten Raum bei einem Glas Sekt
10.55 Uhr	Aufbruch des Jubilars und der o.g. Gruppe durch ein Spalier von spielenden Musikanten zum Empfangssaal
11.00 Uhr	Begrüßungsworte des Gastgebers
11.05 Uhr	Grußwort des Bürgermeisters
11.10 Uhr	Grußwort des Präsidenten des Fachverbandes
11.15 Uhr	Grußwort des Betriebsratsvorsitzenden
11.20 Uhr	Hauptansprache (z.B. durch Aufsichtsratsvorsitzenden oder Persönlichkeit aus Politik, Staat, Wissenschaft, Medien)
11.35 Uhr	Überreichung des offiziellen Geschenks (Blumen an die Ehefrau)
11.37 Uhr	Dankesworte des Jubilars
11.45 Uhr	Beginn der Gratulationscour Umtrunk und Imbiss

Beachten Sie zum Ablauf einer Geburtstagsfeier folgende Hinweise:

- Reden und Grußworte während eines Stehempfangs sollten insgesamt 45 Minuten nicht überschreiten.
- Ist der Jubilar selbst Gastgeber, muss er seine Gäste am Eingang begrüßen und eine Begrüßungsrede halten (kurz und humorvoll!).
- Pünktlicher Beginn der Geburtstagsfeier ermöglicht auch Ihren Gästen eine präzise Zeitplanung.
- Die Abholung des Jubilars durch eine Musikgruppe macht dem Jubilar Freude und signalisiert zugleich den Beginn der Geburtstagsfeier.
- Ein Gästebuch am Eingang zum Empfangsraum erleichtert Ihnen – soweit die Eintragungen lesbar sind – eine spätere Danksagung.
- Stellen Sie im Empfangsraum einen Tisch zum Ablegen der Geschenke bereit.
- Soll auf Geschenke zugunsten einer Spende für einen guten Zweck verzichtet werden, muss dies auf der Einladungskarte vermerkt werden (»statt zugedachter Geschenke bittet der Jubilar um eine Spende zugunsten der gemeinnützigen Stiftung ..., Bankverbindung ...«).

Danksagung

Handgeschriebene Danksagungen sind nur bei einem kleineren überschaubaren Gästekreis möglich. Bei großen Gästezahlen lassen Sie am besten eine Dankkarte drucken, die Sie handschriftlich ergänzen (Anrede, Grußformel).

Beispiele:

Über die guten Wünsche zu meinem Geburtstag habe ich mich sehr gefreut.

Sie sind mir eine Ermutigung, das neue Lebensjahr optimistisch anzugehen.

Für die Freundschaft danke ich herzlich.

Mit freundlichen Grüßen

HERZLICHEN DANK

für die zahlreichen guten Wünsche zu meinem 60. Geburtstag. Ich habe mich sehr gefreut, dass Sie an mich gedacht haben.

im Juli ....

> *Karsten Feldmann*
>
> Für die guten Wünsche zu meinem 60. Geburtstag, die anerkennenden Worte über meine Arbeit und die vielfältigen Zeichen der Verbundenheit und Sympathie danke ich Ihnen.
> Ich habe mich sehr darüber gefreut. Gern hätte ich Ihnen persönlich geschrieben. Dies ist mir in einer angemessenen Zeitspanne leider nicht möglich. Deshalb bitte ich Sie, meinen Dank in dieser Form entgegenzunehmen.
>
> Er kommt von Herzen.
>
> In freundschaftlicher Verbundenheit

> *Karsten Feldmann*
>
> Zu meinem 60. Geburtstag sind mir von Freunden und Kollegen so viele Zeichen der Verbundenheit zuteil geworden, dass ich leider nicht jedem Einzelnen danken kann, sondern um Verständnis bitten muss, dass ich meinen Dank in dieser Form abstatte.
>
> Die Beweise der Dankbarkeit und der freundschaftlichen Zuwendung haben mich sehr bewegt.
>
> Für alle guten Wünsche, die schriftlich und die mündlich übermittelten, für die herrlichen Blumen und die Geschenke danke ich von Herzen.

Medienbegleitung

An einem Kurzbericht über einen bedeutenden runden Geburtstag kann zumindest bei den lokalen Medien durchaus Interesse bestehen. Wenn Ihnen daran gelegen ist, sollten Sie nicht versäumen, ausgewählte Medienvertreter zu verständigen und zur Geburtstagsfeier einzuladen. Eine vorbereitete schriftliche Vita des Jubilars hilft, entsprechende Fragen der Journalisten zuverlässig zu beantworten.

Checkliste: Geburtstag

Ziff.	Aktivitäten/Maßnahmen	Zu erled. von	Erled. am
1.	**Einladenden bestimmen** Insbesondere zu Festakten mit Reden und Laudationes zu Ehren des Jubilars sollte dieser nicht persönlich einladen. Einladender kann sein:		
1.1	• der Jubilar selbst		
1.2	• sein erster Vertreter		
1.3	• Firmen- oder Behördenchef		
1.4	• Führungsgremium (z.B. Vorstand, Präsidium)		
1.5	• Familienangehörige		

Ziff.	Aktivitäten/Maßnahmen	Zu erled. von	Erled. am
2.	**Veranstaltungsform festlegen.**		
2.1	• Offenes Haus (für spontane Gäste) → Kaffee- und Kuchentafel → Cocktail → Brunch → Kombination		
2.2	• Geschlossene Gesellschaft (für geladene Gäste) → Dinner mit anschließendem Konzert → Konzertabend oder –matinee mit Empfang → Festakt mit anschließendem Empfang → Symposium → Empfang mit Imbiss oder Buffet → Schiffsfahrt mit Menü oder Buffet → Sonstige Kombinationen		
3.	**Termin bestimmen** Berücksichtigen Sie parallele Ereignisse und konkurrierende Veranstaltungen, die Ihren Gästekreis tangieren, so z.B.:		
3.1	• Ferientermine		
3.2	• Feiertage, Gedenktage, Festtage		
3.3	• Internationale Konferenzen, Tagungen		
3.4	• Messen, Ausstellungen		
3.5	• Betriebs-/behördeninterne Termine		
4.	**Budget festlegen** Die Ausgaben werden von der gewählten Form der Geburtstagsfeier bestimmt (siehe Punkt 1. der Checkliste). Auf folgende Standardpositionen ist zu achten:		

Checkliste: Geburtstag

Ziff.	Aktivitäten/Maßnahmen	Zu erled. von	Erled. am
4.1	• Druck der Einladungen		
4.2	• Porto		
4.3	• Saalmiete/Raumbetriebskosten		
4.4	• Servicekräfte (Bedienung, Garderobe, Empfang)		
4.5	• Beschallung, Mikrotechnik		
4.6	• Dekoration (Blumen, Grüngruppen)		
4.7	• Speisen und Getränke		
5.	**Veranstaltungsorganisator bestimmen** Bei Großveranstaltungen oder bei mehreren Stationen auch Bildung einer Arbeitsgruppe.		
6.	**Veranstaltungsort buchen** Die Auswahl der Veranstaltungsstätte richtet sich nach der Form der Geburtstagsfeier: Empfang? Dinner? Festakt? Kombination?		
	Entnehmen Sie die Prüfpunkte für die Ortswahl den Checklisten der jeweiligen Veranstaltungsform. Bei einem Geburtstagsempfang z.B. sollten Sie an folgende Details denken:		

6.1	• Ausstattung des Saales
	→ Atmosphäre, Festlichkeit
	→ Bistrotische
	→ Tisch für die Geburtstagsgeschenke
	→ Buffetstationen
	→ Getränkestationen
	→ Sitzgruppen in den Ecken
	→ Deko-Elemente
	  – Grüngruppen
	  – Bodenvasen
	  – Hochgestecke
	  – Flaggenpylone
	  – Kordelständer		

Ziff.	Aktivitäten/Maßnahmen	Zu erled. von	Erled. am
6.2	• Ausstattung des Foyers → Empfangstische → Grüngruppen → Garderobe		
6.3	• Aufenthaltsraum für Fahrer und Begleiter		
6.4	• Zufahrt/Vorfahrt		
6.5	• Parkplätze, Wagenabruf		
7.	**Speisen und Getränke festlegen** Abhängig von der Veranstaltungsform. Für einen Geburtstagsempfang z.B. sollten Sie Folgendes überlegen und einplanen:		

7.1	• Speisen
	→ Lieferung
	  – Hauseigene Gastronomie
	  – Catering
	→ Alternativen
	  – Gebäck
	  – Canapés/Snacks
	  – Gabelimbiss
	  – Suppe
	  – Gabelbuffet		

7.2	• Getränke → Sekt → Wein → Säfte → Wasser → Sonstiges		
8.	**Einladungsverfahren**		
8.1	• Vorlaufzeit Bei großen Geburtstagsempfängen und festlichen Geburtstagsessen: 4 bis 6 Wochen vor der Veranstaltung Versand der Einladungen		

Checkliste: Geburtstag

Ziff.	Aktivitäten/Maßnahmen	Zu erled. von	Erled. am
8.2	• Einladungsliste Vorüberlegungen: → Pflichteinladungen? (z.B. Mitarbeiter, Vorgesetzte, Geschäftspartner, Kunden, Verbände, Staat) → Komplementäreinladungen? (z.B. Vereinsmitglieder, Politik, Kirche, Wissenschaft, Kunst, Kultur) → Private Gäste? (Familie, Freunde, Förderer, Bekannte) → Rückeinladungen? (Abgeltung von Rückeinladungsverpflichtungen) → Einladungsvorschläge? (Empfehlungen und Wünsche anderer Personen) → Gästesplitting? (Bei mehreren Veranstaltungen zum Geburtstag: Welche Gäste sollen zu welcher Veranstaltung eingeladen werden?) Beachten Sie bei der Zusammenstellung der Einladungsliste: → Beginnen Sie Monate vor der Veranstaltung mit den ersten Überlegungen, wie der Gästekreis aussehen könnte. → Notieren Sie sich frühzeitig Namen von Personen, die Ihnen spontan für die Gästeliste einfallen. → Gehen Sie systematisch alle Institutionen durch, mit denen Sie zu tun haben und die für Sie wichtig sind. → Bitten Sie Kollegen oder Freunde, die bereits Erfahrungen mit bedeutenden runden Geburtstagen haben, Ihnen Einblick in ihre Einladungslisten zu gewähren. → Planen Sie für die Ermittlung der aktuellen Anschriften für Ihre Einladungen ausreichend Zeit ein. Die Adressenrecherchen können recht mühsam sein.		

Ziff.	Aktivitäten/Maßnahmen	Zu erled. von	Erled. am
	→ Bereiten Sie anlässlich eines bedeutenden Geburtstages evtl. mehrere Veranstaltungen vor (z.B. offizielle und private Feier).		
8.3	• Einladung entwerfen		
	→ Form (Brief, Karte)		
	→ Text, Gestaltung		
	→ Anlagen – Antwortkarte – Wagenkarte – Fahrtskizze		
8.4	• Festlegung/Rückantwortfrist (2-4 Tage vor Veranstaltungsbeginn)		
8.5	• Druckauftrag (incl. Umschläge)		
8.6	• Versand		
8.7	• Rückmeldeliste anlegen		
9.	**Programmablauf festlegen**		
9.1	• Gewünschte Redner anfragen, verpflichten		
9.2	• Gewünschte Künstler anfragen, verpflichten (z.B. Orchester, Solisten)		
9.3	• Gewünschtes weiteres Rahmenprogramm buchen		
9.4	• evtl. besondere Ehrungen einplanen (Orden, Urkunden, Ernennungen)		
9.5	• Einplanen, zu welchem Zeitpunkt von wem Blumen an die Ehefrau/Partnerin überreicht werden		
10.	**Aufträge an Zulieferer, Ausstatter und Dienstleister**		
10.1	• Blumen und Pflanzen		
10.2	• Deko-Elemente		
10.3	• Beschallung, Mikrotechnik		
10.4	• Catering		
10.5	• Bistrotische		

Checkliste: Geburtstag

Ziff.	Aktivitäten/Maßnahmen	Zu erled. von	Erled. am
10.6	• Servicekräfte		
10.7	• Fotograf/in		
10.8	• Parkplatzservice		
	→ Bewachung		
	→ Wagenabruf		
11.	**Aufträge an eigenes Personal**		
11.1	• Einlasskontrolle		
11.2	• Clearingstelle/Empfangstische		
11.3	• Gästebuch		
11.4	• Garderobe		
11.5	• Bekannt machen der Gäste		
12.	**Für größere Geburtstagsfeierlichkeiten:**		
12.1	• Sicherheitsmaßnahmen		
12.2	• Verkehrslenkende Maßnahmen		
12.3	• Notarztbereitschaft		
12.4	• Medienbeteiligung und Presseerklärung; Geburtstagsanzeigen, Festschrift		
13.	**Letzter Checkup** Ca. 2 Std. vor Beginn der Veranstaltung		
14.	**Nach der Veranstaltung**		
14.1	• Danksagung an alle Gäste für Blumen, Geschenke und gute Wünsche (Karte oder Brief)		
14.2	• Dank und Feedback an alle Helfer		

Veranstaltungsorganisation

*Der Bundeskanzler
der Bundesrepublik Deutschland,
Dr. Helmut Kohl,
würde sich freuen,*

Frau
Ingelore Winter

*zu einem Empfang
anläßlich des 70. Geburtstages
des Ehrenspielführers
der Deutschen Fußballnationalmannschaft,
Herrn Fritz Walter,
am 2. November 1990, 11.00 Uhr,
im Palais Schaumburg
begrüßen zu können.*

*Straßenanzug
Bundeskanzleramt, Adenauerallee 141 (Eingang Görresstr.)
Parkmöglichkeiten stehen auf dem Gelände
des Bundeskanzleramts zur Verfügung.*

Anläßlich des 66. Geburtstages von
Willy Brandt
Vorsitzender der Sozialdemokratischen Partei Deutschlands

bittet der Vorstand der SPD Sie zu einem Empfang
am Dienstag, dem 18. Dezember 1979, von 11.00 bis 12.30 Uhr,
in das Erich-Ollenhauer-Haus in Bonn.

(Helmut Schmidt)   (Hans Koschnick)

(Egon Bahr)   (Fritz Halstenberg)

U. A. w. g.
bis 10. Dezember 1979

Die Einladungskarte
berechtigt zum Einlaß

---

*Hans-Dietrich Genscher
vollendet am 21. März 1997 sein 70. Lebensjahr.*

*Aus diesem Anlaß geben sich
Präsidium und Bundestagsfraktion der Freien Demokratischen Partei
die Ehre, zu einem Empfang*

am Freitag, dem 21. März 1997,
*11.00 bis 14.00 Uhr,
in das Gästehaus „Petersberg", 53639 Königswinter
einzuladen.*

Dr. Wolfgang Gerhardt, MdB   Dr. Hermann-Otto Solms, MdB

Bonn, im Februar 1997

3.10 Grundsteinlegung/Hammerschlag

Zwar ist der Grundstein moderner Bauvorhaben mit ihren gegossenen Fundamenten oft längst nicht mehr der erste Stein, doch wer auf altes Brauchtum Wert legt, lässt sich den symbolischen Akt der Grundsteinlegung nicht nehmen. Weder für das private Einfamilienhaus noch für Firmen- und Behördenbauten.

Anlass
Baubeginn nach Ausschachtung für Bauten aller Art: Private Bauten, Geschäftshäuser, Einkaufszentren, Bauten für die Öffentlichkeit, z.B. Rathäuser, Schulen, Museen, Bahnhöfe, Tunnelprojekte, Kanalbauten u.a.m.

Ziel und Form
Für den privaten Häuslebauer ist die feierliche Grundsteinlegung im kleinen Kreis sicherlich vornehmlich Ausdruck eines persönlichen Wunsches, sein Bauvorhaben möge von Anfang an unter einem guten Stern stehen.
Die Grundsteinlegung bei Geschäfts- und Behördenbauten wird im wesentlichen als PR-Gelegenheit genutzt. Sei es als Signal des Unternehmers an seine potentiellen Kunden (»Hier entsteht ein neues Parkhaus ...«), sei es als öffentlichkeitswirksamer Auftakt für die Neuerrichtung eines öffentlichen Gebäudes.
In dem seit dem 15. Jahrhundert bekannten Grundsteinzeremoniell wird der Grundstein nach feierlichen Grußworten des Bauherrn, des Baumeisters und anderer Persönlichkeiten vom Maurermeister gesetzt und erhält dann als symbolischen Akt der Grundsteinlegung drei Hammerschläge. In einen Hohlraum des eigens für das Zeremoniell präparierten Grundsteins wird anschließend ein Metallbehälter mit traditionellen Zutaten (Urkunde, Tageszeitung, Münzen) versenkt und eingemauert.
Die Traditionen der Gestaltung des Zeremoniells sind regional unterschiedlich. Erkundigen Sie sich rechtzeitig bei Ihrem Bauunternehmer oder bei der Kreishandwerkerschaft über die örtlichen Gebräuche im Umgang mit Glückssymbolen und Segenssprüchen.

Datum
Tag und Stunde der Grundsteinlegung müssen frühzeitig mit der Bauleitung und dem Architekten abgestimmt und festgelegt werden. Der feierliche Trubel an der Baustelle blockiert den Baubetrieb; er bedeutet immer einen absoluten Baustopp für mehrere Stunden und muss in den Ablauf der Bauplanung eingepasst werden.
Erfahrungsgemäß geht man davon aus, dass die Absprachen etwa 6 bis 8 Wochen vor der Grundsteinlegung getroffen werden sollten.
Als Termin sollte ein normaler Wochentag gewählt werden, denn weder der Architekt noch die Bauleute würden gern ihre Freizeit am Wochenende dafür opfern. Ebenfalls ungünstig sind Wochenenden und Feiertage für die Gewinnung eines hochrangigen Redners, z.B. anlässlich größerer Bauvorhaben.

Dauer
Planen Sie für die Veranstaltung etwa 90 bis 120 Min. ein: Für das feierliche Zeremoniell ca. 40 Min., für das anschließende gemütliche Beisammensein ca. 60 – 90 Min.
Als günstige Tageszeit gilt die Mittagszeit. Viele Geschäftspartner, Kunden und Freunde sind zu dieser Tageszeit in der Lage, Ihrer Einladung zu folgen.

Budget
Als Kostenpositionen sind erfahrungsgemäß einzurechnen:
- Imbiss und Getränke
- Servicepersonal
- Druck der Einladungen
- Porto
- Musikkapelle
- Pavillons (offene weiße Zelte)
- Blumenschmuck, Grüngruppen
- Bier- und Weinstand
- Tische, Bänke
- Holzkohlengrill
- Beschallung, Mikrotechnik, Rednerpult

- Gläser, Geschirr, Besteck
- Zeremonielle Utensilien (Hammer, Metallbox, Urkunde, Tageszeitung, Münzen oder Briefmarken)
- Baustellensicherung (Holzbodenelemente, Zäune, Absperrband und -ständer)
- Toilettencontainer
- Anfertigung eines Modells des Bauvorhabens

Ort

Das feierliche Grundsteinzeremoniell findet auch bei schlechter Wetterlage mit Gästen und Zuschauern unmittelbar an der Baustelle (Baugrube) statt. Lediglich der anschließende Imbiss mit Umtrunk kann bei ungünstigeren Wetterbedingungen in einem fußläufig erreichbaren geeigneten Gebäude stattfinden. Um den ungehinderten und ungefährdeten Zugang der Gäste zur Baustelle zu gewährleisten, müssen technische Vorkehrungen wie das Verlegen von Holzböden sowie die Errichtung von Zäunen und Absperrungen getroffen werden.

Um einem größeren Gästekreis den Blick auf das Grundsteinzeremoniell zu erleichtern, kann auch eine provisorische Tribüne errichtet werden.

Einladungsverfahren

- *Vorlaufzeit*
  3 bis 4 Wochen vor der Veranstaltung Versand der Einladungen
- *Einladungsliste*
  → Pflichteinladungen/Bau
    Architekt, Bauleitung, Bauhandwerker
  → Einladungen/geschäftlich
    z.B. Firmen-/Behördenleitung; Belegschaft; lokale und überregionale Repräsentanten von Politik, Verwaltung, Tarifparteien, Verbänden; Geschäftspartner; Kunden
  → Einladungen/privat
    Familie, Freunde, Bekannte, Nachbarn
- *Einladungsform*
  Gedruckte Einladungskarten oder persönliche Einladungsschreiben für bereits bekannte Gäste; Zeitungsanzeigen für Interessenten aus der breiten Öffentlichkeit.

Imbiss und Getränke

Passend zur rauen Umgebung einer Baustelle: Rustikaler Imbiss, praktischerweise in Buffetform. Angebot:
- Frische Laugenbretzel
- Belegte Brötchen, Schmalzbrote
- Frikadellen
- Gulaschsuppe
- Grillgut: Würstchen, Fleischspieße
- Bier
- Wein
- Schnaps
- Kaffee
- Säfte
- Wasser

Ablauf

Den Standardablauf einer offiziellen Grundsteinlegung können Sie wie folgt gestalten:
- Begrüßung der Gäste an der Baustelle
- Zur fröhlichen Einstimmung früher Gäste und Zuschauer kann ca. 30 Min. vor Beginn der Grundsteinlegung eine kleine Musikkapelle mit passender musikalischer Unterhaltung zu einem Platzkonzert aufspielen.
- Die Redner nehmen Aufstellung am Ort der Grundsteinlegung.
- Ansprachen und Grußworte (nicht länger als ca. 5 Min.): Bauherr, Architekt, weitere ausgewählte Persönlichkeiten aus dem gesellschaftlichen Umfeld (z.B. Politiker aus der Region).
- Da die Gäste dem Zeremoniell stehend beiwohnen – z.T. auch bei extremen Wetterverhältnissen – sollten Sie die Redner ausdrücklich auf die Einhaltung der gewünschten Kurzredezeiten hinweisen.
- Der Maurermeister mauert symbolisch den Grundstein ein. Drei Maurerhammer liegen griffbereit.
- Die Redner unterzeichnen die Urkunde der Grundsteinlegung (Muster im Anhang zu diesem Abschnitt).

- *Der 1. Redner*
  - → verliest den Urkundentext
  - → rollt die Urkunde in die bereitgelegte Metallhülse
  - → fügt ggf. weitere Utensilien wie Tageszeitung vom Tag der Grundsteinlegung und gültige Münzen hinzu
  - → verschließt den Dokumentenbehälter
  - → führt den ersten Hammerschlag auf den Grundstein aus
  - → spricht dabei den Wunsch aus, der Bau möge gelingen und seinen künftigen Nutzern Glück bringen und
  - → übergibt die Dokumentenbox an den 2. Redner
- *Der 2. Redner*
  - → legt die Dokumentenbox in die dafür vorgesehene Öffnung im oder am Grundstein
  - → vollzieht danach den zweiten Hammerschlag und
  - → äußert dabei seinen Dank allen gegenüber, die den Baubeginn ermöglicht haben.
- *Der 3. Redner*
  - → bittet den Maurermeister, nun die Öffnung in oder am Grundstein zu schließen
  - → führt danach den dritten Hammerschlag aus und
  - → wünscht Glück und gutes Gelingen bei der Errichtung des Baus, keine Unfälle bei den Bauarbeiten und eine rechtzeitige Fertigstellung.
- Die Redner stoßen mit einem Gläschen Schnaps unter dem Applaus der Gäste auf das weitere Gelingen des Bauvorhabens an.
- Eröffnung des Imbiss- und Getränkebuffets an der Baustelle oder in einem nahegelegenen Gebäude (Firmengebäude, Gasthaus o.a.).
- Musikalischer Ausklang durch die anwesende Musikkapelle, falls der Umtrunk an der Baustelle stattfindet.

Muster für Grundsteinsprüche sind im Anhang zu diesem Abschnitt zu finden.

Je nach örtlichen Gepflogenheiten sind u.a. folgende Variationen beim Zeremoniell anzutreffen.

- Die Grundsteinlegung wird nur von einer einzelnen Persönlichkeit (z.B. vom Bauherrn) vorgenommen, so dass sich die beschriebenen feierlichen Handlungen wie Ansprache, Hammerschläge und Segensspruch auf eine Person konzentrieren.
- Statt je eines Hammerschlags werden je Person drei Hammerschläge vorgenommen.
- Statt der Benutzung von drei Hammern wird das Zeremoniell mit einem Hammer bestritten, d.h. die Beteiligten reichen sich den Hammer weiter.
- Die Öffnung im Grundstein wird nach dem Versenken der Dokumentenbox mit einer Messingplatte verschlossen, die das Datum der Grundsteinlegung trägt.

Medienbegleitung

Bei größeren Bauvorhaben der Wirtschaft oder der öffentlichen Hand werden Medienvertreter zur Grundsteinlegung eingeladen. *Zur Information der Journalisten und der Öffentlichkeit können*
- Pressemappen ausgelegt
- Pressegespräche angeboten
- Baupläne und -skizzen ausgehängt
- ein Baumodell aufgestellt

werden.

Checkliste: Grundsteinlegung

Ziff.	Aktivitäten/Maßnahmen	Zu erled. von	Erled. am
1.	**Budgetrahmen festlegen**		
1.1	• Imbiss und Getränke		
1.2	• Servicepersonal		
1.3	• Druck der Einladungen		
1.4	• Porto		
1.5	• Musikkapelle		
1.6	• Anfertigung eines Baumodells		
1.7	• Pavillons		
1.8	• Blumenschmuck, Grüngruppen		
1.9	• Bier- und Weinstand		
1.10	• Tische, Bänke, Grill		
1.11	• Beschallung, Mikrotechnik, Rednerpult		
1.12	• Gläser, Geschirr, Besteck		
1.13	• Baustellensicherung (Holzboden, Zäune)		
1.14	• Toilettencontainer		
2.	**Termin abstimmen** mit Bauleitung und Architekt etwa 6 bis 8 Wochen vor Grundsteinlegung		
3.	**Einladungsverfahren**		
3.1	• Einladungsliste zusammenstellen → Pflichteinladungen/Bau Architekt, Bauleitung, Bauhandwerker → Einladungen/geschäftlich → Einladungen/privat		
3.2	• Einladung entwerfen		
3.3	• Druckauftrag		

Checkliste: Grundsteinlegung

Ziff.	Aktivitäten/Maßnahmen	Zu erled. von	Erled. am
3.4	• Versand (3 bis 4 Wochen vor Veranstaltung)		
4.	**Redner festlegen, verpflichten**		
5.	**Ablauf festlegen**		
5.1	• Rednerfolge und –einweisung		
5.2	• Abstimmung mit Maurermeister		
6.	**Bewirtung festlegen**		
6.1	• Frische Laugenbretzel		
6.2	• Belegte Brötchen, Schmalzbrote		
6.3	• Gulaschsuppe		
6.4	• Grillgut (Würstchen, Frikadellen, Fleischspieße)		
6.5	• Bier		
6.6	• Wein		
6.7	• Schnaps		
6.8	• Säfte		
6.9	• Wasser		
6.10	• Kaffee		
7.	**Aufträge an Zulieferer, Ausstatter und Dienstleister**		
7.1	• Speisen und Getränke (Catering)		
7.2	• Servicepersonal		
7.3	• Beschallung, Mikrotechnik, Rednerpult		
7.4	• Blumen, Grüngruppen		
7.5	• Bänke, Tische, Bistrotische		
7.6	• Holzkohlengrill		
7.7	• Pavillons (offene, weiße Zelte)		
7.8	• Bier- und Weinstand		
7.9	• Gläser, Geschirr, Besteck		

Ziff.	Aktivitäten/Maßnahmen	Zu erled. von	Erled. am
7.10	• Zeremonielle Utensilien		
	→ Hammer		
	→ Metallbox		
	→ Urkunde		
	→ Tageszeitung		
	→ Münzen oder Briefmarken		
	→ Messingplatte mit Gravur (Datum der Grundsteinlegung)		
7.11	• Grundstein vorbereiten (Maurer)		
7.12	• Modell vom Bauvorhaben		
7.13	• Fotograf/in		
7.14	• Beflaggung		
7.15	• Baustellensicherung		
	→ Wege: Holzbodenelemente		
	→ Beschilderung		
	→ Zäune		
	→ Absperrbänder		
7.16	• Toilettencontainer		
7.17	• Parkplätze		
8.	**Aufträge an eigenes Personal**		
8.1	• Begrüßung der Gäste		
8.2.	• Gästebuch		
8.3	• Evtl. Vorbereitung eines Gebäudes für Umtrunk (bei extrem schlechter Wetterlage)		
8.4	• Betreuung der Pressevertreter		
	→ Pressemappen auslegen		
	→ Pressegespräche organisieren		
	→ Baupläne/-skizzen aushängen		
	→ Modell des Bauvorhabens ausstellen		

Checkliste: Grundsteinlegung

Ziff.	Aktivitäten/Maßnahmen	Zu erled. von	Erled. am
9.	**Bei größerem Gästekreis:**		
9.1	• Verkehrslenkende Maßnahmen (Örtliche Polizei)		
9.2	• Notarztbereitschaft		
10.	**Letzter Checkup** Ca. 2 Stunden vor Beginn der Veranstaltung		
11.	**Nach der Veranstaltung** Dank und Feedback an alle Helfer		

URKUNDE

Zur

GRUNDSTEINLEGUNG

des Eigenheimes

der Familie..

Freitag, 5. September 1997, die Tage werden wieder angenehmer, der heiße Sommer ist vorbei und nun kann es auf dem Bau richtig losgehen.

Als Bauherr fungiert die Firma........................, die Planung wurde von Herrn Architekten........................und seinem tatkräftigen Team ausgeführt.

Dieser Urkunde werden beigelegt:
  ein Photo der stolzen Hausbesitzerfamilie
  die Bauskizze des Hauses
  eine regionale Tageszeitung vom Tage der Grundsteinlegung
  und die Einladung zur heutigen Grundsteinlegung.

Freitag, den 5. September 1997

....
Der Bauherr   Die Familie   Der Architekt

URKUNDE

In der Amtszeit des Bundespräsidenten
Dr. Richard von Weizsäcker
und des Bundeskanzlers
Dr. Helmut Kohl
legen am 17. Oktober 1989
der Bundesminister des Innern
Dr. Wolfgang Schäuble
und die Bundesministerin für Raumordnung, Bauwesen und Städtebau
Gerda Hasselfeldt
DEN GRUNDSTEIN
für den Neubau der Kunst- und Ausstellungshalle
der Bundesrepublik Deutschland

*

In dieser Zeit ist
Dr. Hans Daniels
Oberbürgermeister der Stadt Bonn

*

Mit der Gesamtleitung des Bauvorhabens
wurde vom Bundesministerium für Raumordnung, Bauwesen und Städtebau
die Bundesbaudirektion beauftragt

*

Das Bauvorhaben
umfaßt einen umbauten Raum von 155.000 m³
Die Ausstellungsfläche beträgt 4.325 m²
Die Baukosten sind mit 128 Millionen Deutsche Mark veranschlagt

*

Die bauliche Lösung ist das Ergebnis eines
internationalen Architektenwettbewerbs, aus dem
Professor Gustav Peichl, Wien
als 1. Preisträger hervorging
Er wurde mit der Entwurfs- und Ausführungsplanung beauftragt

5300 Bonn, den 17. Oktober 1989

DER BUNDESMINISTER
DES INNERN

....
Dr. Wolfgang Schäuble

DER BUNDESMINISTER
FÜR RAUMORDNUNG,
BAUWESEN
UND STÄDTEBAU

Gerda Hasselfeldt

Grundsteinspruch

Meine Damen und Herren!
Was für den Baum das Wurzelwerk
und für des Menschen Glück die Freude,
das ist fürs Haus ein Fundament
und wie man es seit jeher kennt
der feste Halt für das Gebäude
Das Fundament ist nun gelegt,
Idee und Plan werden ein Werk,
drum laßt uns feiern diese Stunde
in froher zuversicht'ger Runde
der Zukunft gilt das Augenmerk.
Doch zu dem heutigen Besinnen
war Wichtiges davor zu tun,
ein guter Plan, solide Statik
und alle Art von Problematik
ließen die Planer niemals ruhn.
Und als dann alles war bereitet
kam noch der Gang zur Obrigkeit,
denn sei's bei Sonnenschein oder Regen
man braucht halt den Behördensegen,
den Stempel der Gesetzlichkeit.
Heute stehen wir am Fundamente,
Urkund' und Grundstein sind bereit,
laßt es zukünft'gen Generationen sagen,
zu unserer Zeit gabs's auch so manches Müh'n und Plagen
und aus so manchem wurd' man nicht gescheit.
Doch war's, so glaube ich zu allen Zeiten
ein wichtig Ding für einen guten Bau,
daß sich die Bauleut' gut vertragen
mit klarem Ziel und frischem, frohen Wagen
schaffe ein jeder seine Sach' und werde nicht zu schlau.
Daß sich der Neubau nun erhebe,
drum Pläne her und nichts wie ran,
daß uns das Bauwerk wohl gelinge
und Niemandem mög' Schaden bringen,
und man bald Richtfest feiern kann.
Erster Schlag
Mache das Haus den Bauherrn zufrieden!
Zweiter Schlag
Möge es guten Nutzen bieten!
Dritter Schlag
Den Benutzern sei Glück und Freude beschieden.

Quelle: Zünftige Richtsprüche, Bruderverlag, 1995

Grundsteinspruch

Es ist fürwahr ein alter Brauch,
Zu bau'n aus Quadersteinen.
Vor grauer Zeit schon pflegten auch
Die Künstler, teils aus kleinem,
Zum andern Teil aus großem Block
Für Landmann, Bürger, Kaiser
Ein Heim zu bauen Stock auf Stock.
Auch heut' ist man nicht weiser.
Behau'n, gefügt, geformt so schön
Gesimse und Reliefe;
Den Mörtel darf man nicht umgeh'n
gleich anfangs in der Tiefe.
Da gilt's ein gutes Fundament,
Eine sichere Unterlage.
Ein guter Grundstein bürgt fürs End,
Das lehrt die alte Sage.
Er trägt den Bau so hoch und kühn
In riesigen Gestalten.
Rast auch der Sturm darüber hin,
Man sieht nicht Ritz noch Spalten.
Und lächelnd schaut der Meister dann
Dies Stürmen und dies Toben:
»Der Bau steht fest, komm's wie es kann.
Das Werk muß mich ja loben.«
Auch wir stehn heut an dieser Stell
Mit ernsten hehren Zügen,
Baurat, Baumeister und Gesell,
Den Grundstein einzufügen.
So bette dich zur Unterlag,
In Mörtel ich dich lege.
Ich geb' dir heut am Weihetag
Die drei histor'schen Schläge.
Zum ersten wünsch ich, daß du fest
Des ganzen Werkes Bürde trägst.
Nicht wanke und nicht weiche,
Nicht Ritz noch Fehler zeige:
Zum zweiten möge Stein an Stein
In regelrechten hübschen Reih'n
 Der Mörtel an dich binden;
Kein loser sei zu finden.
Zum dritten wünsch' ich, daß am Schluß
Dem Meister jeder sagen muß:
Dein Werk, es zeugt von Tüchtigkeit,
Der Bau er trotzt der Ewigkeit.

Quelle: Zünftige Richtsprüche, Bruderverlag, 1995

3.11 Jubiläum

Descartes würde heute formulieren: Ich feiere, also bin ich.

Die Jubiläumsfeier bekundet vor einer möglichst großen Öffentlichkeit mit einem Paukenschlag: Hier sind wir – und unsere Leistung kann sich sehen lassen! Jubiläum bedeutet Stolz auf das Erreichte ebenso wie Ansporn für die Zukunft. Motto: Die Kräfte, die uns bisher getragen haben, werden uns auch in Zukunft tragen. Jubiläen werden zugleich auch für Marketingziele instrumentalisiert. Alle Register der PR-Arbeit werden gezogen, um die Vorzüge des Unternehmens herauszustellen. Ganz gleich, welche Ziele vorrangig sind: *Für jeden Organisator bietet ein Jubiläum die ungewöhnliche Chance, seiner Institution zu einer eindrucksvollen und unvergesslichen Präsentation zu verhelfen.*

Im folgenden Abschnitt wird die Organisation des institutionellen Jubiläums aufgezeigt, also Jubiläen von Betrieben, Behörden, Verbänden, Vereinen und anderen Institutionen unserer Gesellschaft. Jubiläen von Einzelpersonen dagegen folgen dem Organisationsmuster »Geburtstag«, das Sie auf der Seite 100 nachschlagen können.

Anlass und Veranstaltungsform

Die Anlässe für Jubiläen sind vielfältig. Folgende Grundtypen lassen sich unterscheiden:
- *Institutionelles Jubiläum*
  Herausragende Anlässe für eine Jubiläumsfeier sind der 25., 50., 100. und alle weiteren durch 25 teilbaren Jahrestage des Bestehens von Unternehmen, Unternehmenszweigen, Behörden, Verbänden, Vereinen, Clubs und anderen Institutionen. Damit beschäftigen wir uns in diesem Abschnitt.
- *Personelles Jubiläum*
  Langjährige betriebliche Zugehörigkeiten von Einzelpersonen, z.B. 25-jährige und 40-jährige Verweilzeiten sind oft Anlass für kleinere und größere Jubiläumsfeiern. Gestaltung und Organisation unterscheiden sich kaum von den Feierlichkeiten zu runden Geburtstagen (siehe Seite 100).
- *Ereignisbezogene Jubiläen*
  Jahrestage bedeutender politischer und historischer Ereignisse werden zum Anlass einmaliger oder wiederkehrender Gedenkfeierlichkeiten genommen, z.B. 100 Jahre Friedensvertrag, 175 Jahre Eisenbahn, 500 Jahre Stadtrecht.

Vielfach wird auch schon das 5-, 10-, 15- und 20-jährige Jubiläum sowie alle darauffolgenden durch 5 teilbaren Jahrestage gefeiert. Allerdings sollten Sie sich bei diesen Anlässen auf einen vergleichsweise bescheidenen Rahmen Ihrer Feierlichkeit beschränken. Zwar mag die Freude der Beteiligten über jeden 5-Jahresschritt berechtigt sein, das Interesse der Öffentlichkeit lässt jedoch rapide nach, wenn die Jubiläumsfeierlichkeiten in allzu rascher Folge begangen werden.

Die Wahl der Veranstaltungsform ist abhängig von der Bedeutung des Jubiläums und des Gedenktages.

Grundsätzlich können Sie auf folgende bewährte Veranstaltungsformen zurückgreifen:
- Festakt
- Akademische Feier
- Empfang
- Festessen (Bankett)
- Festveranstaltung (Ball, Konzert, Operngala, festliche Theateraufführung)
- Open-Air-Veranstaltung mit anschließendem Feuerwerk
- Betriebsfest
- Symposium
- Tag der offenen Tür
- Ausstellung
- Presseempfang

Zur Kunst des Gastgebers gehört es, eine gut abgewogene Kombination dieser Formen für sein Jubiläum zu wählen.

Ziel und Gestaltung

Die geschickt inszenierte Jubiläumsfeier dient folgenden Zielen:
- Sichtbare Bilanz des Erreichten (»Wir

haben es geschafft«, »Wir haben etwas geleistet«)
- Ausblick auf die weitere Entwicklung, auf künftige Vorhaben
- Chance zur öffentlichkeitswirksamen Selbstdarstellung
- Festigung der Corporate Identity
- Motivation der Mitarbeiter, Stärkung des Wir-Gefühls
- Besinnung auf Kräfte, die den Erfolg ermöglicht haben (»Der Erfolg hat viele Väter«); Dank an Mitarbeiter, Geschäftspartner, Behörden, Kunden, Freunde und Förderer
- Interesse möglichst vieler gesellschaftlicher Bereiche wecken (z.B. Kultur, Wirtschaft, Bildung).

Für die Gestaltung von Jubiläen bieten sich Ihnen vielfältige Möglichkeiten. Auch ein vermeintlich schmales Budget hindert Sie nicht, Ihren Spielraum mit Einfallsreichtum und Organisationstalent voll auszuloten. Stellen Sie sich möglichst frühzeitig die Frage: Welche Vorzüge des Unternehmens will ich durch die Jubiläumsfeierlichkeiten wirkungsvoll in die Öffentlichkeit transportieren? Nutzen Sie Festakt, Rahmenprogramm und Bewirtung zur unverwechselbaren Gestaltung Ihrer Jubiläumsfeier.

Treffen Sie bei Ihrer Planung folgende Grundentscheidung über den beabsichtigten Rahmen Ihres Jubiläums:
- festlich oder ungezwungen
- offiziell oder familiär
- repräsentativ oder informativ.

Machen Sie aber die Größe und den Rahmen Ihrer Jubiläumsveranstaltung stets von der Bedeutung des Ereignisses abhängig. Ein 5-jähriges Bestehen wird anders zu gestalten sein als ein 100-jähriges.

Folgende Übersicht vermittelt Ihnen Vorschläge und Anhaltspunkte:

Jubiläum	Gestaltung	Veranstaltungsform

1-jähriges	- Gäste:
	  → Mitarbeiter
	  → Stammkunden
	  → »Starthelfer«
	- Zeitungsanzeigen (lokale)
		kleiner Empfang

5-jähriges
10-jähriges
	- Gäste
	  → Mitarbeiter
	  → Geschäftspartner
	  → Kunden
	  → Freunde
	- Pressemitteilung an lokale Zeitungen
		kleiner Empfang

20-jähriges	- Gäste
	  → Mitarbeiter
	  → Kunden
	  → Geschäftsfreunde
	  → Förderer und Freunde
	- Presseveröffentlichung Pressemitteilung in größeren regionalen Zeitungen
	- Noch kein Anlass, prominente Redner oder Gäste einzuladen
		- Empfang
		- Tag der offenen Tür
		- Betriebsfest
		
		(Auch alternativ)

Jubiläum	Gestaltung	Veranstaltungsform

25-jähriges	• Gäste
	  → Belegschaft
	  → Geschäftspartner In-/Ausland
	  → Prominente Gäste aus Stadt, Land und Verbänden
	  → Prominente Redner
	  → Kunden
	  → Freunde und Förderer
	• PR-Aktionen in lokalen, regionalen und überregionalen Medien
	• Jubiläumsprämie für Betriebsangehörige
	• Sonderverkäufe
	• Jubiläumsfestschrift
		• Festakt mit Empfang
		• Tag der offenen Tür
		• Abendveranstaltung
		• Betriebsfeier intern

30-jähriges 40-jähriges	Vielfach reine PR-Jubiläen; Gäste, Redner und Medienkonzept sehr variabel; prominente Gäste und Redner unüblich	• Empfang • Tag der offenen Tür • Abendveranstaltung • Betriebsfeier intern (Auch alternativ)
50-jähriges 75-jähriges	• Gästekreise in noch erweiterter Form wie bei 25-jährigem • Grußworte prominenter Redner • Sonderseite in lokalen und regionalen Zeitungen	Mehrtägige Festprogramme möglich; Kombinationen der Veranstaltungen ähnlich wie bei 25-jährigem
100-jähriges und mehr	• Umfassender Gästekreis je nach Aktionsradius • Grußworte und Ansprachen prominenter Redner • Veröffentlichung der Geschichte der Institution in Buchform • Sonderbeilage in Verbindung mit Anzeigen in lokalen, regionalen und überregionalen Zeitungen • Sonderbriefmarke (bei staatlichen Jubiläen)	Mehrtägige Veranstaltungsreihe bis hin zum Festjahr; Einbeziehung kultureller und wissenschaftlicher Veranstaltungen

Schirmherrschaft und Ehrenkuratorium
Die Bedeutung herausragender Jubiläen kann in der Öffentlichkeit durch eine hochrangige Schirmherrschaft oder durch ein prominent besetztes Ehrenkuratorium noch betont werden.
Wie formulieren Sie Ihr Anfrageschreiben?

Nachfolgend ein Mustertext für eine Anfrage zur Übernahme einer Schirmherrschaft:
»Der Tennisverein Rot-Weiß Altenberg blickt im kommenden Jahr auf sein 25-jähriges Bestehen zurück.
Als der Verein gegründet wurde, war Tennis noch ein Minderheitensport. Begeisterung und Einsatzbereitschaft der Mitglieder führten zu raschem Wachstum. Engpässe wurden mit Einfallsreichtum überwunden. Sportliche Erfolge steigerten die Anziehungskraft des Vereins.
Mit seinen 950 Mitgliedern, 15 Sandplätzen, 3 Hartplätzen und der neuen Tennishalle zählt der Tennisverein Rot-Weiß Altenberg zu den größten Vereinen in der Region.
Aus dem Verein sind bisher zwei Landesmeister, sechs Verbandsmeister und acht Stadtmeister hervorgegangen. Dennoch: Leistungssport und Breitensport vertragen sich gut.
Eine dem Clubleben feindliche Gruppenbildung ist dem Verein erspart geblieben. Es entwickelt sich eine Sportgemeinschaft, die mit ihrer intensiven Jugendarbeit, ihren spannenden Wettbewerben und originellen Festen eine große Ausstrahlung weit über Altenburg hinaus gewonnen hat.
Anlässlich seines 25-jährigen Bestehens veranstaltet der Tennisverein Grün-Weiß Altenberg ein Tennis-Mannschaftsturnier, einen Tag der offenen Tür und einen Jubiläumsball. Das Jubiläums-Einladungsturnier wird mit Jugendmannschaften aus sechs Bundesländern durchgeführt.
Im Namen des Vereinsvorstandes darf ich Sie fragen, ob Sie uns die große Ehre erweisen würden, als Schirmherr unseres Jubiläumsturniers aufzutreten.
Sie haben den Tennissport an Ihrem Geburtsort Altenberg in der Vergangenheit stets aktiv begleitet und gefördert. Durch Ihre Schirmherrschaft würden Sie unser Turniervorhaben in ganz besonderer Weise unterstützen.
Mit dem Wunsch der Übernahme der Schirmherrschaft verbinden wir die herzliche Bitte, das Turnier mit einem Grußwort an die Teilnehmer zu eröffnen und einen Ehrenpreis für den Turniersieger zu stiften.
Wir hoffen sehr auf Ihre Zusage.«

Falls Sie für Ihr Jubiläum die Bildung eines Ehrenkuratoriums beschlossen haben, können Sie die Anfragen an die potentiellen Kuratoriumsmitglieder wie folgt formulieren:
»Die Stadt Waldkirchen rüstet sich zur 1000-Jahr-Feier im Jahr ... Dankenswerterweise hat sich Herr Ministerpräsident ... bereit erklärt, die Schirmherrschaft über das Stadtjubiläum zu übernehmen.
Die Stadt Waldkirchen möchte einen kleinen Kreis herausragender Persönlichkeiten für ein Ehrenkuratorium der 1000-Jahr-Feier gewinnen. Es wäre für unsere Stadt deshalb eine Auszeichnung, wenn Sie zusagen könnten, diesem Ehrenkuratorium anzugehören. Durch Ihre Mitgliedschaft würden Sie zum Ausdruck bringen, dass Sie diesem Stadtjubiläum eine besondere Bedeutung beimessen. Ich kann Ihnen zusichern, dass damit keine nennenswerte zeitliche Belastung, etwa durch Teilnahme an regelmäßigen Zusammenkünften, verbunden ist. Ich würde mich jedoch freuen, wenn die Stadt Waldkirchen Sie dann und wann um Rat oder ideelle Unterstützung bitten dürfte.
Ich wäre Ihnen dankbar, wenn Sie dem Wunsch der Stadt Waldkirchen entsprechen könnten, und hoffe auf eine baldige positive Nachricht.«

Denken Sie an folgende Betreuungspflichten, sobald Sie Persönlichkeiten für Schirmherrschaft oder Ehrenkuratorium gewonnen haben:
- Information über die laufenden Planungen für das Jubiläum
- Einladung zu allen Veranstaltungen

- Vorschlagsrecht für Einladungen
- Einbindung in die Öffentlichkeitsarbeit
- Grußworte in Festschriften
- Sonderbetreuung während der Veranstaltungen
- Rederecht bei entsprechenden Veranstaltungen (insbesondere Schirmherr).

Datum

Bei der Festlegung des Termins für Ihren Jubiläumsfestakt sind Sie nicht an die exakte Wiederkehr des Jahrestages oder des Monats gebunden. Vor allem dann nicht, wenn das Datum in einen Zeitraum fällt, der eine schwache Resonanz bei dem erwünschten Gästekreis erwarten lässt.

Sie sollten daher Termine und Zeiträume meiden, die den Aufmerksamkeitswert Ihrer Jubiläumsveranstaltung beeinträchtigen könnten:

- Ferientermine
- Feiertage
- Messen, Ausstellungen
- Kongresse
- Wahlen
- konkurrierende Ereignisse.

Bedenken Sie, dass die Terminfestlegung für bedeutende Jubiläen aufgrund der zeitaufwendigen Vorbereitungen bereits 2 bis 5 Jahre vor der Veranstaltung vorzunehmen ist. Die Zeit, die Sie für die Planung und Organisation brauchen, ist abhängig von der Größe und der Bedeutung des Jubiläums und kann daher sehr unterschiedlich sein.

Dauer

Die zeitlichen Variationsmöglichkeiten bei Jubiläen reichen vom einstündigen Festakt mit Empfang über mehrtägige Festprogramme bis hin zu einem Jahresprogramm mit einer bunten Folge verschiedener Höhepunkte und Events.

Die Dauer von Jubiläumsfeierlichkeiten ist grundsätzlich abhängig von der Bedeutung des Jahrestages, der Art der Institution und der Höhe des Budgets. Ein großes Unternehmen z.B. begeht sein Jubiläum über einen bestimmten Zeitraum hinweg landes- oder auch weltweit, eine Stadt feiert ein herausragendes Jubiläum mit Aktivitäten, die sich über das ganze Jahr verteilen können.

Budget

Bei keiner Veranstaltungsform gehen die Budgetansätze vergleichsweise so extrem auseinander wie bei Jubiläen. Verständlich, wenn man bedenkt, wie groß die Bandbreite der Veranstaltungen ist, die Sie in ein Jubiläumsprogramm einbauen können.

Ein mittelständischer Betrieb, eine Mittelbehörde, ein Verband, ein Sportverein werden für ihr Jubiläum im Allgemeinen einen anderen Rahmen wählen als z.B. eine Stadt oder ein Weltkonzern. Nehmen wir einmal den Konzern. Als das Unternehmen Siemens sein 150-jähriges Jubiläum im Berliner ICC beging, wurde der größte Cateringauftrag ausgeführt, der bis dahin je in Berlin vergeben wurde. Für 4.000 Gäste kreierte ein internationales Team von 140 Köchen insgesamt 120 Gerichte aus aller Welt. Bei diesem Galabuffet wurden 15 Tonnen Lebensmittel verarbeitet, um die zwei Kilometer lange Buffetfläche zu bestücken. 60.000 Flaschen verschiedener Getränkesorten mussten mit den Speisen harmonieren. Um der Herausforderung einer derart anspruchsvollen und internationalen Veranstaltung gerecht zu werden, wurde ein Jahr vorher durch den Gastronomen ein weltweiter Wettbewerb für die Rezepte der Speisen ausgeschrieben.

Angesichts der Vielfalt der Möglichkeiten stellt sich die Frage nach der Üblichkeit und dem Mindestaufwand für ein Jubiläum. Als Mindeststandard für ein größeres Jubiläum gilt ein Jubiläumsfestakt mit einem anschließenden Empfang.

Dafür sind z.B. folgende Budgetpositionen einzuplanen:

- Druckkosten
  Einladungen, Programmzettel, Broschüren, Anzeigen, Sonderbeilagen für Zeitungen
- Porto

- Saalmiete/Raumbetriebskosten, evtl. Zeltmiete
- Anmietung von Stühlen und Bistrotischen
- Beschallung, Mikrotechnik (Rednerpult, Orchester), evtl. Dolmetscherkabinen
- Bühnengestaltung
- Blumenschmuck, Deko-Elemente
- Orchesterhonorare, evtl. weitere Honorare für auftretende Künstler
- Speisen und Getränke
- Personal
  → Zutrittskontrolleure
  → Garderobenpersonal
  → Platzanweiser
  → Fotograf
  → Moderator
  → Bedienungen
  → Aushilfskräfte
  → Parkplatzservice
- Herstellung einer Jubiläumsfestschrift
- Jubiläumsgeschenke für die Gäste
- Spenden z.B. für
  → Baumpflanzaktion
  → Kindergarten
  → internationale Jugendbegegnung
  → Museum
- Transport, z.B. Busse, Taxis

Organisationsstab

Die Vorbereitung einer Jubiläumsfeier ist in den seltensten Fällen allein von einer Person zu leisten. Frühzeitig muss ein Team zusammengestellt werden, das zunächst den Auftrag erhält, ein entscheidungsfähiges Konzept für das Jubiläum vorzulegen. Nach Diskussion und Billigung durch die Hausleitung werden im Organisationsstab die Aufgaben festgelegt und die Detailarbeit kann beginnen.

Legen Sie im Organisationsstab u.a. folgende Verantwortungsbereiche fest:

- *Einladungsverfahren*
  → Entwurf der Einladung
  → Entwurf der Anlagen
  → Vorschlag für Einladungsliste, Reserveliste
  → Druck und Versand der Einladungen
  → Erfassung der Rückläufe in Zu- und Absagelisten
- *Programm, Ablaufplanung*
  → Programmvorschläge ausarbeiten
  → Redner gewinnen
  → Musiker, Künstler engagieren
  → Zeitplan aufstellen
- *Gestaltung des Veranstaltungsortes*
  → Bühne, Saal, Empfangsraum
  → Dekoration
  → Technik (Beschallung, Rednerpult)
  → Nebenräumlichkeiten (Holding Room für VIP's, Künstlergarderobe)
- *Bewirtung*
  → Buffetvorschläge, Getränkewahl
  → Absprachen mit Gastronom
- *Gästebetreuung*
  → Ehrengäste (Transport, Unterkunft, Platzierung)
  → Platzierungsvorschlag für Festakt
  → Jubiläumsgeschenke
  → Dolmetscher
  → Partnerprogramm
- *Festschrift*
  → Gestaltungsvorschläge
  → Grußwortautoren gewinnen
  → Anzeigen, Werbung
  → Druck
  → Verteilung
- *Pressearbeit.*

Überlegenswert ist, den Auftrag komplett oder teilweise an eine Veranstaltungsagentur zu vergeben. Dies würde zwar das Budget belasten, garantiert jedoch professionelle Vorbereitung und so manche kreative Variation des Themas Jubiläum.

Ihre personellen Möglichkeiten im Überblick:
Vorbereitung der Veranstaltung durch
- Gastgeber allein
- einzelne Mitarbeiter
- Organisationsstab aus Betriebsangehörigen
- Fremdleistung einer Veranstaltungsagentur
- Eigenleistung in Kombination mit Teilleistung einer Agentur

- Eigenleistung ergänzt durch Dienstleistungen der Bankettabteilung eines größeren Hotels.

Ort

Fällt Ihre Prüfung, den Jubiläumsfestakt in betriebs- oder behördeninternen Räumlichkeiten durchzuführen negativ aus, steht Ihnen die große Vielfalt externer Angebote zur Verfügung:
- Hotel, Konferenzzentrum
- Restaurant
- Gästehäuser, Residenzen
- Sporthalle
- Landhaus
- Festzelt
- historische Stätten
  (Schloß, Burg, restaurierte Mühle, Fabrikhalle)
- Stadthalle
- Schiff
- Open-Air-Veranstaltung
  (Stadion, Park, Festwiese).

Die Wahl der Veranstaltungsstätte richtet sich nach der Bedeutung des Jubiläums, dem gewünschten Rahmen sowie dem Rang und der Anzahl der Gäste.

Zur Dekoration im Festsaal:
Der Festsaal, vor allem seine Stirnseite und das Rednerpult, ist mit Symbolen oder dem Logo Ihrer Institution sowie mit Blumengestecken und lebendem Grün geschmückt.

Bei der Auswahl des Saales gilt der bewährte Grundsatz: Besser kleiner und voll als größer und halb leer. Dicht gefüllt vermittelt ein Raum stets den Eindruck einer stark gefragten Veranstaltung. Auch im Hinblick auf die Medienberichterstattung ein vielbeachteter Stimmungs- und Erfolgsindikator.

Bewirtung

Art und Umfang der Bewirtung richten sich nach der gewählten Veranstaltungsform. Bei einem Empfang oder am Tag der offenen Tür werden an die Bewirtung weniger Ansprüche zu stellen sein als bei einem Festessen. Vorschläge und Anregungen für die Bewirtung anlässlich Ihrer Veranstaltungen finden Sie bei der jeweiligen Veranstaltungsform zum Punkt Bewirtung.

Einladungsverfahren

- *Vorlaufzeit*
  6-8 Wochen vor Veranstaltungsbeginn. Bei größeren Jubiläumsfestakten empfiehlt sich, 4-6 Monate vorher die Einladung anzukündigen und um Blockierung im Terminkalender zu bitten.

- *Einladungsliste*
  Ein Jubiläum ist ein seltenes aus dem normalen Jahresverlauf herausragendes Ereignis. Nachlässigkeiten und Fehler bei der Zusammenstellung der Einladungsliste wiegen besonders schwer. Pflichteinladungen, die übersehen werden, können nachhaltige Verstimmung und Verärgerung verursachen.

Vorüberlegungen:
→ Pflichteinladungen?
  (z.B. Mitarbeiter, Vorgesetzte, Geschäftspartner, Kunden, Verbände, Staat)
→ Komplementäreinladungen?
  (z.B. Vereinsmitglieder, Politik, Kirche, Wissenschaft, Kunst, Kultur)
→ Private Gäste?
  (Familie, Freunde, Förderer, Bekannte)
→ Einladungsvorschläge?
  (Empfehlungen und Wünsche anderer Personen)
→ Gästesplitting?
  (Bei mehreren Veranstaltungen zum Jubiläum: Welche Gäste sollen zu welcher Veranstaltung eingeladen werden?

Beachten Sie bei der Zusammenstellung der Einladungsliste folgende Grundsätze und Hinweise:

→ Mit prominenten Gästen und Rednern aus Politik, Staat, Kirchen, Verbänden, Wirtschaft, Kultur, Wissenschaft und anderen Bereichen unserer Gesellschaft veredeln Sie Ihre Jubiläumsfeier und machen sie zudem für die Medien interessanter. Nehmen Sie mit diesem ter-

mingeplagten Personenkreis spätestens 6 Monate vor der Veranstaltung Kontakt auf.
→ Beginnen Sie frühzeitig, über den Einladungskreis für Ihr Jubiläum nachzudenken. Notieren Sie in der Vorbereitungsphase jeden Namen, der Ihnen wichtig erscheint.
→ Gehen Sie alte Einladungslisten noch einmal durch, um ihnen weitere Anregungen zu entnehmen.
→ Berücksichtigen Sie, dass bei größeren Veranstaltungen etwa 30 bis 40 % der Eingeladenen nicht kommen, zum Teil auch trotz Zusage. Versenden Sie daher eine entsprechend höhere Anzahl von Einladungen.

- *Form*
    → Hochwertiges Papier (Hochglanz, Bütten; 130g – 150g-Karton)
    → Klappkarte (bietet viel Raum für Gestaltung und Informationen; auf vier Seiten können zahlreiche Einzelelemente übersichtlich und großzügig angeordnet werden)
    → Allgemeines Schriftbild (z.B. in erhabener Prägeschrift; Blind- oder Farbprägung des Firmen- oder Behördenlogos)
    → Handgeschriebener Empfängername (allerdings erheblicher Aufwand bei Einladungszahlen über 1.000)
- *Anlagen*
    → Antwortkarte
    → Platzierungskarte
    → Wagenkarte (Parkplatzhinweis)
    → Fahrtskizze
    → Für Redner und Autoren von Grußworten: Informationen und Hintergrundmaterial rund um's Jubiläum
- *Versandstufen*
    → *1. Stufe*
    Mit der Einladungskarte wird nur die Antwortkarte mit dem Rückmeldedatum verschickt.
    → *2. Stufe*
    Nach Ablauf der Rückmeldefrist (ca. 10 Tage vor der Veranstaltung) wird aufgrund der Zusagen ein Platzierungsschema aufgestellt.
    Gemäß Platzierungsschema wird den Adressaten, die zugesagt haben, die Platzierungskarte und alle übrigen Anlagen zugeschickt.

Festschrift

Ein Jubiläum ohne Festschrift ist wie ein Menü ohne Vorspeise. Die Festschrift muß zu Beginn des Jubiläumsjahres vorliegen. Sie sollte daher spätestens im letzten Quartal des Vorjahres erscheinen.

Wer für Festschriften verantwortlich war, weiß, wie frühzeitig mit Recherchen und Beiträgen begonnen werden muss: Mindestens zwei Jahre vor Erscheinungsdatum. Zwischen Abschluss des Manuskripts und gewünschtem Erscheinungstermin sollten nicht weniger als sechs Monate liegen.

Die Suche nach originellen und informativen Zutaten ist mühsam und zeitraubend: Akten und Zeitungsausschnitte, Dokumente und Fotos, Briefe und Anekdoten sind zu sichten, Archive durchzukämmen. Dazu kommen Beiträge zur historischen Entwicklung und Interviews mit Zeitzeugen.

Ihre Festschrift wird abgerundet durch Gruß- und Geleitworte von Persönlichkeiten des öffentlichen Lebens.

Dafür kommen z.B. in Betracht:
der zuständige
- Bundesminister
- Ministerpräsident
- Landesminister
- Bundestagsabgeordnete
- Landtagsabgeordnete
- Landrat
- Bürgermeister
- Verbandspräsident
- Kammerpräsident

aber auch Freunde und Förderer des Jubilars. Vergessen Sie nicht, Ihrer Anfrage Informations- und Hintergrundmaterial über das Jubiläum beizufügen. Sie ersparen dem Grußwortautor längere Recherchen und Rückfragen.

Wenn Sie oder Ihre Presse- und PR-Spezialisten die Jubiläumsfestschrift aus Zeitgründen nicht zusammenstellen können, beauftragen Sie eine Agentur oder einen Autor mit dieser Aufgabe.

Ablauf
Bedeutende Jubiläen werden selten mit einer einzigen Veranstaltung begangen, sondern meist mit einem Festprogramm.
Folgender Programmablauf über zwei Tage dient Ihnen als Muster:

Freitag, den ...

Bis 15.00 Uhr	Anreise der auswärtigen Gäste
16.00 Uhr bis 17.00 Uhr	Begrüßungsempfang (Veranstaltungsstätte, Adresse, Tel., FAX) Grußwort des Gastgebers
17.00 Uhr bis 18.30 Uhr	Eröffnung der Jubiläums-Ausstellung (Veranstaltungsstätte, Adresse, Tel., FAX) • Einführung des Gastgebers • Fachliche Erläuterung durch Ausstellungsleiter • Rundgang mit Führung
20.00 Uhr	Festliches Abendessen (Veranstaltungsstätte, Adresse, Tel., FAX) Tischrede des Gastgebers

Samstag, den ...

10.00 Uhr bis 11.30 Uhr	Festakt (Veranstaltungsstätte, Adresse, Tel., FAX) • Musikalischer Auftakt • Begrüßungsansprache • Grußworte z.B. Personalvertretung, Repräsentanten von Verbänden, Unternehmen, Staat, Politik, Wissenschaft, Kultur • Rede eines Zeitzeugen aus den Gründerjahren (z.B. bei 25- oder 50-jährigem Jubiläum) • Video-Kurzfilm mit historischem Rückblick • Musikalischer Ausklang
13.00 Uhr bis 15.00 Uhr	Mittagessen (Veranstaltungsstätte, Adresse, Tel., FAX)
15.30 Uhr bis 16.00 Uhr	Presseempfang (Veranstaltungsstätte, Adresse, Tel., FAX) • Statement des Gastgebers • Interviews • Vorstellung der Festschrift oder der Jubiläumszeitung

Alternativ:

15.30 Uhr bis 17.00 Uhr	1. Stadtrundfahrt 2. Besuch von Museen oder Ausstellungen 3. Shopping in der Innenstadt

Für alle:

17.00 Uhr bis 20.00 Uhr	Zur freien Verfügung
20.00 Uhr	Alternativ: 1. Schiffsfahrt mit Abendessen und Mitternachtsfeuerwerk 2. Besuch einer Opern- oder Theateraufführung mit anschließendem Empfang

Beachten Sie für die Programmgestaltung folgende Hinweise:

- Nicht immer reicht das Budget, Gäste in großer Zahl zu allen Jubiläumsveranstaltungen einzuladen. Bei festlichen Essen und Opernbesuchen z.B. wird die Gästezahl meist auf einen ausgewählten Kreis von prominenten Jubiläumsbesuchern begrenzt.
- Zur Platzierung herausgehobener Gäste siehe Abschnitt Platzierung Seite 305
- Die Begrüßungsworte beim Festakt übernimmt der Gastgeber nur dann, wenn er nicht die Festansprache hält. Hält er die Festansprache, betraut er seinen Stellvertreter mit der Begrüßung. Die Begrüßungsworte gehen nur sehr allgemein auf den Jubiläumsanlass ein, um dem Hauptredner nicht vorzugreifen.
- Begrüßungs- und Eröffnungsworte dauern nicht länger als fünf Minuten. Namentlich begrüßt werden möglichst wenige besonders herausgehobene Persönlichkeiten.
- Grundsätzlich gilt: Je mehr Gäste Sie namentlich begrüßen, desto mehr laufen Sie Gefahr, Personen zu kränken, die nicht

genannt werden (»Warum ich nicht?«). Sind mehrere Repräsentanten einer hochrangigen Gruppe vertreten, werden sie in der Begrüßung zusammengefasst (z.B. »Sehr geehrte Damen und Herren Abgeordnete«).
- Auch Grußworte beim Festakt sollen nicht länger als fünf Minuten dauern.
- Als Redner von Grußworten kommen hochrangige Repräsentanten von Institutionen in Betracht, mit denen Ihr Unternehmen, Behörde, Verband, Verein viel zusammenarbeitet.
- Die Festansprache sollte zwischen 20 und 30 Min. dauern. Längere Hauptansprachen summieren sich zusammen mit den Grußworten zu einem Redeblock, der die Grenze der Aufnahmebereitschaft der Zuhörer überschreitet.
- Beziehen Sie die Betriebsangehörigen in Ihre Programmplanung mit ein: Motivieren Sie zur Ideensammlung, lassen Sie Geschichten Anekdoten und Fotos ausgraben. Sie werden erstaunt sein. Es kommen z.T. Ideen zusammen, an die Sie nie gedacht hätten.
- Dies gilt analog für die Mitglieder eines Vereins oder die Bürger bei einem Stadtjubiläum.
- Jubiläumsveranstaltungen können durch vielfältige Aktionen begleitet werden. Beispiele:
  → Sonderaktionen wie Preisausschreiben, Versteigerungen, Fotowettbewerbe, Produkt-Sonderangebote
  → Sonderbriefmarke (z.B. bei staatlichen Jubiläen)
  → Werbeprodukte mit Jubiläumsaufdruck oder -verpackung
  → Einbindung prominenter Persönlichkeiten vom Olympiasieger über Fernsehstars und Schauspieler bis hin zu Mandatsträgern aus Stadt und Land
  → Musikgruppen, Varietékünstler
  → Faltblätter, Plakate, Prospekte
  → Riesengeburtstagstorte (Verkaufserlös an gemeinnützige Einrichtung)
  → Spenden für Baumpflanzaktion oder andere umweltfreundliche Maßnahmen

Medienbegleitung
Jubiläen sind Medienereignisse. Das Interesse besteht beiderseits. Der Jubilar erfreut sich an den PR-Effekten für sein Unternehmen, die Journalisten an willkommenen Reportagen, Interviews, Fotoserien.
Für größere Jubiläen arbeiten Sie am besten ein Konzept zur Betreuung der Medienvertreter aus.
Dabei sind folgende Maßnahmen zu berücksichtigen:
- Einladungsliste festlegen für Presse, Funk, Fernsehen
- Arbeitsmöglichkeiten während der Veranstaltungen gewährleisten
- Wortlaut der Reden, Jubiläumsprogramm, Festschrift, kurz gefasste Selbstdarstellung in genügender Anzahl zur Verfügung stellen
- Interviews ermöglichen, vereinbaren
- Ansprechpartner für die Dauer des Jubiläums benennen
- Pressekonferenzen anbieten.

Mit dieser Betreuung werden die Medienvertreter rasch anerkennen, daß sie bei Ihnen professionelle Behandlung erfahren. Mit Blick auf die Berichterstattung auch für Sie die beste Ausgangsbasis.

Dokumentation
Der Wortlaut der Reden, ausgewählte Fotos von den Jubiläumsfeierlichkeiten und eine knappe Vorstellung der Firma (Zahlen, Daten, Fakten) werden einige Tage nach dem Jubiläum an alle Eingeladenen – auch an die, die nicht kommen konnten – sowie an die Medien verschickt. Das bringt Ihre Institution noch einmal in Erinnerung und schafft eine dauerhafte Dokumentation Ihrer Jubiläumsfeier.

Checkliste: Jubiläum

Ziff.	Aktivitäten/Maßnahmen	Zu erled. von	Erled. am
1.	**Veranstaltungsform(en) festlegen** Grundsätzlich können Sie unter folgenden Veranstaltungsformen – oder Kombinationen davon – wählen:		
1.1	• Festakt		
1.2	• Akademische Feier		
1.3	• Empfang		
1.4	• Festessen (Bankett)		
1.5	• Festveranstaltung		
	→ Ball		
	→ Konzert		
	→ Operngala		
	→ Theateraufführung		
1.6	• Open-Air-Veranstaltung mit anschließendem Feuerwerk		
1.7	• Betriebsfest		
1.8	• Symposium		
1.9	• Tag der offenen Tür		
1.10	• Ausstellung		
1.11	• Presseempfang		
2.	**Termin(e) bestimmen** Ob eine oder mehrere Jubiläumsveranstaltungen geplant werden, stets sind bei der Terminplanung parallele Ereignisse und konkurrierende Veranstaltungen zu berücksichtigen:		
2.1	• Ferientermine		
2.2	• Betriebs-/behördeninterne Termine		
2.3	• Internationale Konferenzen, Tagungen		
2.4	• Großveranstaltungen der Kultur und des Sports		
2.5	• Messen, Ausstellungen		

Ziff.	Aktivitäten/Maßnahmen	Zu erled. von	Erled. am
2.6	• Feiertage, Gedenktage		
3.	**Budget festlegen** Die Ausgaben werden bestimmt von Anzahl und Form der Jubiläumsveranstaltungen (siehe Punkt 1 der Checkliste). Als Standardpositionen sind meist einzuplanen:		
3.1	• Druckkosten Einladungen, Programmzettel, Broschüren, Anzeigen, Sonderbeilagen für Zeitungen		
3.2	• Porto		
3.3	• Saalmiete/Raumbetriebskosten, evtl. Zeltmiete		
3.4	• Anmietung von Stühlen und Bistrotischen		
3.5	• Beschallung, Mikrotechnik (Rednerpult, Orchester), evtl. Dolmetscherkabinen		
3.6	• Bühnengestaltung		
3.7	• Blumenschmuck, Deko-Elemente		
3.8	• Orchesterhonorare, evtl. weitere Honorare für auftretende Künstler		
3.9	• Reisekosten (Künstler, Ehrengäste)		
3.10	• Speisen und Getränke		
3.11	• Personal → Zutrittskontrolleure → Garderobenpersonal → Platzanweiser → Fotograf → Moderator → Bedienungen → Aushilfskräfte → Parkplatzservice		
3.12	• Herstellung einer Jubiläumsfestschrift		
3.13	• Entwicklung eines Jubiläumslogos		

Checkliste: Jubiläum

Ziff.	Aktivitäten/Maßnahmen	Zu erled. von	Erled. am
3.14	• Jubiläumsgeschenke für die Gäste		
3.15	• Spenden z.B. für → Baumpflanzaktion → Kindergarten → internationale Jugendbegegnung → Museum		
3.16	• Transport, z.B. Busse, Taxis		
4.	**Schirmherrschaft und Ehrenkuratorium vorschlagen und anfragen**		
4.1	• Telefonische Terminanfrage		
4.2	• Schriftliche Anfrage		
4.3	• Nach Zusage: → Information über alle Jubiläumsplanungen → Einladung zu allen Veranstaltungen → Vorschlagsrecht für Einladungen → Einbindung in die Öffentlichkeitsarbeit → Grußwort in Festschrift → Terminplanung für Auftritte (Rederecht für Schirmherren) → Sonderbetreuung während der Veranstaltung(en)		
5.	**Organisationsstab einrichten** Bei mehreren Jubiläumsveranstaltungen sollten Sie zu einem frühen Zeitpunkt eine Arbeitsgruppe einrichten. In einem Organigramm legen Sie eindeutige Arbeitsbereiche und Verantwortlichkeiten fest. Ihre organisatorischen Möglichkeiten:		
5.1	• Gastgeber allein		
5.2	• einzelne Mitarbeiter		
5.3	• Organisationsstab aus Betriebsangehörigen		

Ziff.	Aktivitäten/Maßnahmen	Zu erled. von	Erled. am
5.4	• Fremdleistung einer Veranstaltungsagentur		
5.5	• Eigenleistung in Kombination mit Teilleistung einer Agentur		
5.6	• Eigenleistung ergänzt durch Dienstleistungen der Bankettabteilung eines größeren Hotels		
6.	**Veranstaltungsort(e) buchen** Die Auswahl der Veranstaltungsstätte richtet sich nach der gewünschten Veranstaltungsform (Punkt 1 der Checkliste) und der Anzahl der Gäste. Entnehmen Sie die Prüfpunkte für die Ortswahl daher den Checklisten der jeweiligen von Ihnen gewählten Veranstaltungsform. Für einen Festakt oder einen Empfang z.B. steht Ihnen neben den betriebsinternen Räumlichkeiten die große Vielfalt externer Angebote offen:		
6.1	• Hotel, Konferenzzentrum		
6.2	• Restaurant		
6.3	• Gästehäuser, Residenzen		
6.4	• Sporthalle		
6.5	• Landhaus		
6.6	• Festzelt		
6.7	• historische Stätten (Schloss, Burg, restaurierte Mühle, Fabrikhalle)		
6.8	• Stadthalle		
6.9	• Schiff Bei einem Jubiläumsempfang z.B. sollten Sie an folgende Grundausstattung und Details bei der Raumplanung denken:		
6.10	• Ausstattung des Saales → Atmosphäre, Festlichkeit → Bistrotische → Tisch für die Jubiläumsgeschenke		

Checkliste: Jubiläum

Ziff.	Aktivitäten/Maßnahmen	Zu erled. von	Erled. am
	→ Buffetstationen		
	→ Getränkestationen		
	→ Sitzgruppen in den Ecken		
	→ Deko-Elemente – Grüngruppen – Bodenvasen – Hochgestecke – Flaggenpylone – Kordelständer		
6.11	• Ausstattung des Foyers		
	→ Empfangstische		
	→ Grüngruppen		
	→ Garderobe		
6.12	• Aufenthaltsraum für Fahrer und Begleiter		
6.13	• Zufahrt/Vorfahrt		
6.14	• Parkplätze, Wagenabruf		
7.	**Speisen und Getränke festlegen** Abhängig von der Veranstaltungsform. Für einen Jubiläumsempfang z.B. sollten Sie Folgendes einplanen:		
7.1	• Speisen		
	→ Lieferung – Hauseigene Gastronomie – Catering		
	→ Alternativen – Gebäck – Canapes/Snacks – Gabelimbiss – Suppe – Gabelbuffet		
7.2	• Getränke		
	→ Sekt		
	→ Wein		
	→ Säfte		

Ziff.	Aktivitäten/Maßnahmen	Zu erled. von	Erled. am
	→ Wasser		
	→ Sonstiges		
8.	**Einladungsverfahren**		
8.1	• Vorlaufzeit 6-8 Wochen vor Veranstaltungsbeginn. Bei größeren Jubiläumsfestakten empfiehlt sich, 4-6 Monate vorher die Einladung anzukündigen und um Blockierung im Terminkalender zu bitten.		
8.2	• Einladungsliste Ein Jubiläum ist ein seltenes und aus dem normalen Jahresverlauf herausragendes Ereignis. Nachlässigkeiten und Fehler bei der Zusammenstellung der Einladungsliste wiegen besonders schwer. Pflichteinladungen, die übersehen werden, können nachhaltige Verstimmung und Verärgerung verursachen. Vorüberlegungen → Pflichteinladungen? (z.B. Mitarbeiter, Vorgesetzte, Geschäftspartner, Kunden, Verbände, Staat) → Komplementäreinladungen? (z.B. Vereinsmitglieder, Politik, Kirche, Wissenschaft, Kunst, Kultur) → Private Gäste? (Familie, Freunde, Förderer, Bekannte) → Einladungsvorschläge? (Empfehlungen und Wünsche anderer Personen) → Gästesplitting? (Bei mehreren Veranstaltungen zum Jubiläum: Welche Gäste sollen zu welcher Veranstaltung eingeladen werden?) Beachten Sie bei der Zusammenstellung der Einladungsliste folgende Grundsätze und Hinweise: → Mit prominenten Gästen und Rednern aus Politik, Staat, Kirchen, Verbänden, Wirtschaft, Kultur, Wissenschaft und anderen Bereichen unserer Gesellschaft veredeln Sie Ihre Jubiläumsfeier und		

Checkliste: Jubiläum

Ziff.	Aktivitäten/Maßnahmen	Zu erled. von	Erled. am
	machen sie zudem für die Medien interessanter. Nehmen Sie mit diesem termingeplagten Personenkreis spätestens 6 Monate vor der Veranstaltung Kontakt auf.		
	Beginnen Sie frühzeitig, über den Einladungskreis für Ihr Jubiläum nachzudenken. Notieren Sie in der Vorbereitungsphase jeden Namen, der Ihnen wichtig erscheint.		
	Gehen Sie alte Einladungslisten noch einmal durch, um ihnen weitere Anregungen zu entnehmen.		
	Berücksichtigen Sie, dass bei größeren Veranstaltungen etwa 30 bis 40 % der Eingeladenen nicht kommen, zum Teil auch trotz Zusage. Versenden Sie daher eine entsprechend höhere Anzahl von Einladungen.		
8.3	• Form		
	→ Hochwertiges Papier (Hochglanz, Bütten; 130g – 150g-Karton)		
	→ Klappkarte (bietet viel Raum für Gestaltung und Informationen; auf vier Seiten können zahlreiche Einzelelemente übersichtlich und großzügig angeordnet werden)		
	→ Allgemeines Schriftbild (z.B. in erhabener Prägeschrift; Blind- oder Farbprägung des Firmen- oder Behördenlogos)		
	→ Handgeschriebener Empfängername (allerdings erheblicher Aufwand bei Einladungszahlen über 1.000)		
8.4	• Anlagen		
	→ Antwortkarte		
	→ Platzierungskarte		
	→ Wagenkarte (Parkplatzhinweis)		
	→ Fahrtskizze		
	→ Für Redner und Autoren von Grußworten: Informationen und Hintergrundmaterial rund um's Jubiläum		

Ziff.	Aktivitäten/Maßnahmen	Zu erled. von	Erled. am
8.5	• Versandstufen → 1. Stufe Mit der Einladungskarte wird nur die Antwortkarte mit dem Rückmeldedatum verschickt. → 2. Stufe Nach Ablauf der Rückmeldefrist (ca. 10 Tage vor der Veranstaltung) wird aufgrund der Zusagen ein Platzierungsschema aufgestellt. Gemäß Platzierungsschema wird den Adressaten, die zugesagt haben, die Platzierungskarte und alle übrigen Anlagen zugeschickt.		
9.	**Festschrift**		
9.1	• Vorlaufzeit mindestens 2 Jahre vor Erscheinungsdatum		
9.2	• Abschluß des Manuskripts spätestens 6 Monate vor Erscheinungsdatum		
9.3	• Redaktionsteam festlegen		
9.4	• Persönlichkeiten für Grußworte vorschlagen und anfragen: Dafür kommen z.B. in Betracht: Der zuständige → Bundesminister → Ministerpräsident → Landesminister → Bundestagsabgeordnete → Landtagsabgeordnete → Landrat → Bürgermeister → Verbandspräsident → Kammerpräsident → Aber auch: Freunde und Förderer des Jubilars.		

Checkliste: Jubiläum

Ziff.	Aktivitäten/Maßnahmen	Zu erled. von	Erled. am
10.	**Programmablauf und -zeitplan festlegen** Große Jubiläen werden selten mit einer einzigen Veranstaltung begangen, sondern meist mit einem Festprogramm. Dies erstreckt sich vielfach nicht nur über mehrere Tage, sondern auch über einen längeren Abschnitt des Jahres. Dabei wäre z.B. an folgende Punkte zu denken:		
10.1	• Redner anfragen, verpflichten		
10.2	• Künstler anfragen, verpflichten (z.B. Orchester)		
10.3	• weitere Rahmenprogramme buchen		
10.4	• ggf. Hotelkapazitäten optionieren		
10.5	• ggf. Ehrungen und Auszeichnungen vorbereiten		
10.6	• Umweltaktionen einplanen		
10.7	• Wettbewerbe, Turniere vorbereiten		
10.8	• Ausstellungen, Fotowettbewerbe, Preisausschreiben konzipieren		
10.9.	• Werbekampagnen vorbereiten		
10.10	• Stadtrundfahrten, Betriebsbesichtigungen planen		
10.11	• evtl. Sonderbriefmarke		
10.12	• Faltblätter, Plakate, Prospekte		
10.13	• Zeitungsbeilagen, Video-Kassetten		
11.	**Aufträge an Zulieferer, Ausstatter und Dienstleister** Hängt ab von Art und Umfang der Jubiläumsveranstaltungen und von Ihrem Budget. Vielfach wird allerdings unumgänglich sein, folgende Leistungen externen Anbietern zu übertragen:		
11.1	• Catering		
11.2	• Bühnenbau, Zeltbau, Bestuhlung		
11.3	• Beschallung, Mikrotechnik		
11.4	• Transferleistungen (Busse, Pkw)		
11.5	• Fotograf/in (Fotos, Video)		

Ziff.	Aktivitäten/Maßnahmen	Zu erled. von	Erled. am
11.6	• Deko-Elemente		
11.7	• Blumen und Pflanzen		
11.8	• Druckerzeugnisse		
11.9	• Servicekräfte (z.B. Hostessen, Wagenmeister)		
12.	**Aufträge an eigenes Personal festlegen**		
12.1	• Protokollarische Maßnahmen → Betreuung von Ehrengästen → Partnerprogramme → Platzierungsfragen → offizielle Essen und Empfänge → Gästebuch		
12.2	• Informationsstelle, Koordinierungsbüro		
12.3	• Öffentlichkeitsarbeit		
12.4	• Pressearbeit und Dokumentation		
12.5	• Betreuung von Vorträgen und Symposien		
13.	**Sicherheit, Verkehr, Notarzt, Feuerwehr**		
13.1	• Örtliche Polizei informieren → Sicherheit der Veranstaltung(en) → Verkehrslenkende Maßnahmen		
13.2	• Notarzt mit Rettungswagen verpflichten		
14.	**Medien informieren, einladen**		
14.1	• Einladungsliste festlegen für Presse, Funk, Fernsehen		
14.2	• Arbeitsmöglichkeiten während der Veranstaltungen gewährleisten		

Checkliste: Jubiläum

Ziff.	Aktivitäten/Maßnahmen	Zu erled. von	Erled. am
14.3	• Wortlaut der Reden, Jubiläumsprogramm, Festschrift, kurz gefasste Selbstdarstellung in genügender Anzahl zur Verfügung stellen		
14.4	• Interwievs ermöglichen, vereinbaren		
14.5	• Ansprechpartner für die Dauer des Jubiläums benennen		
14.6	• Pressekonferenzen anbieten		
15.	**Dokumentation sicherstellen**		
15.1	• Fotoserien für späteren Jubiläumsbildband		
15.2	• Videobänder für Archiv		
15.3	• Redetexte		
15.4	• Versand der Dokumentation		
16.	**Abschlussbesprechung** Ca. 3 Tage vor Veranstaltungsbeginn mit allen an der Organisation beteiligten Mitarbeitern und externen Auftragnehmern		
17.	**Letzter Checkup** Ca. 2 Stunden vor Beginn der Veranstaltung		
18.	**Nach der Veranstaltung**		
18.1	• Danksagung an alle Gäste, Freunde und Förderer		
18.2	• Dank, Feedback und Erinnerungspräsent an alle Helfer		

3.12 Konferenz und Tagung

Konferenzen und Tagungen gehören zwar zum beruflichen Alltag, dennoch stellt man als Teilnehmer immer wieder fest: Es gibt glänzend organisierte und man findet nachlässig vorbereitete Veranstaltungen.

Was für den Teilnehmer selbstverständlich erscheint, bedeutet für den Organisator knochenharte Kleinarbeit. Das vermeintlich nichtigste Detail kann, wenn es übersehen wird, zum peinlichen Flop während der Veranstaltung führen. Kommt noch die eine oder andere Panne hinzu, beginnen die Teilnehmer, die Konferenz oder Tagung kritisch zu bewerten – bis hin zum negativen Gesamteindruck. Der jedoch bleibt auch dann haften, wenn die Veranstaltung inhaltlich zufriedenstellend verlaufen ist.

Bei der internen Manöverkritik wird dann meist der Organisator zum allgemeinen Sündenbock gemacht.

Ersparen Sie sich und Ihrem Unternehmen oder Ihrer Behörde diese Situation. *Überlassen Sie bei der Vorbereitung nichts dem Zufall. Drücken Sie Ihren Improvisationsgrad gegen Null.*

Die folgenden Empfehlungen und Tipps sowie die ausführliche Checkliste sollen dazu beitragen, Ihre Konferenzen und Tagungen professionell und effizient durchzuführen. Zur Freude motivierter Teilnehmer, zum Nutzen des Veranstalters und zur Absenkung Ihres persönlichen Adrenalinspiegels.

Abgrenzung

Zur Abgrenzung der Konferenz und Tagung von ähnlichen Veranstaltungsformen folgende Übersicht:

Veranstaltungsform	Teilnehmer-Zahl	Kriterien/Aufwand
Besprechung	2-10	• Eher spontaner, weniger komplexer Gesprächsbedarf • geringer organisatorischer Aufwand
Workshop	10 – 20	• Informationsaustausch, Problemlösungsbedarf, Entscheidungsvorbereitung oder Vorbereitung von Diskussionen in großem Kreis • Vorlaufzeit für inhaltliche Vorbereitung • Ausstattung des Arbeitsraumes (Visualisierungstechnik) • Einplanung von Kaffeepause und Mahlzeit
Konferenz	bis 50	• Entscheidungsorientierter Verlauf, meist mehrere – auch strittige – Themen, häufig Festlegung durch Abstimmung • internationale zwischenstaatliche Konferenzen übersteigen oft bei weitem 50 Teilnehmer • Vorlaufzeit für inhaltliche Vorbereitung • bei ganztägigen Konferenzen Einplanung von Kaffeepausen und Mahlzeiten • bei Anreise am Vortag und/oder Abreise am zweiten/dritten Tag Hoteleinplanung

Veranstaltungs- form	Teil- nehmer- Zahl	Kriterien/Aufwand
Symposium	50 – 300	• Zusammenkunft von Experten zur Aussprache über Spezialthemen mit Fachreferaten und Podiumsdiskussion • oft nur halbtägig • Vorlaufzeit wegen inhaltlicher und organisatorischer Vorbereitung (z.B. Referentengewinnung, Einladungs-/Anmeldeverfahren, Buchung des Veranstaltungsortes)
Tagung	ab 50	• Vorträge, Referate zu verschiedenen Aspekten eines Tagungsthemas, oft auch Darbietung neu errungener Erkenntnisse, meist Kompetenzgefälle zwischen Vortragenden und Zuhörern, vielfach Wiederholung in bestimmten zeitlichen Abständen (Tagungszyklus) • bei großen Tagungen auch Einrichtung von Workshops • Vorlaufzeit für inhaltliche und organisatorische Vorbereitung (Referentengewinnung, Einladungs-/Anmeldeverfahren, Buchung/Tagungsort u.a.) • Berücksichtigung von Anreise-/Abreisetag, Unterbringung • Evtl. Einplanung eines Rahmenprogramms • Abgrenzung zu Symposium und Kongress: Fließend
Kongress	ab 300	• Fachvorträge, Erfahrungsaustausch, Informationsbörse (stark gefragt: Informelle Kontakte) • Vorlaufzeit für inhaltliche und organisatorische Vorbereitung (Referentengewinnung, Einladungs-/Anmeldeverfahren, Buchung/Tagungsort u.a.) • mehrtägig, häufig mehrsprachig • Berücksichtigung von Anreise-/Abreisetag, Unterbringungen • oft Einplanung eines Rahmenprogramms

Die angesetzten Teilnehmerzahlen folgen allgemeinen Erfahrungswerten. Ausnahmen gibt es immer wieder. So werden internationale Zusammenkünfte mit bis zu 15.000 Teilnehmern häufig als Konferenzen betitelt (z.B. die Weltklimakonferenz oder die Welternährungskonferenz), obwohl sie die Dimension von Kongressen erreichen. Die Wahl der Veranstaltungsform wird daher in der Praxis oft von einer Mischung aus Teilnehmerzahl und Veranstaltungsziel getroffen.
Wir haben uns mit Blick auf die verschiedenen Veranstaltungsformen in der oben skizzierten Übersicht für die ausführliche Behandlung von Konferenz und Tagung entschieden. Sie bilden die modellhafte Mittelposition für die Organisation auch der anderen verwandten Veranstaltungsformen.
Aus der Sicht des Veranstaltungsmanagers ist es der planerische Aufwand, der Konferenzen und Tagungen von den anderen Veranstaltungsformen unterscheidet: Mal geringer (z.B. Besprechungen, Workshops), mal höher (z.B. große Symposien oder Kongresse).

Anlass

Anlass für Konferenzen ist anstehender Informations-, Beratungs- und Entscheidungsbedarf innerhalb eines begrenzten ausgewählten Teilnehmerkreises.

Anlass für Tagungen ist eher die Aktualisierung des allgemeinen Informationsstandes zum gewählten Tagungsthema, die Darbietung neuer wissenschaftlicher Erkenntnisse sowie der Erfahrungsaustausch in verschiedenen Fachgebieten eines Generalthemas. Tagungen sind meist offen für alle Fachleute, die eine enge berufliche Beziehung zum Tagungsthema aufweisen können.

Das Anlassspektrum für Konferenzen und Tagungen ist so breit und vielfältig wie der Bedarf in Wirtschaft, Verwaltung und anderen Institutionen der Gesellschaft: Die Festlegung von Strategien für Standortfragen, neue Produkionstechniken, Produkteinführungen, Vertriebs- und Werbekampagnen, die Festlegung von Eckdaten für Jahresabschlüsse und Geschäftsberichte; im Bereich der Verwaltung z.B. die Entscheidung über grundlegende Änderungen im Verwaltungshandeln, Rationalisierungs- und Modernisierungsvorhaben, die Festlegung von Eckdaten für Gesetzesvorlagen und Haushaltsansätze, für internationale Verträge und Verhandlungen; im Bereich der Wissenschaft z.B. die Information über neue Verfahrenstechniken, Gutachten und Analysen, Ergebnisse empirischer Studien; weitere Beispiele aus anderen Bereichen: Gewerkschaftstage, Parteitage, Kirchentage.

Ziel und Gestaltung

Konferenz- und Tagungsziele können verschiedene Schwerpunkte aufweisen:
- Information, Wissensvermittlung
- Motivation
- Erfahrungsaustausch
- Ideensammlung
- Entscheidungsvorbereitung
- Entscheidungsfindung

oder auch Kombinationen davon.

Welche Zielrichtung auch immer die Priorität haben mag, wichtig ist, dass der Veranstalter seine Zielvorstellungen klar definiert und vermittelt. Auf diese Vorgabe stützt sich sein Veranstaltungsmanager bei der weiteren Planung des Ablaufs und der Gestaltung der Konferenz oder Tagung.

Eine Veranstaltung, die der Präsentation eines neuen Produkts und der Darstellung der Vertriebswege dient, werden Sie anders zu gestalten haben als eine Veranstaltung, die sich mit Entscheidungen zur Aufgabe von Unternehmensbereichen befasst.

Dies wird deutlich, wenn Sie an die Variationsmöglichkeiten der Gestaltung denken:
- Teilnehmerebene
- Teilnehmerzahl
- Auswahl von Referenten
- Visualisierungstechnik
- Ambiente des Veranstaltungsortes (z.B. lockere, unterhaltende, anregende oder ruhige und gepflegte Atmosphäre)
- Einladung zu einem Rahmenprogrammangebot (z.B. aus Kultur, Wissenschaft)
- Gesellschaftlicher Rahmen (z.B. Empfang, Kamingespräche)
- Presse- und PR-Maßnahmen

Datum

Je nach Dringlichkeit, Tragweite und Teilnehmerebene einer Konferenz oder Tagung wird sich der Gastgeber bei der Terminwahl entweder weniger mühevoll oder intensiver mit dem Terminumfeld beschäftigen.

Folgende Faktoren sollten Sie jedoch bei der Terminplanung im Auge behalten:
- Ferientermine
- Feiertage, Gedenktage, Festtage
- Brückentage zwischen Feiertagen, die oft zu Kurzferien genutzt werden
- Überschneidung mit innerbetrieblichen oder innerbehördlichen Terminen
- Überschneidungen mit Veranstaltungsterminen am Ort der geplanten Konferenz oder Tagung
- Verkehrsreiche Tage (z.B. Montag, Freitag)
- Vermeidung kurzfristiger Terminsetzung (je früher der Termin feststeht, desto höher

die Wahrscheinlichkeit, dass alle Teilnehmer den Termin wahrnehmen können)
- Individuelle Terminabstimmung bei kleinem Teilnehmerkreis (bis 20 Teilnehmer).

Dauer
Konferenzen und Tagungen können je nach inhaltlichem Umfang eintägig oder mehrtägig durchgeführt werden. Allerdings ist bei eintägigen externen Veranstaltungen zu berücksichtigen, dass durch die An- und Abreise der Teilnehmer der reine Veranstaltungsblock sehr zusammenschmilzt. Die Anreise am Vortag wird daher in Ihre Planungsüberlegungen einbezogen werden müssen. Auch wenn damit zusätzliche Belastungen Ihres Budgets verbunden sein können.

Budget
Bei der Finanzierungsplanung liegen Welten zwischen
- eintägigen und mehrtägigen Konferenzen und Tagungen
- externen und In-house-Veranstaltungen
- nationalen und internationalen Konferenzen und Tagungen.

Kostenträchtig sind – die verschiedenen Variationen einbezogen – insbesondere folgende Positionen:
- Einladungsverfahren
- Reisekosten
  (An- und Abreise der Teilnehmer, Ehrengäste, Referenten; Fahrdienst mit Pkw, Bussen, Taxen – insoweit diese Kosten vom Veranstalter übernommen werden)
- Übernachtungskosten
  (Teilnehmer, Ehrengäste, Referenten – insoweit der Veranstalter die Übernahme trägt)
- evtl. Honorare (Referenten, Gastredner, Dolmetscher)
- Bewirtungskosten
- Raumkosten
- Floristen, Dekorateure, Handwerker
- Löhne, Gehälter für externes Personal
- Miete für technische Geräte
- Rahmenprogramm
  (z.B. Stadtführung, Theater, Oper, Konzert, Besichtigungen, Ausstellungen)
- Drucksachen
  (Arbeitsunterlagen, div. Formulare, Einladungen, Karten für Hotelreservierung, Pressemappen, Pressemitteilungen, Programmhefte, Referate in Kurz- und Originalfassung, Rundschreiben, Teilnehmermappen, Teilnehmerverzeichnis)

Organisationsstab
Die Organisation von Konferenzen und Tagungen übersteigt schnell die Arbeitskapazität von ein oder zwei Mitarbeitern. Melden Sie daher rechtzeitig personelle Verstärkung an bis hin zum schrittweisen Aufbau eines arbeitsteilig strukturierten Organisationsstabes. Wählen Sie für die anstehenden Aufgaben wendige und umsichtige Mitarbeiter aus, die auf Menschen zugehen können, gern organisieren und auch Fröhlichkeit verbreiten können.
Legen Sie für den Organisationsstab klar abgegrenzte Sachbereiche fest (Muster siehe Seite 173). Führen Sie mit allen Mitarbeitern des Stabes regelmäßige Lagebesprechungen durch (z.B. täglich um 18.00 Uhr), in denen über das Erreichte berichtet wird, die bevorstehenden Maßnahmen besprochen werden und über Schwierigkeiten diskutiert wird.

Ort
- *Grundsätze*
  Die optimale Konferenz- und Tagungsstätte muss erst noch erfunden werden, denn bekanntlich kann man es keinem recht machen. Dennoch können Sie Annäherungen erreichen. Gute Voraussetzungen liegen vor, wenn
  → der Grundsatz erfüllt ist: Veranstaltung der kurzen Wege!
  → der verwandte Grundsatz erfüllt ist: Alles unter einem Dach! (Konferenz/Tagung, Essen, ggf. Übernachtungen)
  → Sie als Veranstaltungsmanager mit der

Konferenz- oder Tagungsstätte bereits vertraut sind
→ positive Empfehlungen und Erfahrungen ortskundiger Dritter vorliegen.

- *Intern oder extern*

Eintägige Konferenzen und Tagungen können bei vorzeigbarer und zumutbarer Infrastruktur auch in betriebs- oder behördeneigenen Räumen stattfinden.

Dazu sollten zumindest folgende Faktoren positiv beantwortet werden können:

→ Belegungskapazität ausreichend?
→ Abschirmung gegen Außenlärm?
→ Konferenz-/Tagungstechnik ausreichend oder nachrüstbar?
→ Nebenräume verfügbar (z.B. für Konferenz-/Tagungssekretariat)?
→ Teilnehmerverpflegung möglich?
  Falls externe Lösung notwendig: Vertretbare Nähe zum Veranstaltungsgebäude? Auch Catering möglich?
→ Servicepersonal ausreichend?
  Falls externe Personalergänzung: Kosten vertretbar?

Sind diese Anforderungen zufriedenstellend erfüllt, wäre die Ortsfrage rasch gelöst und meist preiswerter als eine ausgelagerte Veranstaltung.

Bei mehrtägigen und internationalen Veranstaltungen allerdings gerät die betriebsinterne Variante leicht ins Trudeln. Schlimmstenfalls werden die Teilnehmer pausenlos zwischen drei Stationen hin- und hertransportiert: dem Gebäude der Veranstaltung, dem Ort des Essens und der Herberge der Übernachtung. Dieses Alptraumszenario eines jeden Veranstaltungsorganisators sollten Sie sich ersparen.

Als externe Konferenzstätten kommen in Betracht:

→ Tagungs- und Konferenzhotel
→ Konferenz- und Tagungszentrum
→ Stadthalle
→ Gästehäuser
→ Rathaus
→ Bürgerhaus
→ Kongresszentrum
→ Tagungs- und Konferenzräume auf Flughäfen

- *Anforderungen an den Veranstaltungsort*

Die Anforderungen an eine Konferenz- und Tagungsstätte wird zunächst von folgenden Planungsfaktoren bestimmt:

→ Dauer der Veranstaltung
→ Budget
→ Teilnehmerebene
→ Teilnehmerzahl
→ Konferenzziel
→ Rahmenprogramm.

Erfüllt nach diesem Check nur eine Veranstaltungsstätte Ihre Planungsfaktoren, ist die Entscheidung recht schnell getroffen. Kommen mehrere Alternativen in Betracht, filtern Sie die für Sie am besten geeignete mit folgendem Prüfkatalog heraus:

→ Kosten
→ Lage (Stadtmitte oder Stadtrand: Großstadtambiente oder dörfliche Abgeschiedenheit)
→ Falls Hotel: Kategorie
→ Gastronomisches Angebot
→ Verkehrsanbindung (Bahn, Flughafen, Autobahn)
→ Freizeiteinrichtungen, Entertainment (innerhalb und in der Umgebung der Veranstaltungsstätte)
→ Konferenz- und Tagungsräume (Anzahl, Größe, Qualität, Außenlärm. Licht, Klima)
→ Konferenz- und Tagungstechnik
→ Kommunikation, Service (Präsenz, Freundlichkeit, Hilfsbereitschaft, Schnelligkeit)
→ Parkplatz

- *Ausstattung des Konferenz- oder Tagungsraumes*

→ Tischanordnung
  Kümmern Sie sich frühzeitig um die Gestaltung des Veranstaltungsraumes. Er bildet das räumliche Herzstück der Zusammenkunft. Tischanordnung und Bestuhlung sollen die Kommunikation und Bequemlichkeit der Teilnehmer günstig beeinflussen.

Konferenz und Tagung

Je nach Veranstaltungsart können Sie im wesentlichen zwischen folgenden Tisch- und Stuhlanordnungen wählen:

- Reihe

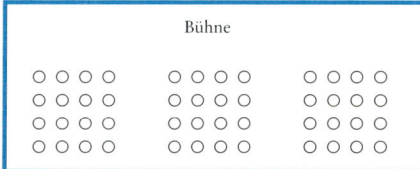

- Parlament 1

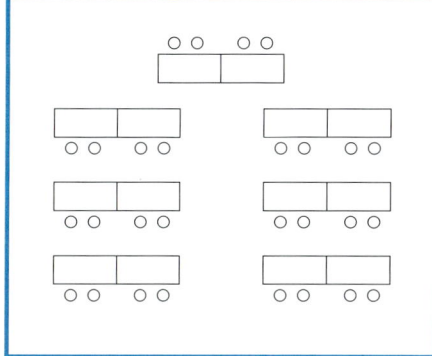

- Parlament 2

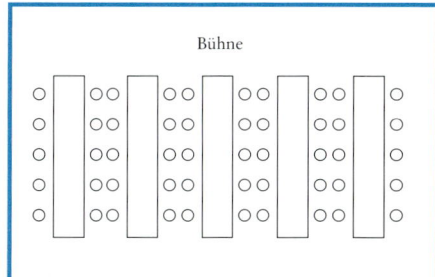

- Rechteck

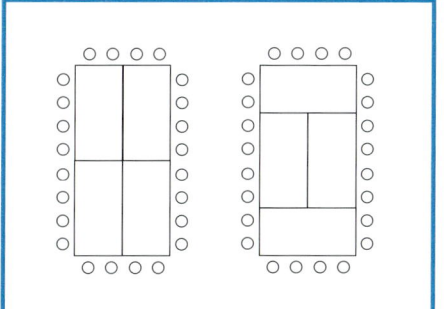

- Runder Tisch

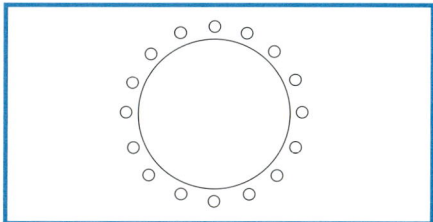

- Hufeisenform

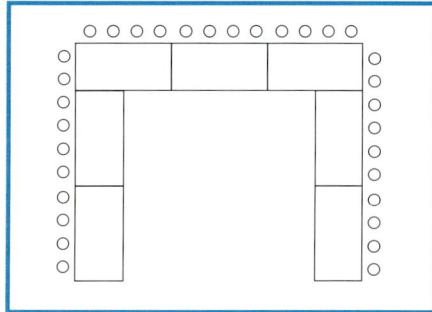

- T-Form

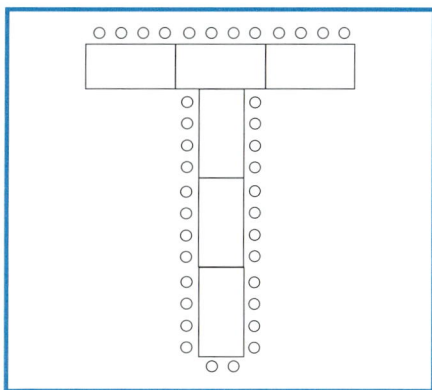

- Carré

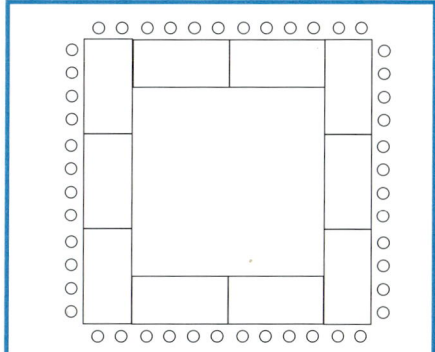

Wählen Sie für Ihre Veranstaltung Tische und Tischformationen aus, die großflächig genug sind, um jedem Teilnehmer den Zugriff auf zumindest einen aufgeschlagenen Aktenordner, ggf. ein Mikrofon, einen Notizblock, eine Tasse Kaffee und ein paar Kaltgetränke zu ermöglichen.

→ *Namensschilder*
Namensschilder sind unverzichtbar, wenn die Konferenzteilnehmer einander nicht bekannt sind. Gleichzeitig üben sie Sitzordnungsfunktion aus.
– Größe
  15 bis 20 cm lang und 6 bis 8 cm hoch haben sich bewährt
– Ausführungen
  · weißer Karton mit gedruckter schwarzer Schrift
  · eloxierte oder einbrennlackierte Aufsteller mit einchlipsbaren Textelementen in Schwarz, Grau und Blau jeweils mit weißem Text
  · Acryl-Aufsteller mit einsteckbaren Buchstaben
– Schrifttypen (bei Druck)
  Futura, Helvetica, Optima, Univers sind gut geeignet
– Zweiseitig lesbar
  Sie erleichtern den Teilnehmern die Suche nach ihrem Platz, wenn die Namensschilder beidseitig bedruckt sind.
– Beschriftung
  Mehrere Varianten sind üblich:
  · Akademischer Titel/Vor- und Zuname (z.B. Dr. Jens Körner)
  · Akademischer Titel/Frau/Herr/Zuname (z.B. Frau Dr. Hübner)
  · Akademischer Titel/Frau/Herr/ Vor- und Zuname (z.B. Herr Dr. Klaus Scheller)
  Vielfach werden auch Berufs-/Amts- oder Funktionsbezeichnungen unter die Namenszeile gesetzt (z.B. Roland Ferber, Verwaltungsdirektor).
  Bei extrem langen Namensteilen bleibt oft keine andere Möglichkeit als den Vornamen abzukürzen oder eine zweite Zeile aufzunehmen (z.B. Johann-Friedrich Freiherr von Baumholder).
– Landesfarben
  Bei internationalen Konferenzen und Tagungen können die Namensschilder auch die jeweiligen Landesfarben der Teilnehmer tragen (links oben).

→ *Nationalsymbole*
Internationale Veranstaltungen gewinnen an repräsentativer Optik durch
– Tischwimpel in den Nationalfarben der Gastländer.
– Flaggenpylon mit den Fahnen der teilnehmenden Nationen. Der Bodenpylon wird an der Wand hinter der Präsidiumsseite des Konferenztisches platziert. Die Flaggenstöcke im Pylon sind etwa 2,50 m lang.

→ *Logo (Headline/Motto)*
Bei großen Konferenzen und Tagungen wird das Logo und/oder die Bezeichnung der Veranstaltung als großflächiges – grafisch ausgearbeitetes – Hintergrundplakat an der Wand der Präsidialseite des Veranstaltungsraumes angebracht.
Die Auftragsvergabe für ein solches Werk bedarf einer langen Vorlaufzeit. Designerentwürfe, Entwurfabstimmung und handwerkliche Fertigung der Endfassung nehmen viel Zeit in Anspruch.

→ *Konferenz-/Tagungsunterlagen*
Kleine Aufmerksamkeiten an die Adresse der Teilnehmer unterstreichen die Gastfreundschaft und veredeln die Konferenzatmosphäre. Folgende Utensilien sollten Sie für jeden Gast bereitlegen lassen:
– Konferenz-/Tagungsmappe (ggf. mit Logoprägung)
– Notizblock (DIN A 4)
– Kugelschreiber/Filzschreiber/Bleistift
– Tagesordnung
– Teilnehmerverzeichnis
– Stadtplan

- Kulturkalender, Restauranttips, Sehenswürdigkeiten, Museen, Ausstellungen
- Fahrplan öffentlicher Verkehrsmittel, Taxiruf

→ *Dekoration/Sonstige Ausstattung*

Die Arbeitsatmosphäre soll zwar nüchtern aber nicht ungemütlich sein. Die Optik läßt sich je nach Art der Veranstaltung mit wenig Aufwand verbessern:

- Grünpflanzen in den Ecken des Raumes (Ficus, Lorbeer).
- Blumengestecke auf dem Verhandlungstisch (oder den Tagungstischen); aber Vorsicht: Sie nehmen Platz weg und behindern evtl. die Sicht. Also wenn Tischblumen, dann kleine und flache Gestecke oder Vasen.
- Bei Carré-Tischform können Sie in der freien Mitte ein Blumengesteck platzieren (»Hundegrab«).
- Es wird selten gelingen, eine Veranstaltung zur »Nichtraucherveranstaltung« zu erklären. Insbesondere dann nicht, wenn absehbar ist, dass die Pausen nicht eingehalten werden können. Sie sollten vorsorglich Aschenbecher bereitstellen.
- Merkmal vieler Konferenzen und Tagungen ist die lebhafte Produktion von Tischvorlagen, die oft auch während der Veranstaltung noch abgeändert und erneut vervielfältigt werden. Zur Auslage dieser Dokumente lassen Sie am besten einen für die Teilnehmer gut sichtbaren und erreichbaren weiß oder grün gedeckten Tisch aufstellen.
- Je nach Veranstaltungsart kann Bedarf nach allgemeinem Büromaterial bestehen. Sie sollten in solchen Fällen ein gut sortiertes Materialmix bereithalten: z.B. Filzschreiber, Folien, Folienstifte, Textmarker, Schere, Hefter, Locher, Büroklammern, Klebeband, Schnellhefter, Ordner.

→ *Konferenz-/Tagungstechnik*

Zur perfekten Organisation gehört der Einsatz bedarfsgerechter moderner Konferenz- bzw. Tagungstechnik. Das breite Spektrum technischer Hilfsmittel (z.B. akustische, visuelle, audiovisuelle Medien), das Sie einsetzen können, entnehmen Sie bitte der ausführlichen Checkliste Seite 163/164.

→ *Übersetzung/Dolmetscher*

Internationale Veranstaltungen können oft nur mit dem Einsatz von Übersetzern (Konferenz- und Tagungspapiere) und Simultandolmetschern bewältigt werden. Für den Organisator bedeutet dies, frühzeitig ein Dolmetscherteam zu buchen und die Installation der technischen Anlagen (Dolmetscherkabinen, Mikrofone etc.) in Auftrag zu geben. Beachten Sie, dass das Dolmetschen extreme Konzentrationsarbeit darstellt. Je nach Länge der Veranstaltung müssen Sie eine Doppel- bis Dreifachbesetzung der Dolmetscher einplanen. Professionelle Konferenztechnikunternehmen können Sie in diesen Fragen beraten und vermitteln auch Kontakte zu Dolmetscherteams.

- *Konferenzsekretariat*

An die Tür zumindest eines Nebenzimmers zum Veranstaltungsraum sollten Sie ein Schild hängen, das auf eine meist unentbehrliche Institution fast jeder Konferenz- und Tagungsorganisation hinweist: Das Konferenz-/Tagungs-Sekretariat.

Die Unverzichtbarkeit dieser Einrichtung wird verständlich, wenn man die Servicemöglichkeiten näher betrachtet:

→ Schreibkräfte, Hilfskräfte
→ Telefon, Telefax, Telex
→ Schreibtische, PC, Besprechungstisch
→ Kopiergerät
→ Ausgabe von Informationsunterlagen
→ Beratung/An- und Abreise (Kursbuch, Flugplan, Stadtplan)
→ Pressekontakte
→ Sicherheit, Notarzt, Medikamente
→ Aufenthalt für Fahrer und Personenschutz

Die hier genannten Funktionen des Veranstaltungssekretariats lassen sich kaum in einem Raum realisieren. Hinzu kommt, dass außer den Fahrern und Personenschützern ggf. auch die Dolmetscher einen Aufenthaltsraum beanspruchen. Sind Medienvertreter anwesend, wird für sie ebenfalls räumliche Vorsorge zu treffen sein.

Nicht immer wird sich ein optimales Sekretariat einrichten lassen. Einen Mindestservice sollten Sie jedoch immer anbieten. Auch bei vermeintlich geringen Teilnehmerzahlen können die Servicewünsche der Gäste vielfältig sein. Außerdem: Das Sekretariat ist immer auch die letzte Zuflucht des Veranstaltungsorganisators.

- *Informationsstand*
  Bei Veranstaltungen mit hohen Teilnehmerzahlen (etwa ab 100) ist eine Anlaufstelle im Foyer zum Veranstaltungsraum unverzichtbar. Das Sekretariat allein wäre dem allgemeinen Informations- und Servicebedarf nicht mehr gewachsen.
  Folgende Aufgaben können u.a. an den Information-Desk delegiert werden:
  → Empfang, Einweisung
  → Ausgabe von Infounterlagen
  → Beratung/Abreise (Kursbuch, Flugplan, Taxiruf, Fahrdienst, Stadtplan)
  → Info über Standorte von Post, Bank, Autovermietung, Gaststätten, Parkplätze
  → Telefon, Telefonbuch
  → Kulturkalender, allgemeine Veranstaltungsübersicht.
  Für die Besetzung der Informationsstelle wählen Sie Mitarbeiterinnen und Mitarbeiter Ihres Unternehmens oder Ihrer Behörde aus, die mit der Organisation der Veranstaltung gut vertraut sind oder eingewiesen werden und höflich aber bestimmt mit Menschen umzugehen verstehen. Bei internationalen Veranstaltungen sind Fremdsprachenkenntnisse Voraussetzung. Häufig wird es daher unumgänglich sein, zusätzlich fremdsprachenkundige Hostessen zu engagieren.

- *Beflaggung des Veranstaltungsgebäudes*
  Flatternde Fahnen erfreuen uns und begrüßen uns. Sie künden von kleinen und großen Ereignissen. Die Fahnenmasten vor dem Konferenz- oder Tagungsgebäude sollten Sie nutzen und
  → bei nationalen Veranstaltungen im Inland mit der Europaflagge, der Bundesflagge, der Flagge des Bundeslandes und der Stadt, in der Sie zu Gast sind, sowie mit der Logoflagge Ihres Unternehmens bestücken lassen.
  → bei internationalen Veranstaltungen im Inland und ausreichender Zahl von Fahnenmasten zusätzlich die Fahnen der teilnehmenden Nationen hissen lassen.

- *Hotelzimmerbuchung*
  Generell sind die Erfahrungen mit Hotelzimmerreservierungen für Dritte nicht gerade ermunternd. Sie sollten als Organisator davon profitieren und
  → bereits in der Einladung an die Teilnehmer auf Hotels hinweisen (vor allem solche, mit denen man ggf. zuvor Sonderkonditionen ausgehandelt hat)
  → die Reservierungen einer auf Hotelvermittlung spezialisierten Agentur übertragen.
  Beachten Sie für den Fall, dass Sie Hotelzimmerbuchungen für die Teilnehmer vornehmen: Keine verbindliche Reservierung, sondern nur eine vorläufige Zimmeroption. Da bei großen Veranstaltungen die exakte Teilnehmerzahl bis kurz vor Veranstaltungsbeginn selten kalkulierbar ist, können Sie bei entsprechenden Absprachen mit dem Hotel reservierte Zimmer bis zu einem vereinbarten Zeitpunkt kostenlos zurückgeben.

- *Schriftliche Auftragsbestätigung*
  Für alle Absprachen mit Auftragnehmern innerhalb und außerhalb der Veranstaltungsstätte gilt generell: Lassen Sie sich die vereinbarten Details ausnahmslos schriftlich bestätigen. Dies dient nicht nur Ihrer persönlichen Gelassenheit, sondern auch der rechtlichen Absicherung.

Bewirtung

Die Volksweisheit »Gutes Essen hält Körper und Geist zusammen« ist auch ein sehr geeignetes Motto für die Bewirtung bei Konferenzen und Tagungen. Das Bewirtungskonzept sollten Sie rechtzeitig und sorgfältig durchplanen. Unzulänglichkeiten bei der Verpflegung der Konferenzteilnehmer schlagen unmittelbar negativ auf das Wohlbefinden der Teilnehmer durch.

Das Bewirtungsangebot schließt Konferenz- oder Tagungsgetränke und Pausenservice ebenso mit ein wie ggf. Mittag- und Abendessen.

- *Konferenz-/und Tagungs-Getränke*
  Getränkeinseln auf dem Konferenztisch oder den Tagungstischen in greifbarer Nähe jedes Teilnehmers: Kaffee, Tee, Kaltgetränke wie Säfte, Wasser, Cola.
  Vermeiden Sie jene Warmhaltekannen, die bereits Generationen von Teilnehmern in ihrem ästhetischen Empfinden grob verletzt haben.
- *Pausenservice*
  → Nehmen Sie einen Raumwechsel vor (Foyer, Pausenraum, Terrasse). Pausen im Konferenzraum bringen nach stundenlangen Konzentrationsphasen keine echte Entspannung. Gespräche werden dann oft am Verhandlungstisch noch weitergeführt. Außerdem wird der Veranstaltungsraum in den Pausen gelüftet und aufgeräumt. Frische Getränke, Gläser und Tassen werden nachgedeckt.
  → Lassen Sie in den Pausen neben den warmen und kalten Standardgetränken auch Obst und eine Joghurtspeise anbieten (»Vitaminpause«); sie geben mehr nachhaltige Energie zurück als das übliche Salz- und Zuckergebäck.
  → Stellen Sie Bistrotische auf: Sie fördern das zwanglose Zusammenfinden in den Pausen und dienen als praktische Ablage für Tassen, Gläser und Aschenbecher.

- *Mittagessen*
  → Dem Buffet mit kalten und warmen Speisen ist bei Konferenzen und Tagungen der Vorzug vor dem servierten Menü zu geben. Nicht immer werden alle Teilnehmer zeitgleich am Tisch sitzen können, um gemeinsam ihr Menü einzunehmen. Insbesondere bei größeren Teilnehmerzahlen ist dies kaum darstellbar. Das Buffet ermöglicht die flexible Einnahme der Mahlzeit, zeitlich und stofflich. Außerdem kann sich der Beginn des Essens auch einmal verzögern, ohne dass die Küche gleich in Panik und Verzweiflung gestürzt wird.
  Bei internationalen Veranstaltungen mit mehreren Delegationen wird es häufig als hilfreich empfunden, die Delegationsleiter an einem Tisch zusammenzuführen und dort zunächst gemeinsam eine bereits servierte Vorspeise einnehmen zu lassen.
  → Achten Sie darauf, dass das Buffetangebot überwiegend aus leichten Speisen besteht. Andernfalls überfällt die Teilnehmer während der Veranstaltung verstärkte Verdauungsmüdigkeit.
  → Lassen Sie den Buffet-Tisch so aufstellen, dass er von allen Seiten gleichzeitig zugänglich ist. Die Warteschlangen der Gäste reduzieren sich.
  → Sorgen Sie dafür, dass die Speisenanordnung auf dem Buffet spiegelbildlich angeboten wird, d.h. auf jeder Buffetseite alle Schüsseln und Platten doppelt anbieten, ebenfalls Teller, Besteck, Servietten.
  → Achten Sie beim Speiseangebot darauf, dass unter den Gästen auch Vegetarier sein können oder Gäste, die z.B. aus religiösen Gründen kein Schweinefleisch essen.
  → Da die Getränke meist am Tisch bestellt werden, kalkulieren Sie genügend Servicepersonal ein, um die Getränkewünsche möglichst zügig erfüllen zu können.

→ Verzichten Sie auf die namentliche Platzierung der Teilnehmer am Mittagstisch. Geben Sie mittags dem zwanglosen und informellen Zusammenfinden an den Tischen den Vorrang.

→ Die Mittagspause sollte nicht über die bewährten 90 Min. hinaus ausgedehnt werden (üblich: 12.30 Uhr bis 14.00 Uhr). Helfen Sie aktiv mit, diese Zeit einzuhalten.

- *Abendessen*
Wählen Sie für das Abendessen – soweit Ihr Budget es zulässt – einen anderen Rahmen als für das Mittagessen. Variationsmöglichkeiten:
  → Statt Buffet ein festlich serviertes Viergangmenü
  → Ortswechsel
     wenn von der Teilnehmerzahl her machbar: z.B. Restaurant, Schloss, anderes historisches Gebäude, Residenz
  → Abendessen mit vorherigem Stehempfang
  → Abendessen mit Rahmenprogramm z.B. Musik, Kabarett, Kleinkunst.

Nehmen Sie für das Abendessen bei Teilnehmerzahlen ab 50 eine Mischplatzierung vor: Tische mit namentlicher Platzierung und frei besetzbare Tische. Sie haben damit die Möglichkeit, Teilnehmer zusammenzusetzen, deren nähere Kommunikation für den weiteren inhaltlichen Verlauf der Veranstaltung förderlich wäre. Der Abend ist lang und der Druck der Tagesordnung ist gewichen. Zeit und Gelegenheit für zwanglose Gespräche in einer entspannten Atmosphäre. Vielleicht auch die Chance, Verhandlungsprobleme zu entschärfen.
Die Grundsätze und Regeln für die Platzierung bei Essen finden Sie im Sonderabschnitt Platzierung Seite 311

- *Begleitpersonal: Fahrer, Sicherheitspersonal*
Bei den Planungen für die Bewirtung der Konferenz- oder Tagungsteilnehmer wird häufig die Versorgung der Fahrer und des Personenschutzes übersehen. Das Veranstaltungsbudget ist meist zu knapp bemessen, um diesem zahlenmäßig oft auch umfangreichen Personenkreis die gleiche Bewirtung zu ermöglichen wie den Teilnehmern der Veranstaltung. In solchen Fällen empfiehlt es sich, Fahrer und Sicherheitspersonal mittags und abends in einem separaten Raum mit einem günstigen aber reichhaltigen Tellergericht zu verköstigen.

Rahmenprogramm
Bei mehrtägigen Veranstaltungen ist den meisten Teilnehmern eine Abwechslung vom Konferenz- oder Tagungsstress stets willkommen.
Für ein Rahmenprogramm am Tage bietet sich u.a. an:
- Stadtbesichtigung
  (dazu Museen, Schlösser, Burgen, Kirchen, Residenzen, sonstige Sehenswürdigkeiten)
- Bootsfahrt, Hafenrundfahrt
- Besuch einer Ausstellung
- Shopping, Cafébesuch
- Betriebsbesichtigung
- Besichtigung einer Brauerei, Wein- oder Sektkellerei
- Einführungskurs Golf.

Beachten Sie bei der Vorbereitung, dass insbesondere Besichtigungen, Stadtführungen (evtl. auch Dolmetscher) sowie Transportgelegenheiten frühzeitig gebucht werden müssen.

Für das abendliche Rahmenprogramm können Sie z.B. anbieten:
- Weinprobe
  (auch in Kombination mit einem Abendessen z.B. in einem regionaltypischen Gasthof)
- Theater, Oper, Ballett, Musical, Konzert, Kabarett
- Schlosskonzert
- Spielkasino
- Zirkus
- Bowling, Kegeln.

Das Abendessen können Sie vor oder auch nach dem Rahmenprogramm einplanen. Anlässlich von Konzert-, Opern- oder Theaterbesuchen kann sich der Veranstaltungsmanager ein besonderes Lob verdienen, wenn er oder sie für die Pausen durch die Direktion einen separaten Raum für die Konferenz- oder Tagungsteilnehmer reservieren und dort Erfrischungen reichen lässt. Der Auftritt des Intendanten zu einem Kurzbesuch in diesem Kreis wäre der berühmte i-Tüpfel.

Immer wieder strittig – auch unter erfahrenen Veranstaltern – ist die Frage, ob Rahmenprogrammtermine freiwillig oder bindend für die Teilnehmer sein sollen. Die Anhänger des Laisser-faire-Prinzips argumentieren: Gönnen wir den Teilnehmern einmal eine Zeit zur persönlichen freien Verfügung, einen Sprung heraus aus dem Veranstaltungskorsett, dies bietet echte individuelle Entspannung. Die Verfechter der allgemeinen Pflichtteilnahme halten dem entgegen: Wir sind schließlich nicht zum Spaß hier, die Teilnehmer sollen nachhaltige Eindrücke der kulturellen Vielfalt der Gastgeberregion mitnehmen, andernfalls würde die wertvolle Zeit nur nutzlos vertan. Wie Sie sich auch immer entscheiden, es wird immer Teilnehmer geben, die eine gewählte Alternative glänzend finden und andere, die sie kritisieren.

Am besten, Sie wählen – falls der Veranstaltungsablauf dies erlaubt – einen Mittelweg: Das Pflichtwahlprinzip. Sie stellen zwei oder drei Rahmenprogrammpunkte zur Auswahl, z.B. Stadtrundfahrt, Bootsfahrt oder Shopping, und bitten – rechtzeitig für Ihre Planung – um verbindliche Festlegung.

Partnerprogramm

Es zählt inzwischen zum Full-Service-Angebot, bei Konferenzen und Tagungen ein separates Programm für mitreisende Partner der Teilnehmer (früher auch: »Damenprogramm«) zu organisieren.
Die Programmüberlegungen gleichen denen, die Sie unter dem Stichwort »Rahmenprogramm« finden. Ergänzend dazu sollten Sie überlegen, Teilnehmer und Partner zu einem gemeinsamen abendlichen Rahmenprogrammpunkt zusammenzuführen.

Das Partnerprogramm kostet Mühe und Aufwand. Oft kann das Personal für Organisation und Begleitung nicht aus den eigenen Reihen abgeordnet werden. Dann bleibt nur der Auftrag an eine erfahrene vertrauenswürdige Institution wie z.B. Reisebüro, Presse- und Informationsamt der Stadt, Fremdenverkehrsamt.

Einladungsverfahren

Allgemeine Empfehlungen zum korrekten und bewährten Einladungsverfahren sollten Sie im Sonderabschnitt Einladungen Seite 292 nachschlagen.

Zum Einladungsverfahren für Konferenzen und Tagungen folgende Hinweise:

- *Ankündigung der Veranstaltung ca. 4 Wochen vor Versand der Einladungen, insbesondere bei mehrtägigen Veranstaltungen*
  → Ankündigung des Termins
  → Ankündigung der Einladung mit allen weiteren Detailinformationen und Anlagen
- *Versand der Einladungen*
  ca. 6 Wochen vor der Veranstaltung
- *Form*
  → Repräsentativ, informativ, motivierend (Variationsmöglichkeiten siehe Sonderabschnitt Einladungen Seite 292)
  → DIN-A 5-Klappkarte aus hochwertigem Papier (Hochglanz, 130g – 150g-Karton) oder – insbesondere für Tagungen – ein attraktiv gestaltetes Faltblatt
  → Bei kleineren Konferenzen (unter 50 Teilnehmern) persönliches Einladungsschreiben des Gastgebers
  → Bei internationalen Veranstaltungen persönliches Einladungsschreiben des Gastgebers an die potentiellen Delegationsleiter der Gastnationen.
- *Versandstufen*
  → 1. Stufe
  Versand:
  – Einladung (Karte oder persönliches Schreiben)
  – Antwortkarte mit Rückmeldedatum

und ggf. Angabe von Begleitpersonen (bei mehrtägigen Veranstaltungen: Anmeldeformular wegen der Vielzahl der abzufragenden Daten, siehe Muster Seite 174)
- Bei Tagungen: Hinweisblatt »Teilnehmerbedingungen« (siehe Muster Seite 175)
- Fragebogen (Anreiseart: Auto, Bahn, Flugzeug; Hotelreservierung, Begleitung, Teilnahme am Rahmenprogramm, Meldung für Partnerprogramm; siehe auch Muster Seite 174)
- Informationsunterlagen (Thema, Tagesordnung, Konferenz-/Tagungsablauf, Rahmenprogramm)
→ 2. Stufe

Nach Ablauf der Rückmeldefrist (ca. 14 Tage vor der Veranstaltung) senden Sie den Adressaten, die zugesagt haben, folgende Anlagen:
- Teilnahmebestätigung
- Technische Hinweise (z.B. Ansprechpartner beim Gastgeber, Hoteladressen, Auszüge aus Fahrplan/Flugplan; bei Auslandsveranstaltungen: Devisenkurs, Klima, Kleidung, Gebräuche, Freizeit- und Sportangebot u.a.)
- Bei Tagungen: evtl. Rechnung für Teilnehmergebühr
- Anfahrtsskizze
- Lageplan/Veranstaltungsstätte
- Parkhinweise, Parkkarte

• *Teilnehmerliste*
Die Adressaten, die ihre Teilnahme zugesagt haben, erfassen Sie in einer Teilnehmerliste, die z.B. folgende Daten enthält: (siehe Abb. unten)

Die Teilnehmerliste erfüllt wichtige organisatorische Funktionen:
Sie dient zum Nachschlagen
→ beim Konferenzvorsitz oder beim Tagungspräsidium
→ im Konferenzsekretariat (Adressenaufkleber, Namensschilder)
→ beim Informationsstand
→ in der Abrechnungsstelle
→ in der Dateiverwaltung zur weiteren Verarbeitung nach verschiedenen statistischen Kriterien.

Veranstaltung:					
Termin:					
Ort:					
Lfd. Nr.	Zuname/Titel	Vorname	Funktion	Unternehmen/ Behörde Adresse/Tel.	Hotel Adresse/Tel.

Referenten, Gastredner, Moderatoren

Gefragte Referenten, Gastredner und Moderatoren haben häufig einen gut gefüllten Terminkalender. Dazu kommt die Vorbereitung auf die Veranstaltung: Ausarbeitung des Vortrags, Anfertigung von Veranstaltungsmaterial, Informationsunterlagen oder Tischvorlagen zur Verteilung an die Teilnehmer. Frühzeitige Buchung dieses Personenkreises ist daher oberstes Gebot.

Als Faustregel gilt: Ca. 6 Monate vor Veranstaltungsbeginn.

Referenten, Gastredner und Moderatoren können Sie per Telefon gewinnen oder per schriftlicher Anfrage (siehe Muster Seite 176). Das Einladungsverfahren gleicht in der Form weitgehend dem für die Teilnehmer der Veranstaltung. Beachten Sie jedoch zusätzlich folgende wichtige Einzelheiten:

Nach Eingang der Zusage versenden Sie mit gleicher Post (zusätzlich zu den Unterlagen, die auch an die Teilnehmer gehen):
- Dankschreiben
- Referentenvertrag
- Zusatzvereinbarungen
- Methodische und didaktische Hinweise
- Honorarabrechnung (Formblatt)
- Reisekostenabrechnung (Formblatt)

In den hier aufgeführten fünf Anlagen zum Dankschreiben sind die wesentlichen Bedingungen und Absprachen im Verhältnis Veranstalter und Vertragspartner bindend festgelegt, um Missverständnisse und Streit zu vermeiden. Muster für diese fünf Anlagen siehe Seiten 176-179.

Bei Tagungen mit mehreren Referenten empfiehlt es sich, eine Referentenliste nach folgendem Muster anzulegen: (siehe Abb. unten)

Ebenso wie die Teilnahmeliste erfüllt sie wichtige organisatorische Funktionen (siehe Seite 156).

Veranstaltung: _____

Termin: _____

Ort: _____

Lfd. Nr.	Zuname/ Titel	Vorname	Funktion	Unternehmen/ Behörde Adresse/Tel.	Vortrags- thema	Hotel Adresse/Tel.

Ablauf

Der zeitliche Standardablauf einer zweitägigen Konferenz oder Tagung kann beispielsweise wie folgt gestaltet werden:

Zeit	Dienstag, 23. Februar		Mittwoch, 24. Februar	
09.00 Uhr bis 10.30 Uhr	Plenum (Eröffnung)		Plenum	
	Kaffeepause		Kaffeepause	
11.00 Uhr Bis 12.30 Uhr	Workshops Arbeitsgruppen Räume 1 2 3 4 5	Ausstellungsbesuch im Foyer	Workshops Arbeitsgruppen Räume 1 2 3 4 5	Ausstellungsbesuch im Foyer
	Mittagessen		Mittagessen	
14.00 Uhr bis 16.00 Uhr	Plenum		Plenum Abschluss	
	Erfrischungen		Erfrischungen	
16.30 Uhr bis 18.00 Uhr	Rahmenprogramm (z.B. Stadtrundfahrt, Besichtigungen, Shopping)		Abreise Formalitäten	
Abends	Empfang/Bankett			

Die Gestaltung der Abläufe von Konferenzen und Tagungen ist so vielfältig wie Art und Anlass der Veranstaltungen selbst. Achten Sie insbesondere bei mehrtägigen Veranstaltungen darauf, dass Konzentration und Motivation der Teilnehmer durch den sorgfältig abgestimmten Wechsel von Konferenzphasen, Pausen und Rahmenprogramm nach Möglichkeit erhalten bleibt.

Delegationsbegleiter

Bei internationalen Konferenzen und Tagungen hat sich die Benennung von Delegationsbegleitern bewährt. Jeder Delegation wird eine Mitarbeiterin oder ein Mitarbeiter (oder eine Hostess) zugeteilt, der

- der von ihr/ihm betreuten Delegation in allen Fragen der Konferenz-/Tagungsorganisation beratend zur Seite steht
- Wünsche der Delegation entgegennimmt

und sie – soweit er sie nicht selbst erledigen kann – an den Veranstalter weiterleitet
- Informationen des Veranstalters für die Delegation erhält und sie der Delegation übermittelt.

Die Aufgabe erfordert einen Mitarbeitertyp, der Fremdsprachenkenntnisse aufweisen kann, hilfsbereit, freundlich und gepflegt auftritt. Nicht immer werden Sie intern geeignetes Personal finden. Daher wird es in vielen Fällen kaum zu umgehen sein, erfahrene Hostessen für diese Aufgabe zu engagieren.

Medienbegleitung

Ist die Entscheidung getroffen, über die Veranstaltung nach außen hin zu berichten, können Sie oder die Mitarbeiter Ihrer Pressestelle an die Umsetzung des beschlossenen Medienkonzeptes gehen.
Die Einladung ausgewählter Vertreter von Presse, Rundfunk und Fernsehen setzt voraus, dass Sie ihnen angemessene Arbeitsmöglichkeiten vor Ort schaffen. Dies bedeutet z.B.:
- Einrichtung eines Pressezentrums (mit ausreichender Zahl von Telefonen, FAX-Geräten, PC's)
- Einrichtung eines Raumes für tägliche Pressekonferenzen
- Einrichtung/Reservierung von Interviewräumlichkeiten (z.B. abgetrennte Ecke des Foyers vor dem Veranstaltungssaal)
- Benennung eines kompetenten Ansprechpartners zur Betreuung der Medienvertreter
- Verteilung von Presseerklärungen, Vortragstexten, Statements, Arbeitsgruppenvorschlägen und -ergebnissen, Kommuniqués, Erklärungen etc.
- Ausstellung gesonderter Presseausweise zum ungehinderten Betreten des Veranstaltungsgebäudes.

Veranstalten Sie anlässlich einer Konferenz oder Tagung eine Pressekonferenz, beachten Sie folgende Hinweise:
- Es genügt nicht, Journalisten zu Tagungen und Konferenzen einzuladen und auf Berichterstattung zu hoffen. Eine Ausnahme bilden evtl. Fachjournalisten. Medien erwarten eine spezifische Behandlung. Außerdem haben Journalisten oft nicht die Zeit, bei länger dauernden Veranstaltungen anwesend zu bleiben.
- Die Berichterstattung über die Veranstaltung muss für die Medien aktuell möglich sein. Eine Pressekonferenz einen Tag nach der gelaufenen Veranstaltung ist stark abgewertet.
- Die Pressekonferenz sollte vor der Veranstaltung abgehalten werden. Findet die Pressekonferenz etwa ein oder zwei Tage vor der Veranstaltung statt, dann dürfen nur Themenbereiche, Schwerpunkte, Teilnehmer u. dgl. veröffentlicht werden.
- Sind die konkreten Inhalte einer Konferenz oder Tagung nicht vorhersehbar, sollte die Pressekonferenz in einer Pause oder unmittelbar nach Ende der Veranstaltung stattfinden.
- Nach Möglichkeit sollen die wichtigen Persönlichkeiten, die bei der Veranstaltung auftreten, bei der Pressekonferenz anwesend sein.
- Sind diese Grundsätze nicht einzuhalten, müssen andere Formen der Medienarbeit gewählt werden (Pressemitteilung, Einzelgespräche, Interviews u.a.).

Nachbereitung

Bevor Sie nach einer anstrengenden Konferenz oder Tagung richtig entspannen können, sind noch einige Aufgaben zu erledigen.
Erinnert sei z.B. an:
- Gemietete Geräte abholen lassen
- Bezahlung der offenen Rechnungen, Gesamtkostenermittlung, Soll-/Ist-Vergleich des Veranstaltungsbudgets
- Auswertung der Beurteilungsbögen zur Veranstaltung, Ergebnisanalyse, Verbesserungsvorschläge
- Zusammenstellung der Presseresonanz
- Versand von Dankschreiben an Referenten, Gastredner, Moderatoren, Hotel, sonstige tüchtige Dienstleister

- Sammlung ausgewählter Konferenz-/Tagungsunterlagen für die Dokumentation
- Versand des Ton-/Bildmitschnitts an Interessenten
- Versand von Konferenz-/Tagungsunterlagen, die erst nach der Veranstaltung gefertigt wurden (auch Gruppenfoto, Protokolle)
- Ergänzung der Teilnehmerdatei durch aktuelle Daten.

Checkliste: Konferenz und Tagung

Ziff.	Aktivitäten/Maßnahmen	Zu erled. von	Erled. am
1.	**Termin festlegen** Beachten Sie		
1.1	• Ferientermine		
1.2	• Feiertage, Gedenktage, Festtage		
1.3	• Brückentage, verlängerte Wochenenden		
1.4	• Überschneidung mit innerbetrieblichen oder innerbehördlichen Terminen		
1.5	• Überschneidungen mit Veranstaltungsterminen am Ort der geplanten Konferenz oder Tagung		
1.6	• Verkehrsreiche Tage (z.B. Montag, Freitag)		
1.7	• Vermeidung kurzfristiger Terminsetzung		
1.8	• Individuelle Terminabstimmung bei kleinem Teilnehmerkeis (bis zu 20 Teilnehmer)		
2.	**Budgetrahmen bestimmen**		
2.1	• Vorüberlegungen: → Eintägig oder mehrtägig → extern oder intern → national oder international		
2.2	• Kostenrelevant sind im wesentlichen – die verschiedenen Variationen einbezogen – folgende Positionen: → Einladungsverfahren (Druck, Porto) → Reisekosten (An-/Abreise der Teilnehmer, Ehrengäste, Referenten; Fahrdienst mit Pkw,		

Checkliste: Konferenz und Tagung

Ziff.	Aktivitäten/Maßnahmen	Zu erled. von	Erled. am
	Bussen, Taxen – insoweit diese Kosten vom Veranstalter übernommen werden)		
	→ Übernachtung		
	→ Bewirtung		
	→ Raummiete, Betriebskosten		
	→ Floristen, Dekorateure, Handwerker		
	→ Miete für technische Geräte		
	→ Rahmenprogramm (z.B. Stadtführung, Theater, Oper, Konzert, Besichtigungen, Ausstellungen)		
3.	**Arbeitsgruppe bilden** bei größeren Konferenzen und Tagungen müssen Sie personelle Verstärkung anfordern und Ihre Mitarbeiter zu einem arbeitsfähigen Stab formieren. Siehe Muster Seite 173		
4.	**Veranstaltungsort buchen**		
4.1	• Folgende Grundsätze sind bei der Wahl des Veranstaltungsortes zu beachten:		
	→ Konferenz/Tagung der kurzen Wege		
	→ Alles unter einem Dach (Konferieren oder Tagen, Essen, Übernachten)		
	→ Veranstaltungsort ist erprobt und bewährt		
4.2	• Bei den Vorüberlegungen, ob die Veranstaltung evtl. in betriebs- oder behördeneigenen Räumen durchgeführt werden kann, sind folgende Fragen zu klären:		
	→ Belegungskapazität ausreichend?		
	→ Konferenz-/Tagungstechnik ausreichend oder nachrüstbar?		
	→ Nebenräume verfügbar (z.B. für Konferenz-/Tagungssekretariat)?		

Ziff.	Aktivitäten/Maßnahmen	Zu erled. von	Erled. am
	→ Teilnehmerverpflegung möglich? Falls externe Lösung notwendig: Vertretbare Nähe zum Veranstaltungsgebäude? Auch Catering möglich?		
	→ Servicepersonal ausreichend? Falls externe Personalergänzung: Kosten vertretbar?		
4.3	• Als externe Konferenz-/Tagungsstätten kommen in Betracht:		
	→ Tagungs- und Konferenzhotel		
	→ Konferenz- und Tagungszentrum		
	→ Gästehäuser		
	→ Stadthalle		
	→ Rathaus		
	→ Bürgerhaus		
	→ Kongresszentrum		
	→ Tagungs- und Konferenzräume auf Flughäfen		
4.4	• Prüfkatalog zur Auswahl einer Konferenz-/Tagungsstätte:		
	→ Kosten		
	→ Lage (Stadtmitte oder Stadtrand: Großstadtambiente oder dörfliche Abgeschiedenheit)		
	→ Falls Hotel: Kategorie		
	→ Konferenz- und Tagungsräume (Anzahl, Größe, Qualität, Außenlärm, Licht, Klima)		
	→ Konferenz- und Tagungstechnik		
	→ Gastronomisches Angebot		
	→ Verkehrsanbindung (Bahn, Flughafen, Autobahn)		
	→ Freizeiteinrichtungen, Entertainment (innerhalb und in der Umgebung der Veranstaltungsstätte)		
	→ Kommunikation, Service (Präsenz, Freundlichkeit, Hilfsbereitschaft, Schnelligkeit)		
	→ Parkplatz		
	→ Zufahrt		

Ziff.	Aktivitäten/Maßnahmen	Zu erled. von	Erled. am
4.5	• Ausstattung des Konferenz- oder Tagungsraumes → Tischanordnung – Reihe – Parlament – Rechteck – Runder Tisch – Hufeisenform (U-Form) – T-Form – Carré → evtl. Rednerpult → Namensschilder (zum Aufstellen) → Firmen-, Behörden-, Nationalsymbole – Tischwimpel – Flaggenpylon im Saal – Logo (Transparent, Plakat) → Konferenz-/Tagungsunterlagen – Konferenz-/Tagungsmappe – Notizblock – Kugelschreiber/Filzschreiber/Bleistift – Tagesordnung – Teilnehmerverzeichnis – Stadtplan – Kulturkalender, Restauranttipps, Sehenswürdigkeiten, Museen, Ausstellungen – Fahrplan öffentlicher Verkehrsmittel, Taxiruf → Konferenz-/Tagungstechnik – Flipchart und –papier – Filzschreiber – Whiteboard und Stifte – Magnettafel – Kartenständer – Zeigestock, Zeigelampe – Folien/Folienstifte – Leinwand – Metaplanstellwände – Metaplankoffer mit Zubehör – Metaplanpackpapier – Overheadprojektor – Filmprojektor – Diaprojektor		

Ziff.	Aktivitäten/Maßnahmen	Zu erled. von	Erled. am
	– Videoanlagen-System (Betamax/VHS/VCR) – Videobänder – Monitor (SW/farbig) – Epidiaskop – Personalcomputer – Drucker – Software – Verbindungskabel – Schnittstellen – Vorrichtung für Großbildprojektion vom PC – Lautsprecheranlage, mobil/integriert – Diskussionsanlage – Mikrofone (Stand-, Funk-, Handmikrofon) – Tonband/Kassettenrecorder – Plattenspieler – CD-Player – Verstärkeranlage – Simultan-Übersetzungsanlage – Diktiergerät – Telefonanschluss – Steckdosen/Mehrfachstecker/Verlängerungskabel – Gong/Glocke für das Rednerpult – Reservematerial/Ersatzteile – Ersatzbirnen für Projektoren – Reservebänder (Video/Tonband) – Leerfolien (OHP/Kopierer) – Leerdisketten – Sonstiges		
	→ Klimatisierung, Belüftung, Heizung		
	→ Beleuchtung/Tageslicht – Helligkeit – Verdunkelung		
	→ Lärmschutz		
	→ Dekoration – Grünpflanzen – Blumengestecke für Konferenztische – Transparente, Plakate, Werbung		
	→ Beistelltische für Auslagen		
	→ allgemeines Büromaterial (u.a. Schere, Hefter, Locher, Klebeband, Schnellhefter, Textmarker)		

Checkliste: Konferenz und Tagung

Ziff.	Aktivitäten/Maßnahmen	Zu erled. von	Erled. am
	→ Übersetzung/Dolmetscher für internationale Veranstaltungen (Dolmetscherkabinen, Mikrofone etc.)		
4.6	• Konferenzsekretariat		
	→ Schreibkräfte		
	→ Hilfskräfte		
	→ Schreibtische		
	→ Ablagetische		
	→ Stühle		
	→ Besprechungstisch		
	→ Telefon		
	→ Telefax		
	→ PC		
	→ Kopiergerät		
	→ Ausgabe der Infomappen		
	→ Kursbuch, Flugplan, Stadtplan		
	→ Medienverzeichnis (Presse, Rundfunk, TV)		
	→ Telefonliste – Polizei – Feuerwehr – Notarzt		
	→ Erste-Hilfe-Kasten		
	→ Medikamente		
	→ Standardbüromaterial		
4.7	• Weitere Funktionsräume (falls erforderlich)		
	→ Aufenthaltsraum für Fahrer und ggf. Sicherheitspersonal (Personenschutz)		
	→ Pressebüro (Aufenthalt für Medienvertreter)		
	→ Dolmetscherruheraum bei internationalen Veranstaltungen		
	→ Büro des Arbeitsstabes bei großen Veranstaltungen		

Ziff.	Aktivitäten/Maßnahmen	Zu erled. von	Erled. am
4.8	• Information Desk (Anlaufstelle im Foyer bei großen Veranstaltungen zur Entlastung des Konferenzsekretariats) → Empfang/Einweisung → Ausgabe von Infounterlagen → Beratung/Abreise (Kursbuch, Flugplan, Taxiruf, Fahrdienst, Stadtplan) → Info über Standorte von Post, Bank, Autovermietung, Gaststätten, Parkplätze → Telefon, Telefonbuch → Kulturkalender, allgemeine Veranstaltungsübersicht		
4.9	• Sicherheitsvorkehrungen → Notausgänge → Feuerlöscher → Hydranten → Hinweisschilder → Erste-Hilfe-Raum		
4.10	• Beflaggung des Veranstaltungsgebäudes → Europaflagge → Bundesflagge (oder Bundesdienstflagge) → Flagge des Bundeslandes → Flagge der Stadt/Gemeinde → Logoflagge des Unternehmens → bei internationalen Veranstaltungen die Flaggen der teilnehmenden Nationen		
4.11	• Hotelzimmerreservierung		
4.12	• Bewirtung → Konferenz-/Tagungsgetränke – Mineralwasser – Säfte – Cola/Limonaden		

Checkliste: Konferenz und Tagung

Ziff.	Aktivitäten/Maßnahmen	Zu erled. von	Erled. am
	→ Pausenservice vormittags – Kaffee – Tee – Obst, Joghurtspeise		
	→ Mittagessen – Arbeitsessen (Suppe, Snack) – Menü – Menüauswahl – Buffet (warm)		
	→ Pausenservice nachmittags – Kaffee – Tee – Kuchen, Gebäck		
	→ Abendessen – Arbeitsessen (Suppe, kalte Platten) – Buffet (kalt/warm) – Menü – Menüauswahl (à la carte)		
	→ Bewirtung des Begleitpersonals (Fahrer, Personenschutz)		
5.	**Rahmenprogramm** (Insbesondere bei mehrtägigen Veranstaltungen) Für ein Rahmenprogramm am Tage bietet sich u.a. an:		
5.1	• Stadtbesichtigung (dazu Museen, Schlösser, Burgen, Kirchen, Residenzen, sonstige Sehenswürdigkeiten)		
5.2	• Bootsfahrt, Hafenrundfahrt		
5.3	• Besuch einer Ausstellung		
5.4	• Shopping, Cafébesuch		
5.5	• Betriebsbesichtigung		
5.6	• Besichtigung einer Brauerei, Wein- oder Sektkellerei		
5.7	• Einführungskurs Golf		
	Beachten Sie bei der Vorbereitung, dass insbesondere Besichtigungen, Stadtführungen (evtl. auch Dolmetscher) sowie Transportgelegenheiten frühzeitig gebucht werden müssen.		

Ziff.	Aktivitäten/Maßnahmen	Zu erled. von	Erled. am
	Für das abendliche Rahmenprogramm können Sie z.B. anbieten:		
5.8	• Weinprobe (auch in Kombination mit einem Abendessen z.B. in einem regionaltypischen Gasthof)		
5.9	• Theater, Oper, Ballett, Musical, Konzert, Kabarett		
5.10	• Schlosskonzert		
5.11	• Spielkasino		
5.12	• Zirkus		
5.13	• Bowling, Kegeln		
6.	**Partnerprogramm** Früher auch: Damenprogramm; paralleles Programm für mitreisende Partner; Programmüberlegungen wie unter Rahmenprogramm.		
7.	**Einladungsverfahren**		
7.1	• Form → Klappkarte oder Faltblatt → Bei kleineren Veranstaltungen persönliches Einladungsschreiben des Gastgebers an die Teilnehmer → Bei internationalen Veranstaltungen persönliches Einladungsschreiben des Gastgebers an die potentiellen Delegationsleiter der Gastnationen		
7.2	• Text entwerfen und abstimmen		
7.3	• Festlegung der Rückantwortfrist (Termin sollte ca. 14 Tage vor der Konferenz/Tagung liegen)		
7.4	• Druckauftrag (incl. Umschläge)		
7.5	• Versand der Einladungen (ca. 6 Wochen vor der Veranstaltung) Versandstufen: → 1. Stufe – Einladung – Antwortkarte		

Checkliste: Konferenz und Tagung

Ziff.	Aktivitäten/Maßnahmen	Zu erled. von	Erled. am
	– Bei Tagungen: Hinweisblatt »Teilnehmerbedingungen« (siehe Muster Seite 175) – Fragebogen (Anreiseart: Auto, Bahn, Flugzeug; Hotelreservierung, Begleitung, Teilnahme am Rahmenprogramm, Meldung für Partnerprogramm; siehe auch Muster Seite 174) – Info-Unterlagen (Themen, Tagesordnung, Konferenz-/Tagungsablauf, Rahmenprogrammangebot)		
	→ 2. Stufe Nach Ablauf der Rückmeldefrist Versand folgender Anlagen an die Adressaten, die zugesagt haben: – Teilnahmebestätigung – Technische Hinweise (z.B. Ansprechpartner beim Gastgeber, Hoteladressen, Auszüge aus Fahrplan/Flugplan; bei Auslandsveranstaltungen: Devisenkurs, Klima, Kleidung, Gebräuche, Freizeit- und Sportangebot u.a.) – Bei Tagungen: evtl. Rechnung für Teilnehmergebühr – Anfahrtskizze – Lageplan/Veranstaltungsstätte – Parkhinweise, Parkkarte		
7.6	• Rückmeldeliste anlegen Rubriken z.B.: → Zusagen → Absagen → Vertretung → Begleitung ja/nein		
7.7	• Teilnehmerliste anlegen Rubriken z.B.: → Lfd. Nr. → Zuname/Titel → Vorname → Funktion → Unternehmen/Behörde (Adresse, Tel.) → Hotel (Adresse, Tel.)		

Ziff.	Aktivitäten/Maßnahmen	Zu erled. von	Erled. am
	Teilnehmerliste dient zum Nachschlagen bei:		
	→ Konferenzvorsitz, Tagungspräsidium		
	→ Konferenzsekretariat (Adressaufkleber, Namensschilder)		
	→ Information Desk		
	→ Abrechnungsstelle		
	→ Dateiverwaltung		
8.	**Referenten, Gastredner, Moderatoren** Frühzeitige Buchung dieses Personenkreises: ca. 6 Monate vor Veranstaltungsbeginn		
8.1	• Einladungsverfahren in der Form wie bei Teilnehmern		
8.2	• Nach Eingang der Zusage werden zusätzlich zu den Unterlagen, die auch an die Teilnehmer gehen, folgende Anlagen verschickt:		
	→ Dankschreiben (für Zusage)		
	→ Referenten-/Gastredner-/Moderatoren-Vertrag		
	→ Zusatzvereinbarungen		
	→ Methodische und didaktische Hinweise		
	→ Honorarabrechnung (Formblatt)		
	→ Reisekostenabrechnung (Formblatt)		
	Muster für diese Anlagen siehe Seiten 176-179		
8.3	• Bei Tagungen mit mehreren Referenten wird eine Referentenliste angelegt. Rubriken z.B.:		
	→ Lfd. Nr.		
	→ Zuname/Titel		
	→ Vorname		
	→ Funktion		
	→ Unternehmen/Behörde (Adresse, Tel.)		
	→ Vortragsthema		

Checkliste: Konferenz und Tagung

Ziff.	Aktivitäten/Maßnahmen	Zu erled. von	Erled. am
	→ Hotel (Adresse, Tel.) Ebenso wie die Teilnehmerliste erfüllt sie wichtige organisatorische Funktionen.		
9.	**Aufträge an Zulieferer, Ausstatter und Dienstleister**		
9.1	• Servicekräfte (z.B. Bewirtung, Garderobe)		
9.2	• Hostessen (z.B. Empfang, Konferenzsekretariat)		
9.3	• Reinigungskräfte		
9.4	• Parkplatzbewachung		
9.5	• Floristen		
9.6	• Beschallung, Mikrotechnik		
9.7	• Catering		
9.8	• Möbelanmietung		
9.9	• Miete technischer Geräte		
10.	**Sicherheit, Verkehr, Notarzt** (Nur bei großen Veranstaltungen)		
10.1	• Örtliche Polizei informieren → Sicherheit der Veranstaltung → Verkehrslenkende Maßnahmen		
10.2	• Notarzt mit Rettungswagen verpflichten → Platzierung des Notarztes im Saal einplanen → Rettungswagenposition festlegen		
11.	**Medien informieren, einladen** (Nur bei großen Veranstaltungen)		
12.	**Dokumentation sicherstellen**		
12.1	• Tonmitschnitt für Archiv		
12.2	• Bildmitschnitt		

Ziff.	Aktivitäten/Maßnahmen	Zu erled. von	Erled. am
13.	**Aufträge an eigenes Personal festlegen**		
13.1	• Einlasskontrolle		
13.2	• Information Desk		
13.3	• Fotograf/in		
13.4	• Referentenbetreuung		
13.5	• Konferenzsekretariat		
13.6	• Fahrdienst		
13.7	• Bei internationalen Veranstaltungen Benennung von Delegationsbegleitern für die Delegationen der Gastnationen		
14.	**Abschlussbesprechung** Ca. 3 Tage vor Veranstaltungsbeginn mit allen an der Organisation beteiligten Mitarbeitern und externen Auftragnehmern.		
15.	**Letzter Checkup am Tag der Veranstaltung** Ca. 2 Stunden vor Veranstaltungsbeginn		
16.	**Nach der Veranstaltung**		
16.1	• Dank und Feedback an alle Helfer		
16.2	• Gemietete Geräte abholen lassen		
16.3	• Bezahlung der offenen Rechnungen, Gesamtkostenermittlung, Soll-/Ist-Vergleich des Veranstaltungsbudgets		
16.4	• Auswertung der Beurteilungsbögen zur Veranstaltung, Ergebnisanalyse, Verbesserungsvorschläge		
16.5	• Zusammenstellung der Presseresonanz		
16.6	• Versand von Dankschreiben an Referenten, Gastredner, Moderatoren, Hotel, sonstige tüchtige Dienstleister		
16.7	• Sammlung ausgewählter Konferenz-/Tagungsunterlagen für die Dokumentation		
16.8	• Versand des Ton-/Bildmitschnitts an Interessenten		

Checkliste: Konferenz und Tagung 173

Ziff.	Aktivitäten/Maßnahmen	Zu erled. von	Erled. am
16.9	• Versand von Konferenz-/Tagungsunterlagen, die erst nach der Veranstaltung gefertigt wurden (auch Gruppenfoto, Protokolle)		
16.10	• Ergänzung der Teilnehmerdatei durch aktuelle Daten.		

Muster: Sachbereiche Organisationsstab

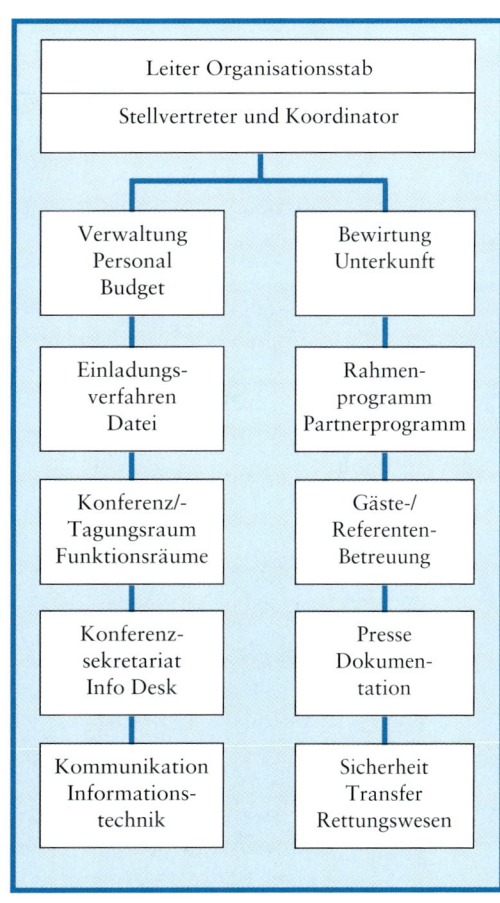

Muster: Anmeldebogen

Teilnehmer-Anmeldung

Konferenz/Tagung: _____   **Teilnehmer:** _____

Bezeichnung _____   Name, Vorname, Titel _____

Termin _____   Dienstanschrift _____

Ort _____   Telefon/FAX (dienstl.) _____

Bitte senden Sie diesen Anmeldebogen ausgefüllt zurück

bis zum _____

per FAX an _____

per Post an _____

1. **Begleitung**
   An der Konferenz/Tagung
   ❑ nehme ich ohne Begleitung teil
   ❑ nehme ich mit …… Person/en teil
   Name, Vorname: _____

2. **Anreise**
   ❑ Pkw
   ❑ Bahn
   ❑ Flugzeug

3. **Hotelbuchung**
   Ich wünsche folgende Zimmerbuchung:
   ❑ EZ
   ❑ DZ

4. **Bei Tagungen**
   Bitte kreuzen Sie Ihre Teilnahme an
   ❑ Vortrag …
   ❑ Workshop …
   ❑ Forum …
   ❑ Podium …

5. **Rahmenprogramm**
   Ich nehme an folgenden Programmangeboten teil:
   ❑ Empfang am … um … in …
   ❑ Stadtrundfahrt am … von … bis …
   ❑ Bootsfahrt am … von … bis …
   ❑ Einkaufsbummel am … von … bis …
   ❑ Konzertbesuch am … um … bis …
   Ich bitte um Berücksichtigung von
   ❑ Begleitperson/en

6. **Partnerprogramm**
   Ich melde folgende Person/en zum Partnerprogramm an:
   Name, Vorname: _____
   Name, Vorname: _____
   Die o.g. Person/en nimmt/nehmen an folgenden Programmpunkten teil:
   ❑ Musical am … um … in …
   ❑ Ausstellung am … um … in …
   ❑ Weinprobe am … um … in …

7. **Sonstige Bemerkungen und Wünsche**
   _____

Konferenz und Tagung

Muster: Hinweisblatt Teilnehmerbedingungen

Hinweise für Teilnehmer

Anmeldung
Die Anmeldung erfolgt schriftlich. Bitte verwenden Sie das beiliegende Formular und richten Sie Ihre Anmeldung an folgende Adresse: (Anschrift d. Organisationsbüros des Veranstalters). Der Anmeldeschlusstag ist der (Datum). Anmeldungen, die nach diesem Zeitpunkt eingehen, können leider nicht mehr berücksichtigt werden. Bitte füllen Sie das Anmeldeformular vollständig aus.Nach Eingang der schriftlichen Anmeldung bei uns erhalten Sie die Rechnungstellung, die per Überweisung zu begleichen ist. Mit dem Eingang der Teilnehmergebühr sind Sie zur Teilnahme an der Veranstaltung berechtigt und erhalten eine schriftliche Bestätigung, der weitere Informationen (z.B. Dokumente, Katalog, Programm, Teilnehmerliste, Anfahrtsskizze u.a.) beiliegen.
Bei Ausbleiben der Anmeldebestätigung trotz erfolgter Überweisung bitten wir um telefonische Rückfrage. Die Rechnung ist bis spätestens (Datum Stichtag) zu begleichen.
Eine telefonische Anmeldung ist aus organisatorischen Gründen nicht möglich.
Ebenso kann eine Anmeldung nicht erst bei Veranstaltungsbeginn vorgenommen werden. Wir empfehlen Ihnen daher, sich frühzeitig anzumelden, um sich eine Teilnahme zu sichern.

Teilnehmergebühren
Normalpreis pro Person: (DM-Betrag), (evtl. gestaffelt nach Umfang der Leistungen).
Falls vorgesehen: Subskriptionspreis unter Angabe der zeitl. Frist.
Ermäßigungen: Alle Ermäßigungen beziehen sich auf den Normalpreis. Es kann nur eine Rabattart gewährt werden.
(Angabe der privilegierten Personengruppen, z.B.: Mitarbeiter erhalten x % Reduktion auf den Normalpreis).
Für Mitglieder von Hochschulen und Universitäten (Studenten gegen Vorlage des Ausweises u.a.) beläuft sich die Teilnehmergebühr der Veranstaltung auf (DM-Betrag).
Gruppenrabatt von x % Ermäßigung auf die vollen Teilnehmergebühren ab x Personen aus einer Firma. Diese Anmeldungen müssen zusammen eingereicht werden. Nachträglicher Gruppenrabatt kann nicht mehr gewährt werden.
Bei Anmeldungen bis (Datum) gilt der Subskriptionspreis.
Alle genannten Preise verstehen sich zuzügl. Mwst.

Datenschutz
Alle uns übermittelten Daten werden nach Beachtung des Datenschutzgesetzes behandelt.

Leistungen
Durch Zahlung der Teilnehmergebühr entsteht ein Anspruch auf folgende Leistungen: Teilnahme, Tagungsunterlagen, Tagungsdokumentation, evtl. Katalog, (evtl. Verpflegung/Getränke, Teilnahme an einem Empfang u.a.).

Stornierungen
Bei einer Stornierung der Anmeldung bis zum (Datum Stichtag) (es gilt das Datum des Poststempels) wird die Teilnehmergebühr bis auf eine Bearbeitungsgebühr von x % erstattet. Der Rücktritt muss in jedem Fall schriftlich angezeigt werden. Wird die Anmeldung nach diesem Termin storniert, ist keine Rückerstattung möglich. Dies gilt auch für den Fall des Nichterscheinens eines angemeldeten Teilnehmers.

Absage oder Änderungen
Wir bitten um Verständnis, dass wir uns das Recht des Referentenaustausches, Terminverschiebungen oder inhaltlicher Programmänderungen vorbehalten.

Begleitende Arbeitsunterlagen
Zu diversen Veranstaltungen der Tagung werden begleitende Arbeitsunterlagen herausgegeben, die zusammen mit den anderen Schriften der Tagung am Information Desk erhältlich sind.

Urheberrecht
Den Teilnehmern zur Verfügung gestellte Arbeitsunterlagen sind urheberrechtlich geschützt und dürfen nicht (auch nicht auszugsweise) ohne Einwilligung des Veranstalters vervielfältigt werden.

Hotelbuchungen
Bitte nehmen Sie die Zimmerreservierung selbst vor. (Evtl. Angabe einer Kontaktadresse, z.B. Verkehrsverein oder Fremdenverkehrsamt)

Muster: Referenten-Anfrage

Betr.:(Veranstaltungs-Bezeichnung/Termin/Ort)

Sehr geehrte(r) Frau/Herr,

am (Veranstaltungsdatum) führen wir zum Thema (Veranstaltungsthema) einen (Veranstaltungsbezeichnung: Konferenz, Tagung etc.) durch und möchten Sie fragen, ob Sie uns bei dieser Veranstaltung mit einem Referat zum Thema (Themenvorschlag) unterstützen könnten.
In dem beigefügten vorläufigen Veranstaltungsprogramm haben wir Sie vorausgreifend als Wunschreferenten mit diesem Thema aufgeführt. Bitte überprüfen Sie Ihr Thema und geben Sie uns im Falle Ihrer Zusage evtl. Änderungen auf. Für den zu erstellenden Veranstaltungsprospekt benötigen wir zu Ihrem Thema die wichtigsten Stichworte (3-5).
Für Ihr Referat schlagen wir ein Honorar von (DM-Betrag; Hinweis, ob excl. oder incl. Reisekosten/Spesen etc.). Bitte senden Sie uns nach Beendigung der Veranstaltung eine Rechnung unter Anfügung der Belege, und teilen Sie uns dann auch bitte Ihre Bankverbindung und Kontonummer mit.
Wenn Sie selbst das Referat nicht übernehmen können, wären wir Ihnen für einen Alternativvorschlag dankbar.
Übernachtungskosten werden von uns übernommen, wenn durch den Zeitpunkt des Vortrages – in der Regel (Angabe der Tageszeit) – die Anreise nicht mehr möglich oder zumutbar ist. Soweit für Sie eine Übernachtung notwendig sein sollte, lassen Sie uns dies bitte wissen, damit wir für Sie ein Zimmer buchen können.
Zunächst geht es uns aber um Ihre grundsätzliche Teilnahme, die uns sehr wichtig ist. Bitte geben Sie uns daher baldmöglichst Bescheid.

Wir würden uns über eine Zusammenarbeit sehr freuen.
Mit freundlichen Grüßen

Muster: Referenten-Vertrag

Referenten-Vertrag
zwischen
(Veranstalter)
und
Herrn/Frau (Name des Referenten)

wird vereinbart:

1. Der Referent übernimmt im Rahmen der Veranstaltung (Titel der Veranstaltung)

    vom _____ bis _____ (Veranstaltungszeitraum) den folgenden Beitrag:

    (Thema des Referates)

    am (Datum des Vortrags) von _____ bis _____ (Uhrzeit).

2. Der Referent stellt dem Veranstalter bis zum _____ (Datum Einsendefrist)
    die in den Zusätzlichen Vertragsvereinbarungen (Ziffer 1) aufgeführten, vervielfältigungsfähigen Unterlagen im Original zur Verfügung.
3. Der Referent erhält für die in Ziffer 1 und 2 genannten Tätigkeiten ein Honorar von (DM-Betrag) (incl. evtl. Mwst). Reisekosten sind hiermit abgegolten.
4. Im übrigen gelten die in der Anlage beigefügten Zusätzlichen Vertragsvereinbarungen.

    (Ort), den   (Ort), den
    Veranstalter   Unterschrift d. Referenten

Anlage: Zusätzliche Vertragsvereinbarungen

Muster: Referenten-Zusatzvereinbarungen

Zusätzliche Vertragsvereinbarungen
Zum Referenten-Vertrag
vom (Datum)
zwischen
(Veranstalter)
und
(Referent)

§ 1 Manuskript
Der Referent stellt dem Veranstalter zu dem im Referenten-Vertrag fesgelegten Abgabetermin die folgenden vervielfältigungsfähigen Unterlagen im Original zur Verfügung.
a) Gliederung des Referates,
b) Kurzfassung des Vortrags von drei bis vier Seiten oder Volltext des Referates (nicht mehr als 15 Seiten),
c) Vervielfältigungsfähige Exemplare der vorgesehenen Folien.
Der Veranstalter behält sich eine Kürzung und drucktechnische Vereinheitlichung der eingereichten Unterlagen vor. Für Wiederholungsveranstaltungen: Bitte teilen Sie uns mit, ob wir die vorhandenen Unterlagen erneut verwenden sollen.

§ 2 Technische Hilfsmittel für den Vortrag
Auf den Veranstaltungen steht grundsätzlich ein Tageslichtprojektor (Overhead-Projektor) zur Verfügung. Falls zusätzliche technische Hilfsmittel benötigt werden, ist das Veranstaltungsbüro des Veranstalters bis spätestens zwei Wochen vor Veranstaltungsbeginn über die Art des Bedarfs zu informieren.

§ 3 Hotelreservierung
Falls erforderlich, wird auf Wunsch des Referenten vom Veranstalter eine Hotelzimmerreservierung vorgenommen. Übernachtungen sowie Frühstück während der Veranstaltung gehen zu Lasten des Veranstalters/Referenten. Zusätzliche Spesen können nicht gewährt werden.

§ 4 Stornierung der Veranstaltung
Im Falle einer Stornierung der Veranstaltung durch den Veranstalter entfällt eine Vergütung an den Referenten.

§ 5 Vergütung und Steuern
Mit der Vergütung sind alle Leistungen des Referenten einschließlich aller Nebenkosten abgegolten. Etwa anfallende Steuern sind vom Referenten zu tragen. Sofern nicht ausdrücklich etwas anderes vereinbart ist, schließt die Vergütung die vom Referenten beizustellenden schriftlichen Unterlagen ein.

§ 6 Weitere Veröffentlichungen
Der Referent wird gebeten, im Falle einer anderweitigen Veröffentlichung eines im Rahmen der Veranstaltung erstmals gehaltenen Vortrags den Veranstalter über sein Vorhaben zu informieren sowie der Veröffentlichung folgenden Vermerk hinzuzufügen:
Vortrag anläßlich der Veranstaltung _____ am _____ in (Ort).

Muster: Referentenhinweisblatt (Methodische und didaktische Hinweise)

Hinweise für Referenten

Damit wir Sie und Ihr Referat besser vorstellen können und diese Konferenz ein Erfolg wird, möchten wir Sie bitten, folgende Punkte zu beachten, um einen reibungslosen Ablauf der Veranstaltung sicherzustellen:

1. Wir möchten für die Teilnehmer eine Dokumentationsmappe zusammenstellen, damit die Teilnehmer der Veranstaltung und Ihrem Referat besser folgen können. Bitte senden Sie uns dazu bis spätestens zum ....
   – eine kopierfähige und deutlich lesbare Dokumentation zu Ihrem Vortrag (mind. 10 Seiten, gerne Text und Kopien von Folien) sowie
   – einige autobiographische Angaben zu Ihrem beruflichen Werdegang auf einem gesonderten DIN-A-4-Blatt (ca. 10 – 12 Zeilen).

2. Bitte beachten Sie, daß von Ihnen präsentierte Folien mit mindestens doppelter Buchstabengröße und Schriftstärke geschrieben sind!

3. Wir wären Ihnen sehr dankbar, wenn Sie etwa eine Stunde vor Ihrem Vortrag anwesend sein könnten. Dies ermöglicht es uns, eventuell auftretende zeitliche Verschiebungen aufzufangen. Mindestens den vorangegangenen Vortrag zu hören, ermöglicht es Ihnen auch, den Teilnehmerkreis besser einzuschätzen und sich auf das Frage- und Diskussionsverhalten einzustellen.

4. Bitte haben Sie dafür Verständnis, dass wir Sie an dieser Stelle bitten, in Ihrem fachlichen Vortrag Aspekten den Vorzug vor werbenden Elementen für Dienstleistungen Ihres Hauses zu geben. Dies dient dem fachlichen Konferenzverlauf und ist somit auch im Sinne Ihres Hauses.

5. Bitte beachten Sie bei Ihren Vorbereitungen, dass nach unseren Erfahrungen frei vorgetragene Referate im Auditorium besser ankommen.

Vielen Dank!

Muster: Honorarabrechnung für Referenten

Bitte ausgefüllt zurück an:

Honorar-Abrechnung

Name: _____

Anschrift: _____

_____

Veranstaltung: _____ Datum: _____

Vortrag zum Thema: _____

Honorar DM: _____

Bankverbindung

Geldinstitut: _____ Konto-Nr.: _____ Bankleitzahl: _____

Datum, Unterschrift: _____

Muster: Reisekostenabrechnung für Referenten

Bitte ausgefüllt zurück an:

Reisekosten-Abrechnung

Name: _____

Anschrift: _____
_____

Veranstaltung: _____ Datum: _____

Vortrag zum Thema: _____

_____

Eigener PKW   von _____   nach _____   = DM _____

               km _____   = DM _____

Bundesbahn   von _____   nach _____   = DM _____

Flugzeug   von _____   nach _____   = DM _____

Taxi   von _____   nach _____   = DM _____

Gesamt   _____   = DM _____

Bankverbindung

Geldinstitut: _____   Konto-Nr.: _____   Bankleitzahl: _____

Datum, Unterschrift: _____

3.13 Pressekonferenz

Man spricht von der vierten Gewalt im Staate: Ohne Präsenz der Massenmedien ist ein Produkt oder eine Dienstleistung kaum mehr zu vermitteln.
Wer in unserer Mediengesellschaft nicht informiert, seine Leistungen nicht bekannt macht, mit der Öffentlichkeit nicht im Gespräch ist – in guten wie in schlechten Zeiten –, der muss sich nicht wundern, wenn er bald an den Rand des Überlebens gedrängt wird.
Eines der klassischen Instrumente der Medienarbeit ist die Pressekonferenz. Sie ist eine Veranstaltung, auf der die Leitung eines Unternehmens, einer Behörde, einer Institution, eines Verbandes, eines Vereins die Medien über aktuelle und wichtige Ereignisse und Entwicklungen informiert und mit den Journalisten bespricht.
Sorgfältig vorbereitete und professionell organisierte Pressekonferenzen haben meist eine ausgezeichnete Medienresonanz. Die Erfolgsprognose, d.h. die Wahrscheinlichkeit, dass die anwesenden Journalisten auch berichten, liegt bei nahezu 100 Prozent.
Leider sind zwei von drei Pressekonferenzen schlecht organisiert. Gravierende Fehler in der Vorbereitung und Durchführung setzen immer wieder die mühsam aufgebauten Kontakte zu den Medienvertretern aufs Spiel. Verunglückte Pressekonferenzen bewirken nicht nur eisiges »Schweigen im Walde«, sondern verursachen schlimmstenfalls auch peinliche Negativberichte.
Nachfolgende Tipps und Checklisten helfen Ihnen, Pannen zu vermeiden und Ihre Pressekonferenzen zu gefragten und erfolgreichen Veranstaltungen zu gestalten.

Anlass und Veranstaltungsform
Pressekonferenzen sind keine turnusmäßigen Stammtischrunden, bei denen gemütlich über Gott und die Welt geplaudert wird. Sie haben vielmehr ihre eigene Gesetzmäßigkeit und folgen einem von allen Beteiligten respektierten formalen Ablauf.

Pressekonferenzen sind für den Veranstalter personell, finanziell und organisatorisch sehr aufwendig. Auch die Journalisten müssen sich für den Besuch von Pressekonferenzen einschließlich An- und Abreise häufig mehrere Stunden ihres knappen Zeitbudgets reservieren.
Der Wunsch des Veranstalters: »Wir sollten mal wieder eine Pressekonferenz machen« ist kein akzeptabler Grund, den Journalisten und allen anderen Beteiligten die Zeit zu stehlen.
Die Pressekonferenz soll sich für den Journalisten lohnen. Er muss Nachrichten und Informationen von herausragender Aktualität aus erster Hand erhalten. Maßgeblich für Ihre Entscheidung, eine Pressekonferenz abzuhalten, ist daher der konkrete Anlass.
Stellen Sie sich vor jeder Pressekonferenz zunächst die Frage: Ist sie überhaupt notwendig und sinnvoll – ist der Anlass wichtig genug?

Anlässe für Pressekonferenzen können sein:
- Vorstellung wichtiger neuer Projekte, Konzepte, Planungsvorhaben
- Erläuterung der Ergebnisse von Fachtagungen, Kongressen, Messen, Konferenzen, internationalen Begegnungen, Vertragsabschlüssen
- Eröffnung, Einweihung neuer Einrichtungen, Produktionsstätten, Behörden
- Bevorstehende Schließung oder Auflösung von Einrichtungen, Produktionsstätten, Behörden
- Rundes Firmenjubiläum, das mit Neuerungen verbunden ist
- Fusionierung, Kooperationsabkommen, Beteiligungen, Firmenkäufe, Zusammenlegung von Behörden
- Sponsorenvertrag
- Präsentation des Abschlussberichts eines Öko-Audits, Entscheidung für eine über die gesetzlichen Forderungen hinausgehende Umweltschutzmaßnahme
- Präsentation der Jahresabschlussbilanz
- Umsetzung eines Mitarbeiterbeteiligungsmodells
- Einführung eines neuen Führungskonzepts

- Neuer Vorstand präsentiert seine Arbeitsvorhaben
- Rücktritt des Vorstands
- Maßnahmenkatalog als Reaktion auf tiefgreifende landesweite wirtschaftspolitische Entscheidungen (z.B. Arbeitsplatzsicherungsmaßnahmen)
- Streik
- Reaktion auf falsche Berichte oder Gerüchte, kontroverse Diskussionen in der Öffentlichkeit zu bedeutsamen Entscheidungen
- Krisen (z.B. Massenentlassungen, Brand, schwere Unfälle, Umweltschäden).

Aus diesen Beispielen wird deutlich, dass Anlässe für Pressekonferenzen meist weitgreifende Konsequenzen und starke Außenwirkungen haben. Journalisten haben dafür ein gutes Gespür. Pressekonferenzen werden nur noch besucht, wenn ein wirklich interessantes und aktuelles Thema behandelt wird. Denken Sie bei der Vorbereitung einer Pressekonferenz nicht nur an Ihre Interessenlage als Veranstalter, sondern auch an die Interessen der Journalisten.

Prüfen Sie daher vor Ihrer Entscheidung für eine Pressekonferenz:
- Steht der mögliche Ertrag für alle Beteiligten in einem vertretbaren Verhältnis zum Aufwand? Oder besteht die Gefahr, die Medienvertreter zu verstimmen?
- Können die Medien effektiver auf anderen gewohnten Informationskanälen unterrichtet werden?
- Welcher der zur Auswahl stehenden Kommunikationswege und Veranstaltungsformen ist dem Anlass am ehesten angemessen?
  → Pressemitteilung
  (schriftliche knappe Information)
  → Interview
  (klassisches Frage-/Antwortspiel)
  → Pressegespräch
  (z.B. Kamingespräch, Hintergrundgespräch; eher zwanglos, informell, kleiner handverlesener Kreis, auch Einzelgespräche; dient der Kontaktpflege.)
  → Pressebesichtigung
  (Lokaltermin, Informationen vor Ort)
  → Pressekonferenz
  (formalisierter Ablauf, großer Einladungskreis, relativ hoher Zeitbedarf, aufwendige Vor- und Nachbereitung, fundiertes Konzept, meist schriftliche Einladung, Chance für ein breites Medienecho).

Bedenken Sie bei Ihren Pressemaßnahmen: Pressekonferenzen immer nur dann veranstalten, wenn die anderen verfügbaren Wege der Nachrichtenübermittlung nicht oder nur unzulänglich funktionieren würden.

Ziel und Gestaltung
Die Pressekonferenz verfolgt drei wichtige Ziele:
- Direkte persönliche Verbindung zu einer Vielzahl von Journalisten
- Direkte persönliche Vermittlung wichtiger Nachrichten und Informationen zu einem konkreten Anlass
- Direkte persönliche Abstimmung von Informationsbedarf und Informationsangebot.

Beachten Sie als Veranstalter folgende Vor- und Nachteile der Pressekonferenz:

Vorteile:
- Medien am Ort werden gleichzeitig mit identischem Informationsmaterial versorgt
- Inhaltliche Differenzierung, die nur das gesprochene Wort erlaubt
- Dialog mit den Medien; Vermeidung von Missverständnissen durch direkte Fragen und Erläuterungen zu den Pressetexten
- Der Veranstalter erhält einen ersten Überblick über das Meinungsbild bei den Journalisten.
- Vermittlung von Emotionen, die mit den Nachrichten verbunden sind, z.B. Trauer, Mitgefühl, Besorgnis; sie wirken in ihrer Unmittelbarkeit authentischer und glaubwürdiger
- Zusammenführung des Sachverstandes der

Unternehmensführung, leitender Mitarbeiter sowie externer Sachverständiger und Berater

Nachteile:
- Erheblicher personeller, zeitlicher und finanzieller Aufwand.
- In der Gruppe werden mehr und aggressivere Fragen gestellt als unter vier Augen – bis hin zu einer Antistimmung.
- Bei unterschiedlicher Interessenlage und Sachkunde der Journalisten kann es vorkommen, dass sich Desinteresse breit macht, weil das Thema für manchen zu detailliert, für andere wieder zu oberflächlich behandelt wird.
- Besonders gut informierte Journalisten empfinden die Pressekonferenz als nachteilig, weil andere Teilnehmer von ihren intelligenten und sachkundigen Fragen und den darauf gegebenen Antworten profitieren. Manche halten darum ihre Fragen zurück und versuchen, sie nach der Konferenz zu stellen, wenn keiner ihrer Kollegen mehr zuhört.

Prinzip für die Gestaltung einer Pressekonferenz ist der Wille zur Transparenz und die Geduld, Kritik zu ertragen. Wer zur Pressekonferenz einlädt, muss bereit sein, Stellung zu beziehen. Geheimniskrämerei, Ausflüchte und Schweigen (»Kein Kommentar!«) erwecken den denkbar schlechtesten Eindruck. Die richtige Strategie ist, unangenehme Fragen sachlich und klar zu beantworten und kritisches Nachfragen als Chance zur Darstellung der eigenen Position zu werten. Für Veranstalter, die wichtige und dazu noch heikle Themen gekonnt präsentieren, wird die Pressekonferenz zu einer gefragten und erfolgreichen PR-Maßnahme.

Datum

Grundsätzlich richtet sich der Termin für die Pressekonferenz nach dem Zeitpunkt des Ereignisses. Dann bleibt Ihnen kaum Spielraum für Terminüberlegungen. Haben Sie jedoch zeitliche Variationsmöglichkeiten, sollten Sie Datum, Wochentag und Uhrzeit so wählen, dass Ihr Risiko der Kollision mit anderen großen Presseterminen minimiert wird.

Beachten Sie folgende wichtige Hinweise:
- *Datum*
  - → Setzen Sie Pressekonferenzen nicht zu langfristig an. Einzelne Journalisten versuchen, sich gerade bei wichtigen Anlässen durch eigene Recherche einen Informationsvorsprung zu verschaffen. Die dann erfolgende Vorwegberichterstattung macht Ihre Pressekonferenz fast überflüssig und benachteiligt andere Presseorgane.
  - → Vermeiden Sie Überschneidungen mit wichtigen lokalen Ereignissen (Politik, Wirtschaft, Kultur, Sport, Unterhaltung u.a.)
  - → Anfragen bei Institutionen, die bekanntermaßen Pressetermine notieren oder koordinieren, vermindern das Risiko von Terminkollisionen:
    - Presseagenturen
    - Presseämter
    - Journalistenclubs
    - Industrie- und Handelskammern
    - Bundesverband der Deutschen Industrie
    - Presse- und Informationsämter der Landesregierungen und der Bundesregierung
  - → Blick in professionell gestaltete Terminvorschauen (z.B. Terminpressedienst) bzw. dort auch den eigenen Pressetermin aufnehmen lassen
  - → Telefonische Terminanfrage bei Medienvertretern, die Ihnen besonders wichtig sind.

Die Versuche, Pressetermine erfolgreich zu koordinieren, müssen angesichts der Fülle von Presseveranstaltungen immer bescheiden bleiben. Lassen Sie sich nicht entmutigen. Wenn Ihr Thema stark genug ist, wird es die angemessene Resonanz finden.

- *Wochentag*
  - → Dienstag, Mittwoch, Donnerstag sind zu bevorzugen

- → Montag meiden; in vielen Redaktionen findet an diesem Tag die Wochenplanung statt
- → Freitagnachmittag ist bei den Journalisten verständlicherweise unbeliebt. Außerdem: Für die Wochenendausgaben meist zu spät.
- → Der Freitagvormittag hat im Allgemeinen den Vorteil, dass die Berichte in den Wochenendausgaben der Tageszeitungen mit höherer Auflage und überdurchschnittlicher Leserzahl erscheinen.

- Uhrzeit
Für Journalisten von Tageszeitungen kommen eigentlich nur zwei Termine infrage: Der Vormittag oder der Abend, denn am Nachmittag wird in der Regel die Zeitung gemacht.
  - → Als Faustregel für den Vormittag gilt: Im Zeitraum zwischen 09.00 Uhr und 12.00 Uhr
  - → Die Nachmittagszeiten sind also meist kritisch, weil je nach An- und Abreise zur Pressekonferenz der Redaktionsschluss den Bericht am selben Tag verbauen kann
  - → Abendtermine sind weniger für Pressekonferenzen als für Kamingespräche und Hintergrundgespräche mit Journalisten in kleiner informeller Runde geeignet
  - → Führen Sie eine stets aktuelle Übersicht über den Redaktionsschluss aller wichtigen Medien (gestaffelt nach Redaktionen) sowie die bekannten Jour-fixe-Termine der wichtigsten Journalisten Ihres Fachbereichs.

Dauer
Pressekonferenzen mit rein informatorischem Charakter und entsprechend wenigen Fragen der Journalisten, können vielfach in nur 30 Min. abgewickelt werden. Eine normale Pressekonferenz allerdings mit zusätzlichen Erläuterungen und Fragen ist kaum unter einer Dauer von 60 Min. abzuhalten.

Grundsätzlich gilt: So kurz wie möglich, so lange wie nötig. Pressekonferenzen sind Arbeitstermine für den Journalisten. Er besucht Sie nicht, um unterhalten zu werden oder belegte Brötchen zu essen. Pressekonferenzen sollten daher innerhalb von 60 Min. über die Bühne gehen.

Budget
Gut organisierte Pressekonferenzen sind zeit- und kostenintensiv.

Falls ein externer Konferenzraum einzuplanen ist, rechnen Sie mit folgenden Budgetpositionen:
- Druck der Einladungen, Porto
- Pressemappen, Fotos
- Saalmiete, Raumbetriebskosten
- Raumausstattung
- Beschallung
- Bewirtung
- Gerätemiete (evtl. auch PC's)
- Demonstrationsmaterial
- Telefon, FAX
- evtl. Dolmetscher und Dolmetscherkabinen
- Parkplatzreservierung

Hin und wieder taucht die Frage auf, ob der Veranstalter die Reisekosten der Journalisten übernimmt. Üblich ist, dass der Verlag oder die Anstalt die Kosten der An- und Abreise trägt. Am Ort selbst sollen für den Journalisten keinerlei Kosten entstehen.

Ort
Bedenken Sie bei der Ortswahl folgende Möglichkeiten:
- Intern
  Zu empfehlen, wenn sowohl der Anlass als auch die betriebsinternen Räumlichkeiten dafür geeignet sind. Außerdem darf die Anfahrt zum Veranstaltungsgebäude die Journalisten nicht vor größere Zeitprobleme stellen.
- Extern
  Verfügen Sie betriebsintern über keinen geeigneten Raum, können Sie z.B. folgende externe Veranstaltungsorte in Betracht ziehen:

- → Hotel
- → Konferenz- und Tagungszentrum
- → Restaurant (separater Raum)
- → Gästehäuser
- → Pressezentren, Presseclubs, Häuser von Journalistenvereinigungen
- → »vor Ort« z.B. Fabrikhalle, Produktionsstätte, Museum, Ausstellungsraum, Krankenhaus, Sporthalle, Vereinshaus. Ungewöhnliches ist erlaubt, nur peinlich darf es nicht werden.
- → Videokonferenz
  Zuschaltung von Journalisten per Bildschirm von verschiedenen Orten

Stehen Ihnen mehrere Wahlmöglichkeiten offen, prüfen Sie folgende Fragen für Ihre Ortswahl:

- Welchen Eindruck von meinem Unternehmen will ich mit der Ortswahl vermitteln oder vermeiden?
  Eine gemeinnützige Einrichtung z.B. wäre schlecht beraten, mit ihrer Pressekonferenz in ein Luxushotel zu gehen. Eine Schuhfirma kann z.B. eine historische Schuhfabrik für ihre Pressekonferenz nutzen.
- Mit welcher Ortswahl unterstreiche ich am sinnvollsten den Anlass meiner Pressekonferenz?
- Läßt sich mein Thema durch eine bestimmte Ortswahl interessanter und praxisbezogener darstellen?
- Lenkt ein Lokaltermin eher von meinem Thema und der Botschaft, die ich vermitteln will, ab?

Wie immer Sie sich entscheiden, achten Sie darauf, dass der Veranstaltungsort bekannt oder zumindest gut zu finden ist. Der Ort sollte per Bus oder Bahn sowie über Autobahn oder Bundesstraße gut erreichbar sein. Prüfen Sie, ob Sie zwischen der Verkehrsverbindung und der Veranstaltungsstätte evtl. einen Transportservice einsetzen. Reservieren Sie Parkplätze: Die Journalisten wollen keine Zeit mit der Parkplatzsuche verplempern. Informieren Sie die Pförtner und lassen Sie den Weg zum Konferenzraum sorgfältig ausschildern.

Zur Qualität und Ausstattung des Konferenzraumes klären Sie folgende Fragen:

- *Raumeignung*
  - → angemessene Größe
    (nicht zu groß: halb leere Räume wirken schlecht besucht)
  - → richtige Höhe
    (hoch genug z.B. für die Aufstellung einer Projektionsleinwand, die von allen Plätzen aus gut sichtbar sein muss)
  - → ruhige Lage
    (Außenlärm, weitere Veranstaltungen im Hause)
  - → regelbare Heizung, Klimaanlage, Belüftung
  - → Licht zum Arbeiten
    (aber auch: Verdunkelungstechnik)
  - → gute Akustik
- *Ausstattung*
  - → bequeme Stühle, Reservestühle
  - → funktionale Tische
  - → evtl. Podium, Rednerpult
  - → Logo
  - → geeigneter Bildhintergrund an der Kopfseite (Gegenlicht!)
  - → einwandfreie Beschallung
    (Techniker anwesend)
  - → jede Menge Steckdosen (für die Kamerateams; Belastung des Stromnetzes?)
  - → Projektionsgeräte
    (Overheadprojektor, Diaprojektor)
  - → Video-/Tonwiedergabe
  - → Flipchart
  - → Namensschilder
  - → Dekoration, Blumen
- *Nebenräume/Ausstattung*
  (bei Bedarf; Eignung auch für Interviews)
  - → Telefon
  - → FAX
  - → Kopiergerät

Widmen Sie der Infrastruktur und den Arbeitshilfen für die Journalisten Ihre gezielte Aufmerksamkeit. Journalisten bringen für die technischen Details eine besondere Erwartungshaltung mit.

Pressemappe

Pressekonferenzen ohne schriftliches Pressematerial sind eine halbe Sache. Die Journalisten erwarten bei einer Pressekonferenz Unterlagen mit Zahlen, Daten, Fakten, Statements, Resumees zum Thema.

Die schriftlichen Presseinformationen haben für die Journalisten den Vorteil, nicht pausenlos alle wichtigen Details mitschreiben oder später vom Band abschreiben zu müssen. Für den Veranstalter wiederum können gut vorbereitete Presseunterlagen dazu beitragen, missverständliche Darstellungen und Fehler in den Medienberichten zu vermeiden.

Fügen Sie die Presseunterlagen für die Journalisten zu einer Pressemappe zusammen.
Inhalt z.B.:
- *Deckblatt/Inhaltsverzeichnis*
- *Ablaufplan der Pressekonferenz*
- *Pressemitteilung*
  Eine Kurzfassung (»Waschzettel«) von max. 20 Zeilen für die Meldungsspalte und eine Langfassung von 1 bis 2 Seiten mit Auszügen aus den Statements des Veranstalters.
- *Veranstalterpräsenzliste*
  Liste der anwesenden Vertreter des Veranstalters mit Titel und Funktion erspart Rückfragen und Ärger mit falsch wiedergegebenen Namen in den Berichten der Medien.
- *Hausinformation*
  Auch: »Image-Broschüre«; Kurzporträt Ihres Unternehmens mit den wichtigsten Grundinformationen: Gründungsdaten, Beschäftigte, Umsatz, Investitionen, Umsatzerwartungen, Programmschwerpunkte, Niederlassungen, Zweigwerke, Tochtergesellschaften, Beteiligungen. Geschäftsberichte und sonstiges Routinematerial, Prospekte und Werbedrucksachen sind bei Journalisten weniger beliebt.
- *Rede- und Vortragsmanuskripte*
  Den Journalisten wird damit die Möglichkeit geboten, den Vorträgen nicht nur zuzuhören, sondern parallel dazu zu lesen. Hören und lesen gemeinsam bewirken, dass er die Informationen besser versteht. Außerdem arbeiten die anwesenden Journalisten das schriftliche Material bereits durch, machen sich Anmerkungen, was für die Veröffentlichung geeignet ist.
- *Fotomaterial, grafische Darstellungen*
  Bildmaterial kann auch auf einem Display oder einem separaten Tisch zum Auswählen ausgelegt werden. Werden von den Vortragenden Folien oder Dias gezeigt, fügen Sie der Pressemappe einen entsprechenden Papierausdruck bei.
- *Notizblock, Kugelschreiber*

Noch ein Wort zur Beschaffenheit und äußeren Gestaltung der Pressemappe: Treiben Sie nicht zuviel Aufwand für luxuriöse Materialien und prächtige Beschriftungen. Die Journalisten spötteln eher darüber. Die Mappen haben für die Medienvertreter nur einen Zweck: Den Inhalt unversehrt an den Redaktionsschreibtisch zu transportieren. Dort landen die Schutzhüllen, Kartons oder Schnellhefter sofort im Papierkorb. Eine schlichte zweckmäßige Mappe oder eine Klarsichthülle mit dem Logo des Veranstalters erfüllen ihren Zweck vollkommen.

Journalisten fragen häufig an, ob sie die Pressemappe bereits vor der Pressekonferenz erhalten können. Lehnen Sie dies ab. Zum einen werden sich diese Journalisten kaum bei Ihrer Pressekonferenz blicken lassen, zum anderen verschaffen Sie ihnen einen Zeitvorsprung vor der Konkurrenz – und die wird es Ihnen verübeln. Auch der Versuch, Sperrfristen einzuführen, hilft da immer weniger. Sperrvermerke (»Frei zur Veröffentlichung am ... ab ... Uhr«) sind generell unbeliebt. Sie kratzen am Selbstverständnis des Journalisten: Er hat die Neuigkeiten in der Hand, muss sie jedoch zurückhalten.

Pressegeschenk

Zum Thema Pressegeschenke sind die Ansichten geteilt: Die einen empfehlen kleine Aufmerksamkeiten, die anderen lehnen sie rundweg ab. Wenn jedoch eine gute Idee dahinter steht und Sie mit dem Thema einen Zusammenhang herstellen, ist ein Pressegeschenk plausibel – aber keine Pflicht.

Ein originelles Pressegeschenk ist keine Bestechung, sondern eine Geste, ein Dankeschön für den Besuch. Allzu wertvolle Gaben sollten Sie aber besser weglassen. Journalistenpräsente dürfen beim Beschenkten nicht den Eindruck vermitteln, dass er durch den Wert des Geschenks zu einer Veröffentlichung komplimentiert werden soll. Unpassend wäre auch, in Krisensituationen oder bei der Vorstellung eines Sparprogramms Geschenke an die Journalisten zu verteilen.

Bewirtung

Auch der eilige Journalist ist dankbar für eine Tasse Kaffee und ein paar Häppchen.

Grundsätze für die Bewirtung:

- *Bescheidenheit statt Luxus*
  Kaffee, Tee, Saft, Mineralwasser und Gebäck gehören zum Standardangebot. Anlass, Budget und Tageszeit sind entscheidende Vorgaben für üppigere Verpflegungsangebote.
  Vorteil einer Pressekonferenz kurz vor der Mittagszeit: Sie können anschließend die Journalisten noch mit einem leckeren Buffet verwöhnen. Allerdings darf der Anlass dem nicht entgegenstehen: Sparhaushalte, Rationalisierungsmaßnahmen, Verkündung eines Sozialplans und andere Krisensituationen sind nicht geeignet, von opulenten Mahlzeiten begleitet zu werden. Bescheidene und unaufdringliche Bewirtung wird in diesen Fällen angesagt sein. Auch soziale und öffentliche Einrichtungen werden zurückhaltender bei der Verköstigung der Journalisten sein müssen als eine renommierte Hotelkette, die zum Richtfest für eines ihrer Hotelneubauten einlädt. In solchen Fällen gehört das großzügige Buffet zur Pflichtübung, Imagepflege und Darstellung des Leistungsvermögens.
- *Kreativität statt Monstrosität*
  Wenn gepflegte Bewirtung angeboten werden soll, muss es keinesfalls immer Hummer und Kaviar sein, aber auch nicht unbedingt die Einheitsbrötchenhälften. Originelle, vielleicht rustikale oder regionaltypische Speiseangebote kommen gut an.
- *Erst arbeiten, dann essen*
  Sie sollten den Ablauf der Pressekonferenz nicht mit einer aufwendigen Bewirtung belasten. Da klappern dann die Teller, Teile überladener Canapés landen auf der Tischplatte und so mancher hört dabei nicht mehr zu, was die Redner vorne vortragen. Auch Bedienung während der Konferenz kann lästig und störend wirken. Unsensible Kellner sausen mit klirrenden Servierwagen durch den Saal, lassen den Kaffee in die Tassen plätschern und beginnen hier und da noch ein freundliches Servicegespräch.

Teilnehmer

Pressekonferenzen sind Chefsache. Das bedeutet: Die Hausleitung trägt vor und bittet ggf. fachorientierte Führungskräfte ergänzend und vertiefend das Wort zu ergreifen. Legen Sie fest, wer aus Ihrem Hause als kompetenter Fachmann »an die Front geht«.

Die Auswahlgrundsätze lauten:

- *Mischung statt Dopplung*
  Besser zwei Experten zu Teilaspekten des Themas als zwei Generalisten reden lassen, die sich schlimmstenfalls auch noch wiederholen
- *Teamvortrag statt Singlevortrag*
  Ein kleines Team von Fachleuten kann sich besser und geschickter Bälle zuspielen und auf Fragen variabel reagieren. Taktisch unklug wäre es, wenn die Pressekonferenz seitens des Veranstalters mit einer Person inhaltlich steht oder fällt.
- *Limit statt Masse*
  Vertreter des Veranstalters sollten nicht in allzu großer Zahl erscheinen. Tritt der Einladende mit einem Gefolge von 10 bis 20 Personen auf, während ihnen nur 5 oder 6 Pressevertreter gegenübersitzen, macht das keinen guten Eindruck. Außer dem Spre-

cher sollten es nie mehr als zwei, drei Experten sein. Diese wenigen Koreferenten müssen kompetent, redegewandt, verlässlich und hochrangig sein.

Um die Teilnehmer auf Seiten der Journalisten festzuhalten, legen Sie am Eingang zum Konferenzraum eine Anwesenheitsliste aus. Außer ihrem Namen tragen die Journalisten das Medium (Radio, TV, Zeitung) und das Fachressort ein.

Vorteile der Anwesenheitsliste:
- Nachweis der Resonanz der Pressekonferenz
- Ortung der Medien, in denen nach der Pressekonferenz nach redaktionellen Beiträgen gesucht werden muss
- Allen eingeladenen Pressevertretern, die nicht an der Konferenz teilgenommen haben, werden die Presseunterlagen nachträglich zugeschickt; evtl. kann damit noch der eine oder andere Medienbericht angeregt werden.

Einladungsverfahren

- *Einladungsliste*
  → Laden Sie diejenigen Journalisten ein, deren Medien sich für das Thema Ihrer Pressekonferenz interessieren könnten.
  → Entscheiden Sie, ob allgemeine Presse- und Fachpresse zusammen eingeladen werden sollen oder ob zwei getrennte Veranstaltungen zweckmäßig sind. Oft interessieren sich Fachjournalisten für Details, die Tageszeitungsleute wiederum langweilen.
  → Im Allgemeinen werden etwa 20 bis 50 Medienvertreter zu einer Pressekonferenz eingeladen.
  Grundsätzlich entscheidet das Thema über die Zahl der Journalisten. Es kommt vor, dass ein Thema nur für 5 bis 10 Journalisten von Interesse ist, andere Themen rufen Heerscharen von Medienvertretern zusammen. Die Zahl der Journalisten sagt also zunächst nur wenig über die Qualität Ihrer Medienarbeit aus.
  Namen und Adressen der Journalisten werden dem stets aktualisierten Presseverteiler Ihres Pressechefs entnommen (gegliedert z.B. nach Agenturen, Tageszeitungen, Wochenzeitungen, Magazinen, Lokalzeitungen, Fachzeitschriften, Hörfunk, Fernsehen).
  → Neben den Journalisten können zur Pressekonferenz auch Persönlichkeiten aus dem Fachgebiet, Geschäftspartner oder Wissenschaftler eingeladen werden.
- *Vorlaufzeit*
  → Ankündigung/Voreinladung
  Grundsätzlich gilt: Den Termin so früh wie möglich bekannt machen. Wenn der Anlass es zulässt, mindestens 10 bis 14 Tage vor dem Termin der Pressekonferenz. Wird die überregionale Presse eingeladen, beträgt der Vorlauf mindestens 2 bis 3 Wochen.
  In dieser kurzen schriftlichen Ankündigung (auch per FAX) steht nicht mehr als Datum und Uhrzeit, Ort und Anlass der Pressekonferenz. Zweckmäßig ist der Zusatz, dass nähere Informationen in den nächsten Tagen folgen.
  Die Redaktionen erhalten mit der Ankündigung die Möglichkeit, in ihrem Terminplan eine Vormerkung zu notieren und ihre Personalplanung darauf abzustimmen – oder auch nicht, je nach Interessenlage.
  → Einladung
  Die eigentliche Einladung geht den Medienvertretern spätestens 1 Woche vor der Pressekonferenz zu.
  → Erinnerung/»Nachfassen«
  2 bis 3 Tage vor der Pressekonferenz lassen Sie bei den wichtigsten Redaktionen anrufen und fragen, ob eine Teilnahme vorgesehen ist.
  Vorteile des »Nachfassens«:
  – Planungshilfe: Sie gewinnen einen ersten Überblick über die Teilnehmerzahl (wichtig für Raumausstattung, Bewirtung, Pressemappen etc.)

- Verteilerkorrektur: Bei Ihren Anrufen können Sie feststellen, ob die Adressen noch aktuell sind
- Motivation: So mancher Journalist zeigt plötzlich noch Interesse an dem Thema und erteilt eine Zusage.
- Organisationshilfe
Es kommt durchaus vor, dass Journalisten durch Ihren Anruf erstmalig von der geplanten Pressekonferenz hören. Die Einladungen waren verloren gegangen, übersehen oder an den falschen Redakteur geleitet worden.

- *Form der Einladung*
Verschiedene Formen der Übermittlung sind möglich. Die Gestaltung soll übersichtlich und zweckmäßig sein.
  → Persönliches Schreiben des Veranstalters
  → Gedruckte Karten mit handgeschriebenem Empfängernamen
  → Telefax, Telex
  → Elektronische Übermittlung (z.B. E-Mail)
- *Inhalt*

Folgendes Grundmuster für gedruckte Einladungen (A 5 oder A 6) dient Ihnen als Textvorlage, die Sie beliebig abwandeln und ausgestalten können:

Die wichtigsten inhaltlichen Bestandteile der Einladung sind:
→ Logo
→ Absender
→ Name des Eingeladenen
(möglichst persönliche Adresse, nicht an den Chefredakteur, nicht an den/die »Herrn/Frau Redakteur/in«, sondern an eine Person mit Vor- und Zunamen)
→ Bezeichnung der Veranstaltungsform (Pressekonferenz, Pressegespräch u.a.)
→ Anlass und Thema
(Formulieren Sie es aktuell, sachlich interessant und griffig. Aus der Einladung muss klar ersichtlich sein, worum es geht, dass die Spitze des Veranstalters einlädt und die geplante Konferenz kein reines Werbemeeting darstellt.)
→ Datum, Uhrzeit, ungefähre Dauer
→ Ort, ggf. Wegbeschreibung
→ Namen und Funktionen der Podiumsgäste, evtl. Themen ihrer Beiträge
→ Name, Funktion und Erreichbarkeit des Pressechefs oder Koordinators für Rückfragen

Textmuster für Einladungsschreiben zur Pressekonferenz entnehmen Sie bitte Seite 199.

- *Anlagen*
  → Antwortkarte frankiert; Textmuster:

Logo

Die Geschäftsführung
Der Sommerberg GmbH
bittet
_____

_____

zur Pressekonferenz mit dem Thema
»Neue Wege des Umweltschutzes«
am ... um ... Uhr
in das Hotel ARENA,
Waldkirchen

Imbiss   U.A.w.g.
                          Tel.:

Antwortkarte

❏ Ja, ich komme zur Pressekonferenz am ... um ... in ...

❏ Nein, ich kann leider nicht kommen. Senden Sie mir bitte nach der Veranstaltung die Unterlagen zu

❏ Ich benötige keine Informationen

Datum _____ Unterschrift _____

Besser noch ist ein vorbereitetes Antwortschreiben (A 4), das der Journalist nur in sein FAX-Gerät zu legen braucht. Textmuster siehe Seite 199
→ Fahrtskizze
→ Lageplan
→ Parkhinweis, Parkkarte, Parkgutschein

Zu Ihrer Pressekonferenz werden viele Medienvertreter trotz Anmeldung nicht erscheinen. Einige werden Vertreter schicken, andere werden kommen, die Sie nicht eingeladen haben. Nehmen Sie es nicht zu genau: Ermöglichen Sie auch diesen »Nachzüglern« und »Newcomern« die Teilnahme an Ihrer Pressekonferenz. Ausnahme: Sie befürchten, dass von diesen Personen Störungen der Veranstaltungen ausgehen.

Platzierung
- Platzieren Sie die Medienvertreter so, dass sie die Referenten gut hören und die ggf. gezeigten Folien oder Dias gut sehen können. Stellen Sie genügend Arbeitsfläche bereit: Jeder Journalist sollte mindestens 70 cm Tischbreite zur Verfügung haben.
- Platzieren Sie den Veranstalter (das Podium, die Kopfseite) nicht direkt neben dem Eingang. Die Unruhe, die vom Kommen und Gehen der Gäste verursacht wird, stört die Konzentration erheblich.
- Wählen Sie – wenn möglich – für Ihre Tischordnung die U-Form. Sie ist kommunikationsfreundlich und schafft partnerschaftliche Arbeitsatmosphäre. Fotojournalisten und Kameraleute haben freie »Schussbahn« zur Kopfseite.
- Lassen Sie für jeden Repräsentanten des Veranstalters Namensschilder mit Vor- und Zunamen, Titel und seiner Funktion anfertigen. Achten Sie darauf, dass die Schriftgröße ausreicht, um den Namen auch aus 8 bis 10 Metern Entfernung noch gut lesen zu können.
- Die anwesenden Journalisten werden nicht mit Namensschildern ausgestattet. Zum einen sind sie es nicht gewohnt, zum anderen haben Sie vor der Pressekonferenz kaum Gewissheit, welcher Journalist letztendlich teilnehmen wird.

Ablauf
An folgendem Beispiel wird das Grundmuster für den Ablauf einer Pressekonferenz deutlich:

Uhrzeit	Aktivität	Inhalt	Durchführender
10.00 Uhr bis 10.05 Uhr	• Begrüßung • Vorstellung des Veranstalters und der Referenten • Überleitung zum Thema A		Pressechef
10.05 Uhr bis 10.15 Uhr	Statement zum Thema A	• Einführung mit visueller Darstellung (Schaubild, Modell, Projektion) • Hinweis auf ausführliche schriftliche Unterlagen mit Bildern in der Pressemappe • Überleitung zu den Ausführungen des Spezialisten für Thema B • Vorstellung des Spezialisten für Thema B	Höchstrangiger Repräsentant des Veranstalters

Uhrzeit	Aktivität	Inhalt	Durchführender
10.15 Uhr bis 10.20 Uhr	Kurzreferat zum Thema B	• Sachinformationen zum Spezialgebiet mit visueller Darstellung • Hinweis auf ausgearbeitete Unterlagen in der Pressemappe	Zuständiger Fachmann
10.20 Uhr bis 10.22 Uhr	Zwischenmoderation für Thema C	• Vorstellung eines externen Gastreferenten • Überleitung zum Thema C	Pressechef
10.22 Uhr bis 10.27 Uhr	Kurzreferat zum Thema C	Sachinformationen zu einem Spezialbereich	Externer Gastredner
10.27 Uhr bis 10.30 Uhr	Zwischenmoderation	• Dank an den Gastredner • Hinweis auf schriftliches Kurzreferat in der Pressemappe • Überleitung zur offenen Fragestunde, in der die Vortragenden zur Verfügung stehen	Pressechef
Ab 10.30 Uhr bis ca. 11.00 Uhr	Offene Fragerunde	• Fragen der Journalisten an die Referenten • Moderation durch Pressechef	Referenten Journalisten Pressechef
11.00 Uhr bis 11.02 Uhr	Verabschiedung	• Dank an die Medienvertreter für ihr Erscheinen • Hinweis auf die Möglichkeit zu Einzelinterviews und Fotos bzw. Film • Überleitung zum Imbiss	Pressechef
11.02 Uhr bis ca. 11.30 Uhr	Imbiss		Alle Teilnehmer der Pressekonferenz

Dokumentation

Entscheidendes Kriterium für den Erfolg einer Pressekonferenz ist der Umfang und der Tenor der Berichterstattung in den Medien. *Zur Nachbereitung Ihrer Pressekonferenz analysieren Sie folgende Fragen:*

- Welche Journalisten sind eingeladen worden und wer hat an der Pressekonferenz teilgenommen?
- Welche der anwesenden Journalisten haben berichtet?
- Wie umfangreich haben sie berichtet?
- Welche Tendenz lässt die Berichterstattung erkennen?
- Welche Aussagen wurden aufgegriffen oder wörtlich zitiert?
- Gab es fehlerhafte Berichte?

Für die qualitative und quantitative Medienanalyse brauchen Sie einen möglichst breiten Überblick über die Medienresonanz. Bei der Suche nach Veröffentlichungen und der Zusammenstellung eines Pressespiegels leisten »Ausschnittdienste« Unterstützung.

Je nach Auftrag durchforsten diese Büros mehrere hundert Zeitungen und Zeitschriften, aber auch Fernsehprogramme nach Beiträgen zu bestimmten Stichworten oder Themenbereichen.

Checkliste: Pressekonferenz

Ziff.	Aktivitäten/Maßnahmen	Zu erled. von	Erled. am
1.	**Termin festlegen** Beachten Sie:		
1.1	• Überschneidungen vermeiden insbesondere mit wichtigen lokalen Ereignissen z.B. in Politik, Wirtschaft, Kultur, Sport, Unterhaltung		
1.2	• Anfragen bei Institutionen, die Pressetermine notieren oder koordinieren, zur Verminderung des → Kollisionsrisikos: → Presseagenturen → Presseämter → Journalistenclubs → Industrie- und Handelskammern → Bundesverband der Deutschen Industrie → Presse- und Informationsämter der Landesregierungen und der Bundesregierung		
1.3	• Blick in professionell recherchierte Terminpressedienste		
1.4	• Telefonische Terminanfrage bei Medienvertretern, die Ihnen besonders wichtig sind		
1.5	• Wahl des Wochentages → Dienstag, Mittwoch, Donnerstag am besten → Montag meiden → Freitagnachmittag ungünstig		
1.6	• Wahl der Uhrzeit → Vormittags: günstig zwischen 09.00 Uhr und 12.00 Uhr → Nachmittags: ungünstig, weil Redaktionsschluss zu nahe rückt → Abends: nicht so sehr für Pressekonferenzen als für Kamingespräche und Hintergrundgespräche geeignet		

Ziff.	Aktivitäten/Maßnahmen	Zu erled. von	Erled. am
	→ Aktuelle Übersicht über den Redaktionsschluss aller wichtigen Medien erleichtert die Festlegung der Uhrzeit		
2.	**Festlegung des Budgets**		
2.1	• Vorüberlegungen		
	→ Interne oder externe Durchführung		
	→ Lokale oder überregionale Medienbeteiligung		
2.2	• Budgetpositionen		
	→ Druck der Einladungen, Porto		
	→ Pressemappen, Fotos		
	→ Saalmiete, Raumbetriebskosten		
	→ Raumausstattung		
	→ Beschallung		
	→ Bewirtung		
	→ Gerätemiete (evtl. auch PC's)		
	→ Demonstrationsmaterial (z.B. Zeichnungen, Pläne, Fotos, Modelle)		
	→ Telefon, FAX		
	→ evtl. Dolmetscher		
	→ Parkplatzreservierung		
3.	**Veranstaltungsort bestimmen**		
3.1	• Vorüberlegungen		
	→ Welchen Eindruck von meinem Unternehmen will ich mit der Ortswahl vermitteln oder vermeiden?		
	→ Eine gemeinnützige Einrichtung z.B. wäre schlecht beraten, mit ihrer Pressekonferenz in ein Luxushotel zu gehen. Eine Schuhfirma kann z.B. eine historische Schuhfabrik für ihre Pressekonferenz nutzen.		

Checkliste: Pressekonferenz

Ziff.	Aktivitäten/Maßnahmen	Zu erled. von	Erled. am
	→ Mit welcher Ortswahl unterstreiche ich am sinnvollsten den Anlass meiner Pressekonferenz?		
	→ Lässt sich mein Thema durch eine bestimmte Ortswahl interessanter und praxisbezogener darstellen?		
	→ Lenkt ein Lokaltermin eher von meinem Thema und der Botschaft, die ich vermitteln will, ab?		
3.2	• Gute Erreichbarkeit für die Journalisten		
	→ Bus		
	→ Bahn		
	→ Autobahn		
	→ Bundesstraße		
	→ evtl. Transferservice anbieten		
3.3	• Intern oder extern		
	→ Interne Durchführung (z.B. Sitzungssaal, Kantine, Vereinshaus)		
	→ Externe Durchführung – Hotel – Konferenz- und Tagungszentrum – Restaurant (separater Raum) – Gästehäuser – Pressezentren, Presseclubs, Häuser von Journalistenvereinigungen – »vor Ort« z.B. Fabrikhalle, Produktionsstätte, Museum, Ausstellungsraum, Krankenhaus, Sporthalle – Videokonferenz; Zuschaltung von Journalisten per Bildschirm von verschiedenen Orten		
3.4	• Raumeignung		
	→ angemessene Größe (nicht zu groß, halb leere Räume wirken schlecht besucht)		
	→ richtige Höhe (hoch genug z.B. für die Aufstellung einer Projektionsleinwand, die von allen Plätzen gut sichtbar sein muss)		
	→ ruhige Lage (Außenlärm, weitere Veranstaltungen im Hause) regelbare Heizung, Klimaanlage		

Ziff.	Aktivitäten/Maßnahmen	Zu erled. von	Erled. am
	→ Licht zum Arbeiten (aber auch: Verdunkelungstechnik)		
	→ gute Akustik		
3.5	• Raumausstattung		
	→ bequeme Stühle, Reservestühle		
	→ funktionale Tische		
	→ evtl. Podium, Rednerpult		
	→ Logo		
	→ geeigneter Bildhintergrund an der Kopfseite (Gegenlicht!)		
	→ einwandfreie Beschallung (Techniker anwesend)		
	→ jede Menge Steckdosen (für die Kamerateams; Belastung des Stromnetzes?)		
	→ Projektionsgeräte (Overheadprojektor, Diaprojektor)		
	→ Video-/Tonwiedergabe		
	→ Flipchart		
	→ Namensschilder		
	→ Dekoration, Blumen		
3.6	• Nebenräume/Ausstattung (bei Bedarf; Eignung auch für Interviews)		
	→ Telefon		
	→ FAX		
	→ Kopiergerät		
4.	**Pressemappe** Inhalt z.B.		
4.1	• Deckblatt/Inhaltsverzeichnis		
4.2	• Ablaufplan der Pressekonferenz		
4.3	• Pressemitteilung		
	→ Kurzfassung (»Waschzettel«) von max. 20 Zeilen für die Meldungsspalte		

Checkliste: Pressekonferenz

Ziff.	Aktivitäten/Maßnahmen	Zu erled. von	Erled. am
	→ Langfassung von 1 bis 2 Seiten mit Auszügen aus den Statements des Veranstalters.		
4.4	• Veranstalterpräsenzliste Liste der anwesenden Vertreter des Veranstalters mit Titel und Funktion		
4.5	• Hausinformation Auch: »Image-Broschüre«; Kurzporträt Ihres Unternehmens mit den wichtigsten Grundinformationen		
4.6	• Rede- und Vortragsmanuskripte		
4.7	• Fotomaterial, grafische Darstellungen		
4.8	• Notizblock, Kugelschreiber		
5.	**Pressegeschenk** Wenn, dann als originelle Geste. Kein Protz oder Luxus.		
6.	**Bewirtung**		
6.1	• Bescheidenheit statt Luxus Standardangebot: → Kaffee → Tee → Mineralwasser → Gebäck		
6.2	• Kreativität statt Monstrosität (z.B. regionaltypische Speisen)		
6.3	• Erst arbeiten, dann essen → Canapés, Buffet erst nach der Konferenz → Keine Bedienung während der Konferenz		
7.	**Teilnehmer** Auswahlgrundsätze für Teilnehmer aus dem eigenen Haus:		
7.1	• Mischung statt Doppelung Besser zwei Experten zu Teilaspekten als einen Generalisten für alles		

Ziff.	Aktivitäten/Maßnahmen	Zu erled. von	Erled. am
7.2	• Teamvortrag statt Singlevortrag Ungünstig: Die Pressekonferenz steht oder fällt mit einer Person		
7.3	• Limit statt Masse Außer dem Sprecher der Leitung und dem Pressechef nicht mehr als 2 bis 3 Experten		
8.	**Einladungsverfahren**		

8.1	• Einladungsliste
	→ 20 bis 50 Medienvertreter sind das Übliche
	→ Entscheidung:
	  – Allgemeine Presse allein
	  – Fachpresse allein
	  – Beide zusammen
	  – Zwei getrennte Veranstaltungen
	→ Zusätzliche Einladungen z.B. an
	  – Persönlichkeiten aus dem Fachgebiet
	  – Geschäftspartner
	  – Wissenschaftler		

8.2	• Vorlaufzeit → Ankündigung/Voreinladung Mind. 10 – 14 Tage vor der Pressekonferenz. Wird überregionale Presse eingeladen: mind. 2 bis 3 Wochen Vorlaufzeit → Einladung Spätestens 1 Woche vor der Veranstaltung wird die eigentliche Einladung abgeschickt → Erinnerung/»Nachfassen« 2 bis 3 Tage vor der Pressekonferenz telefonisch bei den wichtigsten Redaktionen		
8.3	• Form → Persönliches Schreiben des Veranstalters → Gedruckte Karten mit handgeschriebenem Empfängernamen → Telefax, Telex → Elektronische Übermittlung (z.B. E-Mail)		

Checkliste: Pressekonferenz

Ziff.	Aktivitäten/Maßnahmen	Zu erled. von	Erled. am
8.4	• Inhalt		
	→ Logo		
	→ Absender		
	→ Name des Eingeladenen (möglichst persönliche Adresse, nicht an den Chefredakteur, nicht an den/die »Herrn/Frau Redakteur/in«, sondern an eine Person mit Vor- und Zunamen)		
	→ Bezeichnung der Veranstaltungsform (Pressekonferenz, Pressegespräch u.a.)		
	→ Anlass und Thema (Formulieren Sie es aktuell, sachlich interessant und griffig)		
	→ Datum, Uhrzeit, ungefähre Dauer		
	→ Ort, ggf. Wegbeschreibung		
	→ Namen und Funktionen der Podiumsgäste, evtl. Themen ihrer Beiträge		
	→ Name, Funktion und Erreichbarkeit des Pressechefs oder Koordinators für Rückfragen		
8.5	• Anlagen		
	→ Antwortkarte		
	→ Fahrtskizze		
	→ Lageplan		
	→ Parkhinweis, Parkkarte, Parkgutschein		
9.	**Anwesenheitsliste/Journalisten** Liegt am Eingang aus. Rubriken:		
9.1	• Name, Vorname		
9.2	• Medium		
	→ Presse		
	→ Radio		
	→ TV		
9.3	• Fachressort		

Ziff.	Aktivitäten/Maßnahmen	Zu erled. von	Erled. am
10.	**Platzierung** **Grundsätze:**		
10.1	• Gute Sicht für die Journalisten von allen Plätzen		
10.2	• Veranstalter nicht neben dem Eingang		
10.3	• Tischordnung in U-Form		
10.4	• Arbeitsfläche an den Tischen der Journalisten: mind. 70 cm Tischbreite		
10.5	• Namensschilder für alle Repräsentanten des Veranstalters		
11.	**Letzter Checkup** Ca. 1 Stunde vor der Veranstaltung		
12.	**Nach der Pressekonferenz**		
12.1	• Informationen/Pressemappe an eingeladene Redaktionen, die nicht anwesend waren		
12.2	• Pressespiegel zusammenstellen → Auswertung in der eigenen Pressestelle → Auswertung durch »Ausschnittsdienst«		
12.3	• Dokumentation Auswertung folgender Fragen: → Welche Journalisten sind eingeladen worden und wer hat an der Pressekonferenz teilgenommen? → Welche der anwesenden Journalisten haben berichtet? → Wie umfangreich haben sie berichtet? → Welche Tendenz lässt die Berichterstattung erkennen? → Welche Aussagen wurden aufgegriffen oder wörtlich zitiert? → Gab es fehlerhafte Berichte?		
12.4	• Zusammenfassung/Bericht über Presseecho für innerbetriebliche Information (z.B. Info-Tafel, Mitarbeiterzeitung		

Einladung zur Pressekonferenz

Einladung

zur Pressekonferenz mit der Buntlack AG

Datum:	Dienstag, den 9. Februar 1999
Uhrzeit:	10.00 Uhr
Ort:	Buntlack AG, Werk Ost, Bad Neualpen, Schillerstraße 35, TOR 1
Themen:	• Erweiterung der Produktionsstätte, Neubauten • Schaffung neuer Arbeitsplätze • Umweltschutzmaßnahmen
Gesprächspartner:	• Hans Bergheim Vorsitzender des Vorstandes der Buntlack AG
	• Dipl.-Ing. Peter Fernau Leiter Produktion der Buntlack AG
	• Dr. Klaus Rasow Pressechef der Buntlack AG

Antwortschreiben oder Fax

Antwortschreiben oder Fax: Absender:

Buntlack AG
Pressechef
Dr. Klaus Rasow
Schillerstraße 35
64831 Bad Neualpen
Fax-Nr.: 0631-406213

Pressekonferenz Buntlack AG
9. Februar 1999
Bad Neualpen

☐ Ja, wir kommen gerne zur Pressekonferenz am 9. Februar 1999
im Werk Ost der Buntlack AG, Schillerstraße 35, 64831 Bad Neualpen

Aus unserer Redaktion kommt:

_____
Name, Vorname   (Bitte deutlich schreiben)

☐ Nein, wir können nicht kommen. Bitte senden Sie uns Informationsmaterial zu.

Bitte senden Sie uns das Antwortschreiben bis zum 2. Februar 1999 zurück.
Vielen Dank

3.14 Richtfest

Von den Feierlichkeiten rund um den Hausbau gehört das Richtfest (auch: Weihefest, Hebefest, Hebauf, Aufschlagfest) nicht nur zu den traditionellen Pflichtveranstaltungen, sondern übt auch auf Bauherrn, Handwerker und Gäste immer wieder eine besondere Anziehungskraft aus.

Wenn das Bauvorhaben »aus dem Gröbsten raus ist« und die Zimmerleute nach altem Brauch den bunten Richtkranz in den Dachstuhl setzen, möchte man gern teilhaben am Stolz und der Freude des Bauherrn, ist man neugierig auf das erste begehbare Innenleben des Bauwerks.

Anlass
Abschluss des ersten Bauabschnitts, Fertigstellung des Rohbaus, Errichtung des Dachstuhls.

Ziel und Form
Bauherren von Geschäftshäusern und öffentlichen Bauprojekten verkünden mit dem Richtfest ihren Geschäftspartnern, Kunden und der breiten Öffentlichkeit die frohe Botschaft, dass ein entscheidender Schritt auf dem Weg zur Fertigstellung des Bauvorhabens erfolgreich getan ist und der Nutzungsbeginn für alle Interessenten nun ins absehbare Kalkül tritt.

Professionell vorbereitet und organisiert kann mit dem Richtfest eine wirkungsvolle Werbe- und PR-Maßnahme verbunden werden.

Seit alters her haben die Zimmerleute bei der Gestaltung der traditionellen Elemente und Formen des Richtfestes eine zentrale Position. Dies betrifft vor allem Richtkranz und Richtspruch.

Nach wie vor ist es der schönste Brauch, wenn
- die Zimmerleute selbst den Richtkranz (auch Richtkrone; Maien) auf den Rohbau setzen;
- kundige Zimmermannsfrauen das Tannenbäumchen oder den Birkenwipfel mit bunten Bändern schmücken und dabei eine Flasche Wein mit Trinkglas für den Zimmermann einbinden, der den Richtspruch (auch: Giebelrede) spricht.

Natürlich können Sie den Richtkranz auch in großen Blumengeschäften bestellen. Das Kranzgestell wird dann mit Blumen und Bändern Ihrer Wahl bestückt.

Der Richtspruch des Zimmermanns fasst die Freude über das gute Gelingen des Bauwerks in gereimten Versen zusammen.

Hauptbestandteile der meisten Richtsprüche:
- Freude über das vollbrachte Werk
- Dank an den Herrgott
- Dank an den Bauherrn
- Lob dem Architekten, der Bauleitung, den Handwerkern
- Humor, Witz und Ironie.

Beispiele für Richtsprüche finden Sie im Anhang zu diesem Abschnitt.

Datum
Der ideale Veranstaltungstag für das Richtfest ist erfahrungsgemäß der Freitag.
Die am Bau beteiligten Bauhandwerker sind noch auf der Baustelle, ihr Wochenende wird nicht angetastet. Die geladenen Gäste können sich ruhigen Gewissens in der entspannten Atmosphäre einer Open-End-Veranstaltung bewegen.

Der Veranstaltungsbeginn sollte auf die Mittagszeit gelegt werden.

Dauer
Richtfeste »ziehen« sich. Erfahrungsgemäß oft bis zum zeitlichen Rand des Möglichen. Zeitspannen von mindestens 4 bis zu 8 Stunden sind keine Seltenheit. Vor allem bei guten Wetterbedingungen, vorzüglicher Bewirtung und ausgelassener Stimmung sollten Sie sich auf ein ausgedehntes Verweilen Ihrer Gäste einstellen.

Es soll vorkommen, dass manche Gäste mehr alkoholische Getränke konsumieren als vorher eingeplant. Als umsichtiger Gastgeber sollten Sie im Sinne Ihrer Gäste Vorsorge treffen und die Telefonnummer der nächsten Taxizentrale bereithalten.

Budget
Als Kostenpositionen sind einzuplanen:
- Richtkranz
- Imbiss und Getränke (Richtschmaus)
- Servicepersonal
- Druck der Einladungen
- Porto
- Musikkapelle
- Pavillons (offene weiße Zelte)
- Blumenschmuck, Grüngruppen
- Bier- und Weinstand
- Tische, Bänke
- Holzkohlengrill
- Beschallung, Mikrotechnik, Rednerpult
- Gläser, Geschirr, Besteck
- Baustellensicherung, Gebäudesicherung (Holzbodenelemente, Zäune, Absperrband und -ständer)
- Toilettencontainer
- Anfertigung eines Modells des Bauvorhabens

Ort
Auf dem Gelände vor dem Rohbau oder in der Halle des Rohbaus ist meist ausreichend Platz für das Richtfest.
Nur in Ausnahmefällen sollten sie den Umtrunk nach dem feierlichen Richtfestzeremoniell an einen anderen Ort verlegen, da dann der unmittelbare Bezug zum Objekt der Freude verloren geht.
Für die Ausstattung vor Ort ist alles erlaubt, was die ohnehin schon rustikale Rohbauumgebung unterstreicht: So können z.B.
- Klapptische, Hocker
- Sägetische
- Ziegelsteine (geschichtet)
- Holzbalken und -bretter mit Sitzkissen
- Zementbehälter (umgedreht und abgedeckt)

herkömmliche Tische und Bänke als Sitz- und Abstellgelegenheiten ergänzen.

Einladungsverfahren
- *Vorlaufzeit*
  3 bis 4 Wochen vor der Veranstaltung Versand der Einladungen
- *Einladungsliste*
  → Pflichteinladungen/Bau
  Architekt, Bauleitung, Bauhandwerker, Baufirmen
  → Einladungen/geschäftlich
  z.B. Firmen-/Behördenleitung; Belegschaft; lokale und überregionale Repräsentanten von Politik, Verwaltung, Tarifparteien, Verbänden; Geschäftspartner; Kunden
  → Einladungen/privat
  Familie, Freunde, Bekannte, Nachbarn
- *Einladungsform*
  Gedruckte Einladungskarten oder persönliche Einladungsschreiben für bereits bekannte Gäste; Zeitungsanzeigen für Interessenten aus der breiten Öffentlichkeit.

Richtschmaus
Das Speisen- und Getränkeangebot beim Richtfest sollte dem improvisierten Ambiente angepasst sein.
- Rustikal
- Herzhaft
- Im Stehen essbar (Gabelbuffet)
- Variationsreich (für jeden etwas)
- Ohne großen Aufwand platzierbar.

Passend zur rauen Umgebung einer Baustelle: Rustikaler Imbiss, praktischerweise in Buffetform. Angebot:
- Frische Laugenbretzel
- Belegte Brötchen, Schmalzbrote
- Frikadellen
- Gulaschsuppe
- Grillgut: Würstchen, Fleischspieße
- Bier
- Wein
- Schnaps
- Kaffee
- Säfte
- Wasser

Ablauf
Folgender Standardablauf dient als Leitfaden:
- Musikalische Einstimmung früher Gäste und Zuschauer durch eine Musikkapelle

(Beginn: ca. 30 Min. vor Veranstaltungsstart).
- Zünftigen Eindruck macht eine Kapelle in Zimmermannskluft.
- Begrüßung der Gäste
- Begrüßungsgetränke werden gereicht
- Ansprachen und Grußworte (Bauherr, Architekt, weitere ausgewählte Persönlichkeiten)
- Servicekräfte verteilen gefüllte Schnapsgläser an alle Gäste
- Richtspruch durch den Polier
- Alle Anwesenden stoßen auf das gute Gelingen des Bauwerks an
- Hochziehen des Richtkranzes und gleichzeitig Einsetzen der Musikkapelle
- Führungen des Bauherrn und des Architekten durch das entstehende Bauwerk (zunächst mit prominenten Gästen und Pressevertretern)
- Richtschmaus mit musikalischer Unterhaltung und evtl. künstlerischem Rahmenprogramm

Vielfach ist auch üblich, die Ansprachen und Grußworte nach dem Richtspruch und dem Heben der Richtkrone zu halten. Allerdings hält sich die Spannung der Zuschauer länger, wenn nach dem angeführten Musterablauf verfahren wird.

Medienbegleitung
Der Umfang der Einladung von Medienvertretern richtet sich nach der Bedeutung des Bauwerks für Geschäftspartner, Kunden, gesellschaftliche Institutionen und die breite Öffentlichkeit sowie den PR- und Werbezielen des Bauherrn.

Checkliste: Richtfest

Ziff.	Aktivitäten/Maßnahmen	Zu erled. von	Erled. am
1.	**Budgetrahmen festlegen**		
1.1	• Imbiss und Getränke (Richtschmaus)		
1.2	• Servicepersonal		
1.3	• Richtkranz		
1.4	• Druck der Einladungen		
1.5	• Porto		
1.6	• Musikkapelle		
1.7	• Anfertigung eines Baumodells		
1.8	• Pavillons		
1.9	• Blumenschmuck, Grüngruppen		
1.10	• Bier- und Weinstand		
1.11	• Tische, Bänke, Grill		
1.12	• Beschallung, Mikrotechnik, Rednerpult		
1.13	• Gläser, Geschirr, Besteck		

Checkliste: Richtfest

Ziff.	Aktivitäten/Maßnahmen	Zu erled. von	Erled. am
1.14	• Baustellensicherung. Gebäudesicherung (Holzboden, Zäune)		
1.15	• Toilettencontainer		
2.	**Termin abstimmen** mit Bauleitung und Architekt etwa 6 bis 8 Wochen vor dem Richtfest		
3.	**Einladungsverfahren**		
3.1	• Einladungsliste zusammenstellen → Pflichteinladungen/Bau; Architekt, Bauleitung, Bauhandwerker, Baufirmen → Einladungen/geschäftlich → Einladungen/privat		
3.2	• Einladung entwerfen		
3.3	• Druckauftrag		
3.4	• Versand (3 bis 4 Wochen vor Veranstaltung)		
4.	**Redner festlegen, verpflichten**		
5.	**Ablauf festlegen**		
5.1	• Rednerfolge und -einweisung		
5.2	• Abstimmung mit Zimmerleuten		
6.	**Bewirtung festlegen**		
6.1	• Frische Laugenbretzel		
6.2	• Belegte Brötchen, Schmalzbrote		
6.3	• Gulaschsuppe		
6.4	• Grillgut (Würstchen, Frikadellen, Fleischspieße)		
6.5	• Bier		
6.6	• Wein		
6.7.	• Schnaps		

Ziff.	Aktivitäten/Maßnahmen	Zu erled. von	Erled. am
6.8	• Säfte		
6.9	• Wasser		
6.10	• Kaffee		
7.	**Aufträge an Zulieferer, Ausstatter und Dienstleister**		
7.1	• Speisen und Getränke (Catering)		
7.2	• Servicepersonal		
7.3	• Beschallung, Mikrotechnik, Rednerpult		
7.4	• Blumen, Grüngruppen		
7.5	• Bänke, Tische, Bistrotische		
7.6	• Holzkohlengrill		
7.7	• Pavillons (offene, weiße Zelte)		
7.8	• Bier- und Weinstand		
7.9	• Gläser, Geschirr, Besteck		
7.10	• Grundstein vorbereiten (Maurer)		
7.11	• Modell vom Bauvorhaben		
7.12	• Fotograf/in		
7.13	• Beflaggung		
7.14	• Baustellensicherung, Gebäudesicherung → Wege: Holzbodenelemente → Beschilderung → Zäune → Absperrbänder		
7.15	• Toilettencontainer		
7.16	• Parkplätze		
8.	**Aufträge an eigenes Personal**		
8.1	• Begrüßung der Gäste		
8.2	• Gästebuch		

Checkliste: Richtfest

Ziff.	Aktivitäten/Maßnahmen	Zu erled. von	Erled. am
8.3	• Evtl. Vorbereitung eines Gebäudes für Umtrunk (bei extrem schlechter Wetterlage)		
8.4	• Betreuung der Pressevertreter → Pressemappen auslegen → Pressegespräche organisieren → Baupläne/-skizzen aushängen → Modell des Bauvorhabens ausstellen		
9.	**Bei größerem Gästekreis:**		
9.1	• Verkehrslenkende Maßnahmen (Örtliche Polizei)		
9.2	• Notarztbereitschaft		
10.	**Letzter Checkup** Ca. 2 Stunden vor Beginn der Veranstaltung		
11.	**Nach der Veranstaltung** Dank und Feedback an alle Helfer		

Richtspruch

Durch ihren Ruf im weiten Land
die Firma hier ist wohlbekannt,
die bald in stolzer Festesfreude
bezieht dies stattliche Gebäude.

Der Weg war lang, der Weg war schwer,
bald war die Kasse voll, bald leer.
Es kamen Krieg und schwere Krisen,
doch diese Firma hat bewiesen,
daß zäher Fleiß und Zuversicht
und die Erfüllung seiner Pflicht
die Schwierigkeiten meistern kann,
wenn an der Spitze steht ein Mann,
an Wagemut und Tatkraft stark
und treu der Sache bis ins Mark.

Mit unvergleichlichem Geschick,
natürlich auch mit etwa Glück,
ist hier ein Werk geschaffen worden,
wie man's nicht findet allerorten.

So ist nun auch dies Haus gebaut,
daß jeder seine Lust dran schaut.
Bald wird hier reges Leben sein,
die Kundschaft gehet aus und ein,
und in die Halle wird gebracht –
daß uns das Herz im Leibe lacht –
die Ware, die ein jeder mag,
zu reicher Auswahl Tag für Tag.

Nun höret noch von diesem Ort
nach altem Brauch ein Segenswort!

Zuerst der Chef sei jetzt genannt,
für den das Bauwerk hier erstand.
Wir fühlen uns mit ihm verbunden
in guten und in miesen Stunden.
Ihn schütz' der Herrgott jederzeit
vor Ungemach und herbem Leid!

Dem Meister gilt ein Lob sodann,
der zu dem Bau gemacht den Plan.
Er hat mit Kunst und mit Bedacht
ein schönes Werk zustandgebracht.

Dann sei das Handwerk auch genannt,
das hier mit Fleiß und mit Verstand,
mit Umsicht in so vielen Dingen
sein Bestes gab zu dem Gelingen.

So weih' ich jetzt das Bauwerk ein
mit diesem vollen Glase Wein:
Der Herrgott möge es bewahren
vor Feuers- und vor Kriegsgefahren!
Die Firma –, sie soll leben,
drauf trinke ich den Saft der Reben.
Dem Chef entbieten wir jetzt noch -
ein dreifach kräftig: Hoch! Hoch! Hoch!

Quelle: Zünftige Richtsprüche, Bruderverlag 1995

Richtspruch

Mit Gunst und Erlaubnis!

Nach wack'rer Arbeit, Müh'n und Plagen
hat nun die Feierstund geschlagen.
Gar stattlich steht zu unserer Freude
gerichtet da, das neu' Gebäude.

Am Firste grüßt die lieben Gäste
der Tannenbaum zum Richtefeste,
und froh und stolz ist jeder heute,
vorab die Zunft der Zimmerleute.

Von alter Kunst und echter Art
hat unser Ort sich manch's bewahrt.
Und so wird auch der Neubau hier
der Handwerkskunst zu einer Zier.

Seh'n wir auf das, was schon vollbracht,
das Herz uns froh im Leibe lacht.
Für alt und jung in unsren Landen,
zu aller Nutzen ist's erstanden.

Was Fleiß und Tüchtigkeit erspart,
wird hier verwaltet und verwahrt,
gibt Zinsen hundertfältig wieder
an Stadt und Kreis und ihre Glieder.

So laßt mich nun den Neubau weihen:
Handel und Handwerk mögen gedeihen!
Des Richtbaums leuchtendes Tannengrün
bedeutet dem Lande Aufstieg und Blüh'n!

Nun bin ich bei der Rede Schluß.
Damit keiner länger warten muß,
hebe ich jetzt dieses Glas empor
und bringe meinen Spruch hervor.

Dieses Glas:
Gott zur Ehr', der Stadt zum Segen,
dem Handwerk zum Ruhme allerwegen!

Quelle: Zünftige Richtsprüche, Bruderverlag 1995

3.15 Seminar

Es lernt der Mensch, solang er lebt ...
Die ständig sinkenden Halbwertzeiten des Wissens haben zur Folge, das wir uns um die Anpassung unseres Wissens bemühen müssen, wollen wir keine empfindlichen Kompetenzverluste in Kauf nehmen.
Berufliche Eingliederung und Anpassung, Status- und Karrieregesichtspunkte, Arbeitsplatzsicherung und Kompetenzerweiterung sind ohne Fortbildung kaum zu erreichen.
An den Erfolg ihrer Mitarbeiter ist auch eng der Erfolg der Unternehmen und Behörden gekoppelt. Fort- und Weiterbildung bedeuten daher in Wirtschaft und Verwaltung eine absolut notwendige Investition in die Zukunft. Lebenslanges Lernen ist gefordert.
Zentrales Instrument beruflicher Weiterbildung ist das Seminar. Hohe Beträge werden von Unternehmen und Behörden jährlich in Seminarveranstaltungen investiert. Ein guter Grund, Ihnen als Seminarveranstalter bewährte Insidertipps zu verraten, wie Sie Ihr Seminar erfolgreich organisieren.

Anlass und Veranstaltungsform

Führungskräfte haben die Aufgabe,
- den Fortbildungsbedarf ihrer Mitarbeiter zu ermitteln
- ihre Mitarbeiter zur Fortbildung anzuregen
- ihre Fortbildungsinitiativen zu unterstützen
- sie bei ihren Fortbildungswünschen zu beraten
- ihnen die notwendige Zeit für den Besuch von Fortbildungsseminaren einzuräumen und
- ihnen Gelegenheit zu geben, erworbenes Wissen und Können am Arbeitsplatz umzusetzen.

Unter dem Oberbegriff »Seminar« wird eine Vielzahl von Veranstaltungsformen praktiziert:
- Verhaltenstraining
- Produktpräsentation
- Meeting
- Podiumsdiskussion
- Moderationsmarkt
- Vortrag, Referat
- Incentiveveranstaltung
u.a.m.

In der Praxis werden diese Bezeichnungen häufig gewählt, um den Seminaranlass zu konkretisieren und plakativ zu beschreiben.

Ziel und Gestaltung

Fortbildungsveranstaltungen werden idealerweise als fein abgestuftes System von Seminarangeboten entwickelt. Abgestimmt auf die zeitlichen Phasen des Berufslebens der Mitarbeiter. Unterschieden werden folgende Seminarziele:
- Einführungsseminare
 für Nachwuchskräfte und Seiteneinsteiger
- Anpassungsseminare
 als berufsbegleitende Fortbildung zur Erhaltung und Verbesserung der beruflichen Qualifikation
- Förderungsseminare
 Vorbereitung von Mitarbeitern auf die Übernahme höherwertiger Aufgaben und von Führungsfunktionen.

Die Zielgruppen und ihre Vorbildung sind das Maß aller Dinge bei der Seminargestaltung.
Welchen Personenkreis will, muss, kann ich ansprechen?
Dazu gehören z.B. so unterschiedliche Zielgruppen wie
- obere Führungsebene
- mittlere Führungsebene
- Sachbearbeiter
- Verkäufer
- Techniker (Servicetechniker)
- freie Mitarbeiter (z.B. Versicherungen) usw.
- Auszubildende

Geben Sie den Dozenten Ihrer Seminare nicht nur die von Ihnen angestrebten Lehrziele vor, sondern übermitteln Sie auch frühzeitig Informationen über die ins Auge gefasste Zielgruppe. Erst dann kann Ihnen die konkrete Seminargestaltung mit Lehrinhalt und Lehrmethoden präsentiert werden.

Achten Sie auf ein attraktives und professionelles Methoden-Mix. Bei reinen Vortragsveranstaltungen ist die Aufmerksamkeit der Teilnehmer nur schwierig zu halten. Sorgen Sie dafür, dass Vorträge und interaktive Lehrmethoden in einem angemessenen Verhältnis stehen.

Der Dozent kann im wesentlichen folgende Lehrmethoden anwenden:
- Lehrvortrag
- Lehrgespräch
- Workshop
- Plenumsdiskussion
- Gruppenarbeit
- Rollenspiel
- Planspiel
- Fallstudie
- Erfahrungsaustausch
- Multimediashow
- Computergestütztes Training

u.a.m.

Bei der Methodenauswahl spielt u.a. eine Rolle, was gerade Mode ist. Früher war es weithin üblich, Lehren in der Form von Vorträgen zu praktizieren. Ein guter Dozent war derjenige, der gut vortragen konnte. Auch heute kann man mit einem guten Vortrag Eindruck machen und überzeugen. Aber man weiß heute auch, wie wichtig die Selbstarbeit der Lernenden für das Verstehen und Behalten ist. Daraus allerdings zu folgern, dass alle Informationen, die man braucht, selbst erarbeitet werden müssen, der Lehrende ganz zurückzutreten habe und deshalb Vorträge verpönt seien, ist sicher zu einseitig.

Das eine wie das andere kann zweckmäßig sein:
- Wenn ein geordneter Überblick über ein Thema gegeben werden soll, von dem die Teilnehmer bereits Einzelheiten kennen, kann ein Vortrag die zweckmäßige Methode sein.
- Wenn Ziel ist, die Teilnehmer möglichst viele Erfahrungen und Sichtweisen zusammentragen zu lassen, ist eine erarbeitende Methode in einer kleinen Gruppe angebracht.

Die Wahl und Anwendung von Methoden wird voraussichtlich dann am besten glücken, wenn sich der Dozent mit den Teilnehmern über die Ziele einig ist, die Bedingungen festgelegt sind, sowie der Lehrstil der Lehrenden und der Lernstil der Lernenden zueinander passen oder sich wenigstens aufeinander zu bewegen. Die Anwendung von bestimmten Methoden in Lehrveranstaltungen dient eben nicht nur der Vermittlung von Inhalten, sondern ist auch eine Frage des Umgangs mit Menschen.

Datum

Bei der Festlegung Ihrer Seminartermine lauern nicht nur allgemein bekannte, sondern auch zielgruppenspezifische »Terminfallen«. Beachten sie daher:
- Montagvormittag und Freitagnachmittag kommt vielen ungelegen
- Angestellte und Arbeiter wünschen im Allgemeinen nach 16.00 Uhr Feierabend
- Selbständige (insbesondere Handwerker, Ärzte, Ingenieurbüros) und leitende Manager haben oft nur abends ab etwa 18.00 Uhr oder an Wochenenden Zeit für Fortbildungsseminare
- Sonntage, schulfreie Samstage, Tage vor und nach Feiertagen, Brückentage zwischen den Feiertagen, freihalten
- Überschneidung mit innerbetrieblichen oder innerbehördlichen Terminen
- Messen, Ausstellungen, Kongresse
- Großveranstaltungen der Kultur, des Sports.

Günstige Kombinationen z.B. für 1- bis 3-tägige Seminare sind erfahrungsgemäß:
- Dienstag bis Donnerstag
- Donnerstag bis Freitagmittag
- Freitagnachmittag bis Samstag
(je nach Zielgruppe).

Dauer

Die Dauer des Seminars richtet sich vor allem nach dem Stoffumfang, der vermittelt werden soll. Es gibt Seminare von halbtägiger Dauer ebenso wie 3-Wochen-Seminare.

Beziehen Sie folgende Überlegungen in Ihre Zeitplanung ein:

- Seminare mit ausschließlicher Wissensvermittlung (= kognitive Lehrinhalte) kommen eher mit kürzeren Zeiträumen aus, z.B. Beschränkung auf einen halben oder einen Tag
- Seminare, die für ihr Ergebnis ein gutes Kooperationsklima verlangen, z.B. komplexe Problemlösungsaufgaben, sollten nicht unter 3 Tagen dauern. Diese Seminare sollten zudem am Abend vorher begonnen werden, um das notwendige Warming up zu fördern.
- Seminare, in denen das Verhaltenstraining im Vordergrund steht (= affektive Lehrinhalte), sollten mindestens 2 ½ Tage dauern, um in der Gruppe genügend Vertrauen für Verhaltensexperimente zu schaffen.
- Die Arbeitsdauer am Tage sollte je nach Zielgruppe 6 bis 7 Stunden nicht überschreiten. Längere Seminartage können sich rasch kontraproduktiv für den Seminarerfolg auswirken. Die meisten Teilnehmer sind das Lernen in dieser hochkonzentrierten Form nicht gewöhnt. Seminare sind daher sehr viel anstrengender für sie als die tägliche Arbeit.
- Ihr Seminar sollte am ersten Veranstaltungstag nicht vor 9.00 Uhr beginnen, noch besser ist ein Anfang um 10.00 Uhr. Denn Teilnehmer von außerhalb müssten sonst bereits am Vortag anreisen oder sich mitten in der Nacht auf den Weg machen. Der zweite Seminartag und folgende können bereits um 8.30 Uhr beginnen.
- Bei mehrtägigen Seminaren zeigt die Erfahrung, dass die Teilnehmer sich spätestens am Morgen des letzten Tages konkrete Gedanken über ihre Abreise machen. In der Regel möchten die meisten früher nach Hause als im Programm vorgesehen. Das Ende für den letzten Tag sollte für ca. 16.00 Uhr oder spätestens 16.30 Uhr angesetzt werden. Sie haben kaum eine Chance, die Aufmerksamkeit der Teilnehmer länger zu halten.
- Denken Sie auch daran, dass am letzten Morgen in der Regel alle vor Beginn des Tagesprogramms im Hotel auschecken müssen (Ausnahmen davon gibt es nur in seltenen Fällen nach vorheriger Absprache). Sind Unterkunfts- und Seminarort identisch, ist im Hotel ohnehin ein Raum vorhanden, in dem das Gepäck bis Seminarende untergebracht werden kann. In anderen Konstellationen sollten Sie für genügend Platz – wenn möglich einen separaten Raum – zur Aufbewahrung der Gepäckstücke sorgen. Da die frühen Morgenstunden erfahrungsgemäß Auscheck-Stoßzeiten an den Rezeptionen großer Hotels sind, werden die Seminarteilnehmer/-innen es Ihnen danken, wenn Sie auch den Beginn des letzten Tages etwas später ansetzen.
- Falls einige der Anwesenden darauf drängen, das Seminar früher zu beenden, weil sie beispielsweise einen Zug oder ein Flugzeug nicht verpassen möchten, sollte diesem Wunsch nicht unbedingt nachgegeben werden. Denn es ist damit zu rechnen, dass andere Teilnehmer/-innen bewusst spätere Züge oder Flüge reserviert haben, um bis zum Seminarende dabei sein zu können. Diese Damen und Herren wären verärgert, wenn einfach früher Schluss gemacht würde.

Budget

Für die Budgetplanung des Veranstalters ist von erheblicher Auswirkung, ob es sich um

- eintägige oder mehrtägige Seminare
- externe oder In-house-Seminare

handelt.

Folgende Positionen können – unter Einbeziehung der genannten Varianten – kostenträchtig sein:

- Einladungsverfahren
- Reisekosten
- Übernachtungskosten
- Honorare

- Bewirtungskosten
- Raumkosten
- Miete für technische Geräte
- Rahmenprogramm
- Drucksachen (Seminarunterlagen).

Für die Kostendeckung sind folgende Modelle praktikabel:

- *Fremdfinanzierung*

  Mit der von den Teilnehmern zu entrichtenden Seminargebühr werden alle Kosten des Veranstalters für das Seminar gedeckt; dies gilt vor allem für externe Seminare in Hotels und Seminarzentren

- *Eigenfinanzierung*

  Der Veranstalter trägt alle Kosten des Seminars; dieses Verfahren ist besonders bei firmen- oder behördeninternen Seminaren üblich (z.B. in Schulungszentren, Fortbildungsakademien, Bildungsstätten)

- *Mischfinanzierung*

  Der Veranstalter sorgt für den/die Dozenten, den Seminarraum und die Seminartechnik. Der Seminarteilnehmer übernimmt Kost und Logis für seine Person. Dieses Modell findet z.B. vielfach Anwendung bei Seminaren und Fortbildungsveranstaltungen gemeinnütziger Einrichtungen, Stiftungen, karitativer Hilfsorganisationen und kirchlicher Institutionen.

Ort

Qualität und Umgebung des Seminarortes tragen wesentlich zum Erfolg oder Misserfolg von Seminaren bei. Neben den didaktischen und methodischen Voraussetzungen gibt es ebenso wichtige Anforderungen an die Seminarumgebung. Sie kann den Lernenden behindern aber auch beflügeln. Ein entscheidender Faktor ist das Wohlbefinden, an der sich die Gestaltung der Lern- und Arbeitsumgebung orientieren muss.

- *Erwartungen*

  → *der Seminarteilnehmer*

  An die Seminarteilnehmer werden meist hohe Anforderungen gestellt. Die Teilnehmer arbeiten angespannt und konzentriert bis in den Abend. Freizeiteinrichtungen sollten daher auch außerhalb der üblichen Öffnungszeiten nutzbar sein. Der Teilnehmer wünscht sich ein Haus zum Wohlfühlen mit hellen, freundlichen Zimmern, genügend Licht und Raum zum »Abendstudium«.

  Wichtige Voraussetzungen sind insbesondere:

  – ruhige Lage des Hotels (zumindest ruhige Seminarräume)
  – saubere Räume
  – angenehme Atmosphäre
  – freundliche Mitarbeiter
  – seminargerechte Verpflegung
  – gut organisierter Ablauf
  – aufmerksames Service
  – komfortable Hotelzimmer mit Bad oder Dusche und WC und die Unterbringung in Einzelzimmern.

  Die Gegebenheiten des Seminarortes müssen bedürfnisgerecht, also funktional und lernunterstützend sein. Assoziationen mit schulischen Lernumgebungen sollten vermieden werden, um vorhandene Lernblockaden nicht zu aktivieren.

  → *des Seminarleiters*

  Seminarleiter stehen immer unter Erfolgsdruck. Ihr Zuhause ist oft bis zu 150 Tagen im Jahr das Seminarhotel. Ihr Arbeitsplatz ist der Seminarraum. Wichtig für ihn sind u.a.

  – Seminarräume mit Tageslicht und ausreichender Bewegungsfreiheit (»Aktionszone«)
  – funktionierende Technik und Medien
  – freundliches Fachpersonal (mit einem speziell für den Seminarbereich zuständigen Ansprechpartner)
  – gutes Raumangebot mit perfekter Ausstattung
  – Einhalten von Absprachen
  – professionelle Beratung
  – Angebot eines ganzheitlichen Konzeptes (z.B. Seminarkost und Entspannungsangebot)
  – geräumiges Hotelzimmer
  – Die Vorbereitung auf das Seminar

geschieht im Hotelzimmer des Trainers. Ein Schreibtisch mit Lampe, ein dazu passender Sessel und Steckdosen in Reichweite erleichtern ihm die Tätigkeit. Eine Sitzgarnitur und genügend Bewegungsfreiheit sind Selbstverständlichkeiten.

- *Grundsätze*
  Beachten Sie bei der Auswahl Ihres Seminarortes folgende Grundsätze:
  → Alles unter einem Dach: (Seminar, Mahlzeiten, Übernachtung)
  Damit auch der Grundsatz
  → Seminar der kurzen Wege
  Seminare sind teuer, es soll daher möglichst wenig Zeit für Wege zwischen dem Seminarraum und den Gruppenräumen, den Pausenzonen und den Hotelzimmern verloren gehen.
  → Bewährte Zusammenarbeit
  Vertrauensbasis zwischen Veranstalter und dem Leiter der Seminarstätte als Garant einer erfolgreichen Zusammenarbeit
  → Positive Empfehlungen und Erfahrungen ortskundiger Dritter
  Bei Neuaquisitionen von Seminarorten sind solche Tipps sehr gefragt und oft entscheidend für die Auswahl.

Bei den weiteren Vorüberlegungen zur Ortswahl kann die Entscheidung interne oder externe Seminarvergabe eine wichtige Rolle spielen:

- *Intern oder extern*
  Eintägige Seminare können bei geeigneter Infrastruktur auch in betriebs- oder behördeneigenen Räumen durchgeführt werden. Vor der Entscheidung sind allerdings einige gezielte Fragen zu klären:
  → Reicht die Kapazität der Räume?
  → Ist der Seminarraum frei von Außenlärm?
  → Erfüllt die vorhandene Seminartechnik (einschl. Medien) die Anforderungen? Kann sie ggf. nachgerüstet werden?
  → Sind geeignete Nebenräume für evtl. Gruppenarbeit verfügbar?
  → Ist Teilnehmerverpflegung im Hause möglich? Wenn nicht: Gibt es in vertretbarer Nähe ein geeignetes Restaurant?

  Sind diese Fragen zufriedenstellend beantwortet, können Sie die Entscheidung zugunsten der internen Seminardurchführung treffen. Diese Entscheidung bedeutet oft auch, dass Sie gegenüber der externen Vergabe Geld sparen.

  Vielfach hat sich allerdings gezeigt, dass Lernen »außer Haus« besser geht. Frei vom Büro- und Alltagsstress, frei von Störungen und Ablenkungen fällt es leichter, sich auf das gestellte Thema zu konzentrieren. Auch ist es ein zusätzlicher Anreiz, einige Tage in einem komfortablen Seminarhotel verwöhnt zu werden. Die »Seminaristen« ziehen sich daher – immer öfter – in Seminarhotels zurück.

  Als externe Seminarstätten können u.a. gewählt werden:
  → Seminarhotels, Seminarzentren
  → Gästehäuser
  → Bürgerhäuser
  → Schlösser, Burgen

  Burgen und Schlösser entwickeln sich zum Geheimtipp für Seminarveranstalter. Das historische Ambiente, die exponierte Lage und die stilvolle Gastlichkeit bilden einen attraktiven Rahmen für jedes Seminar nach dem Motto: »Wo einst Könige zu Gast waren, ist heute der Gast König.«

  Einen schnellen Überblick über Burgen, Schlösser und Residenzen mit Seminarkapazitäten verschafft eine schmucke Broschüre der Deutschen Zentrale für Touristik (DZT) in Frankfurt am Main.

- *Allgemeine Anforderungen an den Seminarort*
  Folgende Planungsfaktoren beeinflussen in einer ersten Vorentscheidungsphase die Ortswahl:
  → Dauer des Seminars
  → Budget
  → Zielgruppe und Erwartungshaltung
  → Teilnehmerzahl
  → Seminarziel

→ Rahmenprogramm.

Haben Sie nach diesen Kriterien eine erste Vorauswahl vorgenommen, vergleichen Sie die noch verbliebenen Seminarstätten anhand der nachfolgenden Prüfliste und treffen Sie dann Ihre Entscheidung:
- → Kosten
- → Lage (Stadtmitte oder Stadtrand: Großstadtambiente oder dörfliche Abgeschiedenheit)
- → Falls Hotel: Kategorie
- → Gastronomisches Angebot
- → Verkehrsanbindung (Bahn, Flughafen, Autobahn)
- → Freizeiteinrichtungen, Entertainment (innerhalb und in der Umgebung der Veranstaltungsstätte)
- → Seminarraum, Gruppenräume (Anzahl, Größe, Qualität, Außenlärm, Licht, Klima)
- → Pausenzone
- → Seminartechnik
- → Kommunikation, Service (Präsenz, Freundlichkeit, Hilfsbereitschaft, Schnelligkeit)
- → Parkplatz

Viele äußere Faktoren können das Wohlbefinden der Seminarteilnehmer fördern. Erst dieses Wohlbefinden schafft die innere Bereitschaft für offene und fruchtbare Diskussionen. Die Kommunikationsräume in Hotels oder Unternehmen tragen damit wesentlich zum Erfolg oder Misserfolg von Meetings und Seminaren bei.

Ein Beispiel verdeutlicht dies: die Pausenzone, bei der Organisation von Seminaren häufig unterschätzt und vernachlässigt. Dabei finden hier wichtige informelle Kontakte in zwanglosen Gruppen statt. Seminarinhalte werden diskutiert, Konflikte angesprochen, manches ausgeräumt und geglättet.

Bei der Gestaltung der Pausenzone als gefragtem Kommunikationsraum sollte Folgendes bedacht werden:
- → Abstellflächen für Pausengetränke und –verpflegung
- → Bistrotische
- → Ecken und Nischen zum Sitzen und Stehen in Zweier- oder Kleingruppen
- → Verbindung nach draußen für Pausen im Freien
- → Tageslicht

- *Qualität und Ausstattung des Seminarraumes*

Die »Hardware« der Räume und die »Software« der Dienste und Leistungen, mit denen Seminarstätten sich im expandierenden Markt der Kommunikation gerüstet glauben, sind in der Realität allerdings häufig wenig kommunikations- und kreativitätsfördernd: Entweder rangieren Eleganz und Repräsentationswert weit über Zweckdienlichkeit oder die spartanische Sparsamkeit der Räume mindert das Wohlbefinden und damit die Konzentration.

→ *Lage*
- Weder Keller noch Dachatelier sind geeignet
- Nord-, Ost-, Westlage sind besser als Südlage

→ *Größe*
- Wahl der Raumgröße nach der geplanten Teilnehmerzahl.
- Kalkulieren Sie einen Mittelwert von 6 m² pro Teilnehmer, jedoch mindestens 5 m².
- Ein günstiges Längen-/Breitenverhältnis ist 3 : 2, d.h. Räume, die einem Quadrat nahe kommen. Rechteckige Räume sind weniger gut geeignet. Je schlauchähnlicher desto ungünstiger sind sie. Entfernung und Blickwinkel der Teilnehmer untereinander und zum Dozenten sind nicht optimal.
- Seminarräume sollen ausreichend hoch sein, mindestens 2,5 m, besser 3 – 4 m.

→ *Licht*
- Tageslicht ist Kunstlicht vorzuziehen; zur Steuerung der Tageslichtintensität sollten Jalousien vorhanden sein.
- Tageslicht-Ergänzungsbeleuchtung

muss je nach Tageszeit und Wetter zuschaltbar sein; sie sollte ca. 500 Lux erreichen.
- Kunstlicht
  Gemäß DIN 5053 ist von folgenden technischen Werten auszugehen:
  - Nennbeleuchtungsstärke 300 – 500 Lux
  - Lichtfarbe neutral/warmweiß
  - Stufe der Farbwiedergabe 11
  - Güte der Blendungsbegrenzung 11

  Achten Sie auf weitere »Lichtpunkte«:
  - Blendfreiheit sicherstellen, d.h. kein störendes Reflektieren; am besten zu erreichen durch indirekte Beleuchtung und stufenlos regelbare Leuchtkörper
  - Reines Leuchtstofflampenlicht wirkt eintönig und ermüdend. Es lässt sich nur selten dimmen und wirft meist fahles Licht.
  - Getrennte Lichtregelung für den Aktionsbereich des Dozenten erforderlich, vor allem bei Einsatz von Medienwänden und Projektionsflächen
  - Raumabdunkelung für Filme und DIA-Projektion notwendig (rasche Handhabung und ohne störende Effekte).

→ *Klima*
Wichtig: zugfreie Raumklimatisierung; ideale Werte sind: Temperatur ca. 20 °C, Luftfeuchtigkeit ca. 50 %

→ *Lärm*
Es gibt die merkwürdigsten Störquellen, die man zunächst nicht ernst nimmt, die jedoch im Verlaufe des Seminars als sehr lästig empfunden werden können.
Achten Sie darauf, dass
- kein Straßenlärm in den Seminarraum dringt
- kein Küchengeruch stört
- keine Standuhr vor dem Seminarraum die Uhrzeit im Viertelstundentakt angibt
- die Hotelwaschmaschine sich weder über noch unter dem Raum befindet
- die Klimaanlage funktionstüchtig ist oder alternativ die Fenster geöffnet werden können
- kein Telefon im Raum installiert ist

→ *Farben*
Farbe ist ein Mittel, um Wohlbefinden und Behaglichkeit entstehen zu lassen. Das Farbempfinden ist unterschiedlich, aber jeder hat ein Gespür, inwieweit die Farbgestaltung angenehm und harmonisch ist.

Ein grobes Erfahrungsraster, wie Farbe auf Menschen wirkt, zeigt die Tabelle auf der folgenden Seite.

Sollten Sie einmal die Chance erhalten, einen Seminarraum neu zu gestalten, könnten Ihnen folgende Empfehlungen hilfreich sein:
- Böden
  meliert: Grün/Braun/Grau
- Decke
  sehr hell: Weiß, Beige, Gelb, sehr helles Grau
- Wände
  hell: Weiß, Gelb, Beige, blasses Orange, sehr helles Grau
- Tische
  hell: Beige, Hellgrau, helle Holztöne, Elfenbeinfarbe
- Stühle
  Braun-Beige, warmes Grün, warmes Orange, Sandfarbe
- Holzeinbauten, Wandvertäfelung
  helle Holztöne oder helle Farben (Beige)
- Bewegliche Leistungen
  Hellorange oder Gelb als Stolperschutz
- Rahmen von Geräten, Medien, Zubehör etc. Kontrastfarben

→ *Wände*
Seminarteilnehmer verarbeiten Unmengen von Papier. Mehr als 70 % des Wissens wird mit den Augen aufgenommen. Die beschriebenen Charts und Plakate sollen daher für die Teilnehmer sichtbar

Farbe	WIRKUNG			Anwendung
	Distanz	Temperatur	Mental	
BLAU	Entfernung	Kalt	beruhigend, konzentrations-fördernd	Deckenanstrich (helles Blau), Teppichboden, Stuhlbezüge
GRÜN	Entfernung	sehr kalt bis neutral	sehr beruhigend, ausgleichende Wirkung	Bodenbereich, Akzentfarbe für Rahmenteile
ROT	Nähe	Warm	aufreizend, beunruhigend, aktivierend	Akzentfarbe für Rahmen und Beschläge, nicht großflächig
ORANGE	Sehr nahe	sehr warm	sehr anregend erwärmend, extrovertiert	Akzentfarbe, nicht großflächig
GELB	Nähe	sehr warm	anregend, freundlich, heiter, kommunikativ	Wandfarbe, Pinnwände, Fenstervorhänge
BRAUN	Sehr nahe, einengend	Neutral	anregend	Möbelfarben, Teppichboden
VIOLETT	Sehr nahe	Kalt	aggressiv, beunruhigend, entmutigend	Akzentfarbe, nicht großflächig
WEISS	Entfernung	sehr kalt	leer, avital, empfindsam, festlich	Deckenanstrich

an den Wänden angebracht werden. Statt Bildern an den Wänden soll die Möglichkeit für die Befestigung der Plakate vorgesehen werden.
Einige Beispiele:
- Pinnwände
- Magnettafeln und Magnete
- Magnetschienen
- Klemmschienen
- Korkplatten

Wenn Wandflächen nicht benützt werden können, sind ausreichend mobile Pinnwände vorzusehen.
Wichtig für die Befestigung der Plakate an den Wänden ist ein Kreppband (Vorsicht: Klebebänder beschädigen leicht die Wandflächen/Tapeten!).

→ *Dozentenaktionszone*
Der Bewegungsspielraum des Dozenten im Seminarraum wird oft unterschätzt. Ein Raumbedarf von bis zu 30 m² ist nicht übertrieben, wenn man folgende Ausrüstung seines »Cockpits« berücksichtigt:
- Projektionsleinwand
- mindestens 3 Pinnwände
- Magnettafel
- 2 Flipcharts
- Trainertisch (mit höhenverstellbarem Overheadprojektor)
- Videowagen
- Materialwagen mit Zubehör für Medien

→ *Seminarmöbel*
Die Seminarmöbel sollen nicht beeindrucken, sondern dem Benutzer das Arbeiten erleichtern. Die Einrichtung soll den modernen Seminarmethoden

entsprechen. Ein sofortiger Szenenwechsel muss möglich sein. Zu viele und zu schwere Möbel wirken erdrückend und unpraktisch. Die Teilnehmer müssen – je nach Seminarsituation – die Seminarmöbel eigenhändig und ohne großen Aufwand umstellen können.

Tisch und Stuhl bilden eine Einheit: Sitz- und Arbeitshöhe sind aufeinander abgestimmt. Mit einer Tischhöhe von 72 cm und einer Tiefe von 67,5 cm ist ein optimales Sitzen und Arbeiten möglich.

Die Breite der Stühle passt zur Tischbreite, die der Seminarteilnehmer zur Verfügung hat. Die Armlehnen der Stühle können problemlos unter den Tisch geschoben werden. Die Armlehne sollte nicht vorne mit der Sitzfläche abschließen, sondern den Beinen Bewegungsfreiheit nach links oder rechts gewähren.

→ *Tischanordnung*

Bei Seminaren wird die Tischanordnung sehr verschieden gewählt. Je nach Seminarsituation kann die Tischanordnung während des Seminars auch gewechselt werden. Eine zum Raum passende Kombination von Rechteck-, Quadrat- und Trapeztischen ist empfehlenswert (Systemtische).

Beispiele für einige in der Praxis bewährte Tischanordnungen:

– Blockform

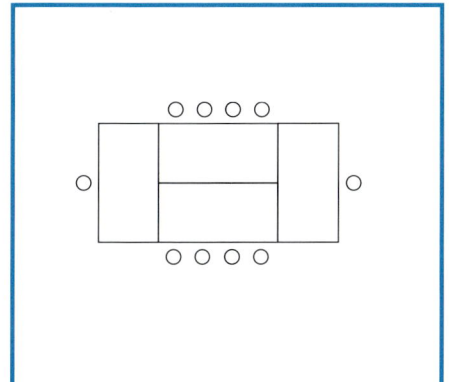

– Dreieck

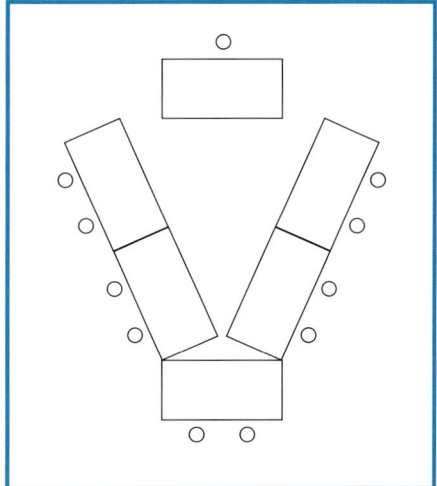

– Halbkreis

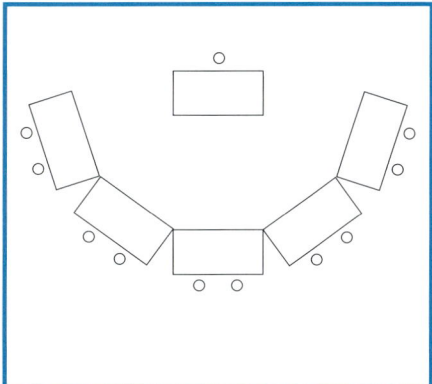

– U-Form

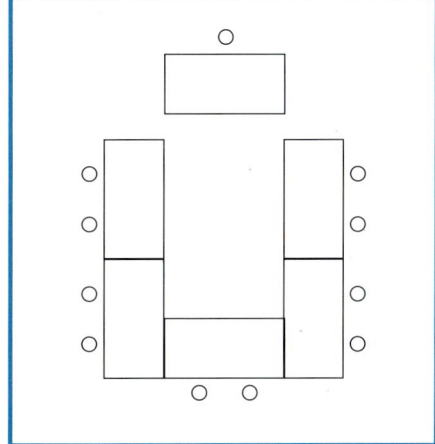

→ *Geräteausstattung und Seminartechnik*
Methodik und Medientechnik (z.B. visuelle audiovisuelle, akustische Medien) haben in der Aus- und Fortbildung große Fortschritte gemacht. Der moderne Lehr- und Lernprozess ist ein Interaktions- und Kommunikationsprozess mit dem Ziel, mit möglichst abwechslungsreichen Abläufen den Lehrinhalt zu bewältigen. Dazu gehört der Einsatz bedarfsgerechter Seminartechnik.
Die Vielzahl der Details zur perfekten Vorbereitung Ihrer Seminartechnik entnehmen Sie bitte der ausführlichen Checkliste Seite 221.

→ *Namensschilder*
Sie können Namensschilder selbst beschriften, drucken oder von den Seminarteilnehmern beschriften lassen.
Eine praktische Lösung sind längstgefaltete DIN-A4-Kartons, die von den Seminarteilnehmer(inne)n zu Beginn der Veranstaltung selbst beschriftet werden. Wenn Sie regelmäßig Seminare veranstalten, können Sie solche Kartonaufsteller auch in einer größeren Menge mit Ihrem Logo bedrucken lassen und die Namen der Teilnehmer dann jeweils wahlweise selbst schreiben (mittels PC drucken) oder von den Teilnehmern einsetzen lassen.
Wenn die Namensschilder ausreichend Platz bieten, können Sie zusätzlich die Funktion und/oder die Firma mit angeben. Beispielsweise:

    Ute Berger
    Verkaufsleiterin
    Sanner AG

Namensschilder, die an der Kleidung getragen werden, sollte man sowohl mit einer Nadel anstecken als auch anklipsen können. Denn je nach Art der Kleidung ist die eine oder andere Befestigungsweise ungünstig.
Halten Sie Ersatznamensschilder bereit für Teilnehmer, die nicht auf der Teilnehmerliste stehen, deren Namen falsch geschrieben sind, oder für verloren gegangene Schilder.
Achten Sie bei eventuellen Titeln darauf, dass diese entweder bei keinem Titelträger fehlen oder einheitlich ganz weggelassen werden.

→ *Rauchen*
Dieses Thema sorgt immer wieder für Diskussion. Als Veranstalter sind Sie maßgeblich für die Regelung verantwortlich, wo geraucht werden darf und wo nicht. Klar sollte sein, dass im Seminarraum nicht geraucht werden darf. Zu den Pausen sollten Sie außerhalb des Seminarraumes mit der Einrichtung von Raucherzonen und Nichtraucherzonen für unmissverständliche Verhältnisse sorgen.

Bewirtung

Plenus venter non student libenter!
Das wussten die alten Lateiner schon vor den heutigen Ernährungswissenschaftlern: Voller Bauch studiert nicht gern.

Grundsätze für eine seminargerechte Ernährung:
- *Öfter und weniger*
  besser mehrere kleine als wenige große Mahlzeiten
- *Leicht*
  leichte Kost in den Zwischenpausen und als Mittagessen
- *Ausgewogen*
  ausgewogene, ballaststoffreiche Ernährung, also mehr Obst, Gemüse, Vollkornprodukte mit vielen Vitaminen, Mineralstoffen und Spurenelementen.

Das Gehirn braucht ca. 20 % der dem Körper durch die Nahrung zugeführten Energie, obwohl es nur ein Fünfzigstel des Körpergewichts ausmacht. Bei Mangelernährung oder falscher Ernährung leiden Antrieb, Kreativität und Konzentration.

Die Bewirtung während des Seminars schließt
- Seminargetränke (Wasser, Säfte, Cola)

- Pausenservice (Kaffee, Tee, Joghurtspeisen, Obst)
- Mittag- und Abendessen (Menü oder Buffet)

ein.

Beachten Sie folgende Hinweis für einen reibungslosen Ablauf der Seminarbewirtung.
- *Service: Schnell, zuverlässig, flexibel*

   Die Teilnehmer haben nicht immer genügend Zeit, das Essen richtig zu genießen. Die Anspannung während des Seminars und der Wunsch nach »Auslauf« erfordern prompten Service. Lange Wartezeiten engen die Möglichkeiten zu Spaziergängen und Erholungspausen ein.

   Zuverlässiger Service zu den üblichen Mahlzeiten ist selbstverständlich. Morgens und mittags müssen die Seminarräume auf Wunsch mit Erfrischungsgetränken versorgt werden. Für die Kaffeepausen sollen ausreichend Tee und Kaffee (z.B. in Thermoskannen) bereitgestellt sein. Den Zeitplan fixiert der Seminarleiter oder Trainer. Die Pausenversorgung muss schnell erfolgen (hoher Personaleinsatz in kürzester Zeit – vorbereiteter Service).

   Bei den Mahlzeiten und Pausen erwarten Seminarveranstalter Flexibilität. Vereinbarte Essenszeiten können dem Ablauf des Seminars entsprechend nicht immer genau eingehalten werden, es kann zu Verschiebungen von 15 bis 30 Min. kommen.

- *Frühstück: Spezialitäten geschätzt*

   Ein Frühstücksbuffet ist Voraussetzung. Spezialitäten werden sehr geschätzt und setzen willkommene Akzente (hausgemachte Marmeladen, Fruchtsäfte, mehrere Brotsorten, Kräutertees, mehrere Getreidesorten für die Zubereitung des Müslis u.a.m.).

- *Mittag- und Abendessen: Trend zum Buffet*

   Das Buffet mit kalten und warmen Speisen wird bei Seminarveranstaltungen häufig dem servierten Menü vorgezogen. Die Vorteile liegen auf der Hand: Jeder Teilnehmer wählt die von ihm gewünschte Menge und Menüzusammenstellung selbst aus. Die Gruppe ist weniger an fixe Essenszeiten gebunden.

- *Pausen: Fit durch Vitamine*

   Neben warmen und kalten Standardgetränken sollten auch Obst und eine Joghurtspeise angeboten werden; sie geben mehr nachhaltige Energie zurück als das übliche Salz- und Zuckergebäck.

- *Extras: Vorsicht Übernahmerisiko!*

   Nicht selten bleibt der Seminarveranstalter auf Kosten sitzen, die nicht er, sondern die Seminarteilnehmer verursacht haben. Dazu gehören z.B. Getränke aus der Minibar, Zimmerservice, Pay-TV oder Gebühren für Telefonate.

   Informieren Sie Ihre Seminarteilnehmer rechtzeitig vor und zum Ende des Seminars über ihre Pflichten. Treffen Sie klare Absprachen mit der Hotelrezeption. In letzter Konsequenz werden offene Rechnungen zur Begleichung nachgeschickt.

Rahmenprogramm

Seminarteilnehmer beklagten häufig, dass sie sich vom Veranstalter mehr Informationen zur Freizeitgestaltung am Seminarort gewünscht hätten.

Der Freizeitfaktor darf nicht unterschätzt werden. Haben Sie auch für diesen Bereich Vorsorge getroffen und Einfallsreichtum bewiesen, wird über Ihr Seminar noch positiver berichtet als bei ausschließlich guter fachlicher Leistung.

Kümmern Sie sich also um Programmideen. Auch wenn es darum geht, nur einen Abend zu gestalten, sollten Sie Vorschläge dafür unterbreiten, eventuell sogar auf Wunsch bei der Organisation behilflich sein. Beispielsweise beim Kartenservice für Veranstaltungen.

Stellen Sie ein Verzeichnis mit Ausgehtips zusammen:
- Biergarten
- Kneipen/Bistros
- Restaurants
- Weinprobe

- Kino-, Theater- und Varietéprogramme
- Schlosskonzert
- Sportveranstaltungen
- sportliche Aktivitäten
- Möglichkeiten für eine Stadtrundfahrt
- Schiffsfahrt
- Bowling, Kegeln

Unterstützen Sie bei Seminaren mit geringer Teilnehmerzahl gemeinsame Aktivitäten und bei einem großen Personenkreis gegebenenfalls die Bildung von verschiedenen Kleingruppen, die je nach Interessenslage abends etwas zusammen unternehmen möchten.

Auch der Dozent sollte sich möglichst nicht ausklinken, schon im eigenen Interesse. Gerade in der entspannten Atmosphäre am Abend werden viele ehrliche und hilfreiche Aussagen zu den Eindrücken der Teilnehmer/-innen über das Seminar geäußert.

Teilnehmer, die einen schönen, geselligen Abend verbracht haben, nehmen am folgenden Tag wesentlich motivierter an einem Seminar teil als Teilnehmer, die gelangweilt auf ihren Zimmern »hängen«.

Einladungsverfahren

Bewährte Ratschläge zum Einladungsverfahren im Allgemeinen schlagen Sie bitte nach im Sonderabschnitt Einladungen Seite 292.

Zum Einladungsverfahren bei Seminaren folgende ergänzende Hinweise:
- *Ankündigung des Seminars mit Termin, Ort, Kurzbeschreibung der Seminarziele und -inhalte, Kosten, evtl. auch Nennung des Dozenten*
    → Betriebs- oder behördeninterne Seminare
      Ankündigung durch Seminarkalender, Umläufe, Rundschreiben
    → Externe Seminare
      Ankündigung durch Anzeigen in Fachzeitschriften, Zeitungsbeilagen, Faltblätter, Mailings an entsprechende Zielgruppen
- *Versand der Anmeldeunterlagen auf Anforderung von Interessenten*

→ Anmeldeinformationen des Veranstalters
- Seminartitel
- Termin
- Uhrzeit (Beginn/Ende)
- Seminarort mit Anschrift, Telefon- und FAX-Nr.
- Übernachtungsmöglichkeit
- Zimmerreservierungs-Verfahren (Selbstbuchung oder Buchung durch den Veranstalter)
- Seminarkosten (Welche Leistungen sind darin enthalten und welche nicht?)
- Ansprechpartner mit Telefon- und FAX-Nr.
- Allgemeine Geschäftsbedingungen (einschließlich eines Passus über anfallende Bearbeitungskosten bei kurzfristiger Absage).

→ Anmeldebogen
  Im Formular, mit dem sich Teilnehmer bei Ihnen anmelden, dürfen folgende Angaben nicht fehlen:
- Vor- und Nachname in Druckbuchstaben
- Funktion, dienstliche Position
- Unternehmen, Behörde mit Anschrift, Telefon- und FAX-Nr.
- ggf. Ankreuzmöglichkeiten bei alternativen Programmangeboten (z.B. Workshops, Rahmenprogramme)
- ggf. Buchungswunsch für Hotelzimmer
- Datum der Anmeldung
- Unterschrift

- *Versand der Anmeldebestätigung*

Unverzichtbarer Baustein im Anmeldeverfahren: Einerseits muss der Teilnehmer sicher gehen, dass seine Anmeldung angekommen ist, zum anderen können Sie weitere für die Teilnehmer wichtige Zusatzinformationen transportieren.

Mindestbestandteile der Anmeldebestätigung sind:
→ Dank für die Anmeldung
→ ggf. Bestätigung des Unterbringungswunsches sowie Anschrift und Prospekt des Hotels

- → Fahrtskizzen für Anreise per Auto
- → Lageplan der Seminarstätte und Parkmöglichkeiten
- → Hinweis auf nächstgelegenen Bahnhof und Flughafen sowie Angaben zu Transfermöglichkeiten zur Seminarstätte
- → Kleidungsempfehlung
- → Hinweis zu Sport- und Freizeiteinrichtungen
- Versand von Seminarunterlagen und –informationen ca. 8 Tage vor Seminarbeginn
  - → Zeitplan des Seminars (Arbeitszeiten, Pausen, Rahmenprogramm)
  - → Übersicht über Lernziele und inhaltliche Schwerpunkte des Seminars
  - → ggf. Fachunterlagen, die zur Vorabinformation und ersten Vorbereitung hilfreich sind
  - → Literaturhinweise
  - → ggf. Liste von Unterlagen, die der Teilnehmer nach Möglichkeit mitbringen sollte (z.B. Gesetzestexte, Nachschlagewerke, Fallbeispiele aus der Praxis)
  - → Teilnehmerliste
  - → Informationen zu den Dozenten
  - → ggf. Formulare zur Abrechnung von Reisekosten

Dozenten, Referenten, Moderatoren

Das Einladungsverfahren für diesen Personenkreis gleicht in der Form weitgehend dem für die Seminarteilnehmer.

Beachten Sie jedoch folgende wichtige Abweichungen:

Nach Eingang der Zusage versenden Sie neben dem Dankschreiben – zusätzlich zu den Unterlagen, die auch die Seminarteilnehmer erhalten – folgende Anlagen:

- Dozentenvertrag
- Zusatzvereinbarungen
- Methodische und didaktische Hinweise
- Honorarabrechnung (Formblatt)
- Reisekostenabrechnung (Formblatt)

Muster für diese fünf Anlagen finden Sie auf den Seiten 176-179.

Ablauf

Der zeitliche Standardablauf eines dreitägigen Seminars kann z.B. wie folgt gestaltet werden:

Aktion	Dienstag	Mittwoch	Donnerstag
Frühstück	-	08.00	08.00
Seminarbeginn	10.00	08.30	08.30
Pause	11.30	10.30	10.30
Seminarfortsetzung	12.00	11.00	11.00
Mittagessen	13.00	13.00	13.00
Seminarfortsetzung	14.30	14.30	14.30
Pause	16.30	16.30	-
Seminarfortsetzung	17.00	17.00	-
Seminarende	18.00	18.00	16.00
Abendessen	19.00	19.00	-
Evtl. Abendarbeit	20.30	20.30	-

»Man kann über alles reden, nur nicht über 45 Minuten«, dieser Ausspruch Tucholskys hat auch heute noch seine Gültigkeit.

Bei rezeptiven Lernformen gibt es Belastungsgrenzen, die nicht überschritten werden sollten. Risiko: Die Aufnahmefähigkeit der Seminarteilnehmer sinkt rapide.

Das Didaktik-Konzept für Ihr Seminar sollte diese Erkenntnisse der Lernforschung einbeziehen. Allgemeine Faustregel für den frontalen Lehrvortrag ist die 20-Minuten-Grenze. Dies bedeutet z.B. für eine 45-Minuten-Seminarstunde, dass der Dozent nicht eine, sondern möglichst zwei oder drei Lehrmethoden anwendet (Methoden-Mix z.B. mit Lehrvortrag, Lehrgespräch, Gruppenarbeit).

An folgendem Beispiel einer Lehrskizze (nächste Seite) wird dies anschaulich:

Thema: Schlanker Staat – Wege zur Reform			
Zeit	Inhalt	Lernziel	Lehrmethode
08.00 Uhr bis 08.15 Uhr	Einführung: - Staatsaufgaben - Staatshaushalt - Personalausgaben des Staates	Die Teilnehmer sollen mit dem Thema vertraut werden	Lehrvortrag
08.15 Uhr bis 08.25 Uhr	Das Reformpaket der Bundesregierung	Die Teilnehmer sollen Ziele und Auswirkungen staatlicher Reformmaßnahmen kennen und verstehen	Lehrgespräch (fragend – entwickelnd)
08.25 Uhr bis 09.00 Uhr	Wege zur Reform – Ideen und Beispiele aus der Praxis	Die Teilnehmer sollen die Bedingungen der Umsetzung von Reformmaßnahmen in die Praxis kennen und verstehen	Gruppenarbeit
09.00 Uhr bis 09.20 Uhr	Fortsetzung	Fortsetzung	Präsentation der Gruppenergebnisse im Plenum und Zusammenfassung
09.20 Uhr bis 09.30 Uhr	Schluss		Lehrvortrag

Teilnehmerunterlagen

Verwenden Sie viel Sorgfalt auf die Seminar-Unterlagenmappe für die Teilnehmer. Sie bleibt oft das einzige schriftliche »Erinnerungsstück« und dient vielfach noch lange Zeit nach dem Seminar als Nachschlagewerk.

Gestaltungshinweise:
- → Ordner oder Ringbuch (DIN A 4) mit Zweierlochung
- → einheitliches Bild der Textseiten
- – Blattkopf mit Logo des Veranstalters
- – Schriftbeginn, Schriftende
- – Einrückungen
- – Platzierung und Hervorhebung der Überschriften
- – Schrifttypen
- – Hervorhebung wichtiger Textstellen
- – Blattkennzeichnung (Nummerierung, Symbole)
- – Rand für ergänzende Notizen der Seminarteilnehmer
- → Reserve für weitere Zuheftungen
- → Übersichtliches Register mit Inhaltsblatt
- → Zusätzlich eingeheftete Notizblätter und Klarsichthüllen.

Geben Sie der Seminarmappe eine ansprechende persönliche Note. Ein attraktives Layout dieser Unterlagen vermittelt mehr Interesse und Anreiz als fliegende graue Blätter.

Seminarbewertung

Nobody ist perfect!
Als Seminarveranstalter sind Sie für jeden Hinweis dankbar, der zur weiteren Optimierung Ihrer Seminare führt.

Nutzen Sie das kritische Potential Ihrer Seminarteilnehmer. Verteilen Sie zum Ende des Seminars Bewertungsbögen und bitten Sie die Teilnehmer um freimütige Äußerungen zu allem was das Seminar betrifft. Positives wie Negatives.

Checkliste: Seminar

Ziff.	Aktivitäten/Maßnahmen	Zu erled. von	Erled. am
1.	**Termin festlegen** Beachten Sie folgende zielgruppenspezifische »Terminfallen«:		
1.1	• Montagvormittag und Freitagnachmittag kommt vielen ungelegen		
1.2	• Angestellte und Arbeiter wünschen im Allgemeinen nach 16.00 Uhr Feierabend		
1.3	• Selbständige (insbesondere Handwerker, Ärzte, Ingenieurbüros) und leitende Manager haben oft nur abends ab etwa 18.00 Uhr oder an Wochenenden Zeit für Fortbildungsseminare		
1.4	• Sonntage, schulfreie Samstage, Tage vor und nach Feiertagen, Brückentage zwischen den Feiertagen, freihalten		
1.5	• Überschneidung mit innerbetrieblichen oder innerbehördlichen Terminen		
1.6	• Messen, Ausstellungen, Kongresse		
1.7	• Großveranstaltungen der Kultur, des Sports.		
1.8	• Günstige Kombinationen z.B. für 1- bis 3-tägige Seminare sind erfahrungsgemäß:		
1.9	• Dienstag bis Donnerstag		
1.10	• Donnerstag bis Freitagmittag		
1.11	• Freitagnachmittag bis Samstag (je nach Zielgruppe)		
2.	**Budgetumfang festlegen**		
2.1	• Vorüberlegungen → eintägig oder mehrtägig → extern oder intern		
2.2	• Budgetrelevante Positionen: → Einladungsverfahren → Reisekosten		

Ziff.	Aktivitäten/Maßnahmen	Zu erled. von	Erled. am
	→ Übernachtungskosten		
	→ Honorare		
	→ Bewirtungskosten		
	→ Raumkosten		
	→ Miete für technische Geräte		
	→ Rahmenprogramm		
	→ Drucksachen (Seminarunterlagen)		
2.3	• Kostendeckungsmodelle		
	→ Fremdfinanzierung Mit Teilnehmergebühr werden alle Kosten des Seminars abgedeckt		
	→ Eigenfinanzierung Veranstalter trägt alle Kosten des Seminars		
	→ Mischfinanzierung Veranstalter trägt z.B. die Kosten für Dozenten, Seminarraum, Seminartechnik, Seminarunterlagen; Teilnehmer zahlen für Kost und Logis		
3.	**Seminarstätte auswählen und buchen**		
3.1	• Erwartungen erfüllen		
	→ Seminarteilnehmer erwarten – ruhige Lage des Hotels (zumindest ruhige Seminarräume) – saubere Räume – angenehme Atmosphäre – freundliche Mitarbeiter – seminargerechte Verpflegung – gut organisierter Ablauf – aufmerksames Service – komfortable Hotelzimmer mit Bad oder Dusche und WC und die Unterbringung in Einzelzimmern.		
	→ Seminarleiter erwarten dazu besonders – Seminarräume mit Tageslicht und ausreichender Bewegungsfreiheit (»Aktionszone«) – funktionierende Technik und Medien		

Checkliste: Seminar

Ziff.	Aktivitäten/Maßnahmen	Zu erled. von	Erled. am
	– freundliches Fachpersonal (mit einem speziell für den Seminarbereich zuständigen Ansprechpartner) – gutes Raumangebot mit perfekter Ausstattung – Einhalten von Absprachen – professionelle Beratung – Angebot eines ganzheitlichen Konzeptes (z.B. Seminarkost und Entspannungsangebot) – geräumiges Hotelzimmer (Arbeitsmöglichkeit)		
3.2	• Grundsätze → Alles unter einem Dach (Seminar, Mahlzeiten, Übernachtung) → Seminar der kurzen Wege zwischen Seminarraum, Gruppenräumen, Pausenzonen und Hotelzimmern → Bewährte Zusammenarbeit zwischen dem Veranstalter und der Veranstaltungsstätte ist eine gute Vertrauensbasis → Positive Empfehlungen und Erfahrungen Dritter sind gefragt und oft entscheidend für die Ortswahl		
3.3	• Intern oder extern → Intern Folgende Fragen klären – Reicht die Kapazität der Räume? – Ist der Seminarraum frei von Außenlärm? – Genügt die vorhandene Seminartechnik den Anforderungen? Kann sie ggf. nachgerüstet werden? – Sind geeignete Nebenräume für evtl. Gruppenarbeit verfügbar? – Ist Teilnehmerverpflegung im Hause möglich? Wenn nicht, gibt es in vertretbarer Nähe ein geeignetes Restaurant? → Extern z.B. – Seminarhotels, Seminarzentren – Gästehäuser – Bürgerhäuser – Schlösser, Burgen – Schiffe		

Ziff.	Aktivitäten/Maßnahmen	Zu erled. von	Erled. am
3.4	• Planungsfaktoren → Dauer des Seminars → Budget → Zielgruppe und Erwartungshaltung → Teilnehmerzahl → Seminarziel → Rahmenprogramm		
3.5	• Prüfkatalog bei Ortsvergleich → Kosten → Lage (Stadtmitte oder Stadtrand: Großstadtambiente oder dörfliche Abgeschiedenheit) → Falls Hotel: Kategorie → Gastronomisches Angebot → Verkehrsanbindung (Bahn, Flughafen, Autobahn) → Freizeiteinrichtungen, Entertainment (innerhalb und in der Umgebung der Veranstaltungsstätte) → Seminarraum, Gruppenräume (Anzahl, Größe, Qualität, Außenlärm, Licht, Klima) → Pausenzone → Seminartechnik → Kommunikation, Service (Präsenz, Freundlichkeit, Hilfsbereitschaft, Schnelligkeit) → Parkplatz		

3.6	• Anforderungen an Seminarraum
	→ Lage
	  – Weder Keller noch Dachatelier sind geeignet
	  – Nord-, Ost-, Westlage sind besser als Südlage
	→ Größe
	  – Wahl der Raumgröße nach der geplanten Teilnehmerzahl. Mittelwert: 6 m² pro Teilnehmer, jedoch mindestens 5 m².
	  – Günstiges Längen-/Breitenverhältnis: 3 : 2
	  – Höhe des Seminarraumes: mindestens 2,5 m, besser 3 – 4 m.		

Checkliste: Seminar

Ziff.	Aktivitäten/Maßnahmen von	Zu erled. am	Erled.

	→ Licht
	– Tageslicht ist Kunstlicht vorzuziehen; zur Steuerung der Tageslichtintensität sollten Jalousien vorhanden sein.
	– Tageslicht-Ergänzungsbeleuchtung muss je nach Tageszeit und Wetter zuschaltbar sein; sie sollte ca. 500 Lux erreichen.
	– Kunstlicht
	Gemäß DIN 5053 ist von folgenden technischen Werten auszugehen:
	  - Nennbeleuchtungsstärke 300 – 500 Lux
	  - Lichtfarbe neutral/warmweiß
	  - Stufe der Farbwiedergabe 11
	  - Güte der Blendungsbegrenzung 11		

	→ Klima Wichtig: zugfreie Raumklimatisierung; ideale Werte sind: Temperatur ca. 20 °C, Luftfeuchtigkeit ca. 50 %		
	→ Lärm Achten Sie darauf, dass – kein Straßenlärm in den Seminarraum dringt – kein Küchengeruch stört – keine Standuhr vor dem Seminarraum die Uhrzeit im Viertelstundentakt angibt – die Hotelwaschmaschine sich weder über noch unter dem Raum befindet – die Klimaanlage funktionstüchtig ist oder alternativ die Fenster geöffnet werden können – kein Telefon im Raum installiert ist		
	→ Farben siehe Farbwirkungstabelle Seite 214		
	→ Wände Befestigungsvorrichtungen für: – Pinnwände – Magnettafeln und Magnete – Magnetschienen – Klemmschienen – Korkplatten		
	→ Dozentenaktionszone (bis zu 30 m^2) – Projektionsleinwand		

Ziff.	Aktivitäten/Maßnahmen von	Zu erled. am	Erled.

	– mindestens 3 Pinnwände
	– Magnettafel
	– 2 Flipcharts
	– Trainertisch (mit höhenverstellbarem Overheadprojektor)
	– Materialwagen mit Zubehör für Medien
	
	→ Seminarmöbel
	  – Stühle: leicht, bequem, stapelbar
	  – Tische: Höhe 72 cm, Tiefe, 67,5 cm
	  – Tischanordnung (Vorbildlich: U-Form)
	
	→ Namensschilder (zum Aufstellen)
	
	→ Seminarausrüstung (je nach Bedarf)
	  – Flipchart und -papier
	  – Filzschreiber
	  – Whiteboard und Stifte
	  – Magnettafel
	  – Kartenständer
	  – Zeigestock, Zeigelampe
	  – Folien/Folienstifte
	  – Leinwand
	  – Metaplanstellwände
	  – Metaplankoffer mit Zubehör
	  – Metaplanpackpapier
	  – Overheadprojektor
	  – Filmprojektor
	  – Diaprojektor
	  – Videoanlagen-System (Betamax/VHS/VCR)
	  – Videobänder
	  – Monitor (SW/farbig)
	  – Epidiaskop
	  – Personalcomputer
	  – Drucker
	  – Software
	  – Verbindungskabel
	  – Schnittstellen
	  – Vorrichtung für Großbildprojektion vom PC
	  – Tonband/Kassettenrecorder
	  – Plattenspieler
	  – CD-Player
	  – Verstärkeranlage
	  – Steckdosen/Mehrfachstecker/Verlängerungskabel		

Checkliste: Seminar

Ziff.	Aktivitäten/Maßnahmen von	Zu erled. am	Erled.
	– Reservematerial/Ersatzteile – Ersatzbirnen für Projektoren – Reservebänder (Video/Tonband) – Leerfolien (OHP/Kopierer) – Leerdisketten – Sonstiges		
3.7	• Gestaltung der Pausenzone → Abstellflächen für Pausengetränke und -verpflegung → Bistrotische → Ecken und Nischen zum Sitzen und Stehen in Zweier- oder Kleingruppen → Verbindung nach draußen für Pausen im Freien → Tageslicht		
3.8	• Hotelzimmerreservierung		

3.9	• Bewirtung
	→ Seminargetränke
	  – Mineralwasser
	  – Säfte
	  – Cola/Limonaden
	→ Pausenservice vormittags
	  – Kaffee
	  – Tee
	  – Obst, Joghurtspeise
	→ Mittagessen
	  – Menü (Auswahl durch Teilnehmer am Vortag)
	  oder
	  – Buffet (warm)
	→ Pausenservice nachmittags
	  – Kaffee
	  – Tee
	  – Kuchen, Gebäck
	→ Abendessen
	  – Buffet (kalt/warm)
	  oder
	  – Menü (Auswahl durch Teilnehmer am Vortag)
	  – Menüauswahl à la carte		

Ziff.	Aktivitäten/Maßnahmen von	Zu erled. am	Erled.
4.	**Rahmenprogramm** Beispiele:		
4.1	• Biergarten		
4.2	• Kneipen/Bistros		
4.3	• Restaurants		
4.4	• Weinprobe		
4.5	• Kino-, Theater- und Varietéprogramme		
4.6	• Schlosskonzert		
4.7	• Sportveranstaltungen		
4.8	• sportliche Aktivitäten		
4.9	• Möglichkeiten für eine Stadtrundfahrt		
4.10	• Schiffsfahrt		
4.11	• Bowling, Kegeln		
5.	**Einladungsverfahren**		

5.1	• Ankündigung
	 → Informationen
	 – Seminartitel
	 – Termin
	 – Ort
	 – Kurzbeschreibung der Seminarziele und -inhalte
	 – Kosten
	 – Dozenten
	
	 → Informationswege
	 – Interne Seminare
	   - Seminarkalender
	   - Umläufe
	   - Rundschreiben
	 – Externe Seminare
	   - Anzeigen
	   - Faltblätter
	   - Mailings		

Ziff.	Aktivitäten/Maßnahmen von	Zu erled. am	Erled.
5.2	• Versand der Anmeldeunterlagen auf Anforderung von Interessenten		
	→ Anmeldeinformationen des Veranstalters – Seminartitel – Termin mit Uhrzeiten (Beginn/Ende) – Seminarort mit Anschrift, Telefon- und FAX-Nr. – Übernachtungsmöglichkeit – Zimmerreservierungs-Verfahren (Selbstbuchung oder Buchung durch den Veranstalter) – Seminarkosten (Welche Leistungen sind darin enthalten und welche nicht?) – Ansprechpartner und Telefon- und FAX-Nr. – Allgemeine Geschäftsbedingungen (einschließlich eines Passus über anfallende Bearbeitungskosten bei kurzfristiger Absage).		
	→ Anmeldebogen Angaben: – Vor- und Nachname in Druckbuchstaben – Funktion, dienstliche Position – Unternehmen, Behörde mit Anschrift, Telefon- und FAX-Nr. – ggf. Ankreuzmöglichkeiten bei alternativen Programmangeboten (z.B. Workshops, Rahmenprogramme) – ggf. Buchungswunsch für Hotelzimmer – Datum der Anmeldung – Unterschrift		
5.3	• Versand der Anmeldebestätigung Mindestbestandteile:		
	→ Dank für die Anmeldung		
	→ ggf. Bestätigung des Unterbringungswunsches sowie Anschrift und Prospekt des Hotels		
	→ Fahrtskizzen für Anreise per Auto		
	→ Lageplan der Seminarstätte und Parkmöglichkeiten		
	→ Hinweis auf nächstgelegenen Bahnhof und Flughafen sowie Angaben zu Transfermöglichkeiten zur Seminarstätte		

Ziff.	Aktivitäten/Maßnahmen von	Zu erled. am	Erled.
	→ Kleidungsempfehlung		
	→ Hinweis zu Sport- und Freizeiteinrichtungen		
5.4	• Versand von Seminarunterlagen und –informationen ca. 8 Tage vor Seminarbeginn		
	→ Zeitplan des Seminars (Arbeitszeiten, Pausen, Rahmenprogramm)		
	→ Übersicht über Lernziele und inhaltliche Schwerpunkte des Seminars		
	→ ggf. Fachunterlagen, die zur Vorabinformation und ersten Vorbereitung hilfreich sind		
	→ Literaturhinweise		
	→ ggf. Liste von Unterlagen, die der Teilnehmer nach Möglichkeit mitbringen sollte (z.B. Gesetzestexte, Nachschlagewerke, Fallbeispiele aus der Praxis)		
	→ Teilnehmerliste		
	→ Informationen zu den Dozenten		
	→ ggf. Formulare zur Abrechnung von Reisekosten		
5.5	• Rückmeldeliste anlegen Rubriken z.B.:		
	→ Zusagen		
	→ Interessenten		
	→ Kurzfristige Absagen (Nach vorheriger Zusage)		
6.	**Dozenten** Frühzeitige Buchung: ca 6 Monate vor Seminarbeginn		
6.1	• Einladungsverfahren in der Form wie bei den Teilnehmern		
6.2	• Nach Eingang der Zusage werden zusätzlich zu den Unterlagen, die auch an die Teilnehmer gehen, folgende Anlagen verschickt:		
	→ Dankschreiben (für Zusage)		
	→ Dozentenvertrag		

Ziff.	Aktivitäten/Maßnahmen von	Zu erled. am	Erled.
	→ Zusatzvereinbarungen		
	→ Methodische und didaktische Hinweise		
	→ Honorarabrechnung (Formblatt)		
	→ Reisekostenabrechnung (Formblatt)		
	Muster für diese Anlagen siehe Seiten 176–179		
6.3	• Bei Seminaren mit mehreren Dozenten wird eine Dozentenliste angelegt. Rubriken z.B.:		
	→ Lfd. Nr.		
	→ Zuname/Titel		
	→ Vorname		
	→ Funktion		
	→ Unternehmen/Behörde (Adresse, Tel.)		
	→ Vortragsthema		
	→ Hotel (Adresse, Tel.)		
7.	**Teilnehmerunterlagen** Gestaltungshinweise:		
7.1	• Odner oder Ringbuch (A 4) mit Zweierlochung		
7.2	• einheitliches Bild der Textseiten		
	→ Blattkopf mit Logo des Veranstalters		
	→ Schriftbeginn, Schriftende		
	→ Einrückungen		
	→ Platzierung und Hervorhebung der Überschriften		
	→ Schrifttypen		
	→ Hervorhebung wichtiger Textstellen		
	→ Blatt-Kennzeichnung (Nummerierung, Symbole)		
	→ Rand für Notizen der Seminarteilnehmer		
7.3	• Reserve für weitere Zuheftungen		
7.4	• Übersichtliches Register mit Inhaltsblatt		

Ziff.	Aktivitäten/Maßnahmen von	Zu erled. am	Erled.
7.5	• Zusätzlich eingeheftete Notizblätter und Klarsichthüllen.		
8.	**Letzter Checkup am Tag des Seminarbeginns** Ca. 1 Stunde vor der Veranstaltung		
9.	**Seminarbewertungsbogen** Bewertung des Seminars durch die Teilnehmer:		
9.1	• Was war gut?		
9.2	• Was war nicht so gut?		
9.3	• Was kann man besser machen? (Anregungen und Vorschläge)		
10.	**Gruppenfoto** Als beliebtes Erinnerungsdokument		

3.16 Tag der offenen Tür

Der Tag der offenen Tür ist Teil der Öffentlichkeitsarbeit und der Werbung des Unternehmens. Er bietet die große Chance, die Besucher zu »Augenzeugen« zu machen, sie vor Ort über den Betrieb, seine Aufgaben und Ziele, seine Erfolge und auch über seine Probleme zu informieren.

Es reicht nicht aus, ein Unternehmen allein durch Pressemitteilungen und Hochglanzbroschüren mit schönen Bildern in der Öffentlichkeit darstellen zu wollen. Der Dialog mit der Öffentlichkeit, die direkte persönliche Ansprache muss hinzukommen. *Also Information und Kommunikation im Doppelpack.* Technische Prozesse, bürokratische Abläufe, internationale Verflechtungen – sie sind für die breite Öffentlichkeit kaum durchschaubar und wecken eher Misstrauen und Vorurteile. Transparenz und Akzeptanz aber lassen sich heute mit den klassischen Print- und AV-Medien nur schwer erreichen. Dazu müssen andere Wege beschritten werden: Live-Kommunikation und Infotainment. *Während klassische Kommunikation in der Regel kontaktanonym bleibt, führen Live-Veranstaltungen zur persönlichen Begegnung, zum Live-Erlebnis auf konzentriertem Raum.*

Live-Veranstaltungen – wie Tage der offenen Tür – verfügen über einen großen Vorteil: Sie vermitteln Informationen und Botschaften gleich über mehrere Kanäle und Sinne. Sie können echte Erlebnisse sein, die lange in Erinnerung bleiben. Live-Veranstaltungen als informierende und unterhaltende Events geben Betrieben und Behörden die Gelegenheit, mit Zielgruppen in Kontakt zu kommen, die sonst nicht oder nicht so gezielt erreicht werden. Dies betrifft auch Personen, Instanzen und gesellschaftliche Gruppen, die keine Beziehung zum Unternehmen haben oder ihm kritisch bis ablehnend gegenüberstehen.

Hinzu kommt, dass jedes Unternehmen, gleich welcher Art und Größe, ob selbstverschuldet oder nicht, in die Schusslinie der Öffentlichkeit, ins Kreuzfeuer der Kritik geraten kann. Umso wichtiger wird es, wenn Sie in schweren Zeiten auf eine gewachsene Vertrauensbasis in Ihrem Umfeld zurückgreifen können.

Betrachten Sie den Dialog mit der Öffentlichkeit nicht als lästige Pflichtübung. Verschanzen Sie sich nicht hinter den Mauern Ihres Werksgeländes. Lassen Sie die Menschen aus Ihrem gesellschaftlichen Umfeld teilnehmen an den Schwierigkeiten und Erfolgen Ihres Unternehmens.

Öffnen Sie also die Tore Ihres Betriebes – laden Sie ein zum Tag der offenen Tür!

Anlass

Den Tag der offenen Tür können Sie besonders gut mit folgenden Anlässen kombinieren:

- Firmenjubiläum
- Einweihung eines neuen Betriebsgebäudes
- Grundsteinlegung für eine neue Werkshalle
- Richtfest für ein neues Verwaltungsgebäude
- Inbetriebnahme einer neuen Anlage
- Auslieferung einer technisch besonders wertvollen Anlage
- Runder Geburtstag oder besondere Ehrung des Firmenchefs

Auch weniger anspruchsvolle Anlässe für den Tag der offenen Tür werden praktiziert. Allerdings wird dann auch der Aufwand für diese Veranstaltungsform erheblich reduziert. Variationen des Tages der offenen Tür können Sie z.B. für einzelne Gruppen durchführen. In der Praxis wird dies etwa für den jeweils neuen Jahrgang der kaufmännischen und gewerblichen Auszubildenden und deren Angehörigen veranstaltet. Tor und Tür des Betriebes öffnen sich dann für ein »Azubi-Treff« mit Rundgang durch den Betrieb, Diskussion mit Betriebsangehörigen, Betriebsrat und Betriebsleitung, Einblick in die Ausbildungspraxis, Interviews mit der Lokalpresse, Infomappen und großzügiger Bewirtung. Erwünschter Nebeneffekt: Die Öffentlichkeit erfährt Näheres über die Leistungen des

Betriebes oder der Behörde auf dem Gebiet des Ausbildungswesens.

Ziel

Tage der offenen Tür können mit folgenden Zielen verbunden sein:
- Darstellung und Bekanntmachung des Betriebes oder der Behörde als Einzelorganisation und als Teil einer Branche oder eines Verfassungsorgans
- Darstellung und Bekanntmachung der Leistungen eines Unternehmens für die Gemeinschaft: Steueraufkommen, Sozialleistungen aller Art, Schaffung und Sicherung von Arbeitsplätzen, Verdienste um das Ausbildungswesen, sportliche und kulturelle Einrichtungen
- Anziehen von Kunden und potentiellen Kunden
- Abbau von Informationsdefiziten in der Öffentlichkeit; für Unternehmen insbesondere Informationen in Richtung Behörden, Stadt, Gemeinden zur Bedeutung des Unternehmens für die Region (Steigerung des Ansehens)
- Reduzierung von Vorbehalten und Widerständen gegen das Unternehmen oder die Behörde in der Öffentlichkeit (Sympathiewerbung)
- Bereinigung von Konfliktsituationen am Standort (Dialogförderung)
- Verständnis und Interesse der Öffentlichkeit für bestimmte Maßnahmen, Pläne, Bauvorhaben des Unternehmens wecken (Erzeugen von Goodwill)
- Interesse der Öffentlichkeit auf geplante Neueinstellungen für Fachkräfte oder Nachwuchskräfte lenken
- Darstellung der Umweltfreundlichkeit; Demonstration der Leistungsfähigkeit von Umweltschutzanlagen, z.B. Abwasseranlagen, Abluftanlagen, Lärmschutzeinrichtungen, Landschaftsschutz (Abbau von Vorurteilen)
- Darstellung der Sicherheit gefahrengeneigter Produktionsanlagen; z.B. Kraftwerke der Energiewirtschaft, Unternehmen, die mit radioaktivem Material arbeiten, Betriebe der chemischen Industrie, Raffinerien, Farbenfabriken, Kohlebergbau
- Motivation der Betriebsangehörigen (Stärkung des Wir-Gefühls); viele Mitarbeiter haben kaum Gelegenheit, das Gesamtunternehmen über den eigenen Arbeitsplatz hinaus kennen zu lernen; aber auch Familien und Freunde der Mitarbeiter können sich mit der Arbeit des Unternehmens beschäftigen
- Nicht zuletzt bringt der Tag der offenen Tür dem Veranstalter selbst einen Zuwachs an Erkenntnis über das eigene Image; abzulesen am Interesse der Öffentlichkeit, an den Reaktionen der Besucher, an der Resonanz in den Medien.

Gestaltung

Das Unternehmen stellt sich in seiner Arbeit dar und präsentiert seine Leistung:
- Was wird hergestellt?
- Wie laufen die Produktionsprozesse ab?
- Wie sind die Arbeitsplätze beschaffen?
- Wie hoch ist der Grad der Automatisierung?
- Wie sicher und effektiv sind die Einrichtungen für Arbeits- und Umweltschutz?
- Welche sozialen Leistungen erbringt das Unternehmen?
- Welchen Rang nimmt das Ausbildungswesen ein?
- Mit welchen besonderen Problemen muss das Unternehmen fertig werden?
- Wie sieht das Unternehmen seine Zukunft?

Machen Sie sich die Neugier der Besucher zu Nutze. Die Erfahrung lehrt, dass sich jeder Besucher, ob Frau, Mann oder Jugendlicher dafür interessiert, wie Automobile oder Elektrizität, Medikamente oder Möbel, Zeitungen oder Luftballons, Farben oder Mikrochips, Textilien oder Bier hergestellt werden. Jeder technische Prozess aber auch die Produktion von Dienstleistungen hat seine eigene Faszination und wird für den Besucher zu einem Erlebnis, wenn Sie die Tür dazu öffnen.

Abgrenzung zur Betriebsbesichtigung und allgemeinen Besucherbetreuung

Jedes Unternehmen muss auch außerhalb des Tages der offenen Tür in der Lage sein, interessierte hochrangige Persönlichkeiten, wichtige Geschäftspartner oder begrenzte Besuchergruppen durch den Betrieb zu führen. Viele größere Firmen und Behörden empfangen ohnehin ständig Besuchergruppen aller Art und unterhalten dafür eine eigene Organisationseinheit »Besucherdienst«.

Hauptunterschied zwischen Betriebsbesichtigung und Tag der offenen Tür: Bei der Betriebsbsichtigung werden die Besucher von Anfang bis Ende geführt, beim Tag der offenen Tür durchwandern sie auf festgelegten Wegen die Werksanlagen und erhalten an bestimmten Punkten mündliche oder schriftliche Erläuterungen.

Besuchergruppen wird meist folgende Betreuung angeboten:
- Einführung (Zahlen, Daten, Fakten zum Unternehmen) in einem Sitzungssaal des Betriebes unter Einsatz von audiovisuellen Medien
- Rundgang durch den Betrieb; in Betrieben mit schwierigen Arbeitsvorgängen sind z.B. spezielle Besucherstege angelegt, um die Besichtigung gefahrlos durchführen zu können und den Arbeitsablauf nicht zu stören
- Bewirtung im Kasino des Unternehmens, Aushändigung von Informationsmaterial und Werbegeschenken.

Ladenschlussgesetz

Einzelhandelskaufleute werben immer häufiger mit Tagen der offenen Tür, an denen sie ihre Geschäftsräume während der Ladenschlusszeiten – vornehmlich sonntags – zu Besichtigungszwecken geöffnet halten. Wenn Sie eine solche Veranstaltung planen, müssen Sie die Voraussetzungen erfüllen, unter denen laut Rechtsprechung trotz Paragraf 3 des Ladenschlussgesetzes (der besagt, dass Verkaufsstellen zu den dort geregelten Ladenschlusszeiten für den »geschäftlichen Verkehr« mit Kunden geschlossen sein müssen) das Offenhalten möglich ist. Außerhalb der gesetzlichen Ladenöffnungszeiten wird dies in dem Fall nicht als »geschäftlicher Verkehr« mit Kunden angesehen und deshalb nur für zulässig erachtet, wenn folgende Voraussetzungen erfüllt sind:

1. Weder der Geschäftsinhaber noch sein Verkaufspersonal, sondern lediglich betriebsfremdes Bewachungspersonal darf in den Geschäftsräumen anwesend sein.
2. Das Bewachungspersonal ist in den Geschäftsräumen nicht zum Entgegennehmen von Bestellungen oder zu Verkaufsgesprächen bzw. zur Vorführung und Erläuterung des Warenangebotes oder zu sonstigen verkaufsfördernden Handlungen berechtigt.
3. In den Geschäftsräumen dürfen weder Bestellzettel ausgelegt noch Annahmekästen für Bestellungen angebracht sein, um zu verhindern, dass Besucher durch Ausfüllen und Einwerfen vorbereiteter Bestellzettel oder sonstiger Bestellungen schriftliche Anträge auf Abschluss von Kaufverträgen an das veranstaltende Unternehmen richten.

Gemessen an diesen Anforderungen für zulässige Tage der offenen Tür wird deutlich, dass z.B. hausinterne Modenschauen mit fremdem Vorführpersonal, Vorführungen von Unterhaltungselektronikgeräten durch Vertreter der Herstellerwerke in den Räumen des Ladeninhabers oder die Veranstaltung von sogenannten Wein- und Bierfesten aus Anlass einer Geschäftseröffnung oder Saisoneröffnung in eigenen Räumen mit eigenem Personal während der Ladenschlusszeiten unzulässig sind. Auch das Anprobieren von Bekleidung ist als verkaufsfördernde Handlung unzulässig.

Eine Anzeige oder Genehmigung zur Durchführung eines Tages der offenen Tür in den eigenen Geschäftsräumen bei der Gemeindeverwaltung oder der Polizeibehörde ist nicht vorgeschrieben, aber wünschenswert. In der Ankündigung zur Veranstaltung eines Tages der offenen Tür muss darauf hingewiesen werden, dass keine Beratung und kein Verkauf stattfindet.

Bei zulässigen Tagen der offenen Tür, die an Sonn- und Feiertagen veranstaltet werden, sind zwar keine bestimmten Tageszeiten für die Besichtigung vorgeschrieben, doch ist nach den Vorschriften des Sonn- und Feiertagsrechts auf den Charakter des Sonn- und Feiertags zu achten und keine dem Wesen des Tages zuwiderlaufende Veranstaltung erlaubt. Daher sollten die Hauptgottesdienstzeiten bei Schautagen beachtet werden.
(Textauszug aus dem Informationsblatt der IHK Bielefeld zu »Rechtsfragen zum Tag der offenen Tür im Einzelhandel«)

Datum
Beachten Sie bei der Terminwahl für Ihren Tag der offenen Tür insbesondere folgende Rahmendaten:
- Ferientermine
- »Brückentage« (verlängertes Wochenende)
- Regionale Veranstaltungen, z.B.
    - → Schützenfest
    - → Jahrmarkt
    - → Straßenfest
    - → Flohmarkt
    - → Pfarrfest
    - → Großveranstaltung (Sport, Kultur, Politik)
- Allgemeine Wettersituation (wegen der vielen Außenveranstaltungen beim Tag der offenen Tür).
  Bewährt hat sich die Spätsommerzeit von Ende der Sommerferien im August bis in den September hinein.
  Legen Sie den Veranstaltungstermin vier bis sechs Monate vor der Veranstaltung fest. Vor allem, wenn Sie bekannte Künstler verpflichten wollen, brauchen Sie mindestens diesen Zeitvorlauf.
  Tipp in diesem Zusammenhang: Buchen Sie Künstler über den Künstlerdienst des Arbeitsamtes oder über Künstleragenturen. Sie erhalten dort professionellen Service.

Dauer
Ob nur ein Tag der offenen Tür veranstaltet wird oder dafür zwei Tage reserviert werden, hängt vom Umfang des Programms und der erwarteten Teilnehmerzahl ab. Auf jeden Fall aber reservieren Sie dafür ein Wochenende.
Übliche Beginn- und Schlusszeiten:
Einlaß: 09.00 Uhr
Ende: 17.00 Uhr.

Budget
Um Ihr Budget abschätzen zu können, sind folgende Kostenpositionen einzukalkulieren:
- Personal (Überstunden des eigenen Personals, Löhne für Fremdpersonal)
- Druckkosten (Einladungen, Informations-, Werbe-, Organisationsmaterialien wie Plakate, Poster, Broschüren, Hinweis-, Namensschilder etc.)
- Renovierungs- und Verschönerungsarbeiten im Betrieb
- Bewirtung
- Rahmenprogramm (Honorare für Künstler und Moderatoren, Aufbauten, Wettbewerbe u.a.)
- Kleingeschenke, Souvenirs
- Werbung (evtl. Auftragsvergabe an eine Agentur für die Entwicklung eines Werbekonzepts)
- Sicherheitsmaßnahmen
- Transport

Organisationsstab
Vorbereitung und Durchführung einer derart komplexen Veranstaltung wie dem Tag der offenen Tür sollten Sie nicht einer einzelnen Person, sondern einem Arbeitsteam übertragen. Die Mitglieder dieses Teams – geeignete Mitarbeiterinnen und Mitarbeiter Ihres Betriebes – treffen sich zunächst in regelmäßigen Abständen zu Organisationsbesprechungen. In der »heißen Phase« der Vorbereitung – etwa 2 bis 4 Wochen vor dem Ereignis – wird es zwingend erforderlich, die Teammitglieder von ihren Arbeitsplätzen abzuziehen und auch räumlich in einem ständigen gemeinsamen »Lagezentrum« zusammenzubringen.

Achten Sie bei der Zusammenstellung des Arbeitsstabes darauf, dass nach aller Kenntnis der Fähigkeiten und Eigenschaften der auszuwählenden Mitarbeiter das Team eine »gute Prognose« hat, d.h. die »Chemie« untereinander muss stimmen.
Günstige Voraussetzungen sind erfahrungsgemäß:
- annähernd homogene Altersgruppe
- geringe hierarchische Spannweite
- Mischung aus Damen und Herren
- ungerade Teammitgliederzahl (wichtig bei internen Abstimmungen)
- Ernennung eines Stabsleiters, der
  → integriert statt polarisiert
  → moderiert statt monologisiert
  → motiviert statt deprimiert
  → über ein gutes Standing bei der Betriebsleitung verfügt.

Legen Sie genau fest, wer im Arbeitsstab für welche Aufgaben zuständig und verantwortlich ist. *Das Organigramm für den Arbeitsstab kann z.B. folgende Arbeitsgebiete oder Sachbereiche umfassen:*
- Einladungsverfahren (Einladungsliste; Entwurf, Druck und Versand der Einladungen; Anzeigen, Zeitungsbeilagen, Plakate etc.)
- Hauptprogramm
- Rahmenprogramm
- Informationsmaterial/Informationsstand
- Werbematerial (z.B. kleine Präsente)
- Pressearbeit
- Bewirtung
- Sicherheit (auch: Absperrungen, Parkplätze)
- Personaleinsatz (Eigenkräfte, Fremdkräfte)
- VIP-Betreuung

Einladungsverfahren – Ankündigung – Werbung
- Vorlaufzeit
  Der Termin für den Tag der offenen Tür ist mindestens 3 bis 4 Wochen mit der Einladung oder in anderer Form bekannt zu machen.

- *Einladungsliste/Zielgruppen*
  Mit dem Tag der offenen Tür wenden Sie sich grundsätzlich an alle Mitbürger/innen einer von Ihnen angesprochenen und begrenzten Öffentlichkeit. *Sie können jedoch auch ausgewählte Zielgruppen ansprechen:*
  → Mitarbeiter und deren Angehörige, Pensionäre
  → Geschäftspartner (Kunden, Lieferanten, befreundete Firmen)
  → Potentielle Kunden und Interessenten
  → Verbände, Vereine, Fachorganisationen, Gewerkschaften, Industrie- und Handelskammern
  → Lehrer und Schüler
  → Spitzen der Stadtparlamente, der Kreisparlamente, örtliche Behörden, Kirchen; Würden- und Mandatsträger, die in Beziehung zum Unternehmen stehen
  → Presse, Rundfunk und Fernsehen, wie die Redaktionen der Lokalzeitungen, regionale Rundfunk- und Fernsehstudios, Nachrichtenagenturen, Korrespondenten überregionaler Tages- und Wirtschaftszeitungen, Redakteure von Fachzeitschriften, zu denen Beziehungen bestehen oder gesucht werden, Pressestellen der Gemeinde, der Handelskammer usw.
  → Bevölkerung am Ort

- *Form*
  Welche Form Sie für Ihre Einladungen wählen, hängt weitgehend davon ab, welche Zielgruppe Sie ansprechen wollen.
  In der Praxis sind folgende Formen üblich:
  → Einladungskarten (sie setzen eine aktuelle und vollständige Einladungsliste oder -datei mit Adressen voraus) Zweckmäßigerweise werden Antwortkarten mit dem Vermerk U.A.w.G. beigelegt, so erhalten Sie eine Übersicht über die Zahl der zu erwartenden Gäste.
  → Anzeigen in Zeitungen, Stadtanzeiger, landesüblichen Wochenblättern; wenn möglich, sollten die Anzeigen wegen des

höheren Aufmerksamkeitswertes im redaktionellen Teil platziert werden
→ Zeitungsbeilagen
→ Redaktionelle Mitteilung im Lokalteil der Zeitungen
→ Postwurfsendungen
→ Aushänge in Geschäften und Verkehrsmitteln
→ Plakate (extern auf Litfaßsäulen, intern auf dem schwarzen Brett)
→ Transparente an Ortseinfahrten und -durchfahrten
→ schnell montierbare Werbeflächen an örtlichen Verkehrsmitteln und Firmenfahrzeugen
→ Persönliche Briefe in besonderen Fällen: Legen Sie eine gesonderte VIP-Liste an für Persönlichkeiten, die gezielt angesprochen und während der Veranstaltung auch speziell betreut werden. An die VIP's senden Sie briefliche und gedruckte Einladungen (mit Antwortkarte) der Geschäftsleitung. Diese individuellen Einladungen erhalten z.B. Medienvertreter, Geschäftspartner und Kunden, Kommunalpolitiker und prominente Persönlichkeiten aus Kunst, Kultur, Wissenschaft, Sport. Je vielfältiger sich der Gästekreis zusammensetzt, desto interessanter wird die Veranstaltung für alle Besucher.

Vielfach wird es zweckmäßig sein, verschiedene Formen parallel oder zeitlich gestaffelt einzusetzen.

Über Tage der offenen Tür in Städten und Gemeinden z.B. sind die Bürgerinnen und Bürger möglichst umfassend zu informieren. Zumindest in mittleren und großen Städten werden ausführliche Programme gedruckt und über einen Verteilerdienst oder über den Postversand in alle Haushaltungen geschickt. Üblich ist auch der Informationsverbund mit einer kommunalen Zeitung oder einem »Stadtanzeiger«. In kleineren Städten genügt meist das Ankündigungsplakat und das Angebot, sich das Programm im Rathaus abzuholen. Die Wege sind kurz und irgendwann kommt jeder mal am Rathaus vorbei.

Begleitend dazu sind Anzeigen im Lokalteil der regionalen Presse, Werbeplakate an öffentlichen Gebäuden und Plätzen sowie der Aushang in den Dienststellen bewährte zusätzliche Transportmittel für Werbung und Information. Das Interesse kann zusätzlich durch Wettbewerbe geweckt werden. So sucht die Stadt das beste Bürgerfoto von Veranstaltungen der Tage der offenen Tür, jeder hundertste oder tausendste Besucher im Rathaus erhält ein Stadtsouvenir oder im Programmheft ist ein besonderer Spruch über die Heimatstadt verborgen, den es auszudeuten gilt.

Für den Ablauf des Tages der offenen Tür ist wichtig, dass am Veranstaltungstag möglichst viele Mitarbeiter anwesend sind, die für die Präsentation des Betriebes Schlüsselpositionen besetzen. Ihr Fachwissen präsentiert die Kompetenz des Betriebes, ihre Arbeitsplätze sind erstrangige Demonstationsobjekte. Eine frühzeitige interne Ankündigung des Tages der offenen Tür ist daher auch aus diesem Grund angezeigt (Urlaubsplanung z.B.).

Ablauf

Der nackte Betrieb reicht nicht aus als Objekt des gewünschten Interesses. Auf die Präsentation kommt es an. Sie ist die animierende Verpackung, mit der der Betrieb »zelebriert« wird. Sie brauchen eine attraktive und überzeugende Mischung aus Information und Unterhaltung.

Achten Sie auf die Ausgewogenheit beider Elemente: Überwiegt das eine, wird die Veranstaltung zu einem knochentrockenen wissenschaftlichen Exkurs, hat der andere Übergewicht, gerät der Tag zu einem ausgelassenen Volksfest. Beides trifft nicht den angepeilten Zweck des Tages der offenen Tür.

Es ist einsichtig, dass Aktionsprogramme zum Tag der offenen Tür in jedem Betrieb eigenen Bedingungen und Abläufen unterliegen. *Dennoch gibt es einen Katalog beliebter und bewährter Aktionen und Maßnahmen, die in einer Vielzahl von Betrieben Anwendung finden können.*

- *Empfang und Betreuung*
  → Setzen Sie für den Empfang und die Betreuung der Besucher ausreichend geschultes, durch Namensschilder gekennzeichnetes Personal ein. Beschäftigt das Unternehmen einen hohen Prozentsatz an Gastarbeitern, sollten für deren Familien Betreuer in der jeweiligen Landessprache zur Verfügung stehen.
  → Anstecknadeln
  Lassen Sie an die Besucher bei der Ankunft Anstecknadeln oder Buttons mit Firmenlogo austeilen.
  → Besucherliste
  Legen Sie für die Besucher zur Eintragung eine Besucherliste aus.
  → Lagepläne
  Teilen Sie an die Besucher zur Orientierung Lagepläne aus. Ein Lageplan mit den einzelnen Besichtigungspunkten erleichtert den Rundgang.
  Die Laufrichtung durch die Verwaltung und/oder den Betrieb wird durch Schilder und Pfeile gekennzeichnet. Die Wege sollten, wenn möglich, einbahnig sein.
  Farbige Wandtafeln geben Auskunft über die Organisation des Unternehmens, über Produktionsablauf, Produktionsprogramm, Exportgeschäft, Personalstruktur, Ausbildungsberufe und Berufsarten im Betrieb.
  → Parkplätze
  Stellen Sie sicher, dass für die Besucher ausreichender und gut ausgeschilderter Parkraum bereitgestellt wird.
  → Geschäftspartner
  Kompetente Geschäftspartner (Vorstand, Geschäftsleitung, Pressechef, Personalleiter, Produktionschef) sollten den Besuchern für Auskünfte zur Verfügung stehen.
  → Fotos
  In vielen Betrieben wird ein Fotografierverbot kaum zu vermeiden sein. Dennoch können Sie den Besuchern die Möglichkeit bieten, an attraktiven Punkten des Betriebes Erinnerungsfotos von einem hauseigenen Fotografen mit einer Sofortbildkamera anfertigen zu lassen.
  → Schlechtwettervorsorge
  Zeichnen sich ungünstige Wetterbedingungen ab, sollten Sie Vorsorge treffen: Zelte, Überdachungen, Regenschirme (mit Firmenlogo).

- *Information*
  → Werksführung
  Der Besichtigungsweg wird in Absprache mit dem Sicherheitsingenieur und dem Produktionsleiter in einem exakten Plan festgelegt. Es werden Zwischenstationen bestimmt, um unnötige Staus zu vermeiden.
  Der Besichtigungsweg wird durch Markierungen, Pfeile und Hinweisschilder gekennzeichnet. Absperrseile sollten nur an unerläßlichen Stellen gezogen werden. Zweckmäßig ist es, an den Maschinen und Geräten allgemein verständliche Informationen anzubieten und zwar entweder durch gut lesbare Beschilderung oder durch persönliche Kommentierung. Zu lautstarke Maschinen sollten möglichst nicht in Betrieb genommen werden.
  Soweit keine Unfallgefahr besteht, könnte den Besuchern die Gelegenheit gegeben werden, unter Aufsicht eine Anlage durch Knopfdruck in Bewegung zu setzen. Der Besucher soll das Gefühl bekommen, dass er wirklich hinter die Kulissen des Unternehmens schaut. Dabei lassen sich ohne Schwierigkeiten Betriebsgeheimnisse wahren.
  → Büro- und Verwaltungsräume
  Büroräume sind zwar nicht gerade der Knüller einer Besichtigung. Dennoch erhalten viele Besucher erstmalig Gelegenheit, z.B. Großraumbüros, Rechenzentren, Telefonzentralen oder Chefzimmer von innen zu besichtigen.

→ Sozialräume
Manches Unternehmen ist stolz auf seine sozialen Einrichtungen und soll sie auch zeigen: Werkskantine, Gästekasino, Fitnesseinrichtungen, Sanitär- und Umkleideräume.

→ Ausbildungsplätze
Berufsausbildung ist bekanntlich eine Investition in die Zukunft. Ihr Unternehmen wird viel an Sympathie gewinnen, wenn es Ausbildungsplätze vorweisen kann, an denen Jugendliche werken. Eltern mit Kindern, die in Kürze ins Berufsleben treten, werden sich sehr genau über Ausbildungsmöglichkeiten in Ihrem Hause informieren, vornehmlich dann, wenn der Tag der offenen Tür unter dem Motto der »Werbung um den Nachwuchs« steht.

→ Ausstellungen
Anschaulich gestaltete Ausstellungen sind immer ein Magnet für Jung und Alt. Ausstellungen tragen wesentlich zur atmosphärischen Gestaltung Ihres Betriebes bei: Das können Produkte sein, Anwendungsbeispiele dafür, aber auch bewegliche Modelle, Sammlungen der verschiedensten Art, Ausstellungen von Hobby-Künstlern des Unternehmens, Fotopräsentationen und Schaubilder, z.B. über die Entwicklung des Unternehmens oder über weitere Standorte, oder meisterliche Leistungen aus Ihren Ausbildungswerkstätten.

→ Podium
Was nun, Herr Geschäftsführer?
Viele Besucher haben Fragen zum Betriebsgeschehen, die nicht durch den Rundgang allein beantwortet werden können. Stellen Sie sich den Fragen – auch wenn zu erwarten ist, dass sie sich kritisch mit Ihrem Unternehmen befassen. Am besten Sie bieten dem Publikum zwei verschiedene Uhrzeiten an, zu denen in einem größeren Saal ein Podium mit Fachleuten Rede und Antwort steht.

→ Film- und Diavorführung
Für den Tag der offenen Tür ist die Vorführung eines Industriefilmes empfehlenswert. Der Film sollte nicht ausschließlich das Werk zeigen, wie man es beim Rundgang ohnedies kennen gelernt hat, sondern per Zeitdehnung und Zeitraffung, Makro- und Mikroaufnahmen, jene Vorgänge verdeutlichen, die bei der Werksbesichtigung nicht erkennbar sind. Auch Filme oder Dia-Vorträge über Exporterfolge, Arbeitssicherheit, Ausbildung oder Human Relations finden reges Interesse.
Für die Medien Film und Dias gelten gleichermaßen relativ lange Vorbereitungszeiten. Die Herstellung eines Filmes dürfte überhaupt nur lohnend sein, wenn er über den Tag der offenen Tür hinaus für Besuchszwecke und für externe Vorführungen verwendet werden kann.

→ Informationsmaterial
Was man schwarz auf weiß besitzt, kann man getrost nach Hause tragen ... Eine kurze Informationsschrift über das Produktionsprogramm, eine Firmendarstellung, die Werkszeitschrift, sollten dem Besucher ausgehändigt werden. Der Besucher wird zu Hause gern noch einmal blättern und nachlesen wollen, was er gesehen hat. Oder er möchte es Bekannten und Freunden zeigen.
Informationsschriften, die speziell für den Tag der offenen Tür bestimmt sind, müssen rechtzeitig vorher geplant werden. Je nach Umfang und Illustration werden vier bis sechs Monate Vorbereitungszeit einzukalkulieren sein.

• *Unterhaltung*
In der Ausgestaltung des unterhaltenden Teils des Tages der offenen Tür sind der Fantasie des Veranstalters kaum Grenzen gesetzt. Von der Gulaschkanone zur Dixilandband, von der Tombola zum Hubschrauberlandeplatz, von der Sprungburg zur Folkloregruppe, vom Preisausschrei-

ben zum Fanfarenkorps, vom Souvenirshop zur Ballonfahrt.
→ Musik und Gesang
Musik aus Lautsprechern zur Unterhaltung und Berieselung ist am einfachsten und billigsten, wenn eine entsprechende Übertragungsanlage vorhanden ist.
→ Je nach Ambition und Möglichkeiten können engagiert werden:
- Werkschor
- Kinderchor einer benachbarten Schule
- Hobbyorchester
- professionelle Band, eventuell mit Gesangsstar
→ Wettbewerbe und Spiele
- Bastelwettbewerb für Kinder, z.B. am Ausbildungsplatz;
- Ballonflug-Wettbewerb (Preise für Weitflüge, z.B. einen signierten Fußball des nächstgelegenen Bundesligavereins);
- Kreuzworträtsel (als Lösung der Firmenname oder ein markantes Produkt).
→ Bewirtung
Das leibliche Wohl darf nicht zu kurz kommen. Besichtigungen mit knurrendem Magen werden kaum Sympathie erwecken.
Aus organisatorischen Gründen empfiehlt es sich, Gutscheine auszugeben für z.B.:
- Erbsensuppe
- heiße Würstchen (im Einweggeschirr)
- belegte Brote
- Kuchen
- Getränke (Bier, Wein, Sekt, Schnäpse, Kaffee u.a.)

Je nach Größe des verfügbaren Kantinenraums ist es ratsam, die Gutscheine mit entsprechenden Ausgabezeiten zu versehen, damit nicht unnötige und unliebsame Schlangen und Wartezeiten entstehen. Sie würden nur Unwillen bei den Besuchern hervorrufen.
Von der Zahl der zu erwartenden Besucher könnte es abhängen, ob für Speisen und Getränke ein bescheidener Obulus etwa in Höhe der Selbstkosten vorgesehen werden soll. Dieser Reinertrag könnte anschließend wiederum für karitative und soziale Einrichtungen in der Region zur Verfügung gestellt werden. Damit wäre ein weiterer öffentlichkeitswirksamer Effekt verbunden.
→ Souvenirs
Originelle Souvenirs, die Bezug zum Unternehmen haben, werden von allen Besuchern als willkommene Geste der Sympathie entgegengenommen, vielfach sogar erwartet. Ein Taschentuch, ein Kugelschreiber, Streichholzhefte, ein Poster und für jeden 50. Besucher ein größeres Präsent (Feuerzeug, Portemonnaie etc.) werden den Tag zu einer nachhaltigen Erinnerung machen. Kindern sollte man Luftballons (mit Firmenaufdruck), Windräder, Spielbälle oder zum Beispiel auch Bastelbögen mit auf den Weg geben.

Zum Ablauf von Tagen der offenen Tür in Städten und Gemeinden können folgende Besonderheiten einbezogen werden:
Auftakt am Vorabend oder am Morgen kann das wirkliche Öffnen der Rathaustore für die Bürger und ihre Begrüßung im Rathaussaal mit Umtrunk, die musikalische »Ouvertüre« auf dem Platz vor dem Rathaus durch Fanfarenzug oder Stadtkapelle mit Eröffnungsworten des Bürgermeisters oder auch ein »Umzug« der Beteiligten von Feuerwehr bis Müllwagen durch die Hauptstraße hin zum Rathaus sein. Zum Abschluss des Abends kann man Luftballons aufsteigen lassen, eine Abschlussrevue beteiligter Gruppen auf der Bühne vor dem Rathaus veranstalten, das Rathaus illuminieren, ein kleines Feuerwerk abbrennen, den letzten Besuchern im Rathaus einen Abschiedstrunk reichen oder was sonst noch alles zu einem Lebewohl gehören mag.
In einer kleineren Stadt wird die Programmabfolge weniger Schwierigkeiten bereiten, da Überschneidungen selten sein dürften. Wichtig aber auch hier: Der Nachmittag bringt den größten Besucherandrang. So sollten Veranstaltungen, die voraussichtlich viele Interes-

senten finden, auf diese Tageszeit gelegt werden. Umgekehrt können Programmpunkte, bei denen nur wenige Teilnehmerkarten ausgegeben werden können, eher am Vormittag stattfinden.

Medienbegleitung
Aus PR-Sicht ist ein Tag der offenen Tür ein interessantes Ereignis, das im regionalen Bereich viele Kontakte festigt und neue Kontakte aufbaut. Dies gilt insbesondere auch für die Pressearbeit. Bei vielen Tagen der offenen Tür wird übersehen, dass die Veranstaltung nicht allein für die allgemeine Öffentlichkeit ausgerichtet wird, sondern auch für die Presse. *Vergessen Sie daher nicht, für die Journalisten zu sorgen:*
- Benennung eines Ansprechpartners oder Pressereferenten für alle wichtigen Fragen und Auskünfte
- Einrichtung einer Presseanlaufstelle oder eines kleinen Pressezentrums, das ständig von Ihren Pressebetreuern besetzt ist
- Zusammenstellung einer Pressemappe mit allen wichtigen Informationen, Zahlen, Daten, Fakten zum Unternehmen.

Vermeiden Sie, dass Medienvertreter sich mühsam durch die Besucherströme wuseln müssen, um an ihre Informationsquellen heranzukommen. Organisieren Sie mit Ihren Pressebetreuern Sonderführungen für die geladenen Journalisten. Nehmen Sie sich ausreichend Zeit für diese Presserundgänge. Zeigen Sie den Medienvertretern auch Objekte und Vorgänge im Betrieb, die Sie aus Sicherheitsgründen für die allgemeine Öffentlichkeit gesperrt haben.
Je mehr Zeit Sie sich für die Medienvertreter nehmen, desto vollständiger wird deren Gesamtbild vom Unternehmen und desto fundierter die spätere Berichterstattung.

Sicherheit
Je größer die Zahl der Besucher, desto größer die Gefahr, dass einem Ihrer Gäste etwas passiert. *Der Sicherheitsbeauftragte in Ihrem Organisationsstab hat daher die Aufgabe,* *Ihnen frühzeitig ein Sicherheitskonzept vorzulegen. Wichtige Bestandteile:*
- *Sanitätsdienst*
  Hilfsorganisationen wie Deutsches Rotes Kreuz, Malteser Hilfsdienst und Johanniter Unfallhilfe sind darauf spezialisiert, bei Veranstaltungen Sanitäter und Rettungstransportwagen (RTW) gegen Honorar zur Verfügung zu stellen. Bei Großveranstaltungen ist auch die ständige Anwesenheit eines Notarztes unverzichtbar.
- *Polizei, Feuerwehr*
  über Termin und Ort der Veranstaltung informieren, Die Polizei muss ggf. auch um verkehrslenkende Maßnahmen, die Absperrungen und die Kennzeichnung von Parkverbot oder -erlaubnis gebeten werden.
- *Örtliche Behörden*
  Zweckmäßig ist ebenfalls die Benachrichtigung der örtlichen Behörden, wie z.B. das Bezirks- oder Ordnungsamt, in deren Zuständigkeit das Betriebsgelände des Veranstalters liegt. Dies kann z.B. wichtig werden, wenn der öffentliche Bereich um das Betriebsgelände noch einen letzten »Putzdurchgang« vertragen kann oder öffentliche Baustellen besonders zu sichern sind.
- *Kindergärtnerin*
  Viele Familien mit Kleinkindern würden zwar gern an der Veranstaltung teilnehmen, haben jedoch keine Möglichkeit, für ihre Kleinsten eine häusliche Aufsicht zu engagieren. Diese Sorge nehmen Sie Ihren Gästen, wenn Sie auf dem Betriebsgelände für die Dauer der Veranstaltung eine ausgebildete Kindergärtnerin zur Verfügung stellen. Sie nimmt die Kleinen in ihre Obhut. Vergessen Sie nicht, dieses familien-freundliche Angebot frühzeitig in Ihre öffentlichen Ankündigungen für Ihren Tag der offenen Tür aufzunehmen.
- *Ausschilderung*
  → Zugangsverbote
  → Kennzeichnung von Gefahrenpunkten
  → Rauchverbot

- *»Streckenposten«*
  An verschiedenen Durchlaufpunkten des Rundweges durch den Betrieb werden Mitarbeiter mit Mobiltelefonen postiert. Bei Zwischenfällen, die das Umleiten des Besucherstromes erforderlich machen, können diese »Streckenposten« Durchsagen und Anordnungen weitergeben oder Sofortmaßnahmen vor Ort ergreifen.
- *Alarmsysteme*
- *Schutzbekleidung z.B. den bekannten gelben Plastikhelm*
- *Beratung durch die Berufsgenossenschaften*
- *Haftpflichtversicherung*
  Prüfen, ob die Versicherung das Risiko des Betriebes für derart große Besucherzahlen abdeckt. Andernfalls sollten Sie eine gesonderte Haftpflichtversicherung für den Tag der offenen Tür abschließen. Die Fantasie reicht vorher kaum aus, um sich vorzustellen, was alles passieren kann, wofür Sie später zur Rechenschaft gezogen werden.

Nachbereitung

Nutzen Sie die noch frischen Eindrücke und Erfahrungen Ihrer Mitarbeiter vom abgelaufenen Tag der offenen Tür und laden Sie innerhalb von zwei Wochen nach Ende der Veranstaltung zu einer »Manöverkritik« ein. *Ziehen Sie gründliche Bilanz: Auf der Passivseite aller aufgetretenen Mängel und Unzulänglichkeiten, auf der Aktivseite die positiven Erfahrungen und Ergebnisse.*

Zur Vorbereitung der Besprechung beauftragen Sie Ihre verantwortlichen Mitarbeiter, zu jedem Programmpunkt des Tages der offenen Tür eine Aufstellung anzufertigen z.B. mit der

- Zahl der Teilnehmer (evtl. auch Altersstruktur)
- Kapazitätsausnutzung der einzelnen Programmpunkte, wie z.B.
  → Rundgänge
  → Rundfahrten
  → Führungen
  → Besichtigungen
  → Film-/Diavorführungen
  → Künstlerauftritte
  → Medienresonanz
  → Auflistung besonderer Schwierigkeiten und Pannen
  → Vorschläge für eine künftige bessere Präsentation
  → Entwurf für einen Bericht mit Fotos in der Werkszeitung oder den Hausmitteilungen

Diese Unterlagen bilden eine wichtige Grundlage für erste konzeptionelle oder technische Änderungen und Ergänzungen. Denn ein Tag der offenen Tür sollte kein einmaliges Ereignis bleiben. Im Gegenteil, Sie sollten immer wieder die Chance nutzen, Besucher in Ihrem Unternehmen oder Ihrer Behörde zu begrüßen. Dies gilt ebenfalls für die Vertreter der Medien: Einmal geknüpfte Kontakte können weiter gepflegt und intensiviert werden.

Wenn die meisten Besucher Ihr Unternehmen mit der Überzeugung verlassen haben, eine Menge Interessantes und Neues erfahren und gesehen zu haben sowie positive Kontakte mit den Mitarbeitern zu verzeichnen waren, hat sich der Tag der offenen Tür für Sie gelohnt – auch dann, wenn sich der Erfolg nicht gleich in klingender Münze offenbart.

Checkliste: Tag der offenen Tür

Ziff.	Aktivitäten/Maßnahmen	Zu erled. von	Erled. am
1.	**Anlass** z.B.:		
1.1	• Turnusgemäß (z.B. 1-jährig)		
1.2	• Firmenjubiläum		
1.3	• Einweihung eines neuen Betriebsgebäudes		
1.4	• Grundsteinlegung für eine neue Werkshalle		
1.5	• Richtfest für ein neues Verwaltungsgebäude		
1.6	• Inbetriebnahme einer neuen Anlage		
1.7	• Auslieferung einer technisch besonders wertvollen Anlage		
1.8	• Runder Geburtstag oder besondere Ehrung des Firmenchefs		
1.9	• Sommerfest		
1.10	• Sonstige Anlässe		
2.	**Ziele bestimmen** Setzen Sie sich für Ihren Tag der offenen Tür klare Ziele, z.B.		
2.1	• Information		
2.2	• Präsenz und Selbstdarstellung		
2.3	• Dialogförderung		
2.4	• Anziehen von Kunden und potentiellen Kunden		
2.5	• Wecken von Interesse		
2.6	• Erzeugen von Goodwill		
2.7	• Sonstige Ziele		
3.	**Zielgruppe wählen** Beispielsweise		
3.1	• Kunden		
3.2	• Potentielle Kunden/Interessenten		

Ziff.	Aktivitäten/Maßnahmen	Zu erled. von	Erled. am
3.3	• Mitarbeiter und Mitarbeiterinnen		
3.4	• Angehörige der Mitarbeiter/innen		
3.5	• Lieferanten, Geschäftspartner		
3.6	• Medienvertreter		
3.7	• Vertreter von Banken u.a.		
3.8	• Verbände, Vereine, Fachorganisationen		
3.9	• Behörden, Schulen		
3.10	• Bevölkerung am Ort		
4.	**Termin festlegen** Achten Sie auf konkurrierende Termine: z.B.		
4.1	• Ferientermine		
4.2	• »Brückentage« (für Kurzurlauber)		
4.3	• Regionale oder überregionale Veranstaltungen, z.B. → Schützenfest → Jahrmarkt → Straßenfest → Flohmarkt → Pfarrfest → Großveranstaltung (Sport, Kultur, Politik u.a.)		
5.	**Budgetrahmen bestimmen** Folgende Kostenpositionen sind u.a. einzukalkulieren:		
5.1	• Personal → Überstunden des eigenen Personals → Löhne für Fremdpersonal		
5.2	• Druckkosten → Einladungen → Informations-, Werbebroschüren → Faltblätter		

Ziff.	Aktivitäten/Maßnahmen	Zu erled. von	Erled. am
	→ Plakate, Poster		
	→ Hinweisschilder		
	→ Namensschilder		
5.3	• Renovierungs- und Verschönerungsarbeiten im Betrieb		
5.4	• Bewirtung		
	→ Speisen		
	→ Getränke		
5.5	• Rahmenprogramm		
	→ Honorare für Künstler und Moderatoren		
	→ Technische Aufbauten		
	→ Wettbewerbe, Preisausschreiben, Tombola		
5.6	• Kleingeschenke, Souvenirs		
5.7	• Werbung Evtl. Auftragsvergabe an eine Agentur für die Entwicklung eines Werbekonzepts		
5.8	• Sicherheitsmaßnahmen		
5.9	• Transport (z.B. Buszubringer)		
6.	**Organisationsstab einrichten** **Sie können z.B. folgende Verantwortlichkeiten festlegen:**		
6.1	• Einladungsverfahren (Einladungsliste; Entwurf, Druck und Versand der Einladungen; Anzeigen, Zeitungsbeilagen, Plakate etc.)		
6.2	• Hauptprogramm		
6.3	• Rahmenprogramm		
6.4	• Informationsmaterial/Infostand		
6.5	• Werbematerial, Präsente		
6.6	• Pressearbeit		

Ziff.	Aktivitäten/Maßnahmen	Zu erled. von	Erled. am
6.7	• VIP-Betreuung		
6.8	• Bewirtung		
6.9	• Personaleinsatz (Eigenkräfte, Fremdkräfte)		
6.10	• Sicherheit (auch: Absperrungen, Parkplätze)		
7.	**Einladung - Ankündigung - Werbung**		
7.1	• Vorlaufzeit Einladung/Ankündigung mindestens 3 - 4 Wochen vor der Veranstaltung		

7.2	• Form
	→ Anzeigen in Zeitungen, Stadtanzeiger, landesüblichen Wochenblättern; wenn möglich Platzierung im redaktionellen Teil
	→ Beilagen in Tageszeitungen der Region
	→ Redaktionelle Mitteilung im Lokalteil der Zeitungen
	→ Postwurfsendungen
	→ Aushänge in Geschäften und Verkehrsmitteln
	→ Haushaltsverteilungen
	→ Beschriftung an Firmenfahrzeugen
	→ Plakatierung
	   – an öffentlichen Straßen und Plätzen (Litfaßsäulen)
	   – in öffentlichen Gebäuden
	   – im Betrieb (schwarzes Brett)
	→ Werbeflächen mit Schnellmontage an öffentlichen Verkehrsmitteln und Gebäuden
	→ Transparente an Ortsein- und -durchfahrten
	→ Einladungskarten und persönliche Briefe in besonderen Fällen (VIP-Liste)		

8.	**Vorbereitende Maßnahmen**		
8.1	• Renovierungsarbeiten (Betriebs- und Verwaltungsgebäude)		

Ziff.	Aktivitäten/Maßnahmen	Zu erled. von	Erled. am
8.2	• Sauberkeit im Betriebsgelände		
8.3	• Neuanstrich von Gebäuden, Mauern, Zäunen		
8.4	• Allgemeine Verschönerungsarbeiten → Blumenrabatte → Grünflächenpflege → Baumpflege → Pflasterung von Gehwegen und Parkplätzen		
8.5	• Ausschreibung eines Ideenwettbewerbs zum Rahmenprogramm unter den Betriebsangehörigen		
8.6.	• Festlegung eines Leitwegs- und Beschilderungskonzepts für das Betriebsgelände		
9.	**Aktionsprogramm festlegen**		
9.1	• Empfang und Betreuung → Personalbedarf ermitteln, Aufgaben und Verantwortlichkeiten festlegen → Anstecknadeln/Buttons für alle Besucher am Eingang → Besucherliste/Gästebuch (Für Großveranstaltungen nicht geeignet) → Lagepläne für alle Besucher am Eingang → Parkplätze sicherstellen → Buszubringer organisieren → Gesprächspartner für Auskünfte und Erläuterungen → Fotos (Erinnerungsfotos für die Besucher durch hauseigenen Fotografen) → Garderobe, Toilettenkapazität sicherstellen → Schlechtwettervorsorge (Zelte, Überdachungen, Regenschirme) → Reinigungsdienst		

Checkliste: Tag der offenen Tür

Ziff.	Aktivitäten/Maßnahmen	Zu erled. von	Erled. am

9.2.	• Information
	→ Produktionsanlagen, Produktionsprozesse, Arbeitsbedingungen
	→ Verwaltung
	→ Sozialräume (Werkskantine, Fitnesseinrichtungen u.a.)
	→ Ausbildungsplätze
	→ Ausstellungen
	→ Modelle von Anlagen
	→ Podium
	→ Film- und Diavorführung
	→ Informationsmaterial über
	  – Firmengeschichte
	  – Wirtschaftliche Entwicklung
	  – Entwicklung der Belegschaftszahlen
	  – Organisation des Unternehmens
	  – Sozialbilanz
	  – Ausbildungswesen
	  – Internationale Aktivitäten
	  – Zukunftsplanung		

9.3.	• Unterhaltung/Rahmenprogramm
	→ Programmübersicht drucken
	→ Bewirtung (evtl. komplett durch Cateringunternehmen)
	  – Imbissstände
	  – Getränkestände (Sponsoren?)
	  – VIP-Lounge für Prominenz
	  – Pressetreffpunkt
	→ Musik und Gesang
	  – Werkschor
	  – Kinderchor, Schulchor
	  – Hobbyorchester
	  – professionelle Band
	→ Wettbewerbe und Spiele
	  – Bastelwettbewerb für Kinder
	  – Ballonflug-Wettbewerb		

Ziff.	Aktivitäten/Maßnahmen	Zu erled. von	Erled. am
	– Preisausschreiben – Tombola – Glücksrad (Aktion Sorgenkind) – Gewinnspiele → Talkshow → Souvenirs (Luftballons, Mützen, Kugelschreiber etc.) → Feuerwerk		
10.	**Medienbetreuung**		
10.1	• Einrichtung einer Presseanlaufstelle oder eines kleinen Pressezentrums		
10.2	• Benennung eines ständigen Ansprechpartners für die Medienvertreter		
10.3	• Zusammenstellung einer Pressemappe		
11.	**Sicherheit**		
11.1	• Sanitätsdienst bestellen (Sanitäter, Rettungstransportwagen, evtl. auch Notarzt auf dem Gelände)		
11.2	• Polizei, Feuerwehr über Termin und Ort informieren		
11.3	• Örtliche Behörden unterrichten (Reinigungs- und Streudienste, Baustellensicherung, Absperrungen)		
11.4	• Kindergärtnerinnen für die Betreuung von Kleinkindern engagieren		
11.5	• Ausschilderung berücksichtigen → Zugangsverbote → Kennzeichnung von Gefahrenpunkten → Rauchverbot		
11.6	• Streckenposten bestimmen für markante Durchlaufpunkte und Zwischenstationen (Handy-Ausstattung)		

Ziff.	Aktivitäten/Maßnahmen	Zu erled. von	Erled. am
11.7	• Alarmsysteme überprüfen		
11.8	• Schutzbekleidung bereithalten		
11.9	• Beratung durch die Berufsgenossenschaften		
11.10	• Haftpflichtversicherung prüfen und evtl. gesondert für den Tag der offenen Tür abschließen		
12.	**Nachbereitung** Nobody is perfect! Ziehen Sie Bilanz, um sich zu verbessern.		
12.1	• Zahl der Teilnehmer		
12.2	• Kapazitätsausnutzung der Programmpunkte, wie z.B. → Rundgänge → Rundfahrten → Führungen → Besichtigungen → Podien → Talkshows → Film- und Tonbildvorführungen → Künstlerauftritte		
12.3	• Medienresonanz		
12.4	• Auflistung besonderer Schwierigkeiten und Pannen		
12.5	• Sammlung von Vorschlägen für eine künftige bessere Präsentation		
12.6	• Entwurf für einen Bericht mit Fotos für die Betriebszeitung oder die Hausmitteilungen		
13.	**Dank und Feedback an alle Helfer** (in besonderen Fällen auch mit einem Dankschreiben)		

Muster: Pressemeldung Tag der offenen Tür

Eine Entdeckungsreise über die Dörfer
Tag der offenen Tür – Andrang im Rathaus – Ausstellungen und Besichtigungen

Von Tina Stöcker

Wachtberg. Tag der offenen Tür in der Flächengemeinde: Denkmäler wie die Burgen Gudenau und Adendorf, aber auch die Verwaltung im Berkumer Rathaus öffneten ihre Tore und erlaubten einen Blick hinter die Kulissen.

Wer sich einen Überblick über die Gemeinde verschaffen wollte, für den war die erstmalig von der Verwaltung angebotene Busrundfahrt genau das Richtige. Das Angebot stieß auf reges Interesse. Trotz früher Stunde – 9 Uhr morgens – hatten sich 25 Teilnehmer vor dem Rathaus versammelt, um unter der Leitung des Beigeordneten Hans-Jürgen Döring und für den Preis von 5 Mark in einem Schulbus die Gemeinde zu erkunden. Nicht nur Historie und Kultur, sondern auch der aktuellen Situation und den Problemen der Gemeinde widmete er Zeit. Ein weiterer Aspekt in Dörings Vortrag war die Geologie des Ländchens. So erfuhren die Reisenden beispielsweise über die Ursprungsgeschichte des Wachtbergs, der der Gemeinde ihren Namen gab: Magmaströme stießen nicht durch die Erdoberfläche, die dadurch entstandenen Hügel prägen heute die Landschaft.

Über alle 13 Dörfer der Flächengemeinde führte die Tour: Haltgemacht wurde an der Burg Gudenau, wo der nach dem Vorbild der englischen Landschaftsgärtnerei des 18. Jahrhunderts angelegte Park besichtigt werden konnte. Anschließend ging es in das Villiper Heimatmuseum. Hier sahen die Teilnehmer, was in ehrenamtlicher Arbeit auf die Beine gestellt werden kann: eine Ausstellung zum 200. Todestag des Sängers Anton Raaff.

Nicht nur Denkmäler, auch die Verwaltung öffnete ihre Tore. Im Rathaus stellten ortsansässige Vereine ihre Arbeit vor. Der Kunstkreis Wachtberg fragte Bürger unter dem Motto „Was hätten Sie gern?" nach Themen für zukünftige Ausstellungen. Leiterin Barbara Bohm: „Eine Dame hat sich gewünscht, wir sollten sie einmal porträtieren." Womit sich Ratsmitglieder und Verwaltungsangehörige ihre freie Zeit vertreiben, zeigte eine Hobby-Ausstellung im Sitzungssaal: selbstgebastelte Teddybären, Stoffpuppen, Stickereien, Aquarelle und Pappmachéfiguren.

Im Keller des Rathauses konnten Besucher die Schaltzentrale der Wachtberger Trinkwasserversorgung besichtigen. Archivarin Elisabeth Zahn hatte Dokumente zur Schul- und Kindergartengeschichte zusammengestellt.

Heiner Pilger, stellvertretender Bürgermeister, bezeichnete den Tag der offenen Tür als „Kundendienst" für die Bürger und freute sich über den Andrang im Rathaus.

Renaissance-Musik spielte das Niederbachemer Blockflöten-Consort in der Raaff-Kapelle. Fotos: Max Malsch

Bunte Nanas und anderes mehr stellten Mitarbeiter der Verwaltung, Ratsmitglieder und sachkundige Bürger aus.

Muster: Einladung zum Tag der offenen Tür

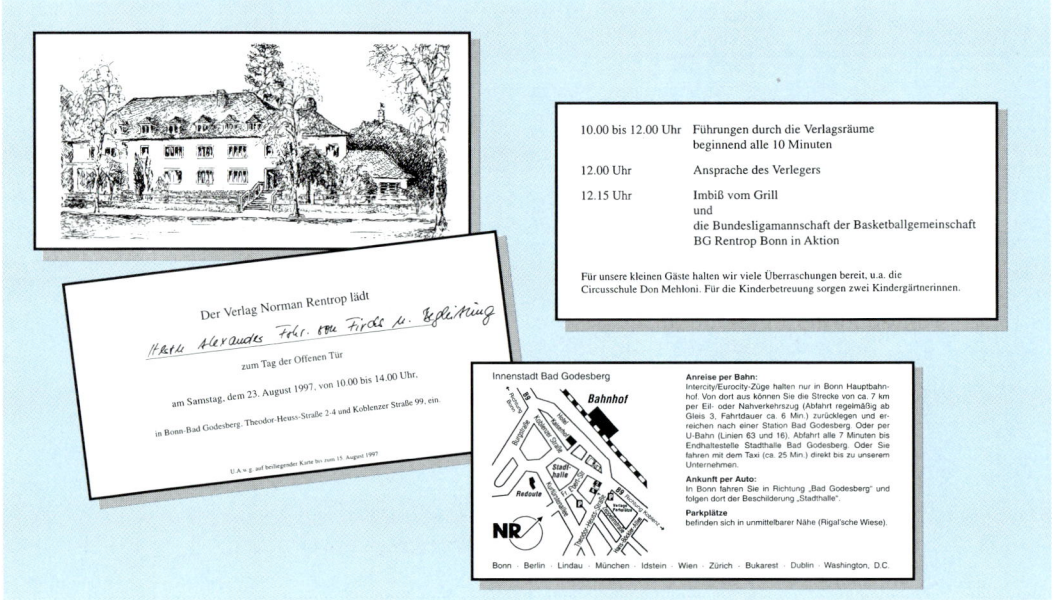

Tag der offenen Tür

Herzlich Willkommen
zum
Tag der Offenen Tür 1997
im Verlag Norman Rentrop

Damit Sie auf einen Blick sehen, was Sie heute bei uns erwartet, hier eine kleine Übersicht:

Ab 10.00 Uhr finden **regelmäßige Führungen** durch unsere Verlagsräume statt.
Treffpunkt: Empfang Theodor-Heuss-Straße 4.

Clown Jörg und Artistin Inga von der **Circusschule Don Mehloni** erfreuen unsere großen und kleinen Gäste: 10.45 bis 11.45 Uhr im Innenhof

Ansprache des Verlegers:
12.00 Uhr vor dem Festzelt

Die Basketball-Bundesligamannschaft der **BG Rentrop Bonn in Aktion:**
12.15 Uhr vor dem Festzelt

Imbiß vom Grill und Gedankenaustausch
12.30 bis 14.00 Uhr rund um das Festzelt

Für unsere kleinen Gäste ist im Innenhof eine Hüpfburg aufgebaut.
Kinderschminken, Malen und Basteln sowie lustige Buttons zum Selbermachen:
Das alles gibt es in der Theodor-Heuss-Straße 2, Raum 520.
Drei fachkundige Kindergärtnerinnen freuen sich auf d

Frischgebrühten Kaffee, Kaltgetränke und italienisches

Besondere Attraktionen:

Innenhof:
Basketballgemeinschaft BG Rentrop Bonn stellt sich

Koblenzer Straße 99:
Das Redaktionsarchiv der Geschäftsidee erstellt Ihre

Theodor-Heuss-Straße 2:
Minesweeper-Computerspiel im EDV-Verlag

Theodor-Heuss-Straße 4:
„Bei uns geht die Post ab" – Der Mail-Service stellt

Unsere Mitarbeiter freuen sic

Turnverein Eiche Bad Honnef 02 e.V.

Turnverein Eiche Bad Honnef 02 e.V. • Berck-sur-Mer-Str. 14 • 53604 Bad Honnef

An alle Mitglieder des TV Eiche Bad Honnef

Einladung

Liebe Mitglieder,

am 1. August 1998 haben wir unser neues Sportzentrum an der Berck-sur-Mer-straße 14 in Betrieb genommen.. Wir möchten Ihnen diesen neuen Schwerpunkt unseres Vereins mit Gymnastikhalle, Kindergarten und Geschäftsstelle gerne vorstellen. Deshalb veranstalten wir am

Samstag, den 26. September 1998

von 10.30– 16.00 Uhr

Tag der Offenen Tür

im neuen Sportzentrum in der Berck-sur-Mer-Straße 14

Bei Musik und einem kleinen Beiprogramm besteht an diesem Tag Gelegenheit, sowohl die einzelnen Einrichtungen zu besichtigen als auch an die anwesenden Vorstandsmitglieder Fragen zu stellen und Anregungen zu geben. Wir haben für Sie vorbereitet:

- Musik des Spielmannszuges
- Auftritt der Cheerleader
- Einblick in die Arbeit des Bewegungskinder
- Eiche-Café
- Kinderparcours u.Tobelandschaft
- Würstchen mit Pommes-frites
- Getränkestand
- Sektbar

u.a.m. Wir laden Sie zu einem Besuch herzlich ein. Besonders unsere Kinder sind herzlich willkommen

Dr. Franz-Josef Neuhoff
1. Vorsitzender

Turnverein Eiche Bad Honnef 02 e.V. • Berck-sur-Mer-Str. 14 • 53604 Bad Honnef • Telefon 02224/96 98 18/19 • Fax 02224/96 98 20
Stadtsparkasse Bad Honnef Konto 463315 BLZ 380 512 90 • Volksbank Siebengebirge Konto 100 247 1023 BLZ 380 612 88
Sonderkonto Tennis: Stadtsparkasse Bad Honnef Konto 456012 BLZ 380 512 90

3.17 Trauerfall

*Jeder Mensch hat seine Zeit
und alles hat seine Stunde.
Es gibt eine Zeit zu leben und zu sterben,
eine Zeit zu lachen und zu weinen,
eine Zeit zu lieben und zu trauern.*

In allen Kulturen der Menschheit gibt es Trauerrituale, mit denen die unmittelbar Betroffenen gemeinsam mit dem sozialen Umfeld den Abschied von den Verstorbenen vollziehen.
Die Rituale geben den Hinterbliebenen emotionalen Halt und erste Sicherheit in einer für sie ungewohnten Situation. Zugleich geben sie der sozialen Gemeinschaft die Möglichkeit, Mitgefühl und Beileid, Würdigung und Solidarität zum Ausdruck zu bringen.

Anlass
Wenn ein aktiver oder pensionierter Mitarbeiter stirbt, bricht in Betrieben und Behörden oft Hektik und Ratlosigkeit aus. Kaum einer weiß, was zu tun ist. Der letzte Todesfall liegt länger zurück, die Akten sind nicht auffindbar und eine Checkliste wurde nie angelegt. Dazu drängt die Zeit.
Welche Entscheidungen sind zu treffen, welche Maßnahmen müssen ergriffen werden?

Ziel und Gestaltungsform
Mit seinen Trauermaßnahmen will der Arbeitgeber seine Anteilnahme gegenüber den Hinterbliebenen des verstorbenen Mitarbeiters bekunden und die Verdienste des Verstorbenen angemessen würdigen.
Die Trauermaßnahmen werden in der Praxis je nach Dienststellung und Bekanntheitsgrad der/des Verstorbenen unterschiedlich gestaltet und abgestuft:

1. Kondolenzschreiben
2. Betriebsinterner Nachruf
3. Kranzspende
4. Traueranzeigen
5. Teilnahme an der Beerdigung und Kranzniederlegung
6. Trauerrede
7. Beileidsbesuch
8. Kondolenzbuch
9. Pressemitteilung
10. Betriebliche Trauerfeier

Als höchste Ehrungen eines Verstorbenen durch den Staat kennen wir den Trauerstaatsakt und das Staatsbegräbnis.
Die Wahl der Maßnahmen 1 bis 10 liegt in Ihrem Ermessen.
Achten Sie darauf, dass sich in Ihrer betrieblichen Praxis ein Standardverfahren bei Trauermaßnahmen einpendelt, das Ihre Mitarbeiter und Mitarbeiterinnen als angemessen und vergleichbar anerkennen können. Überraschende Variationen in Ihren Trauermaßnahmen werden meist misstrauisch begleitet und vielfach als unberechtigt empfunden, sie können den Betriebsfrieden stören.
Folgende grobe Übersicht mag Ihnen die Entscheidung erleichtern, wie Sie Ihre Trauermaßnahmen angemessen differenzieren:

Trauermaßnahme	Dienststellung der/des Verstorbenen		
	Bis zum mittl. Management	Ltd. Mitarb. Top Management	Firmenchefs, Firmengründer, Dienstherren Mandatsträger
1. Kondolenzschreiben	X	X	X
2. Betriebsinterner Nachruf	X	X	X
3. Kranzspende	X	X	X
4. Traueranzeigen	In regionalen Zeitungen	X	X
5. Teilnahme an der Beerdigung und Kranzniederlegung	In Sonderfällen	X	X
6. Trauerrede	In kleinen Betrieben In Sonderfällen	In kleinen Betrieben	X
7. Beileidsbesuch	In kleinen Betrieben	In kleinen Betrieben	X
8. Kondolenzbuch	-	-	X
9. Pressemitteilung		In Sonderfällen	X
10. Betriebliche Trauerfeier		In kleinen Betrieben In Sonderfällen	X

Nachfolgende Hinweise, Ratschläge und praktische Beispiele sollen Ihnen die Gestaltung der einzelnen Trauermaßnahmen erleichtern.

Kondolenzschreiben

Ein Beileidsbrief soll unser Mitgefühl (lat. condolere: mit jemandem Schmerz empfinden) ausdrücken, unsere Anteilnahme zeigen und Verdienste des Verstorbenen würdigen.

- *Äußere Form*
  - → Frühzeitig

    Ihre Betroffenheit und Anteilnahme bringen Sie am überzeugendsten zum Ausdruck, je eher Sie schreiben. Machen Sie Ihren Kondolenzbrief nicht davon abhängig, ob Sie eine Traueranzeige erhalten. Manches Trauerhaus ist mangels Adressmaterial überfordert, alle zu erreichen, die eine Benachrichtigung erwarten dürfen.
  - → Briefpapier

    Fassen Sie Ihr Kondolenzschreiben auf schlichtem weißem Briefpapier ab. Verwenden Sie einen Geschäftsbogen, der für Repräsentationszwecke vorgesehen ist, d.h. ohne Angabe der Bankverbindung u.ä. Nur die Hinterbliebenen verwenden Briefbögen und Umschläge mit schwarzem Rand als Zeichen ihrer Trauer.

    Ob Sie vom Angebot des Papierfachhandels Gebrauch machen und den Text auf einer Trauerkarte (im Umschlag) versenden oder ob Sie Briefpapier oder -karte verwenden, hängt auch von Ihrer Beziehung zum Empfänger ab.
  - → Handschriftlich vor maschinengeschrieben

    Da Ihr Kondolenzschreiben persönlich gehalten sein soll, ist die handschriftliche Form vorzuziehen. Sieht man von amtlichen und offiziellen Beileidsschreiben ab, wirkt Handschrift immer persönlicher als Gedrucktes. Entscheiden Sie sich dennoch für den PC-Ausdruck, sollten Sie Anrede und Schlussformel handschriftlich einsetzen.
  - → Schmucktelegramm

    Man kann einen Trauerbrief auch mit einem Schmucktelegramm beantworten.
  - → Per Telefon: Besser nicht!

    Telefonisch sollte man nur sehr vertrauten Menschen kondolieren.
- *Inhaltlicher Aufbau*
  - → Reaktion auf die Nachricht

    Wie und wo Erhalt der Trauernachricht? Was empfinde ich? Formulierung des Mitempfindens über den Verlust.
  - → Verständnis für die Situation des/der Hinterbliebenen

    Die Lage der Betroffenen vergegenwärtigen; Hinweis auf persönliche Erfahrungen
  - → Verhältnis zur/zum Verstorbenen – privat und beruflich
  - → Wertschätzung/Würdigung der Lebensleistung; Respekt vor Leistung und Verdiensten; Hervorhebung des Bleibenden der Leistungen
  - → Verbundenheit mit dem Trauernden

    Versicherung der gemeinsamen Beziehungen; Angebot des Beistands und der Hilfe mit Rat und Tat.
- *Stil und Ausdruck*
  - → Anschrift

    Die Anschrift »An das Trauerhaus« ist nicht mehr zeitgemäß. Richten Sie Ihre Kondolenzschreiben an die »Familie X« oder »Frau/Herrn X«.
  - → Keine Formelsprache

    Vermeiden Sie falsches Pathos und leere Floskeln. Benutzen Sie persönliche, frische, unverbrauchte Formulierungen. Je spontaner Sie formulieren, desto deutlicher wird dem Empfänger, dass auch Sie sich betroffen fühlen.
  - → Kein »Stiller Gruß«

    Die Grußformel am Briefschluss kann entfallen. »Mit stillem Gruß« wirkt altmodisch. Dort, wo Sie es für angebracht halten, können Sie schließen:

»In herzlicher Verbundenheit Ihre/Ihr ...«.

→ Keine anlassfremden Inhalte
Übermitteln Sie in einem Kondolenzschreiben keine anderen Nachrichten: Im Kondolenzschreiben sollten z.B. eigene Nöte nicht erwähnt werden.

→ Keine Verfahrensfragen ansprechen
Eine Bitte um Weiterleitung des Kondolenzschreibens an andere betroffene Personen wirkt deplaziert und zu geschäftsmäßig. Wenn Sie schreiben »... spreche ich Ihnen und allen Angehörigen meine tiefempfundene Anteilnahme aus«, können Sie davon ausgehen, dass Ihr Brief weitergegeben wird.

→ Keine Angst vor Unvollkommenheit
Haben Sie keine Furcht vor unvollkommenen Formulierungen. Jeder weiß, wie schwierig die Texte von Kondolenzschreiben sind. Man wird es verstehen, wenn Sie formulieren: »Es fällt mir schwer, meine Betroffenheit in Worte zu fassen ...«

Textmuster für Kondolenzschreiben an Hinterbliebene und an Unternehmensleitungen entnehmen Sie bitte den Seiten 268, 269.

Betriebsinterner Nachruf

Betriebliche Nachrufe dienen der umgehenden Information der Betriebsangehörigen und können auf folgenden Wegen bekannt gemacht werden:
- Schwarzes Brett
- Umlauf (»Personalinformationen«)
- Mitteilungsblatt an jeden Betriebsangehörigen
- Betriebszeitung

Folgende Angaben sollte der Nachruf unbedingt enthalten:
- Name der/des Verstorbenen, Titel, Ehrungen und Auszeichnungen (z.B. Bundesverdienstkreuz), Berufsbezeichnung
- Datum des Todes, Geburtsdatum oder das Alter
- Kurze Angaben über den Werdegang im Betrieb
- Kurze Würdigung der Person, der Leistung
- Ort, Datum, Uhrzeit der Trauerfeier
Stattdessen oder ergänzend kann geschrieben werden: »Die Beerdigung findet im engsten Familienkreis statt«
- Traueradresse (Trauerhaus) Die letzte Anschrift der/des Verstorbenen bzw. die Anschrift der Angehörigen
- Kranzspendenadresse oder Überweisungsangaben für Spenden an gemeinnützige Einrichtungen

Textmuster für betriebsinterne Nachrufe finden Sie auf der Seite 269.

Kranzspende

Kränze und Blumen entsprechen als Zeichen der Zuneigung und Erinnerung uralter Tradition.

Beachten Sie folgende Ratschläge bei Ihrer Kranzspende:
- *Bestellung beim Floristen*
Kränze, Kranzschleife und Beileidskarte bestellen Sie direkt bei einem Floristen am Ort des Verstorbenen. Das Blumengeschäft erhält von Ihnen die Kranzadresse sowie Datum und Uhrzeit der Trauerfeier bzw. Beerdigung und sorgt dafür, dass Ihre Kranzspende rechtzeitig am angegebenen Ort (Friedhof, Kapelle, Kirche) ist.
In einigen Städten Deutschlands ist es üblich, die Blumen und Kränze mit der Beileidskarte vom Floristen zum Bestattungsunternehmen bringen zu lassen. Der Bestattungsunternehmer sorgt dann dafür, dass Kränze und Blumen zur richtigen Zeit am richtigen Ort sind.
- *Größe*
Größe und Ausstattung (Zweige, Blumenart und -farbe) des Kranzes können Sie selbst bestimmen. Holen Sie den Rat eines erfahrenen Floristen ein. Firmenkränze sollten im Durchmesser nicht unter 50 cm liegen. Mit der Einbindung von grünen Zweigen und Blumen misst der Kranzdurchmesser dann ca. 80 cm. Ein einmal festgelegtes Kranzmaß sollte für alle betrieblichen Sterbefälle verwendet werden.

- *Kranzschleifen*
  Die Schleifen für Gebinde und Kränze waren früher überwiegend schwarz oder weiß. Fast jeder Florist oder Friedhofsgärtner bietet heute Kranzschleifen in den verschiedensten Farben an. Meist werden Blumen und Kranzschleifen passend aufeinander abgestimmt.
  Für Firmenkränze bieten sich die Firmenfarben, für staatliche Kränze die Farben der Gemeinde, der Stadt, des Bundeslandes oder die Nationalfarben an. Bei der Beschriftung der Schleifen (Schleifenaufdruck) ist zu beachten:
  Auf der linken Schleifenhälfte kann eine Widmung stehen (z.B. »In ehrendem Gedenken«, »In Dankbarkeit«), auf der rechten Seite steht die Bezeichnung des Absenders (z.B. »Der Vorstand der Weber AG«). Durchaus üblich ist jedoch, auf die Widmung zu verzichten und die linke Schleife unbedruckt zu lassen oder die Bezeichnung des Absenders auf beide Schleifen zu verteilen (z.B. links: »Der Bürgermeister der Stadt Waldkirchen«, rechts: »Roland Sommerberg«).
- *Geldspenden statt Kranz oder Blumen*
  Wenn Traueranzeigen zu entnehmen ist, dass anstelle zugedachter Blumen und Kränze um eine Spende zugunsten einer gemeinnützigen Einrichtung gebeten wird, sollte dieser Bitte entsprochen werden. Die Spendenhöhe richtet sich dann etwa nach den Ausgaben für den sonst gekauften Kranz oder das Gebinde.

Traueranzeigen

Traueranzeigen und Nachrufe von Firmen, Behörden, Verbänden, Vereinen u.a. werden in regionalen und überregionalen Zeitungen veröffentlicht. Sie können parallel auch als Trauerbrief an das nähere berufliche Umfeld der/des Verstorbenen verschickt werden.

Zur Beachtung:
- *Zeitpunkt*
  Familien- und Nachrufanzeigen sollten möglichst am Tag nach dem Todestag, spätestens aber ein bis drei Tage danach in der Tageszeitung erscheinen.
- *Größe*
  Die Größe der Traueranzeigen in den Zeitungen steht in Ihrem Ermessen, sollte aber je nach Position und Dienststellung der/des Verstorbenen unterschiedlich gewählt werden. Üblich sind Anzeigengrößen zwischen 80 mm/2-spaltig und 160 mm/3-spaltig.
  Auch hier – wie bei den Kranzspenden – sollten Sie betriebsintern Standardgrößen festlegen, die Sie nicht in die Verlegenheit bringen, sich bei jedem Anlass rechtfertigen zu müssen.
- *Inhalt*
  → Das Wort »Nachruf« sollte nicht über der Anzeige stehen. Jeder, der die Anzeige liest, sieht sofort, dass es sich um einen Nachruf handelt
  → Vorname, Name der/des Verstorbenen
  → Datum des Todes, Geburtsdatum oder Alter
  → Ort, Datum, Uhrzeit der Trauerfeier. Auch evtl. Hinweis auf Trauerfeier im engsten Familienkreis. Wenn die Familie eine Beisetzung in aller Stille wünscht, muss auf Datum und Uhrzeit der Beerdigung verzichtet werden.
  → Name und Anschrift der Institution (Betrieb, Behörde, Verband, Verein u.a.), die den Nachruf aufgeben. Beachten Sie dabei die Schriftgröße: keinesfalls größer oder auffälliger als der Name des Verstorbenen. Bei Behörden und Vereinen wird meist keine Anschrift angegeben.

Empfehlungen zur Formulierung von Traueranzeigen entnehmen Sie bitte der Seite 270.

Teilnahme an der Beerdigung

Bei kleineren überschaubaren Betrieben des Mittelstands durchaus üblich, in großen Unternehmen eher selten: Die Teilnahme des Firmenchefs oder eines Vertreters an der privaten Trauerfeier bzw. Beerdigung eines Betriebsangehörigen.

Ratschläge für den Trauergast:
- *Kleidung*
  → Herren tragen einen sehr dunklen oder schwarzen Anzug mit weißem Hemd, schwarzer Krawatte, schwarzen Strümpfen und Schuhen
  → Damen tragen ebenfalls schwarze oder dunkle Kleidung mit langem Arm (am besten ein Kostüm), dunkle Strümpfe, schwarze Schuhe, falls Hut, ebenfalls schwarz und äußerst sparsamen Schmuck
  → Häufiger Fehler: Über schwarzer Trauerkleidung wird ein heller Mantel angezogen.
- *Pünktlichkeit*
  Die Trauergäste müssen zum angegebenen Zeitpunkt bereits in der Kirche versammelt sein. Es wird als schlechtes Benehmen empfunden, wenn jemand zu einer Trauerfeier zu spät kommt.
- *Kranzniederlegung*
  Sie können den Kranz der Firma auch selbst mitbringen. Sie übergeben ihn vor der Kapelle dem Friedhofspersonal oder sie legen ihn persönlich am Sarg nieder.
- *Platzsuche in der Kapelle oder Kirche: Beachten Sie bei der Platzsuche:*
  Die ersten Reihen bei einer Trauerfeier sind den Ehepartnern, Kindern, Enkeln, Eltern und Geschwistern vorbehalten. Danach folgen weitere Verwandte, Freunde und Bekannte.
- *Auszug*
  Nach der Aussegnung in der Kapelle oder Kirche erhebt sich die Gemeinde. Die Sargträger bringen den Sarg zum Grab, es folgen zuerst die Pfarrer (die katholischen Geistlichen gehen meist vor dem Sarg), dahinter die nächsten Angehörigen und die weiteren Trauergäste.
- *Am Grab*
  Die engsten Angehörigen stehen dicht am Grab. Nach den Worten des Pfarrers treten die Angehörigen unmittelbar an die Grabstelle und nehmen Abschied. Danach alle anderen Trauergäste. Die drei Schaufeln Sand, die man ins Grab wirft, entsprechen christlicher Tradition. Wer nicht Sand streuen mag, muss dies nicht tun. Sie können auch einen Augenblick im Gedenken verharren. Danach gehen Sie zu den Hinterbliebenen und drücken ihnen mit kurzen Worten Ihr Beileid aus. Alle ehrlichen Worte, die eine persönliche Betroffenheit und Anteilnahme ausdrücken, sind angebracht. Sie können sich jedoch auch mit den Worten »Mein herzliches Beileid« oder nur mit einem Händedruck begnügen. Auf Händedruck und Worte müssen Sie verzichten, wenn in der Traueranzeige ausdrücklich gebeten wird, von Beileidsbekundungen am Grab abzusehen.
- *Bewirtung*
  Für die Bewirtung der Trauergäste nach der Trauerfeier werden die Einladungen dazu üblicherweise bereits der Todesanzeige gesondert beigelegt. Sie enthalten die Information, wo sich die Trauergäste einfinden sollen.

Trauerrede
Äußern die Hinterbliebenen den Wunsch, ein Repräsentant der Firmen- bzw. Behördenleitung möge bei der privaten Trauerfeier bzw. Beerdigung eine Rede halten, sollte dieser Bitte entsprochen werden.
Für den Redner sind folgende Hinweise beachtenswert:
- *Materialsammlung*
  Stationen des privaten und beruflichen Werdegangs der/des Verstorbenen; Interessen, Hobbys, Reisen; wer waren seine wichtigsten Bezugspersonen? Wie standen Sie selbst zu ihm und er zu Ihnen? Gab es wichtige gemeinsame Erlebnisse?
- *Aufbau*
  → Begrüßung und Ausdruck der Betroffenheit
  → Lebensphasen der/des Verstorbenen
  → Begabungen, Charaktereigenschaften
  → Besondere Ereignisse, Leistungen, Verdienste
  → Trost, Wünsche, Hoffnungen

- *Abstimmung*
  Erkundigen Sie sich, ob noch weitere Redner vorgesehen sind und stimmen Sie ggf. Ihre Redeschwerpunkte rechtzeitig miteinander ab. Lange Passagen der Wiederholung wirken auf die Zuhörer langweilig und peinlich.
- *Dokumentation*
  Bereiten Sie sich darauf vor, dass Angehörige des Verstorbenen Ihren Redetext nach der Trauerfeier zur Erinnerung gern entgegennehmen möchten. Stecken Sie also einen Abdruck Ihrer Rede in einem vorbereiteten weißen Umschlag ein.
- *Kleidung*
  Für die Kleidung gelten die gleichen Usancen wie auch für alle anderen Trauergäste (siehe Seite 258).
- *Platzierung*
  Redner haben nach dem üblichen Protokoll ihren Platz immer in der ersten Reihe. Es wäre peinlich, wenn Sie sich als Redner etwa aus der Mitte einer hinteren Reihe herauswuseln müssten. Sorgen Sie bereits im Vorfeld dafür, dass Ihre namentliche Platzierung in der ersten Reihe sichergestellt wird.

Beileidsbesuch
Beileidsbesuche sind äußerst heikel. Niemand weiß, in welcher Verfassung sich die Hinterbliebenen befinden. Einerseits suchen sie Trost und Geborgenheit, andererseits widerstrebt ihnen jeder Außenkontakt. Wenn Sie Ihren Beileidsbesuch kurz und mit viel Takt und Einfühlungsvermögen vornehmen, werden Sie in guter Erinnerung bleiben.
Im Allgemeinen gilt: Gute Freunde und eng verbundene Nachbarn statten einen kurzen Kondolenzbesuch in den Tagen vor der Beerdigung ab. Entferntere Bekannte und Kollegen sollten das Trauerhaus erst nach der Beerdigung aufsuchen. Für jeden Besucher empfiehlt sich, gedeckte Kleidung zu tragen und ein dezentes Blumengebinde zu überreichen.
Übrigens: Nehmen Sie es nicht übel, wenn sich die/der Hauptleidtragende von einem Familienmitglied vertreten lässt.

Kondolenzbuch
Für Verstorbene, die einen weiten beruflichen Wirkungskreis hatten, legt der Arbeitgeber ein Kondolenzbuch aus. Wenn das Unternehmen oder die Behörde überregional verzweigt ist, werden Kondolenzbücher an mehreren Orten ausgelegt. Kollegen, die dem Verstorbenen nahe standen, wird damit Gelegenheit gegeben, ihren Namen mit einer Widmung in das Kondolenzbuch einzutragen.
Beachten Sie folgende Hinweise:
- *Äußere Form*
  → schwarzer Ledereinband, DIN A 4, ohne Beschriftung
  → lose weiße Bögen aus Büttenpapier, mit einer Mittelkordel zusammengehalten
  → auf der ersten Seite in schwarzer Kunstschrift der Anlass bezeichnet
- *Präsentation*
  In einer ruhigen Ecke des Foyers eines Betriebs- oder Behördengebäudes:
  → Tisch mit schwarzem Tischtuch, Stuhl ohne Armlehne
  → Kerzenständer mit Kerze
  → schwarz gerahmtes Porträt des Verstorbenen
  → Vase mit kleinem Blumenstrauß
  → aufgeschlagenes Kondolenzbuch mit Füllfederhalter oder Kugelschreiber
- *Übergabe an die Hinterbliebenen*
  Nach Ablauf des festgelegten Kondolenzzeitraums werden die Kondolenzbücher eingesammelt und ein Buchbinder mit dem Binden aller Kondolenzblätter beauftragt. Auf der Vorderseite des schwarzen Ledereinbandes wird der Anlass in goldener oder silberner Schrift geprägt: z.B.

  Kondolenzen zu Ehren von
  ERNST ROLLENBERGER
  1930-1999

  Nach Fertigstellung wird das gebundene Kondolenzbuch von einem Vertreter der Unternehmens- oder Behördenleitung den Hinterbliebenen persönlich überreicht.

Pressemitteilung
Für Verstorbene mit einem hohen öffentlichen Bekanntheitsgrad gibt der Arbeitgeber eine Pressemitteilung mit Werdegang und Foto des Verstorbenen für regionale und überregionale Medienvertreter heraus.

Betriebliche Trauerfeier
In seltenen Fällen – z.B. für langjährige Firmenchefs oder für Firmengründer – findet zu Ehren des Verstorbenen eine betriebliche Trauerfeier statt.

- *Veranstaltungsform*
  Veranstaltungsform ist die Trauerfeier mit einem anschließenden Trauerempfang. Organisatorisch treffen Sie ähnliche Vorbereitungen und Maßnahmen wie in den Abschnitten »Festakt« (Seite 88) und »Empfang« (Seite 80) beschrieben. Nur eben alles auf Moll gestimmt.
- *Ort*
  Als Ort können sowohl geeignete betriebsinterne Räumlichkeiten als auch externe Veranstaltungsstätten gewählt werden.
- *Kondolenzbuch*
  Denken Sie daran, im Foyer zum Veranstaltungsraum einen Tisch mit einem Kondolenzbuch aufstellen zu lassen.
- *Einladungsverfahren*
  Da für das Einladungsverfahren nicht viel Zeit bleibt – der Termin sollte nur ein oder zwei Tage nach der Beerdigung liegen – , muss alles im Eiltempo organisiert werden: Druck der Einladungen in Nachtschicht, sofortiger Versand (per Kurier zur Hauptpost), Antwortkarte mit Rückmeldemöglichkeit per Telefon oder FAX.
- *Redner*
  Unter den Rednern bei der Trauerfeier ist sowohl die Unternehmensleitung vertreten als auch Repräsentanten des Betriebs- oder Personalrats, aber auch Vertreter gesellschaftlicher Bereiche, in denen der Verstorbene gewirkt hat. Ernste Musikstücke aus der Klassik rahmen die Trauerfeier ein.
- *Trauerempfang*
  Beim Trauerempfang ist zu bedenken, dass die Hinterbliebenen durch persönliches Kondolieren der Gäste stark in Anspruch genommen werden. Hilfestellung und Entlastung sind geboten. Sorgen Sie dafür, dass die Gäste, die den Hinterbliebenen ihr Beileid persönlich aussprechen möchten, in eine geordnete Reihung gebracht werden. Vermeiden Sie die Einkesselung der Hinterbliebenen zu einer chaotischen Menschentraube. Halten Sie Erfrischungsgetränke bereit. Notfalls muss auch das Kondolieren einmal für ein paar Minuten unterbrochen werden.
  Diese letzte Phase der Trauerfeier kann – so wichtig sie ist – zu einer körperlichen Tortour für die Betroffenen werden.
- *Danksagung*
  Nicht nur die Hinterbliebenen auch der Arbeitgeber ist Empfänger von Kondolenzbriefen. Dafür ist Dank abzustatten.
  → Frist
  Spätestens 3 bis 4 Wochen nach dem Tode des Betriebsangehörigen sollte sich der Arbeitgeber für die Beileidsschreiben bedanken.
  → Formen
  – Anzeige in den Tageszeitungen
  – gedruckte Karten
  – persönliche Briefe
  Persönliche Danksagungen per Karte oder Brief sind höflicher als Anzeigen, zumal die Empfänger dieser Danksagungen auch persönlich kondoliert haben. Anzeigen sind dann vorzuziehen, wenn der Kreis der Kollegen und Bekannten des Verstorbenen nicht hinreichend bekannt ist und die Adressen nicht alle erfasst werden können.
  → Text
  Der Name der/des Verstorbenen kann in der Danksagung entweder im Text erscheinen oder separat gedruckt werden. Ebenso ist beliebig, ob das Todesdatum noch einmal erwähnt wird oder nicht. Als Datum des Dankes wird üblicherweise kein Tagesdatum sondern nur der Monat eingesetzt (z.B. »im Februar 1999«).

Textmuster für Danksagungen finden Sie auf der Seite 270.

Staatsakt und Staatsbegräbnis

Für verstorbene Persönlichkeiten, die sich um das deutsche Volk hervorragend verdient gemacht haben, kann der Bundespräsident einen Staatsakt oder ein Staatsbegräbnis anordnen. Die Ministerpräsidenten der Bundesländer können für ihr Bundesland ebenfalls Staatsakte anordnen.

Der Staatsakt folgt in seiner Gestaltung und Ausstattung im wesentlichen dem Ablauf eines Festaktes: Teilnahme eines geladenen Personenkreises, herausragende Platzierung der Ehrengäste, musikalische Umrahmung, Ansprachen hochrangiger Redner. Hinzu kommt die Nationalhymne.

Vor dem Trauerstaatsakt findet in den meisten Fällen ein Trauergottesdienst, nach dem Trauerstaatsakt ein Trauerempfang statt.

Bei einem Staatsbegräbnis wird zusätzlich zum Trauergottesdienst und zum Trauerstaatsakt das letzte Geleit durch Soldaten der Bundeswehr vorgenommen. Im Rahmen eines exakt festgelegten militärischen Abschiedszeremoniells im Anschluss an den Trauergottesdienst wird dem Verstorbenen mit einer Ehrenformation und einem Musikkorps der Bundeswehr die letzte Ehre erwiesen.

Checkliste: Trauerfall

Ziff.	Aktivitäten/Maßnahmen	Zu erled. von	Erled. am
1.	**Festlegung der Trauermaßnahme/n** Unter folgenden Maßnahmen können Sie wählen:		
1.1	• Kondolenzschreiben		
1.2	• Betriebsinterner Nachruf		
1.3	• Kranzspende		
1.4	• Traueranzeigen		
1.5	• Teilnahme an der Beerdigung und Kranzniederlegung		
1.6	• Trauerrede		
1.7	• Beileidsbesuch		
1.8	• Kondolenzbuch		
1.9	• Pressemitteilung		
1.10	• Betriebliche Trauerfeier		
2.	**Kondolenzschreiben**		
2.1	• Form → Traueradresse ermitteln		

Ziff.	Aktivitäten/Maßnahmen	Zu erled. von	Erled. am
	→ Briefbogen (weiß, schlicht, ohne schwarzen Rand)		
	→ Trauerkarte		
	→ Handschriftlich (wirkt persönlicher)		
	→ PC-Ausdruck (Anrede und Schlußformel handschriftlich)		
	→ Schmucktelegramm		
2.2	• Inhaltlicher Aufbau		
	→ Reaktion auf die Nachricht		
	→ Verständnis für die Situation der Hinterbliebenen		
	→ Verhältnis zur/zum Verstorbenen - privat und beruflich		
	→ Verbundenheit mit den Trauernden, Angebot des Beistands und der Hilfe		
2.3	• Stil und Ausdruck		
	→ Anschrift: Falsch: »An das Trauerhaus« Richtig: »Familie Meier« oder »Frau/Herrn Ute/Jens Meier«		
	→ Keine Formelsprache Falsch: Pathos, leere Floskeln Richtig: Spontan, persönlich, unverbrauchte Worte		
	→ Inhalt Falsch: Anlassfremde Inhalte Richtig: Nur die konkrete Trauersituation ansprechen		
	→ Schlussformel		
	Altmodisch: »Mit stillem Gruß«		
	Empfehlung: »In herzlicher Verbundenheit«		
3.	**Betriebsinterner Nachruf**		
3.1	• Bekanntmachung		
	→ Schwarzes Brett		
	→ Umlauf (»Personalinformationen«)		

Ziff.	Aktivitäten/Maßnahmen	Zu erled. von	Erled. am
	→ Mitteilungsblatt an jeden Betriebsangehörigen		
	→ Betriebszeitung		
3.2	• Inhalt		
	→ Name der/des Verstorbenen, Titel, Ehrungen und Auszeichnungen (z.B. Bundesverdienstkreuz), auch die Berufsbezeichnung kann erwähnt werden		
	→ Datum des Todes, Geburtsdatum oder das Alter		
	→ Kurze Angaben über den Werdegang im Betrieb		
	→ Kurze Würdigung der Person, der Leistung		
	→ Ort, Datum, Uhrzeit der Trauerfeier; Stattdessen oder ergänzend kann geschrieben werden: »Die Beerdigung findet im engsten Familienkreis statt«		
	→ Traueradresse (Trauerhaus) Die letzte Anschrift der/des Verstorbenen bzw. die Anschrift der Angehörigen		
	→ Kranzspendenadresse oder Überweisungsangaben für Spenden an gemeinnützige Einrichtungen		
4.	**Kranzspende**		
4.1	• Bestellung beim Floristen		
	→ Kranz		
	→ Kranzschleifen		
	→ Beileidskarte		
	→ Information des Floristen über Datum, Uhrzeit, Ort der Trauerfeier, Lieferadresse		
4.2	• Kranz		
	→ Größe nicht unter 50 cm Durchmesser (Rohling, d.h. ohne Blumen und Zweige) für offizielle Kränze		
	→ Blumenart und -farbe, Zweige bestimmen		
4.3	• Kranzschleifen		
	→ Farbe bestimmen		
	→ Beschriftung festlegen Linke Seite: Widmung; Rechte Seite: Absender		

Ziff.	Aktivitäten/Maßnahmen	Zu erled. von	Erled. am
5.	**Traueranzeigen**		
5.1	• Medium (Tages-, Wochen-, Fachzeitungen)		
5.2	• Zeitpunkt Vorbildlich: 1 Tag nach dem Todestag Üblich: 1 – 3 Tage nach dem Todestag		
5.3	• Größe Ermessensfrage je nach Position und Dienststellung der/des Verstorbenen Üblich: 80 mm/ 2-spaltig bis 160 mm/3-spaltig		
5.4	• Inhalt → Vorname, Name der/des Verstorbenen → Datum des Todes, Geburtsdatum oder Alter → Ort, Datum, Uhrzeit der Trauerfeier. Auch evtl. Hinweis auf Trauerfeier im engsten Familienkreis. Wenn die Familie eine Beisetzung in aller Stille wünscht, muss auf Datum und Uhrzeit der Beerdigung verzichtet werden. → Name und Anschrift der Institution (Betrieb, Behörde, Verband, Verein u.a.), die den Nachruf aufgeben. Beachten Sie dabei die Schriftgröße: keinesfalls größer oder auffälliger als der Name des Verstorbenen. Bei Behörden und Vereinen wird meist keine Anschrift angegeben.		
6.	**Teilnahme an der Beerdigung**		
6.1	• Kleidung → Damen: Schwarz oder dunkel, langer Arm, dunkle Strümpfe, schwarze Schuhe, falls Hut: schwarz, sparsamer Schmuck → Herren: schwarzen oder sehr dunklen Anzug, weißes Hemd, schwarze Krawatte, schwarze Strümpfe, schwarze Schuhe		
6.2	• Pünktlichkeit Absolute Pflicht: 5 – 10 Minuten vor Beginn der Trauerfeier in der Kirche Platz nehmen		

Checkliste: Trauerfall

Ziff.	Aktivitäten/Maßnahmen	Zu erled. von	Erled. am
6.3	• Kranzniederlegung Entweder dem Friedhofspersonal zur weiteren Verfügung übergeben oder selbst am Sarg niederlegen		
6.4	• Platzsuche in der Kapelle oder Kirche Beachten: Die ersten Reihen sind den hinterbliebenen Familienangehörigen sowie deren engen Freunden und Bekannten vorbehalten		
7.	**Trauerrede**		
7.1	• Materialsammlung z.B. Vita, Veröffentlichungen		
7.2	• Redeaufbau → Begrüßung und Ausdruck der Betroffenheit → Lebensphasen der/des Verstorbenen → Begabungen, Charaktereigenschaften → Besondere Ereignisse, Leistungen, Verdienste		
7.3	• Abstimmung der Redeschwerpunkte mit anderen Rednern, um Wiederholungen zu vermeiden		
7.4	• Dokumentation (Redekopie bereithalten, falls Anforderung durch Familienangehörige)		
7.5	• Kleidung gleiche Bekleidungsempfehlung wie für die anderen Trauergäste auch (siehe Punkt 6.1 dieser Checkliste)		
7.6	• Platzierung Redner haben ihren Platz immer in der 1. Reihe (namentliche Platzierung)		
8.	**Beileidsbesuch**		
8.1	• Zeitpunkt Für entferntere Bekannte und Kollegen gilt: 1 bis 3 Tage nach der Beerdigung		
8.2	• Dauer (Kurzbesuch)		
8.3	• Kleidung (Gedeckte Farben)		

Ziff.	Aktivitäten/Maßnahmen	Zu erled. von	Erled. am
8.4	• Blumen (Kleiner, dezenter Strauß)		
9.	**Kondolenzbuch**		
9.1	• Äußere Form → schwarzer Ledereinband, DIN A 4, ohne Beschriftung → lose weiße Bögen aus Büttenpapier, mit einer Mittelkordel zusammengehalten → auf der ersten Seite in schwarzer Kunstschrift der Anlass bezeichnet		
9.2	• Präsentation In einer ruhigen Ecke des Foyers eines Betriebs- oder Behördengebäudes: → Tisch mit schwarzem Tischtuch, Stuhl ohne Armlehne → Kerzenständer mit Kerze → schwarz gerahmtes Porträt des Verstorbenen → Vase mit kleinem Blumenstrauß → aufgeschlagenes Kondolenzbuch mit Füllfederhalter oder Kugelschreiber		
9.3	• Präsentationszeitraum 1 Tag nach dem Todestag bis einschließlich des Tages der Beerdigung		
9.4	• Präsentationsorte Falls das Unternehmen, die Behörde oder Institution weit verzweigt ist: an allen Orten, die zum engen Wirkungskreis der/des Verstorbenen gehörte		
9.5	• Übergabe an die Hinterbliebenen nach Ablauf der Kondolenzfrist in gebundener Form		
10.	**Pressemitteilung**		
10.1	• Material → Beruflicher Werdegang → Foto		

Ziff.	Aktivitäten/Maßnahmen	Zu erled. von	Erled. am
10.2	• Medien → Regionale Zeitungen → Überregionale Zeitungen → Fachzeitschriften → Hörfunk → Fernsehanstalten		
11.	**Betriebliche Trauerfeier**		
11.1	• Veranstaltungsform → Trauerfeier (Checkliste wie bei »Festakt«, siehe Seite 88) → Trauerempfang (Checkliste wie bei »Empfang«, siehe Seite 80)		
11.2	• Ortswahl → Betriebs interne Räumlichkeiten → Externe Räume		
11.3	• Kondolenzbuch Utensilien, Ort, Kondolenzdauer festlegen		
11.4	• Termin (1 bis 2 Tage nach Beerdigung)		
11.5	• Einladungsverfahren Siehe dazu ausführliche Hinweise im Sonderabschnitt »Einladungen« Seite 292 Im Übrigen: Alles im Eiltempo wegen der kurzen Vorbereitungszeit. Rückmeldung der Gäste per Telefon oder per FAX.		
11.6	• Redner → Unternehmensleitung → Betriebs- oder Personalrat → Repräsentanten anderer gesellschaftlicher Bereiche		
11.7	• Trauerempfang Die Hinterbliebenen müssen durch den Veranstalter besonders betreut und unterstützt werden (geordnete Kondolenz der Gäste, Erfrischungen, Breaks)		

Ziff.	Aktivitäten/Maßnahmen	Zu erled. von	Erled. am
11.8	• Danksagung Dank des Arbeitgebers für den Erhalt von Kondolenzbriefen → Frist Spätestens 3 bis 4 Wochen nach dem Tode des Betriebsangehörigen sollte sich der Arbeitgeber für die Beileidsschreiben bedanken. → Formen – Anzeige in den Tageszeitungen – gedruckte Karten – persönliche Briefe → Text – Name, evtl. Todesdatum, Dankesworte, Absender		

Beispiel eines behördeninternen Nachrufs

Am 20. März 1998 verstarb im Alter von fast 80 Jahren

Frau Dr. Ute Meier

- Inhaberin des Verdienstkreuzes am Bande des Verdienstordens
der Bundesrepublik Deutschland -

Frau Dr. Meier begann ihre Tätigkeit bei der Stadt Waldkirchen am 9. Dezember 1966 im Kulturdezernat. Dort hat sie maßgeblich am Entwurf und an der Realisierung einer Grundsatzkonzeption für die Museen und Ausstellungshallen der Stadt mitgewirkt. Am 15. März 1974 übernahm sie die Leitung des Kulturdezernats bis zu ihrem Ausscheiden im Jahre 1983.

Ihre bereits vor dem Eintritt in den öffentlichen Dienst erworbenen reichhaltigen Erfahrungen auf dem Gebiet der Literatur, der Kunst- und Kulturgeschichte kamen in hohem Maße der Arbeit ihres Fachdezernats zugute. Durch ihre besondere Sachkunde und ihr Verhandlungsgeschick hat sie sich ein hohes fachliches und persönlichen Ansehen erworben.

Wir werden der Verstorbenen ein ehrendes Andenken bewahren.

Der Oberbürgermeister von Waldkirchen   Der Vorsitzende des Personalrats

Robert Ferner   Klaus Bellmann

Die Beisetzung findet am Donnerstag, dem 26. März 1998, im engsten Familienkreis
auf dem Waldfriedhof in Waldkirchen statt.
Beileidsschreiben können an den Neffen der Verstorbenen

        Herrn
        Peter Sommer
        Bergweg 6
        87654 Waldkirchen   gerichtet werden.

Beispiel eines Kondolenzschreibens der Firma an die Hinterbliebene

Buntlack AG
Geschäftsleitung

Sehr geehrte Frau Borchert,

wenn ich ihnen heute zum Tode Ihres Mannes schreibe, dann ist das für mich mehr als die übliche Pflicht. Es fällt mir schwer, von einem Mitarbeiter Abschied zu nehmn, mit dem ich so eng zusammengearbeitet habe.

Wir verlieren mit Ihrem Gatten einen Mitarbeiter, der ein Vorbild war. Neben der Trauer bleibt der Dank, daß wir ihn solange bei uns haben durften, aber auch die Erschütterung, daß dieser tragische Unfall unvermeidbar war.

Er bleibt stets in unserem Gedächtnis. Alle, die Ihren Mann kannten, werden ihm ein ehrendes Andenken bewahren. Wir nehmen Abschied von ihm in tiefer Dankbarkeit und werden ihn in guter Erinnerung behalten.

Ihr

Bernd Zeitig

Beispiel eines Kondolenzschreibens von Firma zu Firma

Buntlack AG
Farbenfabrik
Wielandstraße 2
67854 Bergstein

Sehr geehrter Herr Burger,

wir lasen heute die Todesanzeige über Ihren Geschäftsführer, Herrn Peter Scholz.

Seinen Tod durch den tragischen Unglücksfall bedauern wir sehr.
Wir haben Herrn Scholz in verschiedenen Verhandlungen im Rahmen unserer Zusammenarbeit als einen sehr kompetenten und menschlichen Partner kennengelernt.

Wir werden ihn als einen Geschäftsfreund in Erinnerung behalten, der wegen seiner gradlinigen und ehrlichen Art geschätzt wurde.
Wir trauern mit Ihnen.

In stiller Anteilnahme

Wilhelm Wiesenberg

Beispiel einer Traueranzeige für eine ehemalige Mitarbeiterin

Statt besonderer Anzeige

Am 21. Mai 1998 starb im Alter von 65 Jahren nach kurzer, schwerer Krankheit unsere kaufmännische Mitarbeitern

Frau Rose Fernauer

28 Jahre hat die Verstorbene ihre ganze Arbeitskraft für uns eingesetzt.

In ihrer humorvollen und stets freundlichen Art war sie überall beliebt.
Wir verlieren mit ihr sowohl eine treue Mitarbeiterin als auch eine gute Freundin.

Ihr Andenken wird bei uns allen, die sie kannten, unvergessen bleiben.

Mitarbeiter, Betriebsrat und
Geschäftsleitung
Der Firma Buntlack AG
67854 Bergstein, Wielandstraße 2

Die Beerdigung findet am Freitag, dem 28. Mai 1998, auf dem Waldfriedhof statt.
Beginn der Trauerfeier um 13.00 Uhr in der Friedhofskapelle.

Beispiel einer Traueranzeige für einen ehemaligen Firmenchef

Statt besonderer Anzeige

Wir trauern um unseren verehrten Seniorchef

Herrn Franz Behrens

Träger des Bundesverdienstkreuzes am Bande

Er verstarb am 5. Oktober 1998 im Alter von 69 Jahren.
Mehr als vierzig Jahre hat der Verstorbene seine Kraft und sein Wissen für unsere Firmengruppe eingesetzt. Ohne seine nimmermüde Energie wäre der Aufbau unseres Unternehmens nicht möglich gewesen.

Sein Tod hinterlässt eine große Lücke.

Wir werden sein Andenken stets in Ehren halten mit dem Versprechen,
die Arbeit in seinem Sinne weiterzuführen.

Geschäftsleitung und Mitarbeiter der Firma
Buntlack AG

67854 Bergstein, Wielandstraße 3, den 5. Oktober 1998

Die Beerdigung findet am Freitag, dem 12. Oktober 1998, auf dem Waldfriedhof statt.
Beginn der Trauerfeier um 14.00 Uhr in der Friedhofskapelle.

Das Seelenamt ist am selben Tage um 8.00 Uhr in der St.-Johannis-Kirche.

Beispiel einer Danksagungsanzeige einer Firma

Herzlichen Dank

für die vielen Beweise herzlicher Anteilnahme
durch Wort, Schrift, Geld-, Kranz- und Blumenspenden sowie allen, die unserem verehrten Seniorchef
das letzte Geleit gaben.

Geschäftsführung der Werkzeug GmbH

Ernst Weber   56742 Wogental, im März 1998

3.18 Verabschiedung: Positionswechsel und Ruhestand

Die Verabschiedung von Mitarbeiterinnen und Mitarbeitern gehört zu den häufigeren Personalmaßnahmen im Betriebs- und Behördenalltag.
Doch immer wieder werden die gleichen Fragen gestellt:
- Was müssen wir wann und wie organisieren?
- Welche Details sind besonders zu beachten?
- Wie war das noch bei der Verabschiedung von Frau X oder Herrn Y?

Und immer wieder werden auch die gleichen peinlichen Fehler produziert. Entweder, weil der Mitarbeiter, der diese Anlässe früher immer organisierte, gerade krank ist oder Urlaub hat, oder weil die Unterlagen von der letzten Verabschiedung unauffindbar sind.

Mit ein paar treuherzigen Worten des Vorgesetzten, einem warmen Händedruck und einem Glas Sekt ist die Veranstaltung jedenfalls nicht abzuhaken.

Betriebs- und Behördenleiter mit klarem Blick für Mitarbeiterführung und Öffentlichkeitswirkung werden auch diesem scheinbaren Routine-Event Würde und den notwendigen Glanz verleihen.

Anlass
Zum Anlass für eine betriebliche Verabschiedung können folgende personelle Veränderungen genommen werden:
- Abschied in den Ruhestand
- Umsetzung betriebs- oder behördenintern
- Übernahme einer neuen Aufgabe betriebs- oder behördenintern
- Ablauf des Vertragsverhältnisses

Ziel und Form
Eine gemeinschaftliche Verabschiedung dient folgenden Zielen:
- »Ehre, wem Ehre gebührt!«
- Vermittlung des Dankes und der Anerkennung des Betriebes oder der Behörde für eine beruflich erfolgreiche und verdienstvolle Zeitspanne der Zugehörigkeit
- Gelegenheit zum Abschied der Kollegen (oder einer Auswahl davon) von einem geschätzten langjährigen Weggefährten
- Gelegenheit, die sonst oft getrennt arbeitenden Abteilungen oder Organisationseinheiten wieder einmal miteinander in Kontakt zu bringen
- Positive Wirkung auf das Wir-Gefühl der Betriebsangehörigen; es fällt einem leichter, sich mit einer Hausleitung zu identifizieren, die Leistung, Verdienste und Persönlichkeit einzelner Mitarbeiter zu würdigen und anzuerkennen weiß. Damit auch Stärkung der Mitarbeitermotivation und der Corporate Identity.
- Gelegenheit zum Abschied von einigen ausgewählten Kunden, Lieferanten, Geschäftsfreunden, Repräsentanten von Behörden, Verbänden, Kammern u.a. Institutionen, mit denen der Abschiednehmer jahrelang eng und vertrauensvoll zusammengearbeitet hat.

Nicht für jede/n Mitarbeiterin oder Mitarbeiter sollte gleich hoher Aufwand betrieben werden. Kriterien für den Rahmen der Verabschiedung werden u.a. sein:
- Rang
- Verdienste
- Dauer der Zugehörigkeit
- Außenkontakte

des Mitarbeiters oder des Chefs.

Die Bandbreite der Gestaltung reicht vom kleinen Umtrunk mit belegten Brötchen über Kaffee und Kuchen bis zur Feierstunde im Festsaal.

Die Formen der Verabschiedung und ggf. der Einführung des Nachfolgers haben sich in den Betrieben und Behörden unterschiedlich eingespielt.

Wichtig ist, dass es bei der Verabschiedung von Angehörigen der gleichen Ranggruppe nicht zu demotivierenden Abweichungen in der Form kommt. So dürfte sich ein Abteilungsleiter, der mit Kaffee und Kuchen in seinem Dienstzimmer verabschiedet wird, obwohl ein Abteilungsleiterkollege vor ihm mit einem Festakt im großen Saal geehrt wurde, arg zurückgesetzt fühlen. Dieser verstimmte Mensch wird kaum Gutes über seinen Exarbeitgeber verbreiten.

Folgende Variationen in der Form sind üblich:
- Umtrunk mit belegten Brötchen und Salzgebäck oder Kaffee und Kuchen
- Feierstunde und Sektempfang
- Einladung ausgewählter Kollegen und Geschäftspartner zu einem gesetzten Essen
- Festakt in großem Rahmen.

Fantasievollere Formen sind sicherlich denkbar. Der Vielfalt der Ausgestaltung sollte jedoch dort Grenzen gesetzt werden, wo Prunk und Selbstdarstellung oder Geiz und Desinteresse die Überhand gewinnen.

Die Einheitsformen lassen zwar Originalität und Individualität vermissen, sie ersticken aber auch Neid und Missgunst im Ansatz. Für das Betriebsklima nur gut, wie wir wissen.

Für die weitere Behandlung dieses Events wird hier die Feierstunde mit Sektempfang gewählt. Sie dürfte die übliche mittlere Veranstaltungsform für die genannten Anlässe sein.

Die übrigen Formen verlangen einen zu geringen Organisationsaufwand um hier ausgeführt zu werden – und dem Festakt ist ein gesonderter Abschnitt gewidmet.

Datum

Das Veranstaltungsdatum wird nicht nur vom Datum des letzten Arbeitstages des zu Verabschiedenden bestimmt, sondern auch von den Terminzwängen der Vorgesetzten und der Hausleitung. Da dies jeder weiß, hat man sich daran gewöhnt, dass der Tag der offiziellen Verabschiedungsfeier selten identisch ist mit dem letzten Arbeitstag.

Der Termin wird also ziemlich willkürlich an irgend einem Tag im Monat des Ausscheidens liegen.

So ist es zwar nicht zwingend aber durchaus stilgerecht, wenn ein Abschiednehmer am wirklich letzten Arbeitstag seinen engsten Kollegenkreis zum Abschiedsumtrunk um sich versammelt.

Bei der Festlegung der Tageszeit für eine Abschiedsfeier bietet sich ganz allgemein an, die Feier auf 11.00 Uhr oder 15.00 Uhr zu legen. So besteht die Möglichkeit, zwanglos in die Mittagspause oder in den Feierabend überzuleiten.

Dauer

Offizielle Verabschiedungsveranstaltungen sollten nicht viel länger als 1 ½ Stunden dauern:

30 Min. Reden und Abschiedsworte
60 Min. Sektempfang.

Budget

So entscheidend der Tag der Verabschiedung für den Betroffenen ist, enge Termine und kleine Budgets führen dazu, dass der förmliche Verabschiedungsakt meist in eher bescheidenem Rahmen stattfindet.

Die Kostenpositionen halten sich in überschaubarem Rahmen:
- Blumen (für Ehepartner; Gesteck vor dem Rednerpult)
- Getränke (Sekt, Orangensaft, Wasser)
- Gebäck oder Imbiss (Salzgebäck, frische Brezeln)

Bei Nutzung günstiger Einkaufsquellen sollte ein Richtwert von DM 10,00 pro Gast für die Abschiedsfeier veranschlagt werden.

Ort

»Platz ist in der kleinsten Hütte« – an diese Volksweisheit fühlt man sich oft erinnert, wenn man dicht gedrängt bei Verabschiedungen steht.

Je nach Aufwand können Verabschiedungen im Allgemeinen stattfinden im:
- Dienstzimmer des Abschiednehmers (Umtrunk, Imbiss)
- Bierkeller oder Casino im Betriebsgebäude (Umtrunk, Imbiss)

Verabschiedung

- Sitzungsraum im Betriebsgebäude
  (Feierstunde und Sektempfang)
- Restaurant
  (Einladung ausgewählter Kollegen, Kolleginnen und Geschäftspartner zu einem gesetzten Essen)
- Festsaal oder Kantine des Betriebsgebäudes oder in einem anderen geeigneten Veranstaltungsgebäude
  (Festakt in großem Rahmen mit Empfang)

Einladungsverfahren

Stehen Termin und Ort fest, wird die
- Einladungsliste zusammengestellt und über das
- Einladungsverfahren entschieden.

Bei der Zusammenstellung der Einladungsliste sind zumindest drei Gästegruppen zu berücksichtigen:
- Betriebsangehörige
- Geschäftspartner
- Angehörige, Freunde und Förderer des Abschiednehmers und ggf. des Nachfolgers.

Für das Einladungsverfahren können zwei Formen gewählt werden, wobei als Einladender die Betriebs- oder Behördenleitung firmiert:
- Einladung mit Standardschreiben
- Einladung per Einladungskarte.

Die Einladungen sollten etwa 2 bis 4 Wochen vor der Verabschiedung verschickt und nicht ohne Rückmeldedatum versehen werden. Da die Anzahl der Gäste meist überschaubar ist, reicht eine telefonische Rückmeldung.

Ablauf/Programm

Folgender Standardablauf hat sich bewährt:
- Rede des ranghöchsten anwesenden Vorgesetzten (10 Min.)
  → ggf. Überreichung von Urkunden und Orden
  → Blumenstrauß an Ehepartner (Abschiednehmer, ggf. Nachfolger)
- Abschiedsworte eines Geschäftspartners oder anderen Repräsentanten aus Wirtschaft, Verwaltung, Verbänden, Diplomatie (6 Min.)
- Abschiedsworte des ältesten ranggleichen Kollegen (4 Min.)
- Abschiedsworte des Betriebsrats-/Personalratsvorsitzenden (4 Min.)
- Abschiedsworte des zu Verabschiedenden (6 Min.)
- Grußwort des Nachfolgers (4 Min.)
- Sektempfang (ca. 60 Min.)

Bei der Rednerfolge wird hier die Auffassung vertreten, dass eine Begrüßung der Gäste vom Rednerpult aus vor dem Hauptredner nicht notwendig ist. Die Begrüßung kann der Hauptredner selbst übernehmen.

Für dieses Verfahren spricht, dass die Rednerliste nicht verlängert wird und dem betroffenen Kollegen die Rolle des bloßen »Begrüßungsaugust« erspart bleibt.

Vor Beginn der Feier ist zu beachten, dass der Abschiednehmer seine Position in der Nähe des Eingangs einnimmt, um seinen Gästen unangenehme »Slaloms« zu ersparen, bevor sie ihm ihre guten Wünsche abstatten können. Wenn das Budget noch ein wenig Spielraum bietet, vermag ein Ständchen z.B. von einem bestellten Bläsertrio – während des Stehempfangs vorgetragen – einen freudigen Überraschungseffekt zu erzielen.

Da Sitzungsräume häufig keine ausreichend geräumigen Foyers für einen Empfang aufweisen, werden Reden und Sektempfang in vielen Fällen in einem Raum stattfinden müssen.

Dies bedeutet
- Keine Stühle im Sitzungsraum (oder nur wenige an der Seite für ältere und gehbehinderte Gäste)
- Vorbereitung des Sektempfangs vor der Veranstaltung (Tische für Getränke und Gebäck).

Abschiedsrede

Termingerecht muss auch die Ausarbeitung von Reden bzw. kurzen Abschiedsworten eingeplant werden.
Wichtig ist, dass der Redeentwurf korrekte Daten und alle entscheidenden Punkte des Werdegangs enthält. »Trauerreden« und

zuviel Sentimentalität sind fehl am Platze, denn schließlich soll der/dem Kollegin/Kollegen der Abschied nicht schwer gemacht werden. Etwas Melancholie darf jedoch sein. Dass der Mitarbeiter eine Lücke hinterlässt, darf er ruhig wissen. Außer durch Aufzählung besonderer Verdienste sollte Ihre Rede durch kleine Anekdoten und persönlichkeitsbezogene Hinweise ausgeschmückt sein.

Auf das richtige Maß und Taktgefühl kommt es an. Dennoch: *Es ist nicht immer leicht, die gewohnte berufliche Umgebung von heute auf morgen aufzugeben. Um so wichtiger, dass der Abschied gelingt und der letzte Tag in guter Erinnerung bleibt.*

Abschiedsgeschenk

Abschiedsgeschenke werden üblicherweise nicht vom Arbeitgeber überreicht. Jedenfalls nicht dienstlich. Hier geht es eher darum, dass ein oder mehrere Kollegen ihre guten Wünsche für den weiteren Lebensweg um eine kleine Aufmerksamkeit bereichern wollen.

Zum Geschenk gehört unbedingt eine Karte, auf der sich alle Mitarbeiter mit Namen und nach Wunsch auch mit einigen Worten eintragen sollten.

Hat der Abschiednehmer ein ausgeprägtes Hobby, dem er sich nunmehr ausführlich widmen möchte, so öffnet sich ein weites Feld kleinerer oder größerer Geschenkideen. Eine am Computer erstellte Zeitungsseite, die in kleinen Artikeln und Kommentaren die Verdienste des Kollegen würdigt, stellt ebenso eine beliebte Erinnerung dar wie eine Fotocollage, die die Höhepunkte des beruflichen Werdegangs dokumentiert.

Nachfolgend einige Vorschläge für Abschiedsgeschenke:
- gestaltetes Fotoalbum
- Fotocollage
- Poesiealbum für Erwachsene mit Sprüchen und guten Wünschen der Kollegen
- »Zeitungsseite« mit Artikeln und Kommentaren über die beruflichen Verdienste des Jubilars
- Zeitungen vom ersten und letzten Arbeitstag
- Zubehör für ein ausgeprägtes Hobby
- Wein oder Cognac, deren Jahrgang identisch ist mit dem Jahr des Berufsstarts
- selbstentworfene und gestaltete Urkunde zur Würdigung der menschlichen Verdienste
- Gutschein für eine Ballonfahrt unter dem Motto »Jetzt kann es nur noch aufwärts gehen«
- einen Baum für den Garten – als Symbol für den neuen Lebensabschnitt
- Visitenkarten mit Berufsbezeichnung und a.D. (außer Diensten) oder i.R. (im Ruhestand)

Medienbegleitung

Bedeutung und Außenwirkung der Positionen der zu Verabschiedenden sind Entscheidungskriterien dafür, ob Pressevertreter eingeladen werden.

Checkliste: Verabschiedung

Ziff.	Aktivitäten/Maßnahmen	Zu erled. von	Erled. am
1.	**Budgetrahmen bestimmen** Kostenträchtig und abzuschätzen sind z.B. folgende Positionen		
1.1	• Blumen → für den Ehepartner → vor dem Rednerpult		
1.2	• Getränke → Sekt → Orangensaft → Wasser		
1.3	• Gebäck und/oder Imbiss		
1.4	• Druck der Einladungskarten		
1.5	• Porto für Einladungen an externe Gäste		
2.	**Termin festlegen** Abhängig von		
2.1	• Termin des letzten Arbeitstages des Abschiednehmers		
2.2	• Terminlage des Vorgesetzten, der die Verabschiedung vornimmt		
3.	**Veranstaltungsorganisator bestimmen**		
4.	**Raum reservieren**		
5.	**Einladungsliste zusammenstellen**		
5.1	• Maximale Personenzahl festlegen		
5.2	• Liste/Betriebsangehörige (je nach Betriebsgröße Auswahl treffen)		
5.3	• Liste/Geschäftspartner, Kunden, Lieferanten, Vertreter von Verbänden, Behörden, Botschaften		

Ziff.	Aktivitäten/Maßnahmen	Zu erled. von	Erled. am
	etc., mit denen der Abschiednehmer eng und vertrauensvoll zusammengearbeitet hat.		
5.4	• Liste/Angehörige, Freunde und Förderer des Abschiednehmers (auf eigenen Vorschlag)		
6.	**Programmablauf festlegen**		
6.1	• Gewünschte Redner anfragen, verpflichten		
6.2	• evtl. Rahmenprogrammpunkt buchen (z.B. Ständchen)		
7.	**Einladungen**		
7.1	• Alternativen abwägen: → Einladungs-Standardschreiben → Einladungskarte		
7.2	• Text und Gestaltung festlegen		
7.3	• Termin für telefonische Rückantwort festlegen – sollte 3 Tage vor Veranstaltungsdatum liegen		
7.4	• Druckauftrag		
7.5	• Versand ca. 2 – 4 Wochen vor Veranstaltungsdatum		
8.	**Rückmeldeliste anlegen** Rubriken z.B.		
8.1	• Zusagen		
8.2	• Absagen		
8.3	• Vertretung		
8.4	• Begleitung ja/nein		
9.	**Aufträge an eigenes Personal**		
9.1	• Raumgestaltung → Stühle ausräumen → Rednerpult → Mikrotechnik → Tische für Getränke und Gebäck/Imbiss		

Checkliste: Verabschiedung

Ziff.	Aktivitäten/Maßnahmen	Zu erled. von	Erled. am
9.2	• Servicekräfte (Empfang)		
9.3	• Parkplätze für externe Gäste reservieren		
9.4	• Fotograf		
10.	**Aufträge an externe Zulieferer**		
10.1	• Blumen		
10.2	• Getränke		
10.3	• Gebäck/Imbiss		
11.	**Pressevertreter informieren, einladen**		
12.	**Nach Ablauf des Rückmeldetermins für Zu- /Absagen** Ca. 3 Tage vor dem Veranstaltungsdatum Bestätigung oder Korrektur der Aufträge für Getränke und Gebäck/Imbiss.		
13.	**Letzter Checkup am Tag der Veranstaltung** ca. 2 Stunden vor Veranstaltungsbeginn		
14.	**Nach der Veranstaltung** Dank und Feedback an alle Helfer.		

Der Staatssekretär im Bundesministerium der Verteidigung
Dr. Ludwig-Holger Pfahls
bittet
anläßlich der Verabschiedung des Leiters Protokoll
im Bundesministerium der Verteidigung
Oberst i. G. Christoph von Plato
und der Vorstellung seines Nachfolgers
Oberstleutnant Jan Freiherr von Recum

Herrn Ministerialrat A. Frhr. von Fircks

zu einem Empfang am Donnerstag, dem 24. Januar 1991,
von 18.00 bis 20.00 Uhr.

Uniform / Dunkler Anzug *Bundesministerium der Verteidigung*
U. A. w. g. auf beiliegender Karte *Bonn-Hardthöhe – Kasino*

Der Bundesminister der Verteidigung
Volker Rühe
bittet
anläßlich der Verabschiedung des
Bundeskanzlers der Bundesrepublik Deutschland
Dr. Helmut Kohl
von der Bundeswehr

Herrn Ministerialrat Alexander Freiherr von Fircks

zu einem Appell und Großen Zapfenstreich
am Samstag, dem 17. Oktober 1998, um 18.45 Uhr.

U. A. w. g. auf beiliegender Speyer
Antwortkarte Festplatz

4.

Pannen und Peinlichkeiten – wie man sie vermeidet

4.1 VIP-Datei/Einladungsliste

Wer kennt sie nicht, die »Irrläufer«, die falsch adressierten Postsendungen, die tagtäglich die Büroarbeit und den häuslichen Posteingang bereichern?

Besonders ärgerlich wird es aber, wenn Sie als Gastgeber die verschickten Einladungen wegen falscher Adressen haufenweise zurückerhalten. Nicht nur Mehrarbeit und Portovergeudung haben Sie am Hals, auch die entstehenden Zeitverluste können Sie als Veranstalter bei Ihren Vorbereitungen bereits empfindlich zurückwerfen.

Nicht allein rationelle Büroarbeit und zeitgemäße Umgangsform erfordern Ordnung im Karteikasten oder in der Datenbank, es ist auch schlichtweg eine existentielle Frage, ob und wie lange Sie es sich erlauben können, Kunden oder Geschäftspartner mit falsch adressierten Postsendungen zu traktieren oder wichtige Persönlichkeiten bei der Einladung zu einer Veranstaltung zu vergessen, weil sie in Ihrer Datei nicht existent waren. Eine falsche Anschrift oder eine fehlende Einladung, die auf einer nachlässig geführten VIP-Datei basiert, kann viele gute Kontakte gefährden, die Sie mit viel Mühe und Zeitaufwand aufgebaut haben.

Pannen und Peinlichkeiten dieser Art lassen sich vermeiden. Der Schlüssel zum Erfolg liegt in einer Fleißarbeit begründet: Der sauber strukturierten VIP-Datei, die rechtzeitig eingerichtet und ständig gepflegt werden muss.

Die Betonung liegt dabei auf »rechtzeitig« und »ständig gepflegt«. Denn kurz vor der Veranstaltung mal eben eine derart sensible Kartei zusammenschustern zu wollen wäre sträflicher Leichtsinn.

Bei der Erarbeitung und Zusammenstellung Ihrer Einladungsdatei ist zu beachten:

- *Bildung von Gästekreisen und Gästegruppen*
  Klären Sie Ihr Umfeld sorgfältig ab. Da ist zunächst Ihr berufliches Umfeld. Sind Sie Mitglied der Industrie- und Handelskammer oder der Handwerkskammer? Welche Gewerkschaft ist für Sie Ansprechpartner? Mit welchen beruflichen Institutionen haben Sie zu tun? Auch die kirchlichen Gremien und die heimischen Abgeordneten zählen zu Ihren VIPs.

  Zum institutionellen Umfeld zählen sonstige Verbände und Vereine, mit denen Sie ständig in Kontakt stehen. Hier sind die Vorsitzenden oder Präsidenten als VIPs aufzunehmen. Wissenschaft und Technik, Medizin, Kirchen und Mitglieder des Aufsichtsrates sind wichtige Gremien oder Personen, die für Sie als VIPs eingeordnet werden.

  Die Zahl der VIPs kann sehr groß sein. Nur Sie selbst können für sich bestimmen, wen Sie dazu zählen wollen. In jedem Fall ist es eine sehr individuelle und hochsensible Klientel, die von Anlass zu Anlass variiert und keine Experimente erlaubt. Folgende Beispiele verdeutlichen die Bandbreite:

  → Abgeordnete und Bürgermeister
  → Stadt-, Gemeinde- und Ortschaftsräte
  → Ehrenbürger
  → Vertreter von Innungen und Kammern
  → Funktionsträger in Branchenverbänden
  → Kunden, Lieferanten und Geschäftsfreunde
  → konfessionelle Würdenträger
  → VIPs in Ehrenämtern
  → Repräsentanten von Vereinen und Verbänden
  → aktive und passive Vereins- und Clubmitglieder
  → Ehrenmitglieder
  → Medienvertreter

- *Recherchieren und Sammeln*
  → Notieren Sie sich wichtige Namen und machen Sie in Ihrem Telefonverzeichnis oder Anschriftenverzeichnis ggf. einen kurzen Vermerk: VIP-Datei. Sie erkennen so bereits aus den vorhandenen Adressen einen Teil der VIPs.
  → Gehen Sie systematisch an die Erweiterung des Personenkreises, den Sie zu den

VIPs rechnen. Beginnen Sie mit den schon bekannten Personen. Fragen Sie sich bei der einen oder anderen Person, ob diese für Sie als wichtiger Multiplikator oder Ansprechpartner zählt.

→ Beginnen Sie mit den örtlichen Trägern und Ehrenämtern und wichtigen Funktionen in der öffentlichen Verwaltung, z.B.
- Bürgermeister
- Stadtdirektor
- Fraktionsvorsitzende
- Ehrenbürger
- Gericht
- Polizei
- Militär
- Finanzamt
- Krankenhäuser
- Sanatorien
- Oper, Konzert, Schauspiel
- Schulen
- Kulturvereine
- Deutscher Gewerkschaftsbund
- Industrie- und Handelskammer/Handelskammer
- Wirtschaftsverbände
- Kunden, Lieferanten
- Deutsches Rotes Kreuz
- Feuerwehr
- Rettungsdienste
- Kirchen
- Parteien
- Sportvereine
- Universitäten
- Regionalparlamente
- Banken/Sparkassen
- Medienvertreter
- Mitarbeiter des eigenen Unternehmens/der Behörde
- Betriebsrat/Personalrat

→ Erfassen Sie dann die wichtigsten regionalen Persönlichkeiten, so z.B.
- Kreisverwaltung
- Kreistag
- Landratsamt
- Regierungspräsidium
- Regionalparlamente
- Regionale Verbände und Institutionen

→ Berücksichtigen Sie dann je nach Bedarf überregionale VIP's:
- Landesregierung
- Landtag
- Bundestag
- Bundesregierung
- Europaabgeordnete
- Überregionale Verbände und Institutionen

→ Legen Sie ein Raster an, das Ihre VIP-Datei übersichtlich gliedert.
Sie vermeiden damit Doppelnennungen und Doppelrecherchen. Außerdem gewinnen Sie mit der Gruppengliederung einen systematischen Überblick über Ihre VIP's. Beispiele für Dateigliederungen siehe Seite 286.

• *Adressenermittlung*
  → Regionale VIP's
  Für die regionalen VIP's müssen Sie bei Behörden, Verbänden und Vereinen eventuell Nachfrage halten. Dies sollte diskret, aber auch eindeutig geschehen. Eine gewisse Hartnäckigkeit ist da sicher manchmal notwendig, aber lassen Sie sich nicht abweisen. Viele Institutionen haben Kreis- oder Bezirksgeschäftsstellen.

  → Politische Gremien
  Verzeichnisse der politischen Gremien gibt es bei den Städten und Kreisen, für Land und Bund gelten die aktuellen Land- oder Bundestagshandbücher. Hier sind die Abgeordneten mit den wichtigsten Daten vermerkt. Regierungsmitglieder sind über gesonderte Informationen von den Pressestellen der jeweiligen Bundes- und Landesregierungen zu erfahren.

  → »Oeckl«
  Als wichtigste Informationsquelle ist der OECKL, Taschenbuch des öffentlichen Lebens für die Bundesrepublik Deutschland, zu nennen. Hier finden Sie alle Bereiche und Namen, die für eine VIP-Datei wichtig sind: Bundes- und

- Landesbehörden, kommunale Spitzenverbände, deutsch-ausländische Vertretungen, Wirtschaftsverbände, Sozialpartner, Umweltschutzorganisationen, Medien, politische Parteien, Religionsgemeinschaften, Wissenschaftseinrichtungen, Museen, Sammlungen und wichtige Persönlichkeiten aufgelistet.
- → Diplomaten
  VIP's des Diplomatischen und Konsularischen Korps erfragen Sie bei den Presseämtern des Bundes und der Länder oder unmittelbar bei den Pressestellen der diplomatischen Missionen.
- → Internationale Institutionen
  Für die internationalen VIP's wenden Sie sich am besten an die zuständige internationale Institution, zum Beispiel die Vertretung der Europäischen Gemeinschaft. Sprechen Sie immer die Presse- und Öffentlichkeitsabteilung an. Nur dann haben Sie die Garantie, dass Sie umfassend informiert werden und den aktuellen Stand erhalten. Vielleicht werden Sie auch in den Verteiler aufgenommen und brauchen so nicht ständig auf der Hut sein, Veränderungen zu erfahren.
- → Wirtschaft
  Firmen und Unternehmen werden bei den Industrie- und Handelskammern sowie den Handwerkskammern geführt. In der Regel sind diese Listen gegen geringe Gebühren erhältlich. Berufs- und spartenspezifische Informationen sind auch in Messeverzeichnissen nachzulesen oder werden aus Publikationen der jeweiligen Verbände und aus Branchenberichten deutlich.
- → Medien
  Die Medienvertreter sind im STAMM – Leitfaden durch Presse und Werbung – zusammengefasst. Wer sich dieses kostspielige Werk nicht kaufen möchte, kann ebenfalls in Bibliotheken fündig werden.
- → Vereine
  Eingetragene Vereine werden im Vereinsregister geführt. Zuständig ist das Amtsgericht. Neuanträge und satzungsmäßige Änderungen werden veröffentlicht und können z. B. den Tageszeitungen entnommen werden. Außerdem führen die Kommunen sehr gewissenhaft Vereinslisten, die sie bei begründetem Bedarf meist kostenlos zur Verfügung stellen. Es empfiehlt sich, auf diesen Service zurückzugreifen.
- → Berufsorgane
  Aus den Nachrichten der Berufsorgane können Sie sicher die eine oder andere Information ableiten.
- → Autoren und Verlage
  Buchautoren und Verlage sind in Bibliotheken und Büchereien einsehbar.
- → Dateiagenturen
  Für Neuaufnahmen und Ergänzungen können Sie auch die Dienste von Dateianbietern in Anspruch nehmen. Voraussetzung ist die Zuverlässigkeit des angebotenen Adressmaterials. Beauftragen Sie nur die besten Agenturen. Es wird z.T. viel »Adressenschrott« angeboten.
- *Adressenpflege*
  Die Aktualisierung und Pflege der VIP-Datei muss permanent erfolgen. Eine veraltete inaktive VIP-Datei ist wertlos.
  Betrauen Sie nur eine Person mit dieser Aufgabe. Andernfalls besteht die Gefahr, dass sich einer auf den anderen verlässt und somit wichtige Änderungen unterbleiben.

Beachten Sie:
- → Neukunden
  Nicht allein Neukunden müssen aufgenommen oder Mitarbeiter, die aus dem Unternehmen ausscheiden, gelöscht werden. Hochzeiten und Ehescheidungen machen unter Umständen eine Namenskorrektur erforderlich, und aus Jugendlichen werden Erwachsene mit selbständigem Wohnsitz.
- → Todesfälle
  Auch wenn es noch so schwer fällt:

Jeder Sterbefall zwingt Sie, nach der Zeit des Trauerns die Daten des Verstorbenen zu bereinigen. Dies ist keinesfalls pietätlos, sondern gewissenhaft, um Ihnen und den Hinterbliebenen gleichermaßen Peinlichkeiten zu ersparen. Denn nichts ist unangenehmer für die Hinterbliebenen, als fröhliche Geburtstagsgrüße für ein unlängst verstorbenes Familienmitglied entgegennehmen zu müssen.

Dies wird zu Recht nicht nur als stillos, sondern auch als verletzend empfunden. Auch Einladungen zu Veranstaltungen, die an »Herrn Jens Meier und Frau Ute Meier« gerichtet sind, obwohl Frau Meier verstorben ist, sind nicht minder schlimm. Beachten Sie deshalb nicht nur Todesanzeigen, die Ihnen mit der Tagespost schriftlich zugestellt werden, sondern lesen Sie sehr gezielt auch in der Tagespresse nach.

→ Personalwechsel

Vermerken Sie jeden Wechsel in der Geschäftsnachfolge eines Unternehmens, um die gute Verbindung aufrechtzuerhalten oder neue geschäftliche Beziehungen aufbauen zu können. Gleiches gilt für den Wechsel in der Geschäftsleitung. Wichtige Änderungen werden in der Regel von den Firmen schriftlich angezeigt. Informationen finden sich auch in den Publikationen des Registergerichts.

Orientieren Sie sich stets aufs neue anhand Ihrer geschäftlichen und privaten Unterlagen. Kontrollieren Sie die Schreibweise der Namen, überprüfen Sie Anschriften. Wichtige Informationsträger sind Briefbögen, Kuverts und Visitenkarten.

→ Antwortkarten

Bewährt hat sich auch, bei allen Einladungen Antwortkarten beizulegen oder Fax-Antwortseiten vorzubereiten. Die Gäste melden sich normalerweise mit vollständig ausgefülltem Adressfeld.

Diese Informationen müssen nun lediglich noch mit Ihren Aufzeichnungen verglichen werden. Das geht ganz hervorragend mit der zuvor bereits beschriebenen Resonanzliste, die alle Datensätze aufzeigt.

→ Medien

Alle wichtigen personellen Änderungen finden Sie üblicherweise tagtäglich in den Medien veröffentlicht. Widmen Sie deshalb Ihrer Tages- und Wochenzeitung, dem Anzeigenblatt, der Gemeindemitteilung und den konfessionellen Veröffentlichungen besondere Aufmerksamkeit. Notieren Sie, falls Ihre VIP-Datei dafür vorgesehen ist, welcher neue Gemeinderat ins Stadtparlament nachrückt, welcher Richter berufen oder welcher neue Vereinsvorstand gewählt wurde.

→ Terminbeobachtung

Es gibt wichtige Termine, die Sie nicht versäumen sollten. Wenn Sie vermerken, wann jemand gewählt wurde, können Sie schnell feststellen, in welchem Rhythmus eine Wiederwahl erfolgt. Sie können dann feststellen, ob Sie eine Änderung vornehmen oder eine Ergänzung anbringen müssen. Alle politischen Wahlen vollziehen sich in der Regel im 4-Jahres-Rhythmus. Vereine und viele ehrenamtliche Funktionen unterliegen einem 2- oder 3-Jahres-Rhythmus. Die Quellen sind bereits zu Beginn erwähnt, sie stehen Ihnen das ganze Jahr über offen. Vermerken Sie wichtige Termine, damit Sie nicht überrascht werden, wenn Sie plötzlich Einladungen verschicken müssen.

→ Weitere Informationsquellen

Änderungen und Ergänzungen erfahren Sie wie auch für die Neuanlage Ihrer VIP-Kartei durch Branchendienste, OECKL-Neuauflage, Infos der Pressestellen, Zeitungen, Briefköpfe und ähnliches.

- *Datenaufnahme*
  Jeder Nutzer legt Wert auf bestimmte Standarddaten für seine VIP-Datei. Folgende Eingabefelder können Sie z.B. wählen:
  → Anrede (Frau/Heren)
  → Vorname, Name
  → Akad. Titel
  → Funktion/Position
  → Dienstadresse (einschl. Tel./FAX)
  → Privatadresse (einschl. Tel./FAX)
  → Ämter, Ehrenämter, Mandate
  → Bezug zum Unternehmen/zur Behörde
  → Kontakte
  → Sonstiges (z.B. Geburtstag, Einladungen/Zusagen/Absagen, Bankverbindung, Sekretariat)

  Beachten Sie: Nehmen Sie keine nebensächlichen Daten in Ihre Datei auf, die Aktualität wird dadurch erschwert.

- *Datenschutz*
  Wer mit persönlichen Daten arbeitet, sollte sich auch mit den gesetzlichen Anforderungen auseinandersetzen, um vor herben Enttäuschungen geschützt zu sein. Hüten Sie sich vor Datenmissbrauch! Jede Datenverarbeitung ist mit Risiken verbunden. Ein widerrechtlicher Ein- und Zugriff ist nie ganz auszuschließen, sei es durch
  → Diebstahl
  → sabotierende Kollegen
  → Einflüsse von außen
  → fehlerhafte Hard- oder Software
  → Stromausfälle
  → unsachgemäße Bedienung

  Wer Daten bearbeitet, d.h. erhebt, speichert, verändert übermittelt, nutzt, sperrt oder löscht, muss sich der Tragweite seiner Arbeit stets bewusst sein und entsprechend gewissenhaft handeln. Denn Zuwiderhandlungen können
  → strafrechtliche
  → disziplinarrechtliche
  → arbeitsrechtliche
  → zivilrechtliche Konsequenzen nach sich ziehen.

Gesetzlich geregelt wird dieser sensible Bereich durch
→ Datenschutzgesetze des Bundes und der Länder
→ spezielle Regelungen (zum Beispiel Polizeirecht, Jugendschutzgesetz, Straßenverkehrsordnung)
→ Dienstvorschriften (beispielsweise Steuergeheimnis, Briefgeheimnis)
→ Vorschriften in Arbeitsverträgen.

Werden Daten auftragsgemäß für andere Unternehmen verarbeitet, so haftet der Auftraggeber für die Einhaltung der gesetzlichen Vorschriften. Dennoch ist es sinnvoll, jeden Auftrag schriftlich zu fixieren und es nicht einfach telefonisch bei Art und Umfang des Auftrags bewenden zu lassen.

Bedeutsam ist die Schriftform zum Beispiel bei Vereinbarungen, wie das Datenmaterial ordnungsgemäß gesichert werden muss, dass die Daten nur für den vereinbarten Zweck verwendet und nicht anderweitig veräußert werden dürfen. Die Verantwortung, ob der Datenaustausch rechtlich zulässig ist, trägt dagegen das erfassende Unternehmen.

So schützen Sie Ihr/e Unternehmen/Behörde vor Datenmissbrauch:
→ Nutzen Sie die technische Ausstattung und die automatische Datensicherung der EDV-Anlage.
→ Erstellen Sie Sicherungskopien (Backup).
→ Erwägen Sie eine technische Nachrüstung, um Manipulationen im Datennetz vorzubeugen.
→ Handeln Sie gewissenhaft.
→ Richten Sie Ihren Bildschirm so aus, dass aufgerufene Daten nicht bereits an der Zimmertür einsehbar sind.
→ Schließen Sie das Programm, wenn Fremde Ihr Büro betreten.
→ Wechseln Sie Ihr persönliches Codewort, wenn Mitarbeiter, die Zugang zur Datenbank hatten, die Firma oder die Abteilung verlassen.

→ Verschließen Sie auch dann die Zimmertür, wenn Sie das Büro nur kurzzeitig verlassen.
→ Verwehren Sie Unbefugten strikt jeden Zugriff auf die Datenbank.
→ Erarbeiten Sie sich Ihr eigenes, individuelles Sicherheitskonzept und überdenken Sie es hin und wieder.
→ Erwägen Sie bei brisanten Daten den Einbau einer Alarmanlage oder einer Sicherheitsschleuse.

- *Erfassungstechnik*
  Jeder schwört auf sein System! Ob Adressbuch, Karteikasten oder PC – jeder Nutzer muss ein Erfassungssystem entwickeln, das seinen spezifischen Bedürfnissen entspricht:

  → Telefonregister/Adressbuch
  Wer ein Telefonregister oder Adressverzeichnis (beides sind Teile Ihrer persönlichen VIP-Datei!) in Buchform führt, weiß um die Tücken des Objekts. Immer wieder müssen Daten verändert, ergänzt oder gestrichen werden. Sehr bald zeigt sich, dass diese Form der Datenbearbeitung nicht unproblematisch ist. Das alleinige Sortiermerkmal ist in der Regel die alphabetische Reihenfolge.

  → Karteikarten
  Ebenfalls nach einem bestimmten Merkmal sortiert, z. B. alphabetisch, jedoch weitaus flexibler zu handhaben, ist ein loses Karteikartensystem. Karten, die erledigt, veraltet oder aus sonstigen Gründen zu entfernen oder zu ersetzen sind, können jederzeit entnommen bzw. neu angelegt werden. Sie können Zweitkarten mit Querverweisen anlegen, um die Registratur zu erleichtern.
  Beispiel: Erfassung von Mitgliedern eines Sportvereins, die in mehreren Abteilungen aktiv sind und sowohl abteilungs- als auch vereinsintern bei Einladungen zu berücksichtigen sind.
  Das lose Karteikartensystem ist weder revolutionär noch fortschrittlich, kann aber durchaus seinen Zweck erfüllen.

  Nachteile: Die Handkartei in Buch- oder Karteikartenformat lässt im Allgemeinen nur das alphabetische Unterscheidungsmerkmal zu. Deshalb muß für alle Einladungen das Adressmaterial buchstäblich »handverlesen« werden. Eine zeitraubende Beschäftigung. Die manuelle Erfassung erlaubt weder einen Serienbrief noch den Etikettendruck.

  → Elektronische Datenverarbeitung
  Weitaus komfortabler ist unbestritten der Einsatz moderner Technik, wie ihn Bürokommunikations- und Textverarbeitungssysteme bieten.
  Selektiermerkmale helfen, die passende Klientel für verschiedene Veranstaltungen zu sortieren. Und dies zeitlich effektiv und ökonomisch sinnvoll.

  – Datenbank
  Die Datenbank leistet heute im beruflichen Einsatz ebenso unverzichtbar gute Dienste wie im Privathaushalt. Eine elektronische Datei erleichtert die Vorbereitungen für jede Feierlichkeit, sei es nun bei der Frage nach der Druckauflage für Einladungskarten oder der Reservierung des benötigten Raumes. Ein Knopfdruck genügt, und Sie entscheiden augenblicklich über Anzahl und Zusammensetzung Ihres Teilnehmerkreises.

  – Serienbrief
  Die Datenbank können Sie außerdem für den Druck eines Serienbriefes nutzen. So sparen Sie Druckkosten für Einladungskarten und Formbrief. Durch das eingedruckte Adressfeld und die Anrede wirken auch Serienbriefe persönlich. Wenn es die Stückzahl erlaubt, verzichten Sie keinesfalls auf eine eigenhändige Unterschrift. Lediglich bei Massenbriefsendungen sollten Sie zum Scanner greifen.

  – Kuverts und Aufkleber
  Der Ausdruck der Adressfelder direkt auf Etiketten und Kuverts erleichtert den Postausgang sehr. Aber bedenken

Sie: Adressetiketten sind bei besonders wichtigen Einladungen und Anlässen nicht stilvoll.
- Listen, Kontrollübersichten
Drucken Sie für Ihre Unterlagen, parallel zu Serienbriefen oder Etiketten, eine Liste der verwendeten Datensätze aus, um stets im Bilde zu sein. Diese Seiten leisten Ihnen auch wertvolle Dienste, wenn Sie zu Veranstaltungen eingeladen haben und mit Antwortkarten, Anmeldungen oder Bestellungen rechnen, die registriert werden wollen. Diese sinnvolle Arbeitshilfe lässt sich individuell für jede Gelegenheit handhaben. Außerdem leistet sie als Resonanzkontrolle hervorragende Dienste.
- Nachfassaktionen, Statistiken
Das Adressmaterial, ob manuell oder elektronisch erfasst, steht Ihnen jederzeit, auch für eine Nachfassaktion zur Verfügung, um z. B. allen Geladenen, ob sie nun anwesend waren oder nicht, ein Sitzungsprotokoll zuzusenden, einen neueren Prospekt nachzureichen, ein Erinnerungsfoto zu schenken, über die Presseberichterstattung zu informieren, die aktualisierte Vereinsstatistik offenzulegen und vieles andere mehr.

Beispiel für die Rubriken einer VIP-Datei

Gruppe	Funktionsträger
1	Oberbürgermeister, Bürgermeister, Ortsvorsteher
2	Stadträte, Gemeinderäte, Ortschaftsräte
3	Abgeordnete (Landtag, Bundestag, Europaparlament)
4	Ehrenbürger
5	Amts- und Referatsleiter (Gewerbeamt, Arbeitsamt, Zollamt ...)
6	Landratsamt
7	Regierungspräsidium
8	Landtag/Landesregierung
9	Bundestag und Bundesrat
10	Europaparlament
11	Justiz (Gericht, Staatsanwaltschaft, Rechtsanwaltskammer)
12	Strafvollzug
13	Polizei (Polizeidirektion, Polizeipräsidium)
14	Militär (Kommandeure, Standortverwaltung, Reservistenkameradschaft)
15	Krankenhäuser, Ärzte- und Zahnärztekammern, Krankenkassen
16	Opern-, Konzert- und Schauspielhäuser (Intendanten)
17	Schulen (Oberschulamt, Staatliches Schulamt, Schulleiter)
18	Kirchen
19	Bürgervereinigungen und Vereine
20	Feuerwehr
21	Rettungsdienste
22	Medien
23	Wirtschaftsverbände, Kammern und Innungen (Kreishandwerksmeister, Obermeister)
24	Mittelständische Vereinigungen und Branchenverbände
25	Banken und Sparkassen
26	Gewerkschaften
27	Frauenorganisationen
28	Umweltorganisationen
29	Kunden und Lieferanten
30	Mitarbeiter
31	Verwandte und Freunde

Beispiel für den Aufbau einer VIP-Datei

I. Behörden und Abgeordnete
A. Bundesregierung
   Kabinett
   Staatssekretäre
   VIPs aus den Ministerien
B. Landesregierung/-regierungen
   Kabinett/Kabinette
   Staatssekretär
   VIPs aus den Ministerien
C. Bezirksregierung/-regierungen
   Regierungspräsident/-präsidenten
   Zentralabteilungen
   VIPs aus den Zentralabteilungen
D. Landrat/Landräte
E. Parlamentsmitglieder
   Mitglieder des Bundestages aus der Region
   Mitglieder des Landtages/der Landtages aus der Region
   Mitglieder des Europaparlaments aus der Region
F. Arbeit und Soziales
   (die Leiter der zuständigen Arbeitsämter, inklusive der Landesversicherungsanstalten und der Versorgungsämter, Vertreter der Selbstverwaltungsorgane zum Beispiel AOK)
G. Finanzbehörden (die Leiter der zuständigen Finanzministerien, Oberfinanzdirektionen, Finanzämter, inklusive des Hauptzollamtes)
H. Gesundheits- und Gewerbeaufsichtsbehörden und die zuständige Berufsgenossenschaft
I. Landesbehörden
   (Wasserwirtschaftsamt, Hafenbehörde, Landesamt für Umweltschutz, Landesvermessungsamt, Katasteramt, Bauämter, Kultur- und Bergämter)
J. Bundespost, Bundespostdirektion, Fernmeldeämter (Postdienste, Telekom)
K. Bundesbahn, örtliche und regionale Bundesbahnverwaltungen
L. TÜV (Technische Überwachungsvereine)
M. Militärische Dienststellen
N. Polizeibehörden
O. Feuerwehr
P. Rechtsprechung
   (vom Oberlandesgericht über die Landgerichte bis zu den zuständigen Amtsgerichten einschließlich der Finanz-, Verwaltungs-, Sozial- und Arbeitsgerichte sowie der Versorgungsämter)
Q. Kommunalbehörden
   (von der Verwaltungsspitze und den zuständigen Dezernenten bis zu den Fraktionsvorsitzenden, Bürgermeistern und Ausschussvorsitzenden in den Parlamenten)
R. Schulen

II. Wirtschaft
A. Kammern (IHK, Handwerkskammer, Selbstverwaltungsorgane der Krankenkassen)
B. Banken und Sparkassen
C. Kunden
D. Befreundete Persönlichkeiten
E. Repräsentanten von Tochter- und Beteiligungsfirmen
F. Gewerkschaften

III. Hochschulen und Institute

IV. Kirchen

V. Kulturleben
   (Theaterintendanten aus der Region, Leiter der Kunsthallen und Museen)

VI. Ärzte im Regionalraum
   (Chefärzte der Krankenhäuser und Kliniken)

VII. Medien
   Örtliche und überörtliche Presse, Fachpresse, freie Journalisten, Nachrichtenagenturen, Hörfunk- und Fernsehen, Lokalfunk

VIII. Unternehmen
   Mitglieder des Aufsichtsrates
   Mitglieder des Vorstandes
   Mitglieder des Betriebsrates
   Mitglieder des Sprecherausschusses der Leitenden Angestellten
   Mitglieder des Beirates

Muster einer VIP-Einladungsliste

Anmerkung: Die Liste dient der Übersicht über den Gästekreis und nicht der Herstellung einer Rangfolge

Gruppe 1   Bundespräsident

1.1 Bundespräsident
1.2 Ehemalige Bundespräsidenten
1.3 Bundespräsidialamt

Gruppe 2   Bundesregierung

2.1 Bundeskanzler
2.2 Ehemalige Bundeskanzler
2.3 Bundesminister
2.4 Ehemalige Bundesminister (die nicht dem Deutschen Bundestag oder dem Bundesrat angehören)
2.5 Staatsminister des Bundes
2.6 Parlamentarische Staatssekretäre
2.7 Beamtete Staatssekretäre
2.8 Presse- und Informationsamt
2.9 Bundesministerium der Verteidigung (Inspekteure/Alliierte Oberbefehlshaber)
2.10 Bundesministerium des Innern (Inspekteur des BGS/Inspekteur der Bereitschaftspolizeien der Länder beim Bund)
2.11 Leiter Protokoll

Gruppe 3   Deutscher Bundestag

3.1 Präsidentin des Deutschen Bundestages
3.2 Ehemalige Bundestagspräsidenten (die nicht dem Deutschen Bundestag angehören)
3.3 Vizepräsidenten des Deutschen Bundestages
3.4 Ehemalige Vizepräsidenten des Deutschen Bundestages (die nicht dem Deutschen Bundestag angehören)
3.5 Fraktionsvorsitzende, Landesgruppenvorsitzende, Gruppenvorsitzende
3.6 Mitglieder des Deutschen Bundestages
3.7 Wehrbeauftragte des Deutschen Bundestages
3.8 Verwaltung des Deutschen Bundestages

Gruppe 4   Bundesrat

4.1 Präsident
4.2 Vizepräsidenten
4.3 Mitglieder
4.4 Stellvertretende Mitglieder
4.5 Direktor

Gruppe 5   Bundesverfassungsgericht

5.1 Präsident
5.2 Vizepräsident
5.3 Ehemalige Präsidenten und Vizepräsidenten des Bundesverfassungsgerichts
5.4 Bundesverfassungsrichter
5.5 Direktor beim Bundesverfassungsgericht

Gruppe 6   Europäische Union und supranationale Institutionen

6.1 Präsident der Europäischen Kommission
6.2 Deutsche Kommissare
6.3 Präsident des Europäischen Parlaments
6.4 Deutsche Mitglieder des Europäischen Parlaments
6.5 Erster Generalanwalt am Europäischen Gerichtshof

Deutscher Richter am Europäischen Gerichtshof
Deutscher Richter am Gericht Erster Instanz des Europäischen Gerichtshofes
6.6 Deutsches Mitglied des Europäischen Rechnungshofes
6.7 Generalsekretär des Rates der Europäischen Union
6.8 Deutscher Richter am Internationalen Gerichtshof

Gruppe 7   Bundesrechnungshof

Präsident

Gruppe 8   Weitere Bundesorgane der Rechtsprechung

8.1 Präsidenten der obersten Bundesgerichte
8.2 Bundesanwälte

Gruppe 9   Zentrale Bundesinstitute

9.1 Deutsche Bundesbank
9.2 Bundesanstalt für Arbeit

Gruppe 10   Länder

10.1 Ministerpräsidenten der Länder
10.2 Landesregierungen
10.3 Präsidenten der Länderparlamente
10.4 Präsident des Bayerischen Senats
10.5 Bevollmächtigte der Länder beim Bund

Gruppe 11   Im Deutschen Bundestag vertretene Parteien

Vorsitzende/Sprecher

Gruppe 12   Religionsgemeinschaften

12.1 Römisch-Katholische Kirche
12.2 Evangelische Kirche
12.3 Zentralrat der Juden in Deutschland
12.4 Religionsgemeinschaft Orthodoxe Kirchen
12.5 Katholisches Bistum der Alt-Katholiken

Gruppe 13   Kommunale Verbände

13.1 Deutscher Städtetag
13.2 Deutscher Städte- und Gemeindebund
13.3 Deutscher Landkreistag

Gruppe 14   Wirtschaft, Industrie, Handel, Handwerk, Landwirtschaft

14.1 Bundesverband der Deutschen Industrie
14.2 Deutscher Industrie- und Handelstag
14.3 Bundesverband des Deutschen Groß- und Außenhandels
14.4 Bundesverband Deutscher Banken
14.5 Bundesverband Deutscher Volksbanken und Raiffeisenbanken
14.6 Deutscher Sparkassen- und Giroverband
14.7 Gesamtverband der Deutschen Versicherungswirtschaft e.V.
14.8 Hauptgemeinschaft des Deutschen Einzelhandels
14.9 Zentralverband des Deutschen Handwerks
14.10 Deutscher Bauernverband
14.11 Bundesverband des Deutschen Güterfernverkehrs e.V.

Gruppe 15   Sozialverband und berufliche Organisationen

15.1 Bundesvereinigung der Deutschen Arbeitgeberverbände

15.2 Deutscher Gewerkschaftsbund
15.3 Deutsche Angestelltengewerkschaft
15.4 Union der Leitenden Angestellten
15.5 Christlicher Gewerkschaftsbund
15.6 Deutscher Beamtenbund
15.7 Bundesverband der Freien Berufe
15.8 Deutscher Richterbund

Gruppe 16 Wissenschaft, Erziehung und Bildungswesen

16.1 Ständige Konferenz der Kultusminister der Länder
16.2 Wissenschaftsrat
16.3 Deutsche Forschungsgemeinschaft
16.4 Max-Planck-Gesellschaft zur Förderung der Wissenschaften
16.5 Arbeitsgemeinschaft deutscher Großforschungseinrichtungen
16.6 Stifterverband für die Deutsche Wissenschaft
16.7 Hochschul-Rektorenkonferenz
16.8 Hochschulverband
16.9 Ordenskanzler Pour le mérite für Wissenschaft und Künste
16.10 Konferenz der deutschen Akademien der Wissenschaften

Gruppe 17 Kunst und Kulturpflege

17.1 Deutscher Künstlerbund
17.2 Deutscher Musikrat
17.3 Deutsche Akademie für Sprache und Dichtung
17.4 Verband Deutscher Schriftsteller in der Industrie-Gewerkschaft Medien
17.5 Freier Deutscher Autorenverband
17.6 PEN-Zentrum Deutschland
17.7 Bundesverband Bildender Künstler
17.8. Deutscher Kulturrat

Gruppe 18 Medien

18.1 Trägerverein des Deutschen Presserates
18.2 Bundesverband Deutscher Zeitungsverleger
18.3 Verband Deutscher Zeitschriftenverleger
18.4 Bundespressekonferenz
18.5 Deutscher Journalistenverband
18.6 Verein der Auslandspresse
18.7 Spitzenorganisation der Filmwirtschaft
18.8 Arbeitsgemeinschaft der öffentlich-rechtlichen Rundfunkanstalten der Bundesrepublik Deutschland
18.9 Fernsehrat des Zweiten Deutschen Fernsehens
18.10 Intendant des Zweiten Deutschen Fernsehens
18.11 Intendant der Deutschen Welle
18.12 Intendant Deutschland Radio

Gruppe 19 Wohlfahrtsverbände und Hilfsorganisationen

19.1 Bundesarbeitsgemeinschaft der Freien Wohlfahrtsverbände
19.2 Arbeiterwohlfahrt, Bundesverband
19.3 Diakonisches Werk der Evangelischen Kirche in Deutschland
19.4 Deutscher Caritasverband
19.5 Deutscher Paritätischer Wohlfahrtsverband
19.6 Deutsches Rotes Kreuz
19.7 Zentralwohlfahrtsstelle der Juden in Deutschland
19.8 Deutscher Verein für öffentliche und private Fürsorge
19.9 Malteser Hilfsdienst
19.10 Johanniter-Unfall-Hilfe
19.11 Arbeiter-Samariter Bund Deutschland
19.12 Technisches Hilfswerk

Gruppe 20 Kriegsopfer- und Geschädigtenverbände

20.1 Bund der Vertriebenen
20.2 Verband der Kriegs- und Wehrdienstopfer, Behinderten und Sozialrentner Deutschland
20.3 Reichsbund der Kriegsopfer, Behinderten, Sozialrentner und Hinterbliebenen
20.4 Verband der Heimkehrer, Kriegsgefangenen und Vermisstenangehörigen Deutschlands
20.5 Zentralverband demokratischer Widerstandskämpfer und Verfolgtenorganisationen e.V.
20.6 Union deutscher Widerstandskämpfer und Verfolgtenverbände e.V.
20.7 Forschungsgemeinschaft 20. Juli
20.8 Stiftung Hilfswerk 20. Juli 1944
20.9 Union der Opferverbände kommunistischer Gewaltherrschaften e.V.
20.10 Gemeinschaft ehemaliger Häftlinge – Vereinigung der Opfer des Stalinismus e.V.
20.11 Bund der Mitteldeutschen
20.12 Stiftung Ostdeutscher Kulturrat

Gruppe 21 Familien- und Frauenverbände

21.1 Familienbund der Deutschen Katholiken
21.2 Evangelische Aktionsgemeinschaft für Familienfragen
21.3 Deutscher Frauenring
21.4 Deutscher Frauenrat
21.5 Katholischer Deutscher Frauenbund
21.6 Evangelische Frauenarbeit in Deutschland
21.7 Deutsches Kinderhilfswerk

Gruppe 22 Sport

22.1 Deutscher Sportbund
22.2 Nationales Olympisches Komitee für Deutschland
22.3 Stiftung Deutsche Sporthilfe

Gruppe 23 Jugendorganisationen

23.1 Deutscher Bundesjugendring
23.2 Deutsch-Französisches Jugendwerk
23.3 Deutsch-Polnisches Jugendwerk

Gruppe 24 Weitere Institutionen

24.1 Konrad-Adenauer-Stiftung
24.2 Friedrich-Ebert-Stiftung
24.3 Hanns-Seidel-Stiftung
24.4 Friedrich-Naumann-Stiftung
24.5 Volksbund Deutsche Kriegsgräberfürsorge
24.6 Deutscher Naturschutzring/Bundesverband für den Umweltschutz e.V.

Gruppe 25 Diplomatisches Korps

4.2 Einladungen

Vorüberlegungen

Eine rundum gelungene Einladung ist der erste Schritt zu einem erfolgreichen Event. Sie repräsentiert den Gastgeber und seine Veranstaltung.
Fehler bei der Einladung oder im Einladungsverfahren lassen sich kaum mehr korrigieren. Der Gestaltung und begleitenden Kontrolle des Einladungsverfahrens sollte daher größte Sorgfalt gewidmet werden.
Der erste Eindruck von Ihrer Einladung vermittelt nicht nur die Vorstellung von der Art der Veranstaltung, sondern auch emotionale Reaktionen wie »interessant« und »ansprechend« oder »langweilig« und »reizlos«. Die Einladung ist daher stets auch eine Chance zur Imagepflege.

Entscheidungshilfen zur Gestaltung

Die Gestaltungsmöglichkeiten für eine schriftliche Einladung sind vielfältig: Format, Papierart, Schriftbild, Texte, Farben können je nach Anlass und Geschmack variiert werden. Die vielen Variationsmöglichkeiten erleichtern nicht gerade die Entscheidung, wie die Einladung schließlich zu gestalten ist.
Hilfreich sind folgende Überlegungen:
- *Anlass*
  Je offizieller und festlicher eine Veranstaltung ist, desto konventioneller sollte die Form der Einladung gewählt werden.
- *Wichtigkeit*
  Der Veranstalter stuft zwar jeden Anlass für eine Einladung als wichtig ein, dennoch ist zu unterscheiden, ob zu einem in der Unternehmensgeschichte seltenen bzw. einmaligen oder zu einem wiederkehrenden Anlass eingeladen wird.
- *Image*
  Über Aufmachung und Text der Einladung vermittelt der Gastgeber bewusst oder unbewusst Assoziationen zu seinem Image: Konservativ oder flippig, pompös oder schlicht.

- *Bezug zur Veranstaltung*
  Die Einladung ist Vorbote der Veranstaltung. Wenn die Einladungskarte einen Duft hätte, könnte man die Veranstaltungsluft schon schnuppern. Der Gastgeber kann es steuern, was der Gast vom Rahmen der Veranstaltung erahnen soll: Sachlich oder prunkvoll, würdig oder poppig.
- *Budget*
  Der vorgegebene Kostenrahmen setzt allzu üppigen Gestaltungsideen oft ein jähes Ende.

Bestandteile

Achten Sie auf folgende formelle für den Gast wichtige Bestandteile einer schriftlichen Einladung:
- Name/n des/der Einladenden
- Anrede und Name/n des/der Eingeladenen
  Bei Einladungskarten, in die der Name des Eingeladenen eingesetzt wird (maschinenschriftlich oder handschriftlich) gilt folgende Reihenfolge: Herrn/Frau – Titel/Funktion – Akad. Titel – Vorname/Zuname. Beispiel: Frau Staatssekretärin Dr. Ute Berger.
- Wird der Adressat alleine eingeladen oder sind Begleitpersonen erwünscht?
- Anlass der Einladung bzw. Art der Veranstaltung
- Ist Bewirtung vorgesehen (mit den entsprechenden Angaben)
- Datum und Uhrzeit der Veranstaltung (ggf. Dauer)
- Veranstaltungsort
- Bekleidungsvermerk
- U.A.w.g. bis …
- Anlagen
  → Antwortkarte
  → Platzierungskarte
  → Wagenkarte
  → Lageplan
  → Fahrtskizze

Muster zur Antwort-, Platzierungs- und Wagenkarte finden Sie im Anhang zu diesem Abschnitt.

Einladungen

Vorlaufzeit
Verschicken Sie Ihre Einladungen rechtzeitig. Die Praxis zeigt: 5 – 6 Wochen.
Diese Frist entspricht der durchschnittlichen Erfahrung bei Einladungen zu Events mittlerer Art und Güte. Bei eher spontanen Events oder bei Großveranstaltungen werden die Fristen stark nach unten oder oben variieren. Grundsätzlich gilt: Je frühzeitiger Ihre Einladung herausgeht, desto höher ist die Zusagenquote.

Form
Die äußere Form prägt den Gesamteindruck. Individueller Geschmack und Stilgebung können hier einfließen.
Formelemente sind:
- *Hochwertiges Papier*
  z.B. Hochglanzpapier, Bütten; zum Papiergewicht: Wenn Sie z.B. ein Karten-Format von 21 cm mal 10 cm wählen, sollten Sie kein 80g-Papier, sondern mindestens einen 130g – 150g-Karton verwenden.
- *Attraktive Farbauswahl*
  z.B. jahreszeitliche Anpassung: Hellgrün erinnert an Frühling, leuchtendes Gelb an Sommer, Rosttöne wecken herbstliche Gedanken, Grün, Rot, Gold gelten als Kombinationen für die Weihnachtszeit; Effekte lassen sich auch mit mehrfarbigen Schriften erzielen oder mit der Ton-in-Ton-Kombination, z.B. dunkelblaue Schrift auf hellblauem Papier.
- *Druck vor Kopie*
  Der ästhetische Eindruck ist Maßstab für die Gestaltung der Einladung. Zwar ist die Kopie beim heutigen Stand der Kopiertechnik von sehr guter Qualität, der Druck ist jedoch vorzuziehen, da die Drucktechnik noch weitergehende Gestaltungswünsche erfüllt (z.B. Prägeschrift, Blindprägung, Stahlstichdruck).
- *Einladungskarte oder Einladungsschreiben*
  Bei einer umfangreichen Einladungsliste haben sich vorgedruckte Einladungskarten bewährt. Sie enthalten gedruckt große Passagen des Standardtextes, in die die fehlenden Teile je nach Anlass eingefügt werden. Bei besonders hochgestellten Persönlichkeiten sollten Sie von Fall zu Fall erwägen, statt der Einladungskarte ein persönliches Einladungsschreiben zu versenden.
  In der diplomatischen Praxis werden die Repräsentanten anderer Staaten (Staatsoberhaupt, Regierungschef, Parlamentspräsident, Außenminister) häufig durch eine persönliche Note oder ein Handschreiben des Gastgebers eingeladen.
- *Alternative zur einfachen Karte: Klappkarte*
  Sie bietet viel Raum für Gestaltung und Information. Auf vier Seiten können zahlreiche Einzelelemente übersichtlich und großzügig angeordnet werden.
  Außerdem kann sie als »Standardhülle« für zahlreiche Einladungen konzipiert werden, indem die Klappkarte gleich bleibt und zu den verschiedenen Anlässen unterschiedliche »Inlays« eingelegt werden. Die Klappkarte kann in größerer Auflage produziert werden. Dies hilft Kosten sparen.
- *Attraktives Schriftbild*
  Das Schriftbild sollte dem Stil und dem Anlaß der Einladung entsprechen. Gute Lesbarkeit ist Voraussetzung, denn allzu klein oder verschnörkelt Gedrucktes ist ein Ärgernis. Nobel wirkt eine Einladung mit erhabener Prägeschrift. Wenn das Firmen- oder Behördenlogo dann noch in Blindprägung gedruckt ist, gibt's nicht nur viel zu sehen, sondern mit Aha-Effekt auch viel zu erfühlen.
- *Persönliche Note durch handgeschriebene Empfängernamen*
  Exklusivität und individuelle Note erhält eine Einladung, in der einzelne Elemente, wie Empfängername, Anlass, Ort, Zeit, handgeschrieben eingesetzt werden. Allerdings wird sich die Zahl der Einladungen angesichts dieser sehr aufwendigen Form in Grenzen halten müssen. Es sei denn, Sie setzen eigens einen »Schreibstab« (nur Schönschreiber!) ein, um Ihren Ehrgeiz,

diese Form auch für Großveranstaltungen anzuwenden, durchzusetzen.

- *Vermittlung des Corporate Design*
  Einladungen sind immer auch ein wirkungsvolles Medium für die konsequente Vermittlung oder die Erinnerung an das Corporate Design des Gastgebers. Daher sollten Hausfarben und Logo, die auf den Standarddrucksachen und Geschäftsbriefen erscheinen, auch auf den Einladungskarten wiederzufinden sein.

- *Doppeleinladungen möglich*
  Die Einladungspraxis bringt es mit sich, dass zwei Gastgeber auftreten möchten. Auf der Einladungskarte werden dann beide Gastgeber genannt. Allerdings kann dieses Verfahren in Problemfällen zu Meinungsverschiedenheiten über die protokollarische Anordnung der Namen führen. Denn der bessere Platz bei vertikaler Anordnung ist der obere und in der horizontalen Nennung der auf der linken Seite der Einladung. Dem Protokoll fällt in solchen »Krisen« meist die Aufgabe der diplomatischen Schlichtung zu. Eine Patentlösung für alle Fälle gibt es jedenfalls nicht.

Zeitkürzel

Folgende ergänzende Kürzel zur Einladungszeit sind auf der Einladungskarte gebräuchlich:

- p.m.
  Aus dem Französischen »pour memoire« (zur Erinnerung)
  Wurde eine Einladung bereits lange im voraus bekanntgegeben oder mündlich angekündigt, dann wird auf der später verschickten Einladungskarte das »p.m.« – meist handschriftlich – vermerkt.

- s.t.
  Aus dem lateinischen »sine tempore« (ohne Zeitspanne, d.h. pünktlich).
  Mit s.t. plant man üblicherweise Einladungen, bei denen die Gäste nicht persönlich begrüßt werden, sondern bereits von sich aus Platz nehmen können, wie z.B. bei Festakten oder Veranstaltungen mit Festreden; auf der Einladung kann stehen: »Beginn 11.00 Uhr s.t.« Aus Rücksicht auf einen geplanten Essensbeginn können aber auch Einladungen zum Essen den Vermerk »s.t.« tragen, vorausgesetzt allerdings, der Kreis der Eingeladenen ist nicht zu groß.

- c.t.
  Aus dem lateinischen »cum tempore« (mit Zeitspanne, d.h. Verspätung gestattet).
  Mit c.t. ist das sogenannte Akademische Viertel gemeint, das aber auch eine größere Zeitspanne umfassen kann. Meist wegen der Begrüßung der Gäste durch den Gastgeber, die für einige Anlässe unverzichtbar ist.

Die Verwendung der Zeitkürzel ist keine Pflicht. Sie können auch erläuternde Sätze einfügen, die die zeitliche Situation erklären, z.B.

- »Einlass ab 10.30 Uhr, Beginn um 11.00 Uhr«
- »Mit Rücksicht auf die Live-Übertragung des Festaktes im Zweiten Deutschen Fernsehen müssen wir pünktlich um 11.00 Uhr beginnen. Deshalb bitten wir Sie, Ihre Plätze um 10.50 Uhr einzunehmen.«
- »Wir würden uns freuen, Sie zwischen 19.00 Uhr und 19.30 Uhr empfangen zu dürfen«.

Verzichtet der Gastgeber ganz auf einen ergänzenden Zeithinweis, so gilt folgende Grundregel:

- Je kleiner der Gästekreis, desto strenger sollte die Pünktlichkeit beachtet werden.
- Je größer der Gästekreis, desto länger darf sich die Zeitspanne zwischen der angegebenen Zeit und dem Erscheinen der Gäste erstrecken.

Antwort

Im Text der Einladung gibt der Gastgeber einen Hinweis dazu, bis wann und auf welchem Wege er die Antwort auf seine Einladung erwartet.
Üblich für die Abfrage ist der Vermerk »U.A.w.g.«, in Verbindung mit oder auch ohne Antwortkarte.

Einladungen

- U.A.w.g. (Um Antwort wird gebeten)
  oder das langsam aus der Mode gekommene Kürzel
  R.S.V.P. (Répondez s'il vous plait)
  auch:
  Regrets only (Nur Absagen = Benachrichtigung bei Nichtteilnahme erbeten).
  Diese Hinweise sind äußerst wichtige Bestandteile der Veranstaltungsorganisation und sollten nie vergessen werden. Sie übermitteln den Gästen die Fristangabe für ihre Zu- und Absage und den Wunsch, in welcher Form ihre Antwort erwartet wird.
  Nachfolgend einige Beispiele, in welcher Kombination das Kürzel U.A.w.g. verwendet werden kann:
    → U.A.w.g. bis zum 25. April 1999 an: Klaus Bergheim GmbH, Abt. II, Postfach, 53227 Bonn
    → U.A.w.g. bis zum 25. Mai 1999; Anschrift: Familie Markus Sonnenschein, Marienstraße 40, 50825 Köln
    → U.A.w.g. bis zum 25. Juni 1999; Tel.: 0228/44 88 00, FAX: 0228/44 88 11
    → U.A.w.g. auf beigefügter Antwortkarte bis zum 25. Juli 1999.
  Möchten Sie das Kürzel nicht verwenden, können Sie auch einfach schreiben:
  »Ihre Antwort erbitten wir bis zum 25. August 1999 an folgende Anschrift ...«
- *Antwortkarte*
  Die Antwortkarte ist für den Gastgeber eine gute Organisationshilfe, da sie sowohl als zusätzlicher Informationsträger zum Einladungstext dient als auch zusätzliche Informationen beim Gast abfragt.
  Auf der Antwortkarte können Sie z.B. folgende Aussagen unterbringen:
    → Einladung von Begleitpersonen
    → Parkplatzwünsche
    → Weitere Angaben zur Anreise (Verkehrsmittel)
    → Hotelwünsche
    → Angaben zum Eintreffen/Verlassen der Veranstaltung
  Bei Stehempfängen z.B. oder bei ganztägigen Veranstaltungen können Sie den Gästen eine Vereinfachung der Termingestaltung anbieten. Gerade wer terminlich stark beansprucht ist, wird für folgendes flexibles Angebot auf der Antwortkarte dankbar sein und sich seine mögliche Absage noch einmal überdenken
    → ❏ Ich komme später
    → ❏ Ich kann nur kurz kommen
    → ❏ Ich komme nur vormittags
    → ❏ Ich komme nur nachmittags
    → ❏ Ich nehme nur am Vortrag teil
    → ❏ Ich nehme nur am Empfang teil
    → ❏ Ich bleibe zum Essen

  Diese Angebote kommen bei den Gästen gut an. Der Eingeladene weiß, dass er auch zu einem nur kurzen Besuch willkommen ist. Zudem erleichtern diese Angaben dem Gastgeber die weitere Veranstaltungsplanung.
  Für die Abfrage von Begleitpersonen sind folgende Formulierungen zu empfehlen:
    → ❏ nehme ich plus ___ Personen teil
    → ❏ ich bringe ich ___ Personen mit
    → ❏ ich werde begleitet von _____
    → ❏ ich werde vertreten von _____
  Nicht anzuraten sind die Formulierungen wie »nehme ich mit ___ Personen teil« oder »ich komme mit ___ Personen«, weil offenbleibt, ob sich die oder der Eingeladene in die Personenzahl einrechnet oder nicht.
  Kurz und eindeutig bietet sich folgende Dreiteilung auf der Antwortkarte:
    → ❏ nehme ich teil
    → ❏ bringe ich ___ Person/en mit
    → ❏ bin ich verhindert.

  Bei größeren Veranstaltungen und einer entsprechend großen Gästezahl hat sich die Nummerierung der Antwortkarten bewährt. Dadurch erleichtern Sie sich die Führung der Zusagenliste. Außerdem kommt es vor, dass Rücksender ihren Namen unleserlich schreiben oder die Absendeanschrift vergessen. Durch Vergleich der Kartennummer mit Ihrer Einladungsliste identifizieren Sie rasch den Absender.

Bekleidungsvermerk

Bekleidungsvermerke sind überwiegend bei Abendveranstaltungen üblich. Aber auch bei anderen Veranstaltungen werden es Ihnen Ihre Gäste danken, ist dies doch eine wichtige Voraussetzung dafür, das jede/r sich wohlfühlen kann. Die Gäste erhalten auf diese Weise einen Hinweis darauf, welcher Rahmen Sie bei der Veranstaltung erwartet. Das bekannte allgemeine Rätselraten über die passende Kleiderordnung nimmt erheblich ab.

Die Bekleidungsvermerke beziehen sich meist auf folgende Bekleidung:

- Straßenanzug
- dunkler/schwarzer Anzug
- Stresemann (entspricht kleinem Gesellschaftsanzug – am Tag)
- Cut
- Smoking, Dinnerjackett (entspricht kleinem Gesellschaftsanzug am Abend; daher auch die Ersatzbezeichnung: Abendanzug);
- Frack (großer Gesellschaftsanzug)
- »Orden und Ehrenzeichen« Entdecken Sie diesen (seltenen) Hinweis auf Ihrer Einladung verlangt dies das Tragen eines dunklen Anzugs bzw. Fracks oder Smokings. Soldaten richten sich nach den einschlägigen Dienstvorschriften.

Bekleidungsvermerke werden häufig in der englischen oder französischen Version verwendet:

- Informal Business suit — Straßenanzug, d.h. es bestehen für die Veranstaltung keine speziellen Bekleidungswünsche
- grande tenue habit cravate blanche white tie — Frack
- Cut/Cutaway — Großer Gesellschaftsanzug am Tage
- cravate noire black tie — Smoking
- costume foncé — Schwarzer Anzug
- en veston — Dunkler Anzug

Beispiele für Veranstaltungen sowie Vorschläge für passende Bekleidungsvermerke:

Veranstaltung	Bekleidungsvermerke
Festakt	»Stresemann/Cut« oder »Dunkler Anzug« oder »Dunkler (schwarzer) Anzug/Uniform« (je nach Anlaß)
Ball	»Abendanzug/Smoking« oder »Smoking/Uniform«
Bankett	»Abendanzug« oder »Smoking« oder »Dinnerjackett«
Brunch/ Dejeuner	»Straßenanzug«
Cocktailparty/ Stehempfang	»Dunkler Anzug« oder »Straßenanzug« (je nach Anlass)
Dinner/Diner	»Dinnerjackett«
Lunch	»Straßenanzug«
Vormittagsempfang	»Stresemann/ Dunkler Anzug« oder »Straßenanzug« (je nach Anlass)

Der Bekleidungsvermerk wird nach alter Tradition nur für die Herrenbekleidung gegeben. Man geht davon aus, dass die Damen sich passend dazu kleiden.

In neuerer Zeit liest man andere Formulierungen zur Bekleidung:
- »Wir bitten um Abendgarderobe«
- »Dem Anlass entsprechend bitten wir um festliche Kleidung«
- »Wir bitten um sommerlich – elegante Kleidung«

Diese Bekleidungsvermerke erlauben den Gästen eine größere Variationsbreite als die o.g. traditionellen Bezeichnungen.
Entscheidend dabei ist die Erwartungshaltung des Gastgebers. Möchte er ein möglichst einheitliches festliches Erscheinungsbild seiner Veranstaltung oder legt er Wert auf Vielfalt, Individualität und Fantasie im Outfit seiner Gäste.
Im privaten Bereich können die Bekleidungsvermerke weniger förmlich lauten:
- »festlich«
- »sommerlich-festlich«
- »zwanglos«
- »leger«.

Sicherheitshinweis
Für Anlässe mit sicherheitsrelevantem Charakter ist es notwendig, strengere Personenkontrollen vor Beginn der Veranstaltung durchzuführen. *Die Kontrollen werden durch Hinweise und Vermerke im Einladungstext erleichtert.*
Beispiele:
- »Diese Einladung gilt nur persönlich und ist nicht übertragbar«
- »Diese Einladung gilt nur in Verbindung mit Ihrem gültigen Personalausweis«
- »Diese Einladung gilt als Einlasskarte«
- »Weil wir uns der Sicherheit unserer Gäste verpflichtet fühlen, bitten wir Sie, zum Einlass zusätzlich zu dieser Einladung Ihren gültigen Personalausweis mitzubringen«
- »Aus Sicherheitsgründen sind bei Veranstaltungen in unserem Hause genaue Einlasskontrollen erforderlich; bitte bringen Sie deshalb zusätzlich zu dieser Einladungskarte Ihren gültigen Personalausweis mit«
- »Bitte haben Sie die Liebenswürdigkeit, diese Karte beim Einlass vorzulegen. Sie ist nicht übertragbar und gilt für zwei Personen«.

Sponsoren
Wird die Veranstaltung durch Sponsoren gefördert und unterstützt, ist es üblich, die Sponsoren auf der Einladung zu erwähnen. Folgende Formulierung kann gewählt werden: »Wir danken der Universal AG, Frau Ute Bergmann und Herrn Jens Schmidt, für ihre freundliche Unterstützung«.

(Muster für Einladungen finden Sie auf den Seiten 98 und 99)

4.3 Anreden und Anschriften

Falsche Anreden und Anschriften gehören zu den gefährlichsten »Fettnäpfchen«, weil viele Menschen darauf verärgert oder beleidigt reagieren, wenn sie ihren Namen verstümmelt, verfälscht oder völlig falsch geschrieben sehen. Auch fehlende oder falsche Titel in der Anrede können leicht zu Unstimmigkeiten beim Angesprochenen führen.

Deshalb ist es verständlich, dass gerade bei diesen Themenbereichen sowohl im beruflichen wie auch im privaten Leben weitverbreitete Unsicherheit besteht.

Dazu kommt, dass sich – wie auf allen Gebieten der Umgangsformen – auch bei den Formen von Anreden und Anschriften in der letzten Zeit viel verändert hat.

Allgemeine Grundsätze

- Grundsätzlich kommt eine Verwendung von Amtsbezeichnungen, Titeln, Prädikaten usw. nur insoweit in Betracht, als sie dem Empfänger/Gesprächspartner zustehen, üblich sind und von unserer staatlichen Ordnung anerkannt werden.
- Ehegatten haben nur auf die jeweils selbst erworbenen Bezeichnungen Anspruch.
- Regelmäßig sind die Anredeformen »Herr«, »Frau« anzuwenden, auch dann, wenn dem Namen eine Amts- oder Funktionsbezeichnung oder ein Titel vorangesetzt wird. Die Anredeform »Fräulein« erfolgt nur auf ausdrücklichen Wunsch.
- Da auch Teenager oft die Anrede »Frau« noch nicht mögen, verzichten Sie in diesem Fall in der Briefanschrift auf »Frau«, »Fräulein« oder »Herr«. Es heißt dann nur: »Ute Meier« oder »Jens Meier«.
- Frühere Gepflogenheiten wie: »Schülerin Ute Meier« oder »An den Schüler Jens Meier« sind nicht mehr üblich.
- Die Anrede »gnädige Frau« ist keine Bezeichnung des dienstlichen, sondern des gesellschaftlichen Verkehrs. Es ist Sache des Einzelnen, ob er von dieser besonderen Höflichkeitsform Gebrauch machen will.
- Bei weiblichen Personen ist die Amts-, Funktions- oder Berufsbezeichnung oder der Titel grundsätzlich in der weiblichen Form zu verwenden. Es heißt also z.B. Frau Präsidentin, Frau Regierungsrätin usw.

Anschriften

Für die Reihenfolge von Titulierungen in der Anschrift kommen vor allem folgende Alternativen in Betracht:

		Beispiele
a)	- Amts-, Berufs- oder Funktionsbezeichnung	Vorsitzende/Vorsitzenden des (der) ...
	- Anrede	Frau/Herrn
	- Titel	Prof./Professorin/Professor
	- Akademischer Grad	Dr.
	- Vorname, Name	Ute/Jens Maier
b)	- Anrede	Frau/Herrn
	- Amts- oder Berufsbezeichnung	Vorsitzende/Vorsitzenden des (der) ...
	- Titel	Prof./Professorin/Professor
	- Akademischer Grad	Dr.
	- Vorname, Name	Ute/Jens Maier
c)	- Anrede	Frau/Herrn
	- Titel	Prof./Professorin/Professor
	- Akademischer Grad	Dr.
	- Vorname, Name	Ute/Jens Maier
	- Amts- oder Berufsbezeichnung	Vorsitzende/Vorsitzenden des (der)

Ergänzend dazu folgende Hinweise:

- Entgegen früherer Gewohnheiten beispielsweise »An das Finanzamt«, »An die Oberpostdirektion« oder »An die Industrie- und Handelskammer« zu schreiben, reicht es heute völlig aus, z. B. »Oberpostdirektion, Herrn Walter Schmidt« zu schreiben. Dies gilt auch für Ämter, Ministerien, Unternehmen der Wirtschaft etc.
- Auch Personen werden nicht mehr mit »An die« oder »An den« angeschrieben.
- Falls der Empfänger einer Mitteilung meh-

rere Amts-, Funktionsbezeichnungen oder Titel besitzt, ist in erster Linie die Bezeichnung zu wählen, die den stärksten Bezug zum Inhalt des Schreibens hat. Im Zweifel sollte die höchste, wichtigste, ggf. die Bezeichnung gewählt werden, mit der die Persönlichkeit des Empfängers im Allgemeinen Bewusstsein am stärksten verknüpft ist.

Ein Empfänger ist Geschäftsführer eines Unternehmens und zugleich auch Fraktionsvorsitzender im Stadtrat. In Anschrift und schriftlicher Anrede entscheiden Sie sich für jene Funktion, die den Bezug zum Inhalt des Schreibens aufweist. Auf keinen Fall beide Funktionen.

- Nicht entscheidend für die Verwendung in der Anschrift ist, ob die gewählte Bezeichnung gesetzlich geschützt ist oder nicht.
- Auf die Angabe von Berufs- und Funktionsbezeichnungen, die keine nähere Präzisierung enthalten (Journalist, Politiker, Jurist) sollte verzichtet werden.
- Staatsoberhäupter, Minister und Botschafter des Auslandes haben Anspruch auf das Prädikat »Exzellenz«, soweit nicht andere Prädikate in Betracht kommen (z.B. bei Monarchen »Eure Majestät«).
- In der Anschrift steht das Prädikat vor allen anderen Bezeichnungen; in der Anrede wird allgemein nur das Prädikat verwandt.
- Die Abkürzung des Hinweises »zu Händen« wurde (und wird leider immer noch) in den häufigsten Fällen falsch geschrieben. Wenn überhaupt, wäre »z. H.« richtig. Doch in der modernen Briefanschrift ist es genauso überflüssig wie die »An-Zusätze«.
- Auch das Wort »Firma« wird bei Firmenanschriften weggelassen, wenn der Geschäftszweig genannt wird bzw. wenn durch Zusätze wie AG, GmbH, KG und ähnliche bereits deutlich ist, dass es sich bei dem Adressaten um eine Firma handelt.
- Bei einer Firmenanschrift zuerst den Namen des Empfängers und dann den Firmennamen aufzuführen, hat weniger mit Höflichkeit als mit dem Postgeheimnis zu tun. Auf den ersten Blick könnte es durchaus höflicher erscheinen, z. B. bei einem Brief an die Inhaberin oder den Inhaber einer Firma ihren oder seinen Namen als ersten aufzuführen.

Dies bedeutet jedoch, dass nur sie oder er dieses Schreiben öffnen darf – falls nicht ein Mitarbeiter oder die Sekretärin eine entsprechende Postvollmacht hat. Wählen Sie also diese Reihenfolge nur dann, wenn Sie genau diesen Effekt erreichen wollen. Bei normaler Geschäftspost ist es absolut üblich, erst den Namen der Firma zu schreiben.

- Dem Anschriftenfeld eines DIN-A4-Briefes liegen die Schreib- und Anordnungsregeln des DIN-Blattes 5008 »Regeln für Maschinenschreiben« zugrunde.

Das Anschriftenfeld besteht aus neun Zeilen:

1. Beförderungsvermerk (z.B. Einschreiben Eilzustellung. Luftpost u.s.w.)
2. frei
3. Herr/Frau, Berufsbezeichnung/Amtsbezeichnung/Dienstrang
4. akademischer Grad, Vor- und Zuname
5. Straßenname, Hausnummer
6. frei
7. Postleitzahl, Ort
8. frei
9. frei

Beispiel:
1. Luftpost
2.
3. Frau Regierungsrätin
4. Dr. Ute Meier
5. Seestr. 35
6.
7. 53117 Bonn

Die DIN-Vorschrift lässt ebenfalls zu, dass die Berufsbezeichnung, Amtsbezeichnung, bzw. der Dienstgrad entweder neben »Herrn/Frau« steht oder als gesonderte Zeile nach der Zeile des Familiennamens. Die Berufs- oder Amtsbezeichnung kann also auch in der 5. Zeile stehen. Straße dann in der 6., Ort in der 8. Zeile.

Beispiel:
1. Luftpost
2.
3. Frau
4. Dr. Ute Meier
5. Regierungsrätin
6. Seestr. 35
7.
8. 53117 Bonn

In der elektronischen Datenverarbeitung und bei der Eingabe in einige PCs stehen aber häufig nur sieben Zeilen für den genormten Adressaufkleber oder eine ausgedruckte Adresse zur Verfügung:
1. Erfassung des Namens – Firma, Herrn
2. Erfassung des Namens – Vor- und Nachname
3. Erfassung des Namens – Firmenbeschreibung
4. Für Zusätze in der Firmenbeschreibung
5. Straßenname und Hausnummer
6. Postfach (Postfach und Nummer)
7. Länderkürzel/Postleitzahl/Ortsname

Dies macht oft Abkürzungen notwendig, um mit der Zahl der Zeilen und der Anschläge pro Zeile auszukommen. In diesem Fall zählen Abkürzungen nicht zu den Unhöflichkeiten, sondern sie sind eine notwendige Anpassung an moderne Gegebenheiten.

Vielfach können Sie sich behelfen, indem Sie zum Beispiel den Vornamen durch den Anfangsbuchstaben abkürzen. Bei den Adelsprädikaten kann der Titel »Freiherr« mit »Frhr.« abgekürzt werden (oder »Freifrau« mit »Frfr.«).

Abgekürzt werden können in solchen Sonderfällen auch der akademische Titel »Professor« (»Prof.«) sowie Amts- und Berufsbezeichnungen (zum Beispiel »RR'n« für »Regierungsrätin«, »MinDirig« für »Ministerialdirigent«, »Prok.« für »Prokurist«).

Anreden

Für die Gestaltung der schriftlichen und mündlichen Anrede lassen sich keine festen Regeln aufstellen. Mit abnehmendem Grad des offiziellen Charakters eines Schreibens/Gesprächs kann auf Amts- und Berufsbezeichnungen, Titel, akademische Grade und Prädikate zugunsten der Anredeform Herr/Frau ... verzichtet werden.

Dazu folgende Empfehlungen:
- Aus Höflichkeitsgründen können besondere Anredeformen angebracht sein, z.B. die Verwendung einer reinen Funktionsbezeichnung, wie Herr Vorsitzender, Herr Präsident. Für die Anwendung der Höflichkeitsform lassen sich keine generellen Regeln aufstellen; maßgebend sind die Umstände des Einzelfalles.
- Die schriftliche Anrede beginnt in der Regel mit einer Höflichkeitsformel. Die gebräuchlichsten schriftlichen Anredeformen sind heute:, »Sehr geehrter Herr (sehr geehrte Frau) Maier«, allenfalls »Sehr verehrte Frau Maier«, wenn der Brief von einem Mann geschrieben wird.
- Das Amt ist in der mündlichen und schriftlichen Anrede nicht näher zu spezifizieren; der Bundesminister des Innern z.B. wird als »Herr Bundesminister« angeredet.
- In der mündlichen (ggf. auch schriftlichen) Anrede wird bei langen Amtsbezeichnungen, Titeln, usw. gern einer Kurzform Vorzug vor deren vollem Wortlaut gegeben; z.B. kann die Anrede »Frau Präsidentin« für die Präsidentin des Bundesverfassungsgerichts, die Anrede »Herr Abgeordneter« für ein Mitglied des Deutschen Bundestages in Betracht kommen. Vizepräsidenten werden aus Höflichkeitsgründen häufig mit »Herr Präsident« angeredet.
- Inhaber akademischer Titel werden in Anschrift und Anrede mit ihrem Titel

genannt (z.B. Doktor/Doktorin, Professor/Professorin).
- → Die Anrede »Herr Doktor« ohne Namensnennung ist nicht korrekt, jedoch in Süddeutschland vielfach üblich. »Doktor« ist keine Berufsbezeichnung. Als Ausnahme kann die Sprechstunde beim Arzt gelten, weil hier der Doktor gleichbedeutend mit Arzt gesetzt wird.
- → Früher galten nur die Fakultätsbezeichnungen als akademische Abkürzungen, heute setzen sich mehr und mehr die einzelnen Studiengebiete als Abkürzungen für das Anschriftfeld bei den Studenten durch (std. Chem. – Dr. rer. nat.).
- → Nach wie vor gilt jedoch die Abkürzung hinter dem Dr. ausschließlich der Fakultät. Da diese aber vielfach außerhalb der Universität nicht bekannt ist, kann im Anschriftfeld auch die Nennung des Dr. ohne Fakultätsbezeichnung vorgenommen werden.
- → Für weibliche Inhaber des Doktorgrades wird die Bezeichnung unverändert beibehalten, jedoch gibt es zunehmend Bestrebungen, die akademischen Grade auch in weiblicher Form zu verleihen. An der Philipps-Universität in Marburg wird z.B. der Grad Magister artium vergeben. Inhaberinnen von Lehrstühlen müssen gemäß eines Runderlasses des Innenministeriums des Landes Hessen mit »Frau Professorin« angesprochen werden.
- → Inhaber des Doktoren- und dazu auch des Professorentitels werden in der mündlichen Anrede nur mit ihrem Professorentitel angesprochen, da der höher zu bewertende Titel Vorrang hat.
- → Macht der Titelinhaber deutlich, dass er nur mit seinem Namen angeredet werden möchte, wird der Titel weggelassen.
- → In der Anschrift werden die Titel »Dr.« und »Prof.« abgekürzt.
- → In der schriftlichen Anrede wird der Titel »Professor« ausgeschrieben.

- → Akademische Ehrentitel können verliehen werden und sind dann beim Ehrendoktor mit dem Zusatz h.c. (honoris causa) oder E.h. (Ehren halber) zu führen. Diese Ehrentitel müssen auch im Anschriftfeld aufgeführt werden, wobei die Ehrentitel den erworbenen akademischen Graden nachgestellt werden, außer bei »Ehrensenator« (vgl. Ehrentitel).

Das Anschriftfeld kann z.B. so aussehen:

Herrn   oder   Frau
Dr. E.h. Jens Meier   Dr. h.c. Ute Maier

- → Der Professorentitel kann durch Beschluss einer Landesregierung bzw. des/der Kultusministers/ministerin auch an Nichtakademiker als Ehrentitel verliehen werden. Entgegen vielfach vertretener Ansicht gibt es aber nicht die dem Dr. gleichzusetzende Form des Prof. h.c., vielmehr bleibt die Ehrenbeleihung äußerlich nicht erkennbar. Die Bezeichnung im Anschriftfeld lautet lediglich

  Herrn Professor
  Vor- und Zuname

Bei besonders verdienten Personen können die akademischen Titel sich wie folgt häufen:

Herrn Professor
Dr. Dr. h.c. Dr.-Ing. E. h. Vor- und Zuname

Zum rechtlichen Hintergrund folgende Hinweise:

- → Nach §1 des Gesetzes über die Führung akademischer Grade ist der Inhaber eines akademischen Grades berechtigt, den Grad zu führen. Dies geschieht meist dadurch, daß der akademische Grad dem Namen beigefügt wird, z.B. im Briefkopf, in der Anschrift und – vornehmlich bei Doktorgraden – in der Unterschrift.
- → Der Inhaber hat jedoch keinen Anspruch darauf, dass Dritte ihm gegenüber den akademischen Grad,

etwa in der Anrede oder der Anschrift, gebrauchen. Ebensowenig kann aus dem Führungsrecht ein Anspruch hergeleitet werden, den Grad in staatliche Urkunden oder Register aufzunehmen.
- → Akademische Grade sind keine Bestandteile des Familiennamens.
- → Zu beachten ist andererseits, dass in § 63 der Allgemeinen Verwaltungsvorschrift zum Personenstandsgesetz (Dienstanweisung für die Standesbeamten und ihre Aufsichtsbehörden – DA) vorgesehen ist, im Heirats-, Geburten- und Sterbebuch sowie im Familienbuch akademische Grade grundsätzlich vor dem Vornamen einzutragen.
- → Der Bundesgerichtshof hat dazu in seiner Entscheidung vom 19. Dezember 1962 (BGHZ 38, 280) ausgeführt, dass sich die Eintragungsfähigkeit akademischer Grade aus der ständigen Übung ergebe, sie in die Personenstandsbücher und -urkunden aufzunehmen, obwohl sie weder Bestandteil des Namens seien noch dem Beruf zugerechnet werden könnten, und es auch an einer gesetzlichen Grundlage für die Eintragung fehle.
- Inhaber von **Adelstiteln** werden in Anschrift und Anrede mit ihrem Titel genannt (z.B. Graf/Gräfin, Fürst/Fürstin, Herzog/Herzogin, Prinz/Prinzessin).
  - → In der Anschrift ist folgende Reihenfolge bei der Namensnennung üblich Herrn/Frau akademischer Grad, Vorname, Adelsprädikat, Nachname. Beispiel: Herrn Dr. Otto Graf Erkenfeld.
  - → Die Adelstitel und die Formen ihrer Anwendung in Anschrift und Anrede sind national und international so vielfältig, dass eine Orientierungshilfe den Rahmen dieses Ratgebers sprengen würde.
  - → Bei Zweifeln über die richtige Anrede im Bereich des Adels empfiehlt sich die Orientierung durch entsprechende Nachschlagwerke.
- → Informationen und nähere Einzelheiten zu Titulierungsangelegenheiten beim Adel sind z.B. dem Standardwerk »Genealogisches Handbuch des Adels« zu entnehmen oder können beim Deutschen Adelsarchiv in Marburg erfragt werden.

Zum rechtlichen Hintergrund folgende Hinweise:
- → Alle adelsrechtlichen Privilegien wurden durch Art. 109 Abs. 3 der Verfassung des Deutschen Reiches vom 11. August 1919 (RGBl. S 1383, sogenannte Weimarer Verfassung) aufgehoben. Die bei Inkrafttreten der Weimarer Verfassung geführten Adelsbezeichnungen bestehen lediglich noch als Bestandteil des bürgerlichen Namens fort. Diese Bestimmung gilt gemäß Art. 123 des Grundgesetzes als einfaches Bundesrecht weiter (vgl. z.B. Urteil des Bundesverwaltungsgerichts vom 11. März 1966 – Entscheidungen des Bundesverfassungsgerichts Band 23 S. 344, 345).
- → Dies bedeutet, dass Adelsbezeichnungen nur als Teil des Namens gelten und nicht mehr verliehen werden dürfen.
- → Nach den o.g. Bestimmungen sind Anreden, die den Angehörigen adeliger Familien vor 1919 zustanden (Königliche Hoheit, Hoheit, Durchlaucht usw.) und die noch im Genealogischen Handbuch des Adels aufgeführt sind, fortgefallen.

Zusammen mit den alten Anreden sind auch die den Namen vorangestellten Abkürzungen entfallen, z.B. S.K.H./I.K.H. (Seiner Königlichen Hoheit/Ihrer königlichen Hoheit).

Im privaten Schriftverkehr und beim gesellschaftlichen Umgang werden dagegen häufig noch die vor 1919 gültigen Anreden gebraucht:

S. H.	Seiner Hochwohlgeboren
I. H.	Ihrer Hochwohlgeboren
S. H. u. I. H.	Seiner Hochwohlg. und Ihrer Hochwohlg. oder

S. I. H. H.	Seiner und Ihrer Hochwohlgeboren/-renen
S. H. u. W.	Seiner Hoch- u. Wohlgeboren
S. E.	Seiner Erlaucht
I. E.	Ihrer Erlaucht
S. D.	Seiner Durchlaucht
I. D.	Ihrer Durchlaucht
S. Hoheit	Seiner Hoheit
I. Hoheit	Ihrer Hoheit
S. K. H.	Seiner Königlichen Hoheit
I. K. H.	Ihrer Königlichen Hoheit
S. K. K. H.	Seiner Kaiserlichen und Königlichen Hoheit

Welchem Mitglied eines Adelshauses welcher Titel zukommt, ist auch für Kundige nur aus dem jeweiligen Abschnitt des Genealogischen Handbuches des Adels zu ersehen.

→ Gemäß BGB lautet der Familienname z.B. Graf von Heimfeld, die Ehefrau führt die weibliche Form Gräfin, die Töchter ebenfalls. Die Titelform »Comtesse« wird nicht mehr angewendet.

Die Anrede »Herr Graf« wird adelsintern nie benutzt. In der Anrede wird »v.« meist weggelassen.

Bei Doppelnamen oder zu den Namen gehörenden Ortsbezeichnungen (»Graf X vom Berg«) wird in der Anrede der zweite Name oder die weitere Bezeichnung weggelassen, sie erscheinen nur in der Anschrift.

→ Die heutigen Träger des Titels Baron entstammen (fast) ausschließlich Familien aus den baltischen Ostseeprovinzen, vorwiegend aus Kurland.

Adelsrechtlich gilt laut einem Beschluss des ARA (Adelsrechtsausschuss) von 1955, dass es den baltischen Barons-Familien freigestellt ist, ob sie den Freiherren- oder den Baronstitel führen.

Gemäß BGB lautet der Familienname z.B. Baron von Bergheim; die Ehefrau führt die weibliche Form Baronin, die unverheirateten Töchter die Bezeichnung Baronesse.

Die Anrede »Herr Baron« wird adelsintern nie benutzt. In der Anrede wird das »v.« meist weggelassen.

→ Da nach der Weimarer Reichsverfassung von 1919 die Bezeichnung des nichttitulierten Adels »von« jetzt zum Namen gehört, muss sie rechtlich gesehen, voll ausgeschrieben werden (vgl. Standesämter). Innerhalb des Adels wird jedoch häufig die abgekürzte Form »v.« vorgezogen, zur Unterscheidung von der nicht adeligen Herkunftsbezeichnung, d.h. den bürgerlichen Namen, die ein »von« enthalten. Das »von« wird selbstverständlich auch immer dann ausgeschrieben, wenn danach ein Ländername folgt (z.B. Prinz von Preußen).

Zur Historie:

Die Abkürzung des »von« in »v.« ist Ende des 19. Jahrhunderts entstanden. Diese Abkürzung war aber bis zum Ende der Monarchie überwiegend nur in Preußen üblich geworden, da in Preußen, nach der Eindeutschung des holländischen »van« in das deutsche »von«, dort mehr als 30.000 Personen lebten, die nunmehr ein »von« in ihrem Namen trugen, jedoch nicht dem Adel zugehörten.

In den süddeutschen Regionen, in denen eine Verwechslung nichtadeliger »von-Namen« mangels solcher Einwohner sehr unwahrscheinlich war, galt weiterhin die gute alte Sitte, dass »Abkürzungen« unhöflich sind, man sprach sogar von einer »preußischen Unsitte«.

So ist es bis heute geblieben: Norddeutsche Adelsfamilien benutzen aus Tradition das abgekürzte »v.«, in Süddeutschland ist innerhalb des Adels das ausgeschriebene »von« gebräuchlicher. Wobei richtig ist, dass nur das »von« und das »und« abgekürzt werden. Alle anderen Adelsprädikate, wie z.B. »dem«, »der«, »vom«, »zu«, »zum«, »zur« etc. bleiben ausgeschrieben, weil eine Abkürzung zu Unklarheiten führen würde.

→ Anschriften und Anreden von Angehörigen ausländischer adeliger Familien richten sich nach den Rechtsvorschriften des Herkunftslandes. Details zur Anschrift und zur Anrede sind am besten bei der Botschaft des betreffenden Landes in Deutschland zu erfragen.

Ebenso sollten Verfasser von Schreiben an einen Souverän oder ein Mitglied eines königlichen Hauses, dem sie nicht persönlich bekannt sind, sich zunächst erkundigen, ob das Schriftstück nicht an den Privatsekretär oder einen sonstigen Empfangsberechtigten mit der Bitte zu richten ist, es Seiner (Ihrer) Majestät (Königlichen Hoheit) bekanntzugeben.

Schlussformel

Bei der Gestaltung von Schlussformeln ist von Bedeutung, ob es sich um Schreiben aus offiziellem Anlass, im Rahmen des täglichen Umgangs oder persönlicher Beziehungen handelt. *Bei offiziellen Schreiben wird verwendet:*
- mit freundlichen Grüßen
- mit vorzüglicher Hochachtung
- mit ausgezeichneter Hochachtung

Die Wendungen »*empfehle ich mich Ihnen ergebendst*« und »*verbleibe ich mit ergebendsten Grüßen*« gelten als überholt.

Einladungskarten

Prädikate, Amts- oder Funktionsbezeichnungen ebenso wie Titel und akademische Grade werden auf Einladungskarten zumeist vor den Namen des Empfängers gesetzt (z.B. Herrn Generalkonsul ...), doch können längere Amts-, Berufs- oder Funktionsbezeichnungen auch nachgesetzt werden. Hinweise auf ein bestimmtes vom Empfänger ausgeübtes Amt können entfallen.

Einladungen an den Bundespräsidenten und die höchsten Repräsentanten der anderen Verfassungsorgane werden in der Regel durch persönlich unterzeichnetes Schreiben ausgesprochen.

Frühere Amtsbezeichnungen

Frühere Amtsbezeichnungen werden – vor allem, sofern Anspruch darauf besteht – in der Anschrift verwandt. Für Beamte im Ruhestand, die nach § 81 Abs. 3 des Bundesbeamtengesetzes und der entsprechenden Regelungen in den Beamtengesetzen der Länder berechtigt sind, ist ihre frühere Amtsbezeichnung mit dem Zuatz »a.D.«/»außer Dienst« zu führen.

Bei mehreren früheren Ämtern sollte die höchste Amtsbezeichnung verwandt werden; sofern die früheren Ämter gleichrangig waren, gilt in der Regel das letzte Amt. Frühere Ämter werden neben einem neuen Amt im Allgemeinen nicht erwähnt.

Mehrere Empfänger

Bei Schreiben an Ehepaare werden in der Anschrift entweder der volle Name der Ehegatten genannt (z.B. Herrn Manfred Maier und Frau Maria Maier) oder beide Empfänger gemeinsam aufgeführt (z.B. Herrn und Frau Maier).

Bei nichtehelichen Lebensgemeinschaften werden in der Anschrift beide Namen aufgeführt (z.B. Herrn Martin Heller und Frau Christiane Müller).

In der Anrede sollten die Namen beider Ehegatten/Lebenspartner geschrieben werden.

In Deutschland bleibt es Ihnen überlassen, an erster Stelle den Namen der Frau zu schreiben. »Frau Maria Meier, Herrn Gerd Meier« ist also genauso empfehlenswert, besonders, da ja die Anrede im Brief auch immer zuerst an die Frau gerichtet ist.

4.4 Platzierung

Wer sitzt neben wem? Immer wieder die entscheidende Frage für den Gastgeber. Je formeller der Anlass ist, desto mehr sollten Sie grundsätzlich auf die richtige Platzierung achten.

Ihr Fingerspitzengefühl, Ihre Menschenkenntnis und Ihr 7. Sinn für die Situation sind hier stark gefragt. Missgriffe bei der Platzierung werden von empfindlichen Gästen noch lange nachgetragen. Verwenden Sie daher stets große Aufmerksamkeit für die Platzierungen. Die Mühe lohnt sich.

Allerdings haben Sie mit der Einhaltung der Rangfolge noch keine Garantie für gute Gespräche. Die Platzierung – vor allem bei Tisch – wird daher stets eine Mischung aus Überlegungen der

- Protokollarischen Rangfolge
- Harmonischen Grundstimmung
- Interessen und Neigungen
- Sprachkenntnisse

Ihrer Gäste sein.

4.4.1 Protokollarische Rangfolge

Bei allen Veranstaltungen mit offiziellem Charakter spielt die protokollarische Rangfolge eine zentrale Rolle. Die protokollarische Rangfolge ist das sichtbare Zeichen für den gesellschaftlichen Status einer Person. *Nationale und internationale Standards aber auch ausgeprägte individuelle Eitelkeiten und Geltungsbedürfnis bewirken, dass der Gast die ihm zustehende Einordnung in die protokollarische Rangfolge erwartet und verlangt.*

Fehler bei der protokollarischen Einordnung können zu Verstimmungen bei den Gästen führen. Ärger, der häufig nur schwer wieder gutzumachen ist. Denn den Gast unter seinem gesellschaftlichen Status einzuordnen, bedeutet für ihn eine Herabsetzung – und darin versteht kaum einer Spaß. Daran ändert auch die Tatsache nichts, dass Sie den Gast, den Sie absichtlich oder unabsichtlich in der Rangfolge höher klettern lassen als ihm zusteht, hoch- beglücken. Denn Sie werden sich damit dem geheimen Zorn jener Gäste aussetzen, an denen Sie den von Ihnen bevorzugten Gast in der gewohnten Rangfolge vorbeiziehen lassen.

- *Anwendung*
  Gelegenheiten zur Anwendung der protokollarischen Rangfolge sind insbesondere
  → Sitzordnung bei Saalveranstaltungen mit Kino- oder Theaterbestuhlung
  → Tisch- und Sitzordnung bei Essen unterschiedlicher Art
  → Tisch- und Tischordnung bei Festveranstaltungen (z.B. Bällen)
  → Tisch- und Sitzordnung bei internationalen Konferenzen
  → Rangfolge bei Reden und Grußworten
  → Rangfolge bei der Begrüßung der Gäste als Vorspann zu einer Ansprache
  → Rangfolge bei Shakehands innerhalb einer kleineren Gruppe
  → Rangordnung bei Vertragsunterzeichnungen
  → Rangordnung beim Defilee (z.B. Neujahrsempfang, Kondolenzdefilee)
  → Rangfolge beim Gehen
  → Rangordnung im Auto

- *Ordnungsprinzipien*
  Der protokollarischen Rangfolge liegen Ordnungsprinzipien zugrunde, die auf alle protokollarischen Ebenen – also von der untersten bis zur höchsten Ebene – anwendbar sind:
  Bei Ranggleichheit:
  → Ausländer vor Inländern
  → Mandatsträger vor Amtsträgern (Gewählt vor ernannt)
  → Damen vor Herren bei Ranggleichen (nicht bezogen auf Ehefrauen, die in ihrer Rangfolge dem Rang des Ehemannes zugeordnet werden)
  → Ältere Gäste vor jüngeren Gästen (bezogen sowohl auf Lebensalter als auch auf Ancienität im Dienstalter)
  → Angehörige eines fremden Unternehmens oder Behörde vor denen des/der eigenen gleichen Ranges

→ Gäste mit engerer Beziehung zum Anlass und zum Gastgeber vor gleichrangigen Gästen mit entfernterer Beziehung zum Anlass und zum Gastgeber

→ Weniger ist mehr!
Beschränken Sie sich nur auf die unvermeidlich notwendigen Hervorhebungen. Je weniger Gäste Sie mit der namentlichen Hervorhebung bevorzugen, desto weniger Fehler machen Sie. Je größer die Zahl, desto größer wird auch die Zahl derer, die Anspruch auf eine Heraushebung erwarten (Erwartungsspirale).

- *Staatliche protokollarische Rangfolge*
Bei der Bildung der staatlichen protokollarischen Rangfolge spielt die Verfassungspraxis, internationale Standards aber auch die aktuell handelnden Funktionsträger eine wichtige Rolle.
Als Anlagen finden Sie zwei Beispiele für die Bildung staatlicher Rangfolgen:
→ Nummerische individuelle protokollarische Rangfolge, z.B. TOP 70
Vorteil:
Eindeutige Festlegung und leichte Handhabung durch Rangfolgeziffer 1 bis ...
Nachteile:
– Starre Schwarz-Weiß-Festlegung ohne Rücksicht auf mögliche Gleichrangigkeiten.
– Schwer nachvollziehbare Plausibilität vieler Positionsentscheidungen, insbesondere für Persönlichkeiten, deren Bedeutung und Status nur schwer vergleichbar sind.
– Gefahr endloser – auch schriftlicher Auseinandersetzungen zwischen dem Anwender dieses Rangfolgeschemas und aufgebrachten Gästen, die sich z.B. nicht als Nr. 27, sondern als Nr. 26 einschätzen usw.
→ Alternierende gruppenorientierte protokollarische Rangfolge, z.B. Aufteilung der VIP's in mehrere Gruppen, die einander alternierend zugeordnet werden.

Vorteile:
– Vermeidung eines unbeweglichen starren Schemas
– Flexible Zuordnung innerhalb von Gruppen
– Verringerung der Angriffs- und Streitpunkte durch Konfrontation mit Rangplatzziffern, damit
– Verringerung des Rechtfertigungsdrucks
– Mehr Kreativität bei der Rangfolgebildung (Wer passt aus welcher Gruppe zu wem?)
Nachteil:
Höherer Zeitaufwand in der protokollarischen Praxis

- *Rangfolge bei Reden*
Bei der Rednerfolge wird die Frage, an welcher Stelle der Ehrengast oder der Hauptredner zu sprechen hat, unterschiedlich beantwortet. Im deutschen Zeremoniell herrscht die fallende Rangfolge vor, d.h., der ranghöchste Redner – nach der Begrüßung – spricht als erster. Im französischen Zeremoniell ist es dagegen umgekehrt; dort wird sogar als ausgesprochen unhöflich angesehen, nach dem ranghöchsten Redner noch einmal das Wort zu ergreifen.

- *Rangordnung bei Unterzeichnungen*
Bei mehreren Unterschriften unter einem Dokument gilt die fallende Rangfolge. Der Ranghöchste unterschreibt zuerst; ihm folgen die übrigen Unterzeichner jeweils ihrem Rang entsprechend. Wird ein Dokument in zwei Reihen unterzeichnet, so ist der Ehrenplatz links oben. Daraus ergibt sich dann das folgende Schema:

1. Unterschrift	4. Unterschrift
2. Unterschrift	5. Unterschrift
3. Unterschrift	6. Unterschrift

Bei Schriftstücken, die einen Vorgang zwischen zwei gleichberechtigten Partnern dokumentieren sollen, ist jedoch die Regel des Alternats zu beachten. Sie besagt, dass jeder Vertragspartner auf der für ihn bestimmten Ausfertigung das Dokument an erster Stelle unterzeichnet.

- *Rangordnung beim Defilee*
Eine Besonderheit der Rangordnung gilt beim sogenannten Defilee. In einem Defilee werden die Gäste einer Veranstaltung dem Gastgeber und dem Ehrengast vorgestellt. Da sie dem Gastgeber zuerst vorgestellt werden, steht dieser in der Reihe der zu Begrüßenden an erster Stelle. Ihm folgt der Ehrengast, diesem ggf. dessen Ehepartner, diesem wiederum der Ehepartner des Gastgebers. Es entspricht einem natürlichen Bewegungsablauf, wenn dabei die Gäste von links oder von vorne auf den Gastgeber und dessen Ehrengast zugehen.

- *Rangordnung beim Gehen*
Eine protokollarisch vorgeschriebene Rangordnung beim Gehen ist schwer durchzuhalten, bedenkt man, welche Widrigkeiten sie stören können. Art der Wege (schmal, breit, Treppen usw.), Wetterbedingungen (z.B. »Schirmhalter« bei Regen), Gesprächswünsche während des Gehens, Sicherheitsbedingungen u.a. führen meist dazu, dass sich die anfangs sorgfältig zusammengestellte »Marschgruppe« sehr bald zu neuen unprotokollarischen Formationen umgruppiert.
Unabhängig davon lautet die protokollarische »reine Lehre«:
→ Laterale Marschordnung
Man unterscheidet zunächst die laterale von der linearen Marschordnung. Bei der lateralen Marschordnung, also beim Nebeneinandergehen, wechselt der Ehrenplatz von der rechten Seite zur Mitte, je nach Anzahl der zu platzierenden Personen. Die folgenden Figuren sind möglich (→ = Marschrichtung):

```
              2 1
             3 1 2
↑           4 3 2 1           ↑
           5 3 1 2 4
```

Die laterale Marschordnung hat einige Vorzüge. Sie lässt sich nach den Seiten hin erweitern und durch Anfügen weiterer Reihen zusätzlich in der Tiefe staffeln. Sie eignet sich besonders zur bildlichen Darstellung. Aber sie ist über eine längere Zeit hinweg nur schwer einzuhalten, insbesondere, wenn sie in mehreren Reihen gestaffelt ist und die weiter hinten gehenden Personen dazu neigen, nach vorne vorzudrängen.

→ Lineare Marschordnung
Bei der linearen Marschordnung bilden sich die folgenden Figuren:

```
           2 1       →
          3 1 2      →
         3 1 2 4     →
        5 3 1 2 4    →
```

Einen wirklichen »Vortritt« gibt es also nur, wenn nicht mehr als zwei Personen zu platzieren sind. Die lineare Marschordnung ist überall dort vorzuziehen, wo die einziehenden Personen anschließend eine Sitzordnung bilden müssen. Der lineare Einzug erlaubt es, sofort am richtigen Platz anzukommen, ohne den Weg der anderen Personen kreuzen zu müssen.
Nicht eingehalten wird die lineare Marschordnung bei Prozessionen, Aufzügen und Wagenfolgen. Eine Prozession baut sich in der Regel aufsteigend auf, vom rangniederen zum ranghöheren Teilnehmer, so dass der Ehrenplatz am Schluss der Prozession liegt. Anders ist es, wenn bei kirchlichen Prozessionen das Allerheiligste mitgeführt wird. Dann folgt der Klerus diesem in fallender Rangordnung.
Der Aufbau einer Wagenfolge, die »Corteggierung«, erfolgt nach der umgekehrten Regel; der Ehrenplatz ist an der Spitze der Kolonne, wohl deshalb, weil man dem Ehrengast nicht zumuten will zu warten, bis sein Gefolge in den Fahrzeugen vor ihm Platz genommen hat.

In den Aufzügen der Barockzeit verlegten Dramaturgie und Sicherheitsüberlegungen dagegen den Ehrenplatz in die Mitte des Festzuges. Dies ist heute immer dann noch üblich, wenn sich die Teilnehmer eines Zuges in verschiedene Gruppen aufteilen lassen, bei Prozessionen in Laien und Klerus, bei Trauerzügen in Ehrengeleit und Trauergemeinde.

- *Rangordnung im Auto*
Der Ehrenplatz im Auto ist der hintere rechte Sitz. Danach folgt der hintere links und zuletzt der vordere rechte Sitz. Steuert der Gastgeber den Wagen selbst, ist der Platz neben ihm der Ehrenplatz, danach folgen der hintere rechte und danach der hintere linke Sitz.

Es ist darauf zu achten, dass grundsätzlich rechts vorgefahren wird und der Fahrgast, der hinten links sitzen soll, den Wagen auch durch die linke Tür besteigt.

Bei Rundfahrten und Besichtigungstouren ist es üblich, dem höchsten Gast den Platz mit der besten Aussicht anzubieten, d.h. neben dem Fahrer.

Protokollarische Rangfolge – TOP 70-Liste

1. Bundespräsident
2. Souveräne Staatsoberhäupter fremder Staaten (einschließlich kaiserliche und königliche Mitglieder regierender Häuser)
3. Regierungschefs fremder Staaten
4. Bundeskanzler (überläßt bei gemeinsamem Auftreten dem Bundestagspräsidenten den Vortritt)
5. Präsident des Deutschen Bundestages
6. Präsident des Bundesrates
7. Präsident des Bundesverfassungsgerichts
8. Doyen des Diplomatischen Korps
9. Ausländische Botschafter, in der Reihenfolge des Datums der Überreichung ihres Beglaubigungsschreibens
10. Stellvertretende Regierungschefs ausländischer Staaten
11. Ehemalige Bundespräsidenten
12. Der Vorsitzende der Deutschen Bischofskonferenz, der Vorsitzende des Rates der Evangelischen Kirche in Deutschland, nach Dienstalter, und der Vorsitzende des Zentralrates der Juden
13. Der Generalsekretär der Vereinten Nationen
14. Der Generalsekretär der NATO
15. Der Präsident des Europäischen Parlaments
16. Der Präsident der Beratenden Versammlung des Europarates
17. Der Präsident des Rats der Europäischen Gemeinschaften
18. Der Präsident der Kommission der Europäischen Union
19. Ehemalige Bundeskanzler
20. Ehemalige Präsidenten des Deutschen Bundestages
21. Ehemalige Präsidenten des Bundesverfassungsgerichts
22. Gesandte als ständige Missionschefs
23. Bundesminister in der veröffentlichten amtlichen Reihenfolge
24. Ministerpräsidenten der Bundesländer nach dem Dienstalter (gehen in den Bundesländern vor Bundesministern)
25. Kardinäle
26. EU-Kommissare
27. Generalsekretär des Europarates
28. Die Vorsitzenden der Fraktionen des Deutschen Bundestages nach Fraktionsstärke
29. Vorsitzende der im Deutschen Bundestag vertretenen Parteien nach der alphabetischen Ordnung der Parteien

30. Vizepräsidenten des Deutschen Bundestages
31. Präsidenten der Landtage der Bundesländer und Präsident des Bayerischen Senats in alphabetischer Reihenfolge der Bundesländer
32. Der Vizepräsident des Bundesverfassungsgerichts
33. Erzbischöfe, Landesbischöfe, Bischöfe, Landessuperintendenten, Landesrabbiner in alternierender Reihenfolge der Glaubensgemeinschaften
34. Präsident der Deutschen Bundesbank
35. Minister der Länder in alphabetischer Reihenfolge der Länder
36. Koordinator für die deutsch-französische Zusammenarbeit
37. Stellvertretende Vorsitzende der Fraktionen des Deutschen Bundestages nach der alphabetischen Reihenfolge der Parteien
38. Vorsitzende der Ausschüsse des Deutschen Bundestages
39. Stellvertretende Vorsitzende der im Deutschen Bundestag vertretenen Parteien
40. Ehemalige Bundesminister nach dem Lebensalter alternierend mit ehemaligen Ministerpräsidenten der Länder
41. Präsident des Bundesrechnungshofes
42. Staatsminister des Bundes
43. Parlamentarische Staatssekretäre des Bundes
44. Staatssekretäre des Bundes
45. Staatssekretäre der Länder mit Kabinettrang
46. Kanzler des Ordens »Pour le Mérite«
47. Präsidenten des Bundesverbandes der Deutschen Industrie, des Arbeitgeberverbandes, des Deutschen Industrie- und Handelstages,
Vorsitzende des Deutschen Gewerkschaftsbundes
Präsidenten des Deutschen Bauernverbandes und ähnlicher großer Berufsverbände nach dem Dienstalter
48. Träger des Großen Bundesverdienstkreuzes nach dem Datum der Verleihung
49. Präsidenten der obersten Bundesgerichte
50. Richter am Bundesverfassungsgericht
51. Mitglieder des Deutschen Bundestages und des Europäischen Parlaments, alternierend
52. Repräsentanten der kommunalen Spitzenverbände
53. Zentralverbände der Religionsgemeinschaften
54. Der Präsident der Bundesanstalt für Arbeit
55. Der Generalinspektor der Bundeswehr
56. Der Wehrbeauftragte des Deutschen Bundestages
57. Präsidenten der Verfassungsgerichtshöfe der Länder
58. Vorsitzende der Fraktionen der in den Landtagen vertretenen Parteien
59. Landesvorsitzende der in den Landesparlamenten vertretenen Parteien
60. Vizepräsidenten der Landtage
61. Stellvertretende Vorsitzende der Fraktionen der in den Landtagen vertretenen Parteien
62. Mitglieder des Vorstandes der Deutschen Bundesbank
63. Direktor beim Deutschen Bundestag
64. Direktor des Bundesrates
65. Staatssekretäre der Länder
66. Generäle, Admirale
67. Ministerialdirektoren des Bundes
68. Abgeordnete der Landtage
69. Mitglieder des Bayerischen Senats
70. Intendanten der Fernseh- und Rundfunkanstalten, Chefredakteure

Protokollarische Rangfolge – Gruppenliste

Im Vergleich zur protokollarischen TOP 70-Liste, in der 70 hochrangige Funktionsträger in die Positionen 1-70 eingeordnet sind, geht man auf der Grundlage der nachfolgenden protokollarischen Rangfolge von der alternierenden Platzierung aus (innerhalb der Platzgruppen B, C und D).

Gruppe A (In dieser Gruppe keine alternierende Platzierung)
Der Bundespräsident
Der Ehrengast (z.B. auch Veranstalter oder Hausherr)
Der Präsident des Deutschen Bundestages
Der Bundeskanzler (überlässt bei gemeinsamen Auftritten Bundestagspräsident den Vortritt)
Der Präsident des Bundesrates
Der Präsident des Bundesverfassungsgerichts
Die ehemaligen Amtsinhaber der Verfassungsorgane (wie oben); Staatsgäste aus anderen Ländern werden entsprechend dem Rang der ihnen vergleichbaren deutschen Amtsinhaber platziert.
Der Präsident des Rates der Europäischen Union
Der Generalsekretär der Vereinten Nationen
Der Präsident der Europäischen Kommission
Der Präsident des Europäischen Parlaments
Der Generalsekretär der NATO
Der Präsident des Gerichtshofes der Europäischen Union
Der Doyen und die Chefs der Diplomatischen Missionen

Gruppe B
Die Mitglieder der Bundesregierung (in der amtlichen Reihenfolge der Ressorts)
Die Regierungschefs der Bundesländer (nach der Dauer ihrer Amtszeit) [1]
Die Vorsitzenden der Deutschen Bischofskonferenz und des Rates der Evangelischen Kirche in Deutschland, der Vorsitzende des Direktoriums des Zentralrates der Juden in Deutschland
Die Kardinäle, die Patriarchen
Die Mitglieder der Europäischen Kommission
Der Generalsekretär des Europarates
Der Vorsitzende der stärksten Fraktion der Opposition im Deutschen Bundestag
Die Vorsitzenden/Sprecher der im Deutschen Bundestag vertretenen Parteien (in der Reihenfolge des Stimmenanteils bei der letzten Wahl zum Deutschen Bundestag)
Die Vorsitzenden/Sprecher der Fraktionen des Deutschen Bundestages (in der Reihenfolge der Stärke der Fraktionen)
Die Vizepräsidenten des Deutschen Bundestages
Der Vizepräsident des Bundesverfassungsgerichts
Die Präsidenten der Landtage/Bürgerschaften, der Präsident des Bayerischen Senats
Die Vizepräsidenten des Europäischen Parlaments
Die Erzbischöfe, die Landesbischöfe, die Bischöfe, die Landessuperintendenten, die Landesrabbiner

Gruppe C
Die stellvertretenden Vorsitzenden der Fraktionen des Deutschen Bundestages (in der Reihenfolge der Stärke der Fraktionen), die Vorsitzenden der Ausschüsse des Deutschen Bundestages (in der amtlichen Reihenfolge der Ausschüsse), die stellvertretenden Vorsitzenden der im Deutschen Bundestag vertretenen Parteien sowie die ehemaligen Mitglieder der Bundesregierung und die ehemaligen Regierungschefs der Bundesländer
Die Mitglieder des Deutschen Bundestages
Die Mitglieder der Landesregierungen
Der oberste Repräsentant der gastgebenden Gemeinde
Die Mitglieder des Bundesverfassungsgerichts
Die Mitglieder des Europäischen Parlaments
Die Fraktionsvorsitzenden und die Landesvorsitzenden der in den Landtagen/Bürgerschaften vertretenen Parteien, die Vizeprä-

sidenten der Landtage/Bürgerschaften, die Vizepräsidenten des Bayerischen Senats.
Die höchsten Repräsentanten der Kommunalen Spitzenverbände
Die Staatsminister des Bundes, die Parlamentarischen Staatssekretäre, die Staatssekretäre des Bundes
Die deutschen Botschafter im Ausland, die Geschäftsträger des Diplomatischen Korps in der Bundesrepublik Deutschland [2])
Die Bevollmächtigten der Länder beim Bund [3])
Die Präsidenten der obersten Gerichtshöfe des Bundes
Der Wehrbeauftragte des Deutschen Bundestages, der Generalinspekteur der Bundeswehr
Der Präsident der Deutschen Bundesbank, der Präsident des Bundesrechnungshofes
Der Präsident der Bundesanstalt für Arbeit

Die Präsidenten der Verfassungsgerichte der Länder [4])

Gruppe D
Der Direktor beim Deutschen Bundestag, der Direktor des Bundesrates, der Direktor beim Bundesverfassungsgericht
Die politischen Beamten des Bundes, die Inspekteure der Teilstreitkräfte der Bundeswehr
Die Mitglieder des Vorstandes der Deutschen Bundesbank
Die Präsidenten der Rechnungshöfe der Länder, die Staatssekretäre und ihnen gleichstehende Beamte der Länder als ständige Vertreter der Minister/Senatoren
Die Beamten, Soldaten, Richter des Bundes entsprechend ihrer Besoldungsgruppe

---

1) Rangieren bei anderen als gesamtstaatlichen oder außenpolitischen Veranstaltungen sowie in ihrem Land bei Veranstaltungen im nicht bundeseigenen Haus vor den Mitgliedern der Bundesregierung
2) Bei Anlässen zu Ehren eines anderen Staatsoberhauptes, Regierungsmitglieds, Parlamentspräsidenten oder Botschafters rangiert der im Herkunftsstaat des Ehrengastes akkreditierte Leiter der Vertretung der Bundesrepublik Deutschland ohne Rücksicht auf die Zugehörigkeit zu einer Besoldungsstufe unmittelbar nach dem Staatssekretär des Auswärtigen Amts.
3) Bei Veranstaltungen mit gesamtstaatlichem Charakter
4) Rangieren in ihrem Land bei Veranstaltungen im nicht bundeseigenen Haus vor den nicht herausgehobenen Mitgliedern des Deutschen Bundestages

4.4.2 Tischordnung/Tischformation

Beachten Sie folgende Grundregeln bei der Aufstellung von Tischordnungen:

- *Protokollarische Rangfolge*
  Aufstellung einer Rangliste der Gäste analog zur protokollarischen Rangfolge (siehe Abschnitt 4.4.1). Diese Rangfolge bestimmt die Nähe zu den Gastgebern.
- *Rang und Platz*
  → Je weiter der Platz eines Gastes von Gastgeber oder Gastgeberin entfernt ist, desto niedriger ist seine Rangstufe
  → Die ranghöchsten Plätze sind zur Rechten von Gastgeberin und Gastgeber.

  Bei einer gemischten Tischordnung erhält der höchste männliche Gast den Platz zur Rechten der Gastgeberin, der höchste weibliche Gast den Platz an der rechten Seite des Gastgebers.
- *Gastgeber und Gastgeberin*
  Gastgeberin und Gastgeber sitzen sich üblicherweise gegenüber, entweder an der Tafelmitte oder an den Stirnseiten.
- *Dame/Herr*
  Bei einer gemischten Tischordnung (Herr – Dame – Herr – Dame) sollten Sie vermeiden, dass zwei Damen oder zwei Herren nebeneinander sitzen.

- *Herrenessen*

  Herrenessen bieten zwei Varianten für die Platzierung des höchsten Gastes. Entweder er wird gegenüber dem Gastgeber platziert oder er wird an die rechte Seite des Gastgebers gesetzt.

- *Ehepartner*

  Ehepartner geladener Gäste werden entsprechend dem Rang ihres/r Ehemannes/Ehefrau eingestuft. Haben Sie einen eigenen höheren Rang, gilt selbstverständlich dieser.

- *Unverheiratete Töchter*

  Unverheiratete Töchter werden nach den verheirateten Damen und entsprechend dem Rang des Vaters in die Tischordnung einbezogen.

- *Lebensgefährten/innen*

  Lebensgefährten und Lebensgefährtinnen nehmen ebenfalls den Rang ihres Partners ein, wenn sie als Begleitung miteingeladen sind.

- *Damen und ausländische Gäste*

  Damen und ausländische Gäste sollten Sie nicht am Ende oder an den Stirnseiten einer Tafel platzieren, wenn Gastgeber und Gastgeberin in der Tafelmitte platziert sind.

- *Aversionen unter den Gästen*

  Sie sollten vermeiden, Gäste nebeneinander zu platzieren, die sich aus verschiedenen Ihnen bekannten Gründen nicht verstehen oder sogar den Kontakt miteinander ablehnen.

- *Dolmetscher*

  Für Dolmetscher sind die Plätze zu reservieren, von denen aus sie ihrer Aufgabe am besten nachgehen können. Sie sind insoweit rangfolgeneutral.

- *Sprachkenntnisse der Gäste*

  Berücksichtigen Sie die Sprachkenntnisse Ihrer Gäste, um möglichst allen Gästen eine Unterhaltung mit ihren Tischnachbarn zu ermöglichen.

- *Wissenschaftler, Künstler u.a.*

  Unter Ihren Gästen wird es immer Personen geben, die auch unter Berücksichtigung von protokollarischen Rangfolgelisten und Ordnungsprinzipien nur schwer einzuordnen sind.

  Darunter fallen z.B. mehr oder weniger prominente Sportler, Schriftsteller, Wissenschaftler, Künstler aus Film, Funk und Fernsehen, Journalisten, Vereinsvorsitzende, Unternehmer.

  Sie sind unter Berücksichtigung ihres gesellschaftlichen Ansehens, ihres Alters und der lokalen Gepflogenheiten zu platzieren. In diesen Fällen hilft Fingerspitzengefühl und Mut zu alternierender Heraushebung im Wechsel mit dazu passenden Gästen.

- *Kurzfristige Absagen*

  Bei kurzfristigen Absagen, die eine Änderung Ihrer Tischordnung nicht mehr zulassen, bleibt der Platz des verhinderten Gastes in der Regel unbenutzt. Können Sie die Lücke wegen der daneben platzierten ggf. hochrangigen Gäste nicht vertreten, bitten Sie einen anderen Ihnen geeignet erscheinenden Gast, den freien Platz einzunehmen.

- *Placement oder Sitzspiegel*

  Fertigen Sie frühzeitig eine Skizze der Tischordnung (Placement oder Sitzspiegel) an, die Sie dann bis zur Veranstaltung fortschreiben.

  Bei der Vorbereitung der Platzierung können Sie auch mit einer Magnettafel arbeiten, auf die sich die Skizze der Tischform oder -formation aufkleben lässt. Die Namen der Gäste werden auf kleine Magnettäfelchen geschrieben. So können Sie beliebige Platzierungsvarianten ausprobieren.

- *Placement-Information für die Gäste*

  Stellen Sie das Placement bei der Veranstaltung im Foyer oder am Eingang des Veranstaltungsraumes auf, um den Gästen die Orientierung zu erleichtern.

  Bei größeren Veranstaltungen erhalten die Tische Nummern oder andere Bezeichnungen, wie Städte- oder Landschaftsnamen. Die Tischordnung können Sie mit einem

Steckplacement publik machen: Eine Samt- oder Filztafel, auf der die jeweilige Tischform herausgearbeitet ist und die Namen zugeordnet sind.

Günstig ist auch das Auslegen des Placements in dem Raum, in dem sich die Gäste sammeln, etwa zum Aperitif. Hier hat jeder Gast Gelegenheit, sich über seinen Platz und die seiner Tischnachbarn zu informieren.

- *Placement- oder Führungskärtchen*
  Lassen Sie Ihren Gästen bei größeren Veranstaltungen Placement- oder Führungskärtchen überreichen.

  Auf dem Placementkärtchen wird die Tafelform dargestellt und zur ersten Orientierung der Tafelbereich angekreuzt, den der Gast ansteuern muss, um seinen Platz zügig zu finden.

Muster:

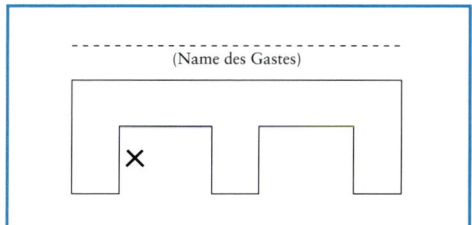

- *Tischformation*
  Zwar hängt die Wahl der Tafelform sowohl von der Anzahl der Gäste als auch vom Schnitt des Raumes ab.

  Aber:
  Wählen Sie – wenn es der Anlass zulässt – ab 20 Personen mehrere Tische. Besonders kommunikationsfreundlich sind runde Tische.

  Folgende Tischformationen stehen zur Auswahl:
  → Lange Tafeln ohne Stirnbesetzung (rechteckig und oval)
  → Lange Tafeln mit Stirnbesetzung (rechteckig und oval)
  → Hufeisenform
  → E-Form
  → Kamm-Form
  → Runde Tische

  Für Tischformationen und die dazu passenden Tischordnungen gibt es eine Vielfalt von Modellen, die aus der Vielfalt der Praxis entstanden sind.

  Den Anlagen zu diesem Abschnitt können Sie für Ihre Praxis die besten und wichtigsten Beispiele entnehmen.

- *Platzierung an mehreren Tischen*
  Bei Platzierung der höchstrangigen Gäste an mehreren Tischen können Sie mindestens unter zwei Verfahren wählen:
  → Zentrales Verfahren

  Die Gäste mit dem höchsten Rang werden mit dem Gastgeber an einem Tisch platziert.

  Die übrigen Gäste können sich an den anderen Tischen frei setzen oder werden ebenfalls platziert.

  → Dezentrales Verfahren

  Die Gäste mit dem höchsten Rang werden auf alle Tische verteilt und führen jeweils ihren Tisch an.

  Die übrigen Gäste werden passend dazu platziert.

- *Tischkarten*
  Tischkarten am Platz des Gastes sind bei namentlicher Platzierung Pflicht und tragen nur den Zunamen des Gastes (davor Frau/Herr) ohne Titel, Amtsbezeichnungen, Funktionsbezeichnungen. Auf Tischkarten kann das Logo des Gastgebers in Druck oder Prägung wiedergegeben werden.

- *Menükarten*
  Menükarten an jedem Platz unterstreichen die Festlichkeit. Sie sollten Datum, Ort und Anlass enthalten. Eine durchgezogene Kordel kann die Landes-, Stadt-, Gemeinde- oder Unternehmensfarben tragen.

Muster für Tischordnungen

- *Herrenessen*
  → Lange Tafel (gilt auch für runde Tische)
  – der Gastgeber erweist einem Prominenten Gast die Ehre, ihm gegenüber zu sitzen:

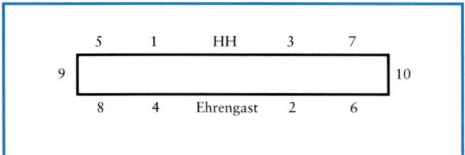

– Herrenessen nur unter Vorsitz des Gastgebers

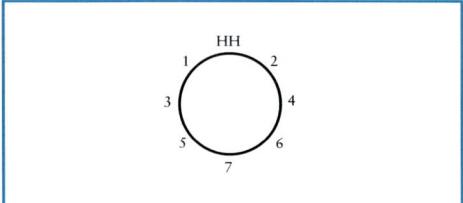

→ Hufeisen

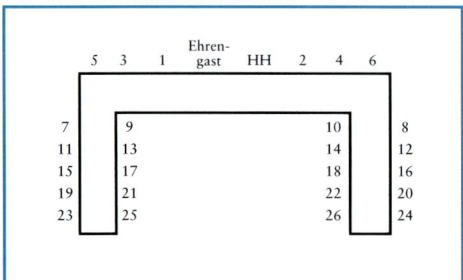

→ E-Tafel

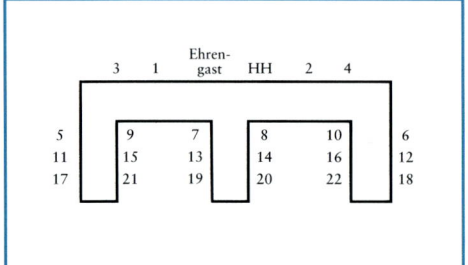

→ Kamm-Tafel

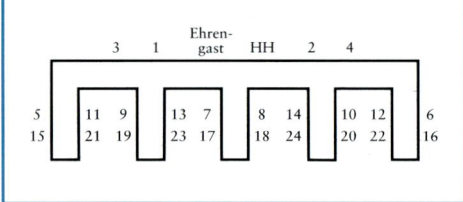

- *Essen mit Damen*
  → Rechteckige oder runde Tafel
  (die eingeklammerten Zahlen bedeuten die Plätze der Damen nach eigener Reihenfolge)

– a)

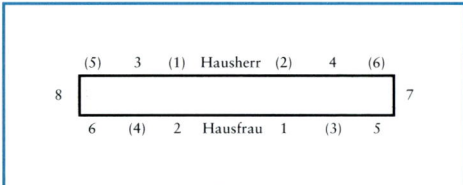

– b)

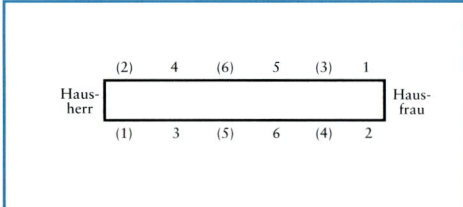

– c)

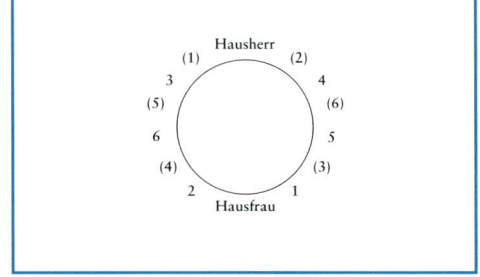

Platzierung

→ E-Tafel

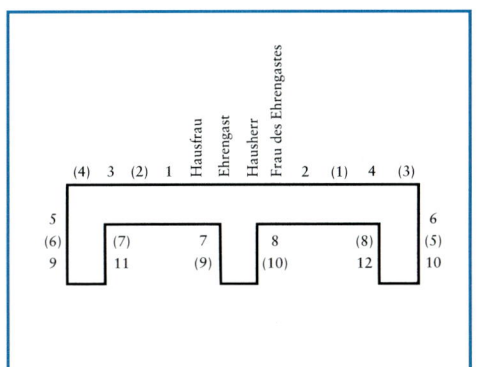

→ Kamm-Tafel

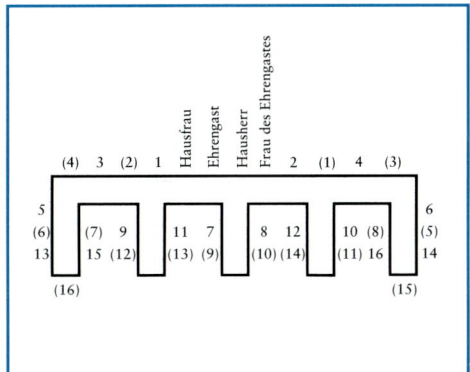

- *Mehrere runde Tisch*
  (für sehr große Essen)

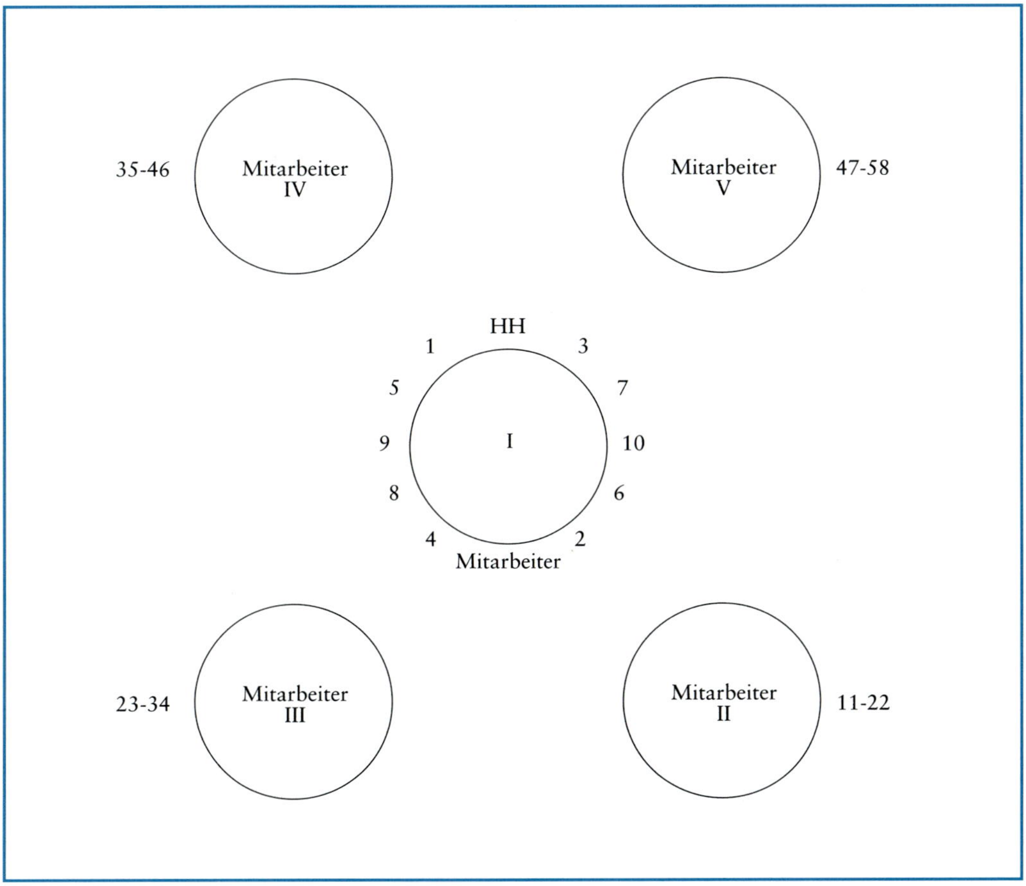

- *Muster für eine Tischnummerierung*

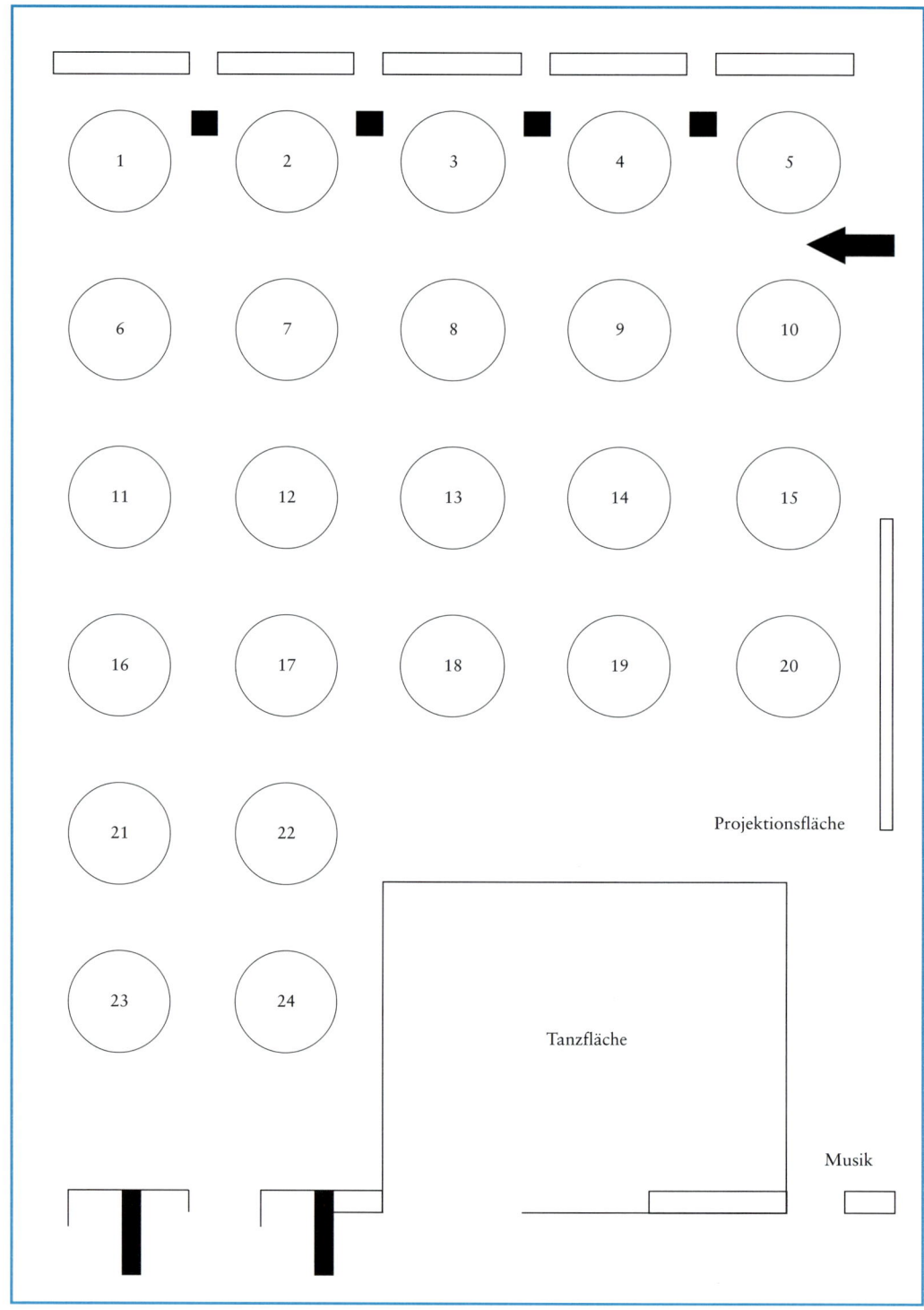

4.4.3 Sitzordnung/Saalbestuhlung

Für große Saalveranstaltungen mit Kino- oder Theaterbestuhlung sind folgende Regeln hilfreich:

- *Gästezahl = Platzzahl*

  Grundsätzlich muss für jeden Gast ein Sitzplatz zur Verfügung stehen. Diese eiserne Regel ist leichter aufzustellen als in der Praxis einzuhalten. Oft balanciert der Veranstaltungsorganisator auf einem schmalen Grat zwischen peinlicher Überbuchung und fast ebenso schlimmer Unterbesetzung des Saales.

  Das Dilemma kennt fast jeder: Die Einladungsliste ist selten identisch mit der Gästeliste. Die Eingeladenen sind längst nicht alle als Gäste zu begrüßen. Im Verhältnis beider Listen steht es bei der Personenzahl oft sogar 2 : 1, d.h. auf 100 Einladungen kommen letztlich 50 Gäste. Der Schlüssel zum Erfolg liegt in der
  → realistischen Schätzung der Zusagenquote und der
  → richtigen Bemessung der Platzreserve.

- *Zusagenquote*

  Die treffsichere Schätzung der Zusagenquote ist reine Erfahrungssache. Es gibt Veranstaltungen die hat man fest im Griff. Man kennt den Durchschnitt der Zusagenquote und stellt sich bei der Zahl der Einladungen darauf ein.

  Sobald Sie sich jedoch unsicher fühlen, gehen Sie kein Risiko ein und ergreifen folgende bewährte Maßnahmen:
  → Sie legen die Relation von Einladungsliste zu Platzkapazität auf 1 : 1 fest.
  → Sie halten eine Reserve-Einladungsliste bereit.
  → Nach Ablauf der Rückmeldefrist starten Sie eine zweite Einladungswelle.

  Die Gesamtterminierung wird zeitlich so gestaltet, dass sich die später Eingeladenen nicht als Lückenbüßer fühlen müssen.
  → Bei der Saalbestuhlung bilden Sie eine mobile Stuhlreserve. Als disponibel müssen dann die Seitenränder, hinteren Sitzreihen und ggf. Emporen und Galerien gehalten werden.

  Dies gilt sowohl für den Abbau als auch für die Aufstockung von Sitzplätzen. Dafür muss ein Lagerraum in Saalnähe reserviert werden, um auch kurz vor Veranstaltungsbeginn noch aktionsfähig zu bleiben.

  Bei seitenverankerten Stühlen wird der disponible Bestuhlungsteil im Saal nicht verankert, um einen raschen Abbau zu erleichtern.

  Bei bodenverankerten Stühlen fällt die flexible Anpassung an die Gästezahl eher bescheiden aus. Ein Abbau ist kurzfristig nicht möglich, wenn nicht ausgeschlossen. Allenfalls können bei Überbuchung noch artfremde Stühle an den Seitenrändern oder in hinteren Sitzreihen dazu gestellt werden.

- *Bestuhlungsplan*

  Beschaffen Sie sich für das Platzieren rechtzeitig einen aktuellen Bestuhlungsplan des Saales.

- *Platzierungsschema*

  Der Bestuhlungsplan stellt die grafische Grundlage für das Platzierungsschema dar, das Sie für die Sitzordnung beim Festakt anfertigen. Das Platzierungsschema bildet das wichtigste Handwerkszeug für alle Helfer, die die Gäste mit ihren Plätzen vertraut machen sollen. Ein für alle sichtbarer Aushang des Platzierungsschemas ist allerdings nicht empfehlenswert. Dies könnte besonders empfindliche Gäste zu endlosen Vergleichen und Diskussionen über ihren »wahren« Rangfolgeplatz veranlassen.

- *Abstand Bühne/1. Reihe*

  Bei der Distanz vom Bühnenrand zur 1. Stuhlreihe geht man bei einer Bühnenhöhe von 1 m erfahrungsgemäß von einem Abstand von mindestens 4 m aus. Andernfalls entsteht für die Ehrengäste in der 1. Reihe ein optisch und akustisch ungünstiger Winkel. Wenn die örtlichen Gegebenheiten es zulassen, sollten Sie auf diesem Mindestabstand bestehen.

- *Mittelgang*
  Eine Bestuhlung ohne Mittelgang erschwert nicht nur den Zugang der Gäste zu ihren Plätzen, sondern vor allem das Auffinden der namentlich ausgeschilderten Plätze.
  Soweit technisch möglich, sollten Sie daher einen Mittelgang schaffen lassen.
- *Platzierungszonen*
  Teilen Sie den Saal auf dem Bestuhlungsplan mehrfarbig in verschiedene Platzierungszonen auf, je nach Bedarf z.B.
  → VIP's (namentlich platziert)
  → konsularisches Korps
  → andere Gäste
  → Pressevertreter
  → Sicherheitspersonal
  → Protokollpersonal
  etc.
  D.h. Sie teilen die Reihen nach den namentlich Platzierten in weitere Platzierungsbereiche ein und kennzeichnen die Reihen entsprechend. Die Gäste erhalten mit ihrer Einladung die ihnen zugedachten Block-Platzierungskarten (Differenzierung der verschiedenen Blöcke zum Beispiel nach Farben) und können sich bei der Veranstaltung innerhalb des ihnen zugedachten Blocks frei setzen.
- *Namentliche Platzierungen*
  → Fertigen Sie sich vor dem Start der Einladungen eine Liste mit jenen Eingeladenen, die Sie namentlich platzieren wollen. Sie können dann mit der Einladung eine Platzierungskarte versenden, auf der nicht unbedingt schon die genaue Platzziffer vermerkt sein muss, aus der aber hervorgeht, dass der Eingeladene zum Kreis der namentlich Platzierten gehört. Dies erleichtert es den Platzanweisern im Saal, die Gäste so rasch wie möglich zu ihren Plätzen zu führen.
  → Um Sitzlücken im Bereich der namentlich platzierten Gäste zu reduzieren:

Greifen Sie bei dem Rest der rückmeldefaulen VIP's, die Sie namentlich platzieren wollen und die alle Fristen überschritten haben, einfach zum Telefonhörer: Absage oder Zusage?
→ Für die namentliche Platzierung gilt:
− Die Mittelplätze jeder Reihe sind die höchsten Plätze.
− Die Seitenplätze einer Reihe zählen höher als die Mittelplätze der nächsten Reihe.
→ Diese Grundregeln ergeben folgendes Schema:
  1. Reihe: 9 7 5 3 1 2 4 6 8
  2. Reihe: 18 16 14 12 10 11 13 15 17
  3. Reihe: 27 25 23 21 19 20 22 24 26

→ Aber machen Sie sich diese Arbeit, z.B. bei einer Gästezahl von 1.000, für höchstens 40 – 50 Personen. Eine protokollarische Rangfolge für etwa 100, 200 oder mehr Gäste aufzustellen, hieße die Realität aus den Augen zu verlieren.
→ Lassen Sie für die namentlich platzierten Gäste Namenskarten für die Stühle drucken. Bewährt hat sich in unserer Praxis das halbe A4-Format im Längsschnitt.
Unterschiedlich wird die Aufschrift gehandhabt. In unserer Praxis wird lediglich der Zuname aufgedruckt, bei Damen das Wort »Frau« davor. Das enthebt der vielfachen mühsamen Suche nach Titeln und Funktionen. Zudem wieder eine sensible Fehlerquelle.
Probleme gibt es vielfach mit dem Befestigen der Namensschilder. Bei Klappstühlen z.B. bleibt nicht viel Platz für das Schild, häufig fällt es herunter. Brauchbarer Behelf ist das rückwärtige Aufkleben eines Stückchen Klettenbandes, mit dessen Hilfe das Schild an der Rückenlehne befestigt werden kann, sofern diese mit Stoff bezogen ist.

4.5 Gästeliste

Die Gästeliste ist nicht zu verwechseln mit der Einladungsliste des Gastgebers, die sein Betriebsgeheimnis bleibt. *In der Gästeliste werden nur die Eingeladenen alphabetisch aufgeführt, die zugesagt haben.* Wer abgesagt oder gar nicht geantwortet hat, erscheint nicht in der Gästeliste.

Überall dort, wo Menschen zusammenkommen, erleichtert eine solche Teilnehmerliste das Kennenlernen, die persönliche Begegnung, das Knüpfen von Kontakten, vom Small talk bis hin zum vertiefenden Gespräch und dem Beginn einer dauerhaften Bindung. Sie ist ein hilfreiches Kommunikationsinstrument, das auch nach der Veranstaltung seinen Wert behält. Einladende, die an Gästelisten denken, bleiben als perfekte Gastgeber in guter Erinnerung.

- *Anlass*
  Die Gästeliste ist nicht unbedingt Anlass gebunden. Empfänge, Festakte, Dinner, Bälle eignen sich sehr gut für die Anfertigung und Verteilung einer Gästeliste. Allerdings sollten Gästelisten erst ab etwa 50 Personen ins Auge gefasst werden.

- *Form*
  Stellen Sie keine besonders hohen Anforderungen an die äußere Form Ihrer Gästeliste. Hauptsache ist ihre Aktualität. In den meisten Fällen bleibt keine Zeit, das Finishing bei einer Druckerei in Auftrag zu geben. Der PC-Ausdruck – originell geheftet – reicht in den meisten Fällen aus. So können auch noch die in letzter Minute eingegangenen Zusagen berücksichtigt werden.
  Nur zu besonderen Veranstaltungen, wie beispielsweise einem großen Ball, wenn die Gästeliste mit dem Programm gekoppelt ist, wird sie in einer Druckerei erstellt. Verabreden Sie in einem solchen Fall frühzeitig die absolute »Deadline« für die Nachlieferung spät eingegangener Zusagen. Häufig kann der Drucker feststehende Teile wie Vorwort, Grußwort oder Programm schon vorab erstellen und die Gästeliste als letzteres drucken.
  Da es immer Gäste geben wird, die noch nach dem von Ihnen angegebenen Termin ihre Zusage schicken – auch wenn das nicht sonderlich höflich ist –, können Sie der Gästeliste einen Nachtrag anfügen, beispielsweise unter dem Titel:
  »*Nach Redaktionsschluss haben noch zugesagt.*«
  Das erklärt, warum die danach folgenden Namen nicht alphabetisch einsortiert sind. Im Notfall können Sie diese »Nachzügler-Liste« auch als gesondertes Blatt in das Heft einlegen.
  Mit Rücksicht auf den späten Redaktionsschluss und die knappe Herstellungszeit werden Gästelisten meist im DIN-A4-Format ausgelegt. Besteht die Liste aus mehreren Blättern, werden diese einfach zusammengeheftet. Nicht auf die Verpackung, sondern auf den Inhalt kommt es an.
  Bei festlichen Anlässen ist es angemessen und praktisch, eine Gästeliste im Westentaschenformat bereitzustellen. Sie ist leichter und diskreter zu handhaben (z.B. bei einem festlichen Essen) als eine A-4-Blättersammlung.

- *Eintragungen*
  → Bei Verbandstagungen, Kongressen und überall dort, wo berufliche oder geschäftliche Kontakte geknüpft werden sollen, enthält die Teilnehmerliste meist genaue Anschriften mit Telefon- und Telefaxnummern. So kann auf den Austausch von Visitenkarten verzichtet werden und zeitraubende Recherchen entfallen, falls man später einen Teilnehmer erreichen will.
  → Als Gastgeber einer eher privaten Veranstaltung sollten Sie allerdings mit zu detaillierten privaten Angaben zurückhaltend sein. Im Zeitalter des Datenschutzes kann bekanntlich jeder Tele-

fonteilnehmer seine Eintragung im Telefonbuch auf den Namen und die Telefonnummer beschränken oder eine Eintragung ganz verhindern. Manch einer möchte auch aus Sicherheitsgründen von einer Veröffentlichung seiner Privatanschrift absehen.

→ Wenn Sie sicher sein wollen, dass Ihre Gäste mit einer Bekanntgabe »der personenbezogenen Daten« einverstanden sind, machen Sie einen Hinweis auf der vorbereiteten Antwortkarte, die Ihrer Einladung beigefügt ist.

Wenn Sie mit Ihrer Antwortkarte die Vornamen abgefragt haben, können Sie auf die Verlegenheitsbezeichnungen »Herr« bzw. »Frau« verzichten und beispielsweise folgenden Eintrag – in der alphabetischen Reihenfolge – platzieren:

Dr. Jens Meier und Ute Meier
oder:
Müller, Dr. Heinz, und Müller, Klara.
oder:
Müller, Dr. Heinz
Müller, Klara

Zum Teil erhalten Sie von Gästen unleserliche oder unvollständige Rückmeldungen auf den Antwortkarten. Wenn Sie in die Gästeliste mangels genauerer Angaben beispielsweise einsetzen:
Dr. Jens Meier und Frau oder
Dr. Jens Meier und Begleitung,
wird Ihnen dies niemand verübeln können. Ihre Gäste wissen, dass Sie alles getan haben, um möglichst präzise Angaben für eine korrekte und vollständige Gästeliste zu erhalten, wenn Sie eine detailliert ausgearbeitete Antwortkarte verschickt haben

5.

Tätigkeitsfeld »Veranstaltungsmanagement«

5.1 Die 10 idealen Eigenschaften des Veranstaltungsmanagers

Nur langjährige aufreibende Arbeit im Veranstaltungsmanagement und selbstlose mentale Schulung vermag jenen Idealtypen eines Eventmanagers hervorzubringen, dessen Eigenschaften nachfolgend nur unvollkommen beschrieben sind:

(1)
Belastbarkeit Sie sind bis zum Umfallen einsatzbereit und belastbar, dennoch bleiben Sie auch unter hohem Zeitdruck stets verbindlich, umsichtig und hilfsbereit.

(2)
Mehrarbeit Sie fügen sich gelassen und einsichtig in die Unabänderlichkeit zahlreicher 15-Stunden-Tage, in der sicheren Gewissheit, die Überstunden niemals ausgleichen zu können.

(3)
Entspannungsfähigkeit Sie stellen Ihr mentales Gleichgewicht in Phasen hoher Belastung immer wieder durch gezielte Entspannung her, vorzugsweise durch Ihren natürlichen Humor.

(4)
Kooperations-Bereitschaft Sie finden auf allen Gesprächsebenen – vom Handwerker bis zum Geschäftsführer – sofort die richtige Sprache, dennoch treten Sie selbstbewusst auf und sind nicht everybodys darling.

(5)
Teamworker Sie sind kein Einzelgänger und Eigenbrötler, sondern arbeiten gern mit einem vertrauensvollen Team zusammen, ohne bei entscheidenden Maßnahmen die letzte Kontrolle aus der Hand zu geben.

(6)
Konfliktlösung Sie lassen Meinungsunterschiede und Konflikte nicht schmoren, sondern sprechen sie offen an und klären sie rasch, pragmatisch und kompromissbereit.

(7)
Entscheidungsfreude Sie treffen notwendige Entscheidungen mit Umsicht und Risikofreude, ohne viel Zeit mit ständigen Rückversicherungen bei Ihren Vorgesetzten zu verlieren.

(8)
Systematisches Arbeiten Sie bringen bei großen komplexen Veranstaltungen von Anfang an Struktur und System in alle Vorbereitungsmaßnahmen, vermeiden damit jeden Hauch von Chaos und beruhigen somit Ihre Vorgesetzten nachhaltig.

(9)
Kritik ertragen Sie sind mit Gleichmut und Stärke stets darauf gefasst, für Ihre Arbeit keine Anerkennung zu erhalten, sondern eher Kritik bei kleinsten Details.

(10)
Mitarbeiterleistung Sie erwarten mit Selbstverständlichkeit all diese Eigenschaften auch von Ihren Mitarbeiterinnen und Mitarbeitern.

5.2 Aufgabenzuschnitt

1. Grundsatzangelegenheiten

2. Vorbereitung und Durchführung repräsentativer Veranstaltungen
2.1 Geschäftsbesuche (Inland/Ausland)
2.2 Besucherbetreuung (Betriebsbesichtigungen)
2.3 Auslandsreisen der Hausleitung
2.4 Arbeitsessen
2.5 Empfänge
2.6 Ehrungen
 – Geburtstage
 – Ordensverleihungen
 – Jubiläen
 – Gedenkveranstaltungen
2.7 Betriebsfeste/Betriebsausflüge
2.8 Personalversammlungen
2.9 Grundsteinlegungen, Richtfeste, Einweihungen, Eröffnungen
2.10 Positionsübergabe/Positionswechsel
2.11 Pensionierungen/Verabschiedungen
2.12 Festakte
2.13 Trauerfälle
2.14 Tagungen und Konferenzen
2.15 Messen und Ausstellungen

3. Standardfragen des Protokolls
3.1 VIP-Datei (Aktualisierung)
3.2 Rangfolge
3.3 Platzierung (Tischordnung, Sitzordnung)
3.4 Einladungsverfahren
3.5 Gastgeschenkefundus (Beschaffung, Ausgabe)
3.6 Beflaggung
3.7 Sonstige Fragen des Protokolls

4. Mitwirkung bei
4.1 Geleitworten, Grußadressen, Dankschreiben, Glückwunschschreiben, Kondolenzschreiben, Drucksache
4.2 Patenschaften und Schirmherrschaften

5. Zentrale Informationsstelle für alle Fragen des Protokolls, der Repräsentation und der Veranstaltungsorganisation

6. Haushaltsangelegenheiten

Aufgabenzuschnitt – Tätigkeitsfeld Veranstaltungsorganisation

L e i t e r / i n		
Sachbearbeiter/in A (Vertreter/in de/der Leiter/in)	Sachbearbeiter/in B	Sachbearbeiter/in C
Generell Mitwirkung bei Grundsatzangelegenheiten Veranstaltungsorganisation Informationsstelle	**Generell** Veranstaltungsorganisation Informationsstelle	**Generell** Veranstaltungsorganisation Informationsstelle
Schwerpunkte Projektkoordination/Projektüberwachung Geleitworte, Gruß-, Dankschreiben etc.	**Schwerpunkte** VIP-Datei Einladungswesen Beflaggung	**Schwerpunkte** Haushaltsabwicklung Gastgeschenkefundus Protokollmaterialien

5.3 Sachmittelausstattung

Wenn Sie sie noch nicht haben, dann sollten Sie sie schnell anlegen: die Event-Schatzkammer. Sie bietet Ihnen unschätzbare Dienste und meist dann, wenn Sie sie am dringendsten brauchen: unter hohem Zeitdruck, am Wochenende oder Feiertag, wenn alle Fachgeschäfte geschlossen haben aber alles sofort zur Stelle sein muss.

Nachfolgend eine beispielhafte Auflistung von Sachmitteln, die auch Sie ständig schnell zur Hand haben müssten:

1. Fahnen und Wimpel
1.1 Flaggen (mindestens von allen EU-Staaten, USA, Kanada, Japan, Rußland)
1.2 Flaggenpylon (o.a. Flaggenschuh)
1.3 Tischwimpel (mindestens von allen EU-Staaten, USA, Kanada, Japan, Rußland)

2. Placementutensilien
2.1 Placementsteckständer
2.2 Placementstecktafeln
2.3 Steckkärtchen
2.4 Magnettafel
2.5 Magnetkärtchen

3. Gastgeschenke
3.1 Geschenkefundus
3.2 Geschenkpapier
3.3 Geschenkkordel

4. Raumausstattung
4.1 Rednerpult
4.2 Mikrofone (Pult- und Standmikros)
4.3 Blumenvasen
4.4 Tischdecken (grüne/weiße)
4.5 Teppich

5. Visualisierungstechnik
5.1 Flipcharts und Papier
5.2 Pinnwände
5.3 Overheadprojektor (portable) und Leinwand
5.4 Folien und Stifte
5.6 Nadeln
5.7 Karten

6. Kommunikationstechnik
6.1 Videokamera und Filmkassetten
6.2 Polaroidkamera und Filme
6.3 PC-Laptop
6.4 Mobilfunkgeräte
6.5 Dolmetscheranlage (für 40 Pers.)

7. Utensilien für feierliche Unterzeichnungen
7.1 Schreibunterlagen
7.2 Füller
7.3 Füller-Einsteckhalter
7.4 Löscher
7.5 Tinte

8. Büroausstattung
8.1 Umschlagdrucker (Aufdruck von Adressen)
8.2 Schilderdrucker (Namensschilder für Konferenzen, Gespräche, Saalplatzierung)
8.3 Laminiergerät
8.4 Adressaufkleber
8.5 Ablagekästen

9. Werkzeugkoffer (+ Zollstock!)

10. Utensilien für Trauerfälle
10.1 Schwarze Bilderrahmen (18 x 31)
10.2 Kondolenzmappen
10.3 Kondolenzblätter
10.4 Kerzenhalter und weiße Kerzen
10.5 Kranzschleifen.
10.6 Trauercouverts

11. Absperrutensilien
11.1 Rote Absperrkordel
11.2 Messingständer
11.3 Rot-Weißes Absperrband
11.4 Absperrständer und Hutpylone

12. Ansteckschilder »Protokoll« und »Organisation«

6. Anhang

6.1 Literaturhinweise

Bruder, Albert und Becht, Gerhard
Zünftige Richtsprüche für Bauwerke aller Art, Karlsruhe 1995

Commer, Heinz
Der neue Manager-Knigge, Düsseldorf 1996

Cornelsen, Claudia
Das 1 x 1 der PR, Freiburg 1997

Feiter, Claudia
Konferenzen professionell organisieren, Wiesbaden 1995

v. Fircks, Alexander
Anreden und Anschriften, St. Augustin 1997

Neuland, Michéle
Neuland Moderation, Eichenzell 1995

Nitschke, Helmut
Erfolgreiche Vorträge und Seminare, Ehningen b. Böblingen 1992

Rentrop Verlag (Hrsg.)
Stil und Etikette, Loseblattsammlung, Bonn, ab 1990

Wetter, Ulf
Briefe und Reden für den Trauerfall, Niedernhausen/Ts. 1997

Wolff, Inge
Business Knigge von A bis Z, Niedernhausen/Ts. 1997

Wrede-Grischkat, Rosemarie
Manieren und Karriere, Wiesbaden 1998

6.2 Stichwortverzeichnis

Abendessen (siehe Dinner) 70
Akademische Feier (siehe Festakt) 88
Anreden und Anschriften -Allgemein 298
Antwortkarte -Allgemein 295
Arbeitsessen 14
    -Checkliste 17
Arbeitsfrühstück (siehe Arbeitsessen) 14

Ball 22
    -Checkliste 32
Bankett 43
    -Checkliste 47
Beflaggung 152
Beileidsbesuch 259
Brunch (oder: Dejeuner) 52
    -Checkliste 55
Business Lunch (siehe Mittagessen) 14
-Checkliste 17

Clearingstelle
    -Ball 30
    -Festakt 90
Cocktail (oder: Cocktailempfang, Cocktailparty) 60
    -Checkliste 64

Danksagung
    -Geburtstag 106
    -Trauerfall 270
Datenschutz 284
Dejeuner (siehe Brunch) 52
Dinner (oder: Diner, Dinner Buffet, festliches Abendessen) 70
    -Checkliste 74

Ehrenkuratorium
    -Jubiläum 126
Einladungen
    -Allgemein 292
Einladungskarte
    -Allgemein 293
Empfang
    -Checkliste 83
Festakt 88
    -Checkliste 92

Festliches Abendessen (siehe Dinner) 70
Festschrift
    -Jubiläum 130
Führungskärtchen
    -Ball 29

Gästeliste
    -Allgemein 319
Geburtstag 100
    -Checkliste 107
GEMA 24, 40
Grundsteinlegung (oder: Hammerschlag) 115
    -Checkliste 118

Holding Room 91
Hotelzimmerbuchung 152

Jubiläum 123
    -Checkliste 133

Kleidung 296
    -Ball 28
    -Cocktail 133
    -Dinner 73
    -Empfang 81
Kleidungsvermerk
    -Allgemein 296
Kondolenzbuch 259
Kondolenzschreiben 255
Konferenz (siehe Tagung) 144
    -Checkliste 160
Kranzspende 256

Logo 150

Menü
    -Arbeitsessen 16
    -Bankett 44
    -Dinner 72
Mittagessen (siehe Arbeitsessen) 14
Musik
    -Ball 26

Nachruf, betriebsintern 256
Namensschilder 150
Nationalsymbole 150

Organisationsstab
    -Jubiläum 128
    -Konferenz und Tagung 147
    -Tag der offenen Tür 236

Partnerprogramm 155
Pausenservice 153
Platzierung
    -Allgemein 305
Platzierungskarte 313
Pressekonferenz 180
    -Checkliste 191
Protokollarische Rangordnung
    -Allgemein 305

Rahmenprogramm
    -Konferenz und Tagung 154
    -Seminar 217
Richtfest 200
    -Checkliste 202

Schirmherrschaft
    -Jubiläum 126
Seminar 207
    -Checkliste 221
Servierfolge
    -Bankett 46
Sitzordnung
    -Allgemein 317
Souper (oder: Supper; siehe Abendessen) 70

Tag der offenen Tür 233
    -Checkliste 244
Tagung (siehe Konferenz) 144
    -Checkliste 160

Teilnehmerliste
    -Konferenz und Tagung 156
Tischanordnung (oder: Tischformation)
    -Allgemein 31
    -Ball 28
    -Konferenz und Tagung 148
    -Seminar 215
Tischordnung (oder: Platzierung)
    -Allgemein 311
Toast (oder: Tischrede) 46
Trauerfeier, betrieblich 260
Traueranzeigen 257
Trauerfall 254
    -Checkliste 261
Trauerrede 258

U.A.w.g. 295

Veranstaltungsmanager (oder:
    Veranstaltungsorganisator) 321
    -Eigenschaften 322
    -Aufgabenzuschnitt 323
    -Sachmittelausstattung 324
Verabschiedung 271
    -Checkliste 275
VIP-Datei
    -Allgemein 280

Wagenkarte
    -Muster 99

Zeitkürzel
    -p.m. 294
    -s.t. 294
    -c.t. 294